U0679079

上海交通大學歷史系　浙江大學歷史系　浙江省社會科學界聯合會
國家社會科學基金規劃項目
上海市社會科學基金重大項目　資助

契約

石倉契約

第二輯
第五册

曹樹基 潘星輝 闕龍興 編

浙江文化研究工程成果文庫
浙江文獻集成

中國地方珍稀文獻
浙江地方文書叢刊

浙江大学出版社
ZHEJIANG UNIVERSITY PRESS

編輯凡例

一　本書採用圖文對照的方式進行編輯，既可保存原件的風貌，也便於讀者查閲或校核。

二　抄録格式一依原契。部分因排版問題，稍有改動。表格劃線處未一一對應。

三　標點契文，依能斷即斷的原則，僅標逗號或頓號，最末標句號。

四　漫漶、殘缺者一般依契約格式中的常用語補足，無法辨識或難以補足者，以□表示。

五　補足脱字，以（　）表示；改正錯字，以［　］表示；衍字以『　』標識。個別契約存在大量脱、錯、衍字，僅擇要補足、改正和標識。

六　序言與目録全用繁體。内文繁、簡體字，一律照録，異體字及俗字改為規範字，另附《常見異體字及俗字與規範字對照表》，以為參考。個別通假字，如『直』與『值』、『伯』與『佰』、『具』與『俱』、『員』與『圓』等，不予改動。

七　少量不易理解的方言，在首次出現時加脚註説明。少量石倉當地的異體字，徑改為標準字。

八　人名中的異名按《闕氏宗譜》的記載予以統一，當異名大量並集中出現時，以脚註説明。族譜中查不到的人名，一依原契。

九　契尾所載税額皆為賣價總額的百分之三，省略不録。契尾文字在首次出現時抄録全文，民國驗契執照亦然。

十　契約之擬名一般根據契約首行，酌情改動。

常見異體字及俗字與規範字對照表

（規範字按漢語拼音順序排列）

異體字及俗字	規範字	異體字及俗字	規範字
岺	岭	坳 幼	坳
畱	留	覇	霸
隴	壠	常	嘗
蘿	籮	塖	塍
䊡	饅	処 虜 處	处 處
靣	面	窻 窓	窗
畆	畝	躭	耽
卄	廿	陏	挡 当
挵	弄	儅	挡
拵	拼 拚	隚 當	擋
凴	憑	遆	遞
廹	迫	卩 阝	都
舖	鋪	叚	段
挈	契	[illegible]	塅
俴	钱	児	兒
牆	墻	返 仮	反
䘮	喪	豊	豐
筭	算	逄	逢
垓	坛	峎 崀	崀
藤 籘 籐 騰 滕	藤	髙	高
仸	天	恪	各
捅 甬	桶	畊	耕
扢	挖	閞 関	關
斈	學	覌	觀
窯 窰 [illegible] [illegible]	窑	横	橫
乙	一	囬	回
艮	银	塃	荒
薗	園	雞	鷄
襍	雜	伋	及
塟	葬	埆	角
噪 橾 燥 臊	燥	腳	脚
剳	劄	栢	柏
炤	照	拠 攄	據
拆	折	堪 勘	墈
阦	执	砊	坑
阯	止	欵	款
帋	紙	歴 歷	歷
眾	衆	[illegible] 良	粮
凖	準	両	两
捴 総	總	烺 眼 朗 朖	晾
		簝 [illegible]	寮

目録

第二輯第五册　上茶排・闕氏・天開・德瑛・翰禮・玉几（契約，乾隆—民国）

執照等

零散送戶票

上茶排·闕氏·天開·德玿

契約

執照等

憑票等

上茶排

闕氏·天開·德瑛·翰禮·玉八（契約，乾隆—民国）

德瑛光裕堂内景

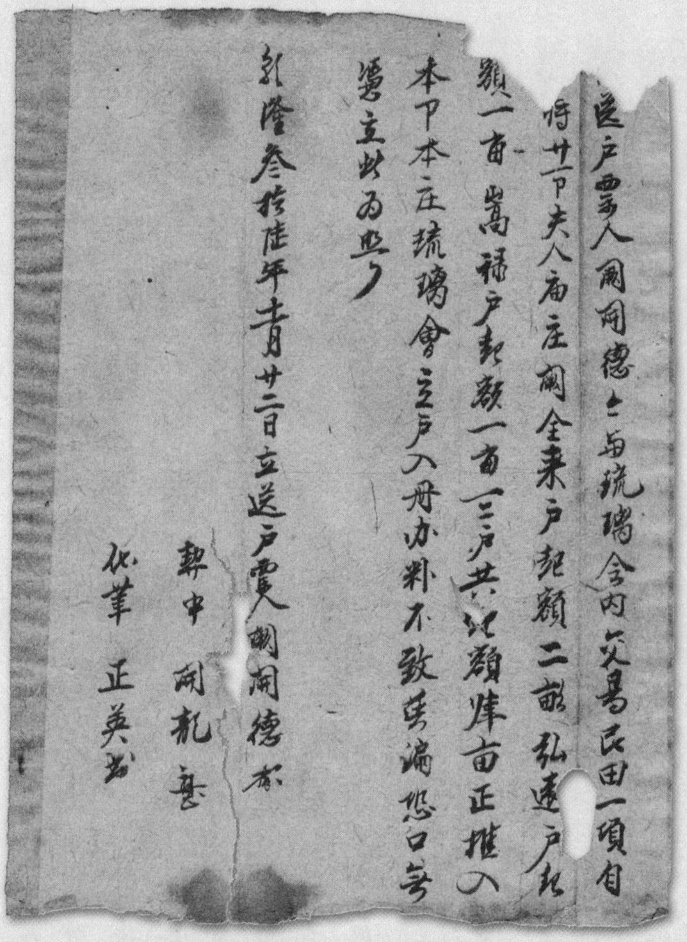

立送户票人闞闲德，今与琉璃会内交易民田一項，自
□将廿一都夫人庙庄闞全来户起額二畝，弘遠户起
額一亩，嵩禄户起额一亩，三户共起額肆亩正，推入
本都本庄琉璃會立户入册办粮，不致丢漏，恐口無
憑，立此为照。

乾隆叁拾陆年十一月廿二日　立送户票人　闞闲德
契中　闲龍
代筆　正英

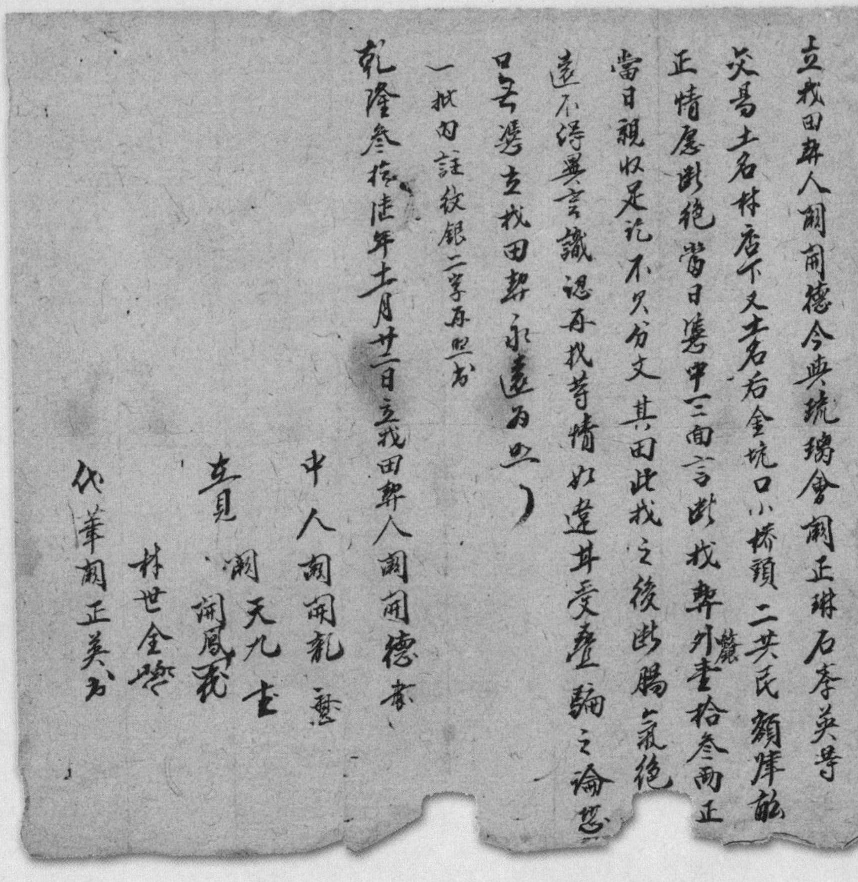

立找田契人闕閈德，今與琉璃會闕正琳、石學英等交易土名林店下，又土名后金坑口小桥頭，二共民額肆畝正，情愿断绝，當日憑中三面言断，找契外纹銀壹拾叁两正，當日親收足讫，不欠分文，其田此找之後，断腸氣绝，永遠不得異言識認再找等情，如違，甘受叠騙之論，恐口無憑，立找田契永遠为照。

一批内註纹銀二字，再照。

乾隆叁拾陆年十一月廿二日　立找田契人　闕閈德

中人　闕閈龍

在見　闕天九

闬鳳

林世全

代筆　闕正英

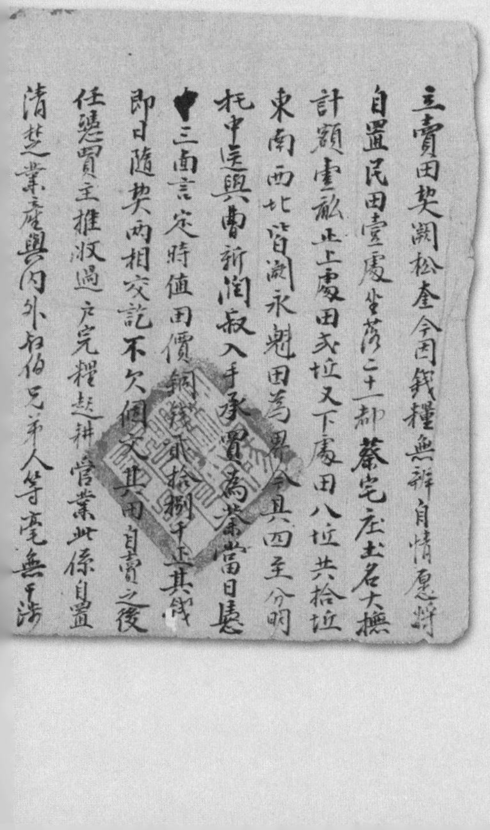

立賣田契闕松查今因錢糧無辦自情愿將自置民田壹處坐落二十一都蔡宅庄土名大撫計額壹畝正上處田弍坵又下處田八坵共拾坵東南西北皆闕永魁田為界今具四至分明托中送與曹新阎叔入手承買為業當日憑三面言定時值田價銅錢貳拾捌千正其錢即日隨契兩相交訖不欠個文其田自賣之後任憑買主推收過户完糧起耕管業此係自置清楚之業產與内外伯兄弟人等毫無干涉

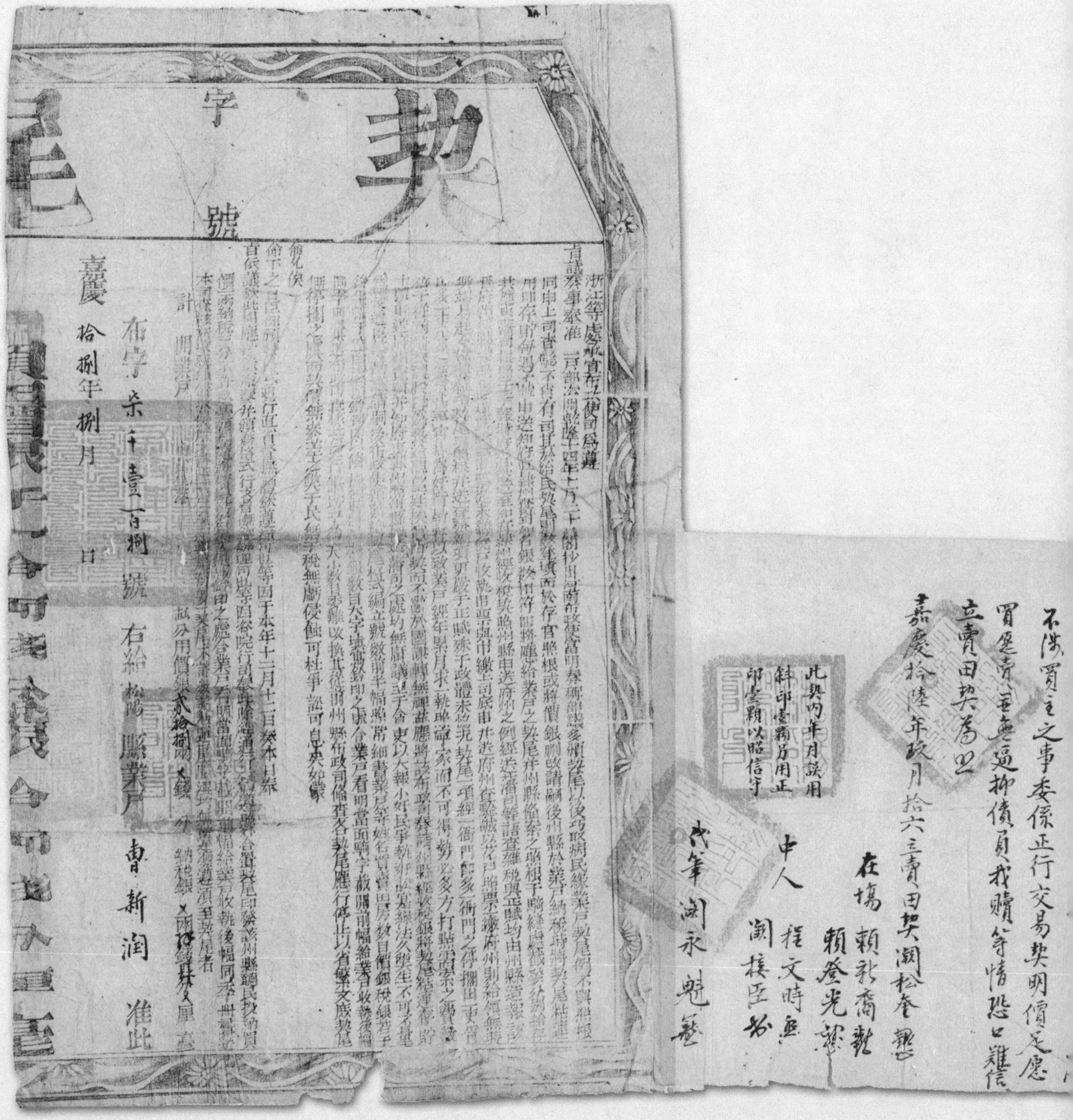
契尾
字　　號
浙江等處承宣布政使司爲遵旨議奏事……
計開業戶……
布字柒千壹百捌號　右給松陽縣業戶闕新潤　准此
嘉慶拾捌年捌月　日

不涉買主之事，委係正行交易，契明價足，應……
買退賣主並無逼抑債負我贖等情，恐口難信，
立賣田契爲照。
此契內年月誤用斜印塗抹，另用正印壹顆以昭信守。
嘉慶拾陸年玖月拾六日立賣田契闕松奎（押）
在場　賴新喬（押）
　　　賴登光（押）
中人　程文時（押）
　　　闕振臣（押）
代筆　闕永魁（押）

（前頁）>>>>>

立賣田契闕松奎，今因錢糧無辨［辦］，自情愿将自置民田壹處，坐落二十一都蔡宅庄，土名大撫，計額壹畝正，上處田弍坵，又下處田八坵，共拾坵，东南西北皆（与）闕永魁田為界，今具四至分明，托中送與曹新润叔入手承買為業，當日憑中三面言定，時值田價銅錢貳拾捌千（文）正，其錢即日随契两相交訖，不欠個文，其田自賣之後，任憑買主推收過户完糧，起耕管業，此係自置清楚業產，與内外叔伯兄弟人等毫無干涉，亦無重典文墨交加，如有来歷不明，賣人一力支當，不涉買主之事，委係正行交易，契明價足，愿買愿賣，並無逼抑債負找贖等情，恐口難信，立賣田契為照。

嘉慶拾陸年玖月拾六（日）　立賣田契　闕松奎

在塲　賴新裔

賴登光

中人　程文時

闕接臣

代筆　闕永魁

此契内年月誤用

斜印壹顆，另用正

印壹顆，以昭信守。

（契尾，嘉慶拾捌年捌月）

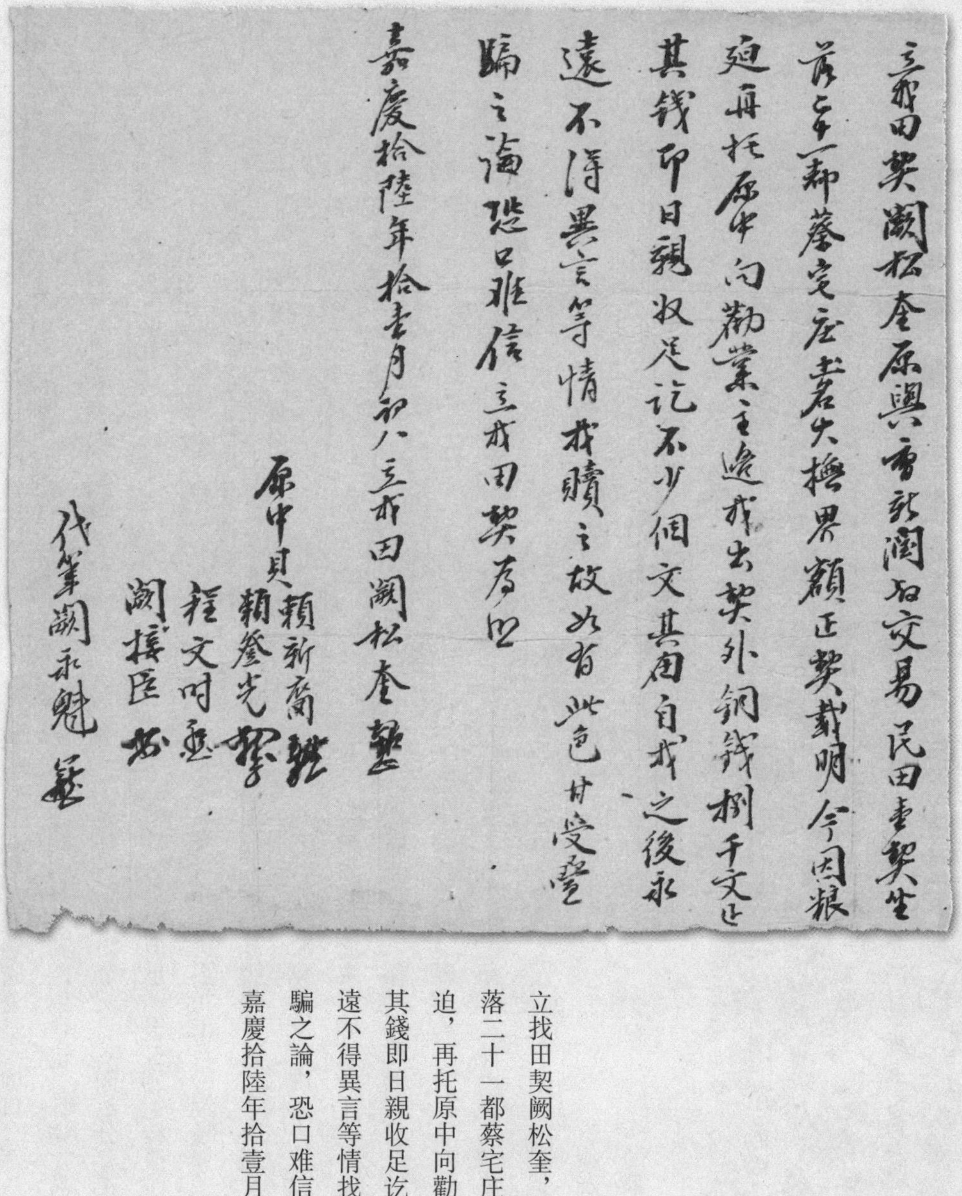

立找田契闕松奎，原與曹新润叔交易民田壹契，坐落二十一都蔡宅庄，土名大撫，界額正契載明，今因粮迫，再托原中向勸業主邊找出契外銅錢捌千文正，其錢即日親收足讫，不少個文，其田自找之後，永遠不得異言等情找贖之故，如有此色，甘受叠騙之論，恐口难信，立找田契為照。

嘉慶拾陸年拾壹月初八（日）　立找田　闕松奎

原中見　賴新裔

賴登光

程文时

闕接臣

代筆　闕永魁

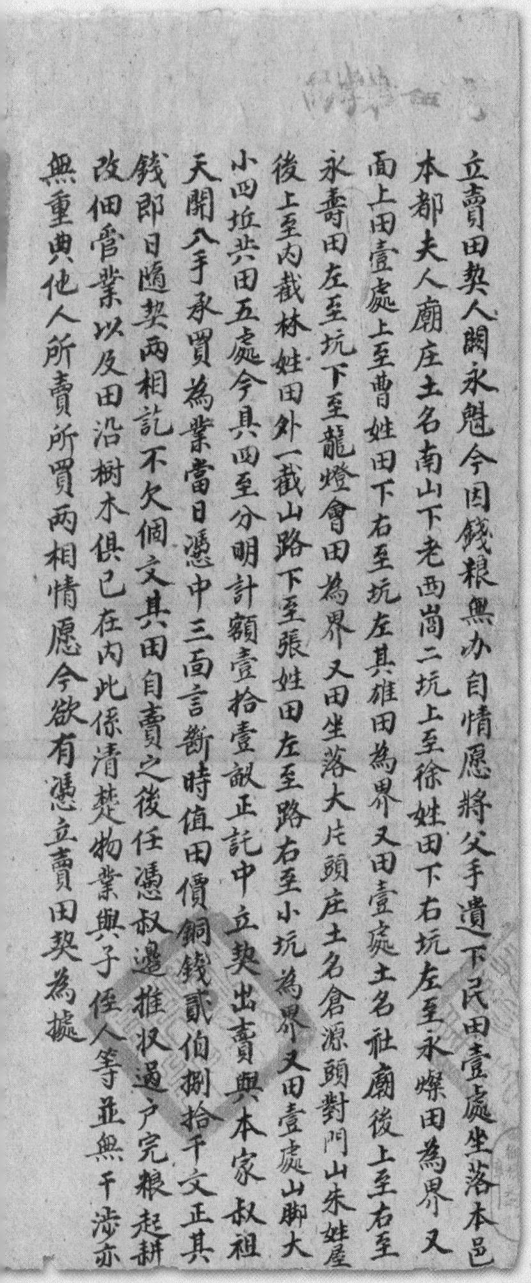
立賣田契人闕永魁今因錢粮無办自情愿將父手遺下民田壹處坐落本邑
本都夫人廟庄土名南山下老西崗二坑上至徐姓田下右坑左至永燦田為界又
面上田壹處上至曹姓田下右至坑左其雄田為界又田壹處土名社廟後上至右至
永壽田左至坑下至龍燈會田為界又田坐落大片頭庄土名倉源頭對門山朱姓屋
後上至內截林姓田外一截山路下至張姓田左至路右至小坑為界又田壹處山腳大
小四坵共田五處今具四至分明計額壹拾壹畝正託中立契出賣與本家叔祖
天開入手承買為業當日憑中三面言斷時值田價銅錢貳伯捌拾千文正其
錢即日隨契兩相訖不欠個文其田自賣之後任憑叔邊推收過户完粮起耕
改佃管業以及田沿樹木俱已在内此係清楚物業與子侄人等並無干涉亦
無重典他人所賣所買兩相情愿今欲有憑立賣田契為據

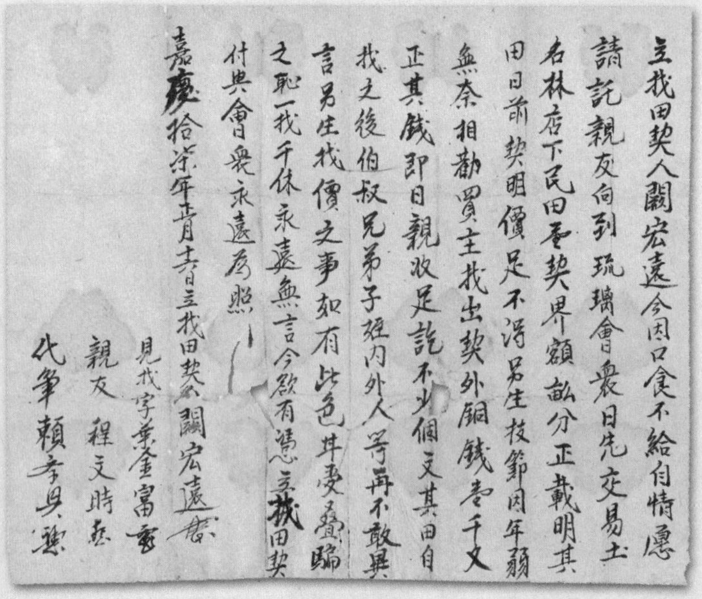
立找田契人闕宏遠今因口食不給自情愿
請託親友向到琉璃會衆日先交易土
名林店下民田壹契界額畝分正載明其
田日前契明價足不得另生枝節因年弱
無奈相勸買主找出契外銅錢壹千文
正其錢即日親收足訖不少個文其田自
找之後伯叔兄弟子姪内外人等再不敢異
言另生找價之事如有此色甘受叠騙
之恥一找千休永遠無言今欲有憑立找田契
付與會衆永遠為照
嘉慶拾柒年正月十六日立找田契人闕宏遠
見找字葉金富
親友程文時
代筆賴學兴

立找田契人闕宏遠，今因口食不給，自情愿
請託親友向到琉璃會衆，日先交易土
名林店下民田壹契，界額畝分，正（契）載明，其
田日前契明價足，不得另生枝節，因年弱
無奈，相勸買主找出契外銅錢壹千文
正，其錢即日親收足訖，不少個文，其田自
找之後，伯叔兄弟子姪内外人等，再不敢異
言另生找價之事，如有此色，甘受叠騙
之恥，一找千休，永遠無言，今欲有憑，立找田契
付與會衆永遠為照。

嘉慶拾柒年正月十六日　立找田契人　闕宏遠
見找字　葉金富
親友　程文時
代筆　賴學兴

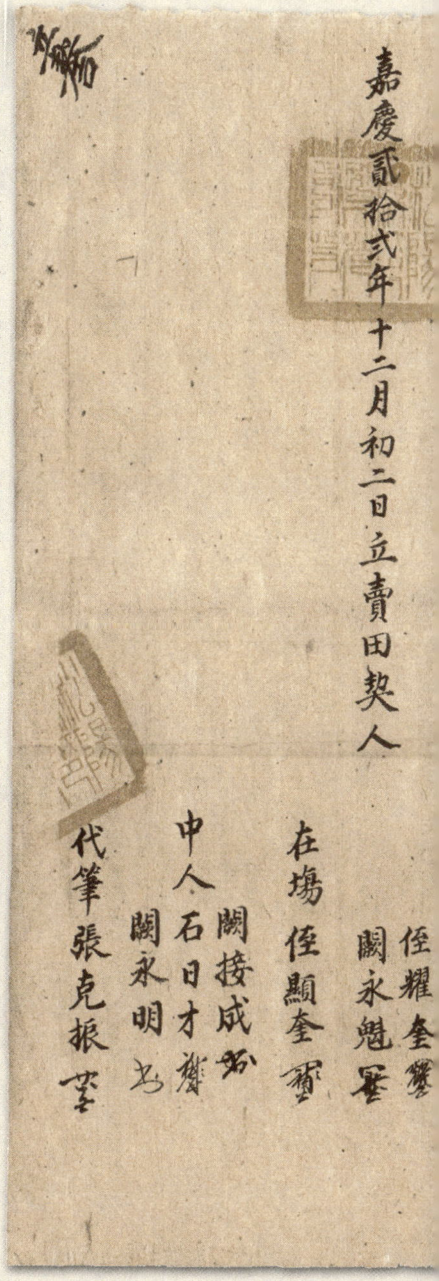
嘉慶貳拾弍年十二月初二日立賣田契人
闕永魁
侄耀奎
在場侄顯奎
闕接成
中人石日才
闕永明
代筆張克振

立賣田契人闕永魁，今因錢粮無办，自情愿將父手遺下民田壹處，坐落本邑本都夫人廟庄，土名南山下老西崗二坑，上至徐姓田，下、右坑，左至永燦田為界，又面上田壹處，上至曹姓田，下、右至坑，左其雄田為界，又田壹處，土名社廟後，上至、右至永壽田，左至坑，下至龍燈會田為界，又田坐落大片頭庄，土名倉源頭對門山朱姓屋後，上至内截林姓田，外一截山路，下至張姓田，左至路，右至小坑為界，又田壹處，山脚大小四坵，共田五處，今具四至分明，計額壹拾壹畝正，託中立契，出賣與本家叔祖天開入手承買為業，當日憑中三面言斷，時值田價銅錢贰伯捌拾千文正，其錢即日隨契两相（交）訖，不欠個文，其田自賣之後，任憑叔邊推收過户，完粮起耕，改佃管業，以及田沿樹木，俱已在内，此係清楚物業，與子侄人等並無干涉，亦無重典他人，所賣所買，两相情愿，今欲有憑，立賣田契為據。

侄　耀魁

嘉慶貳拾弍年十二月初二日　立賣田契人　闕永魁

在場侄　顯奎

闕接成

中人　石日才

闕永明

代筆　張克振

立找由契人闕永魁原與叔邊交易民田壹契坐落本邑本都夫人廟庄土名南山下老西崗二坑又面上田壹處又土名社廟後又坐落大片頭庄土名倉源頭對門山朱姓屋後又田壹處坐落山脚大小四坵共田五處界額正契載明以及樹木在内今因缺乏請託原中向闕天開叔邊找出契外銅錢肆拾伍千文正其錢即日隨契兩相交訖不少個文其田自找之後契載杜斷永不得言稱取贖再找等情兩相情愿今欲有憑立找杜斷田契為照

嘉慶貳拾弍年十二月二十二日立找杜斷田契人 闕永魁（押）

侄 耀奎（押）

在場侄 顯奎（押）

原中人石日才（押）

闕接成（押）

闕永明（押）

代筆 張克振（押）

立找田契人闞永魁，原與叔邊交易民田壹契，坐落木邑本都夫人廟庄，土名南山下老西崗二坑，又面上田壹處，又土名社廟後，又坐落大片頭庄，土名倉源頭對門山朱姓屋後，又田壹處，坐落山脚，大小田四坵，共田五處，界額正契載明，以及樹木在內，今因缺乏，請託原中向闞天開叔邊找出契外銅錢肆拾伍千文正，其錢即日隨契兩相交訖，不少個文，其田自找之後，契載杜斷，永不得言称取贖再找等情，兩相情愿，今欲有憑，立找杜斷田契為照。

侄 耀奎

嘉慶貳拾弍年十二月二十二日 立找杜斷田契人 闞永魁

在場侄 顯奎

原中人 闞接成

石日才

闞永明

代筆 張克振

（契尾，道光元年拾貳月）

立賣田契人闕永壽今因錢粮無办自情愿将父手遺下分閹内民田坐
落二十壹都夫廟庄土名安岱嶺頭坑屋側水田壹處上至賣人荒地為
界下至德理田為界左至上接坑裳田下接砂坪併路為界右至賣人
荒山併小湖坑洗残山骨為界又坐落對门二坑水田壹處上左兩至俱属
鳳奎田為界右至坑垅為界下至二坑嫩扎父路為界此處共水田大小捌坵
又坐落上邊双口水塘下水田壹坵上下左至俱係張姓田為界右至坑為界
共水田叁處計額拾畝正今具四至分明托中立契出賣與本族德瑛叔邊
入手承買為業當日憑中三面言斷定時值田價銅錢叁伯柒拾仟文正其
錢即日隨契兩相交兑足訖不少個文自賣之日任從買主推收過户完
粮易佃起耕收租管業原係父手分閹已業而内外房親伯叔兄弟子姪
人等無干未賣日前並無重典復當文墨交加若有來歷不明賣人一
力支听不涉買主之事此出兩相心愿並無逼抑準折債負之故一賣千
休割藤斵根賣人不敢异言今恐口難信故立賣田契付與買主子
孫永遠管業為據

道光柒年　十弍月初五日　立賣田契人　闕永壽

憑中　闕永熿　石有福　闕天進

代筆　闕献奎

立杜找田契人闕永壽原因日前與本族德瑛叔邊交易民田壹契坐落二十
壹都夫廟庄土名安岱岗頭坑屋側安着水田壹處又坐落對门二坑水田壹
計水共大小田八坵又坐落上邊双口水塘下安着水田壹坵共水田叁處其
田界至畝額前有正契載明今因粮廹自請原中向前相勸買主德瑛叔
手内再找過契外銅錢叁拾仟文正其錢即日隨找契兩家交訖不

任從買主完粮收租管業此找之日賣人不得異言再找言語如違甘受叠騙之論今恐口难信故立杜找契付與買主子孫永遠管業爲據

道光柒年十弍月廿六日立杜找契人　闕永壽（押）

闕永煥（押）

林永彩（押）

邱新利（押）

闕永進（押）

闕喜奎（押）

闕鳳奎（押）

原中

代筆　闕献奎（押）

（前頁）>>>>>

立賣田契人闕永壽，今因錢粮無办，自情愿将父手遺下分鬮内民田，坐落二十壹都夫（人）廟庄，土名安岱崗頭坑屋側，水田壹處，上至賣人荒地為界，下至德理田為界，左至上接坑衆田，下接砂坪併路為界，右至賣人荒山併小湖坑洗殘山骨為界，又坐落對门二坑水田壹處，上、左两至俱属鳳奎田為界，右至坑垅為界，下至二坑嫩扎及路為界，此處共水田大小捌坵，又坐落上邊双口水塘下水田壹坵，上、下、左至俱係張姓田為界，右至坑為界，共水田叁處，計額拾畝正，今具四至分明，托中立契，出賣與本族德瑛叔邊入手承買為業，當日凴中三面言断，定時值田價銅錢叁伯柒拾仟文正，其錢即日隨契两相交兑足訖，不少個文，自賣之日，任從買主推收過户完粮，易佃起耕，收租管業，原係父手分鬮己業，与内外房親伯叔兄弟子姪人等無干，未賣日前，並無重典復當文墨交加，若有来歷不明，賣人一力支听，不涉買主之事，此出两相心愿，並無逼抑凖折債負之故，一賣千休，割藤断根，賣人不敢异言，今恐口難信，故立賣田契付與買主子孫永遠管業為據。

道光柒年十弍月初五日　立賣田契人　闕永壽

闕永焕

凴中　石有福

闕天進

代筆　闕献奎

立杜找田契人闕永壽，原因日前與本族德瑛叔邊交易民田壹契，坐落二十
壹都夫人庙庄，土名安岱岗頭坑屋側，安着水田壹處，又坐落對门二坑水田壹（處），
計水（田）共大小田八坵，又坐落上邊双口水塘下，安着水田壹坵，共水田叁處，其
田界至畝額，前有正契載明，今因粮迫，自請原中向前相勸買主德瑛叔
手内，再找過契外銅錢叁拾仟文止，其錢即日隨找契两家交讫，不
欠分文，自找之后，契明價足，其田四至界内，田沿柏樹，荒坪地角，一應在内，
任從買主完粮收租管業，此找之日，賣人不得異言再找，言语如違，甘
受叠騙之論，今恐口难信，故立杜找契付与買主子孫永遠管業為
據。

道光柒年十弍月廿六日　立杜找契人　闕永壽

闕永焕

林永彩

原中　邱新利

闕永進

闕喜奎

闕鳳奎

代筆　闕献奎

（契尾，道光捌年捌月）

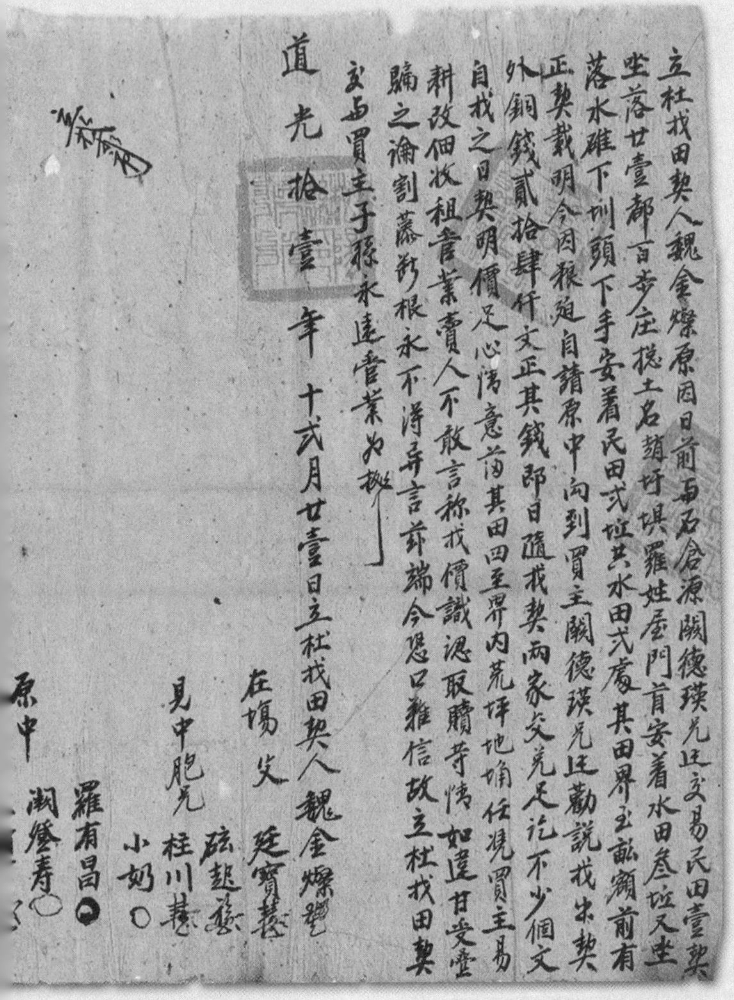

立杜找田契人魏金燦，原因日前与石倉源闕德瑛兄边交易民田壹契，坐落廿壹都百步庄，總土名趙圩垻羅姓屋門首，安着水田叁坵，又坐落水碓下圳頭下手，安着民田弍坵，共水田弍處，其田界至畝額，前有正契載明，今因粮迫，自請原中向到買主闕德瑛兄边勸說，找出契外銅錢貳拾肆仟文正，其錢即日隨找契两家交兑足讫，不少個文，自找之日，契明價足，心情意满，其田四至界内，荒坪地角，任凴買主易耕改佃，收租管業，賣人不敢言称找價識認取贖等情，如違，甘受叠騙之論，割藤断根，永不得异言兹［滋］端，今恐口難信，故立杜找田契交与買主子孫永遠管業为據。

道光拾壹年十弍月廿壹日　立杜找田契人　魏金燦

在塲父　廷寶

砹起

見中胞兄　柱川

小奶

原中　羅有昌

闕登寿

徐新才

闕天進

代筆　闕献奎

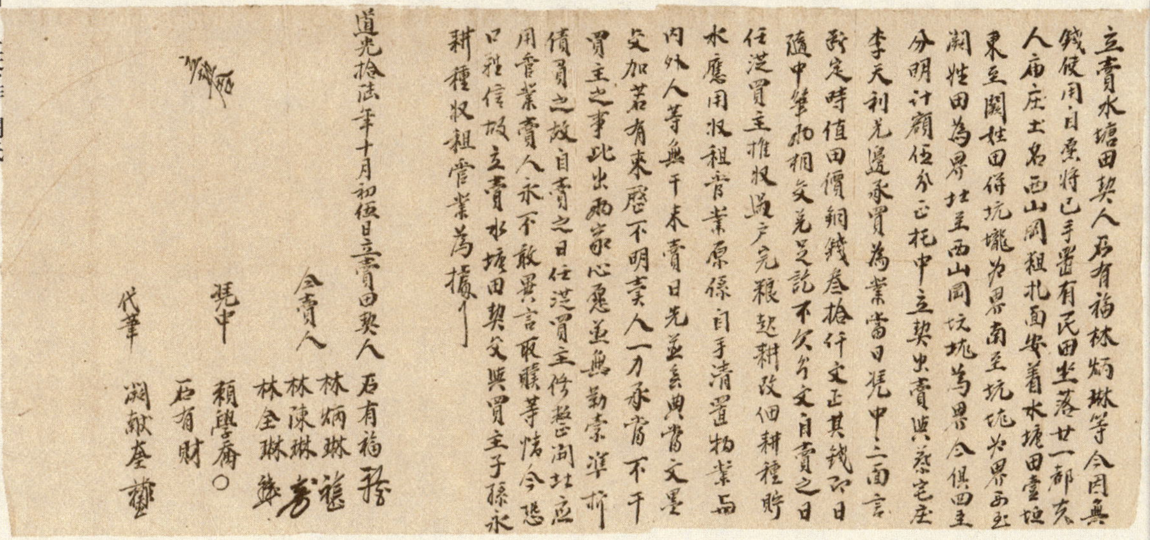

立賣水塘田契人石有福、林炳琳等，今因無錢使用，自愿将已手置有民田，坐落廿一都夫人庙庄，土名西山岡粗扎面，安着水塘田壹坵，東至闕姓田併坑壠为界，南至坑垅为界，西至闕姓田為界，北至西山岡坑垅為界，今俱四至分明，计額伍分正，托中立契，出賣與蔡宅庄李天利兄邊承買為業，當日凴中三面言斷，定時值田價銅錢叁拾仟文正，其錢即日随中筆兩相交兑足訖，不欠分文，自賣之日，任從買主推收過户，完粮起耕，改佃耕種，貯水應用，收租管業，原係自手清置物業，与内外人等無干，未賣日先，並無典當文墨交加，若有來歷不明，賣人一力承當，不干買主之事，此出兩家心愿，並無勒索準折債負之故，自賣之日，任從買主修整闸北〔闕〕，应用管業，賣人永不敢異言取贖等情，今恐口難信，故立賣水塘田契交與買主子孫永耕種收租管業為據。

道光拾陆年十月初伍日　立賣田契人　石有福

林炳琳

仝賣人　林陳琳

林全琳

凴中　賴學喬

石有財

代筆　闕献奎

立杜田塘契人石有福、林炳琳等，原因日前與
李天利兄邊交易民田壹契，坐落廿一都夫人
廟庄，土名西山岡頭坑粗扎面，安着水塘田壹
坵，其田界至亩分，前有正契載明，今因粮迫，自請
原中向到買主家勸説找出契外銅錢柒仟
弍伯文正，其錢即日隨找契兩相交讫，不少分
文，自找之日，契明價足，四至界内，荒熟等處，併
及柏樹雜木等，俱概在内，任凴買主易佃耕
種，收租管業，此找之日，割藤断根，賣人永不
敢異言識認取贖等情，如違，愿甘坐罪，恐口
難信，故立杜找田契付與買主子孫永遠管
業為據。

道光拾陆年拾弍月念肆日　立杜找田契人　石有福

林炳琳

仝找人　林陳琳

林全琳

原中　賴學喬

石有財

代筆　阙献奎

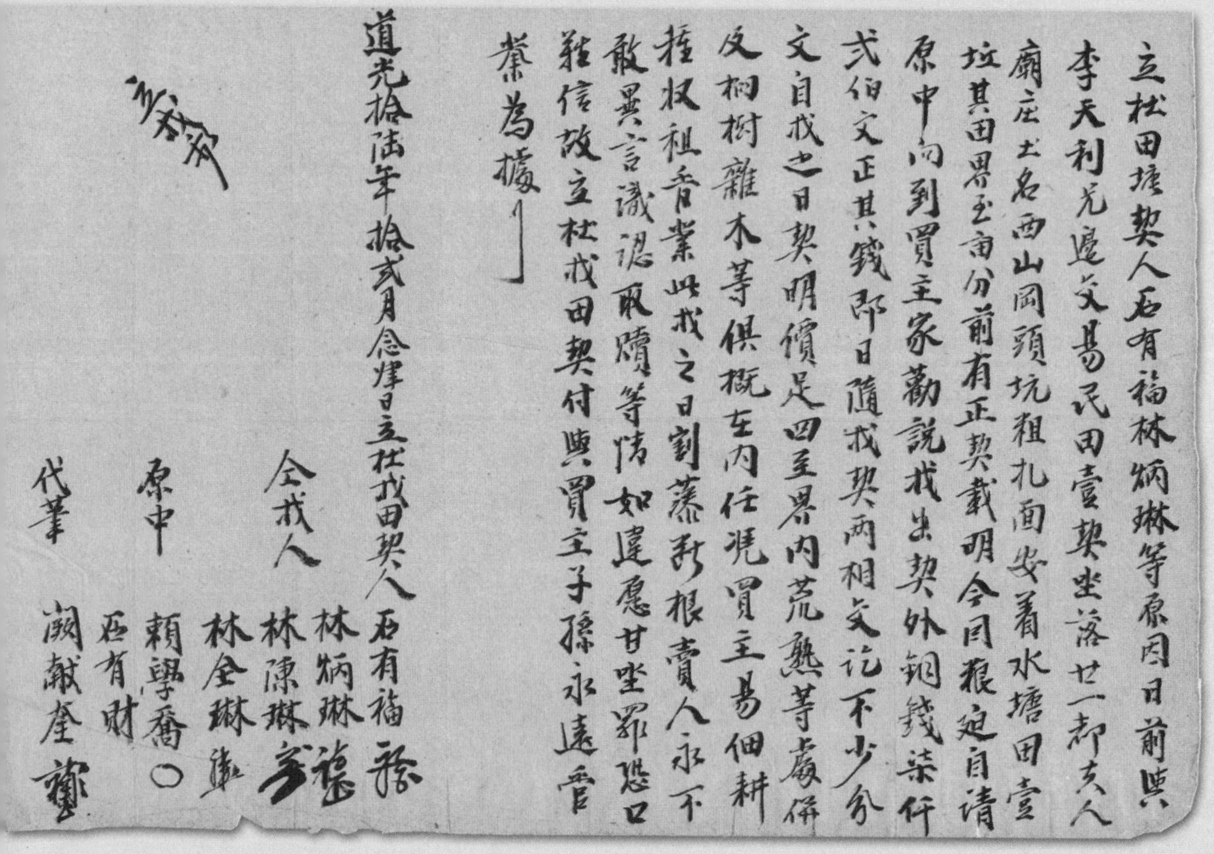

立賣山骨契人胡榮琳，今因粮食給迫，自情愿将己手置有山骨壹契，坐落松邑二十一都夫人廟庄，小土名小湖坑安着，合共三股，内買［瑀］壹股，其山骨上至李姓山，下至小湖坑黄砂扎面横圳，左至闕姓田，右至西山崗大湖坑汶水坑壠直下為界，今俱四至分明，自情托中立契，出賣與李天福、盛福等承買為業，當日凴中三面言断，時直山價銅錢拾叁仟文正，其錢即日當中隨契兑訖，不短個文，其山骨自賣之後，任憑買主前去開北［闢］，承粮收租，耕種管業，賣人不敢言説，其山骨此係己買物業，日先並（無）典當文墨交加，亦無伯叔兄弟人等，如有上手來歷不明，賣人一力支當，不涉買主之事，乃係山骨，一賣千休，割藤挖根，永無找贖等情，此出兩家心愿，並無反悔之理，亦無債貨之故，亦無逼勒等情，今欲有憑，立賣山骨契付與買主永遠為據。

一批上手契壹纸。一批坑壠任凴出水，再照。

道光弍拾肆年捌月拾四日　立賣山骨契人　胡榮琳

憑中人　丁宗榮

黄廷岳

代筆　葉崇青

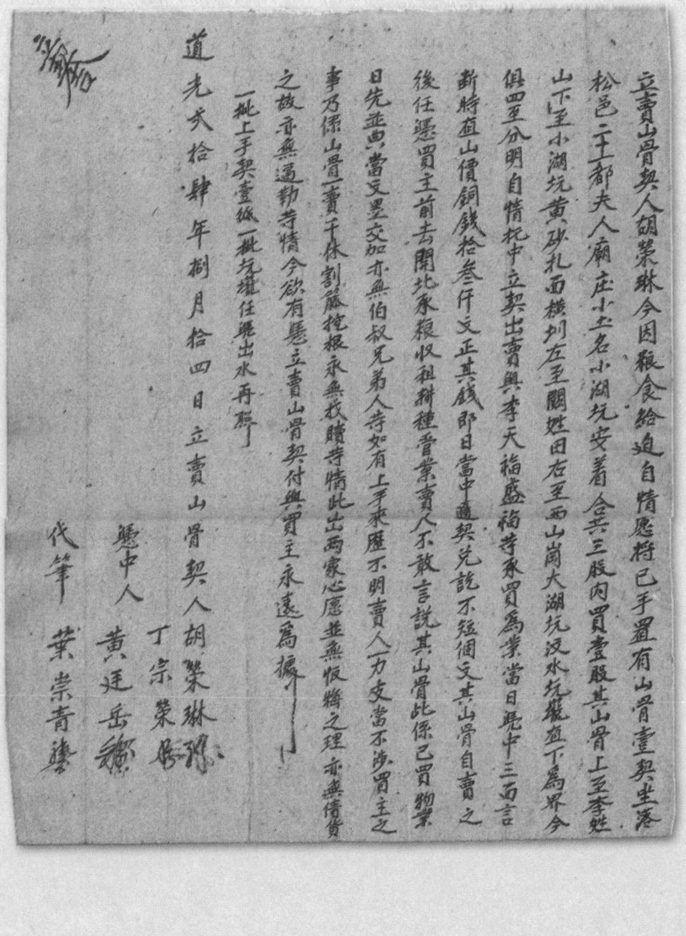

立賣田契人徐金森今因錢粮無办情愿

坐落廿一都夫人廟庄土名社處后苦麥　同安着民

田壹處叁坵其田上至闕姓田下至闕姓蓋

右至竹頭為界今載四至分明計額七分正并及界

內田頭地埆樫樹雜木一應在內親立文契出賣與

闕翰禮親邊為業當日憑中筆面斷時值田價

銅錢叁拾叁千文正其錢當日隨契交兑親收兑足

其田自賣之後任憑闕邊執契管業推收過戶易佃

耕種收租完粮扦掘改造徐邊永遠不敢識認再不

得言找言贖永絶割斷如同截木此係出自己分物

業與內外伯叔兄弟子侄人等無涉日先亦無典當文

墨在外如有此色徐邊自能一力承當不干闕邊之事

如違甘受疊騙之咎此出兩家心愿並無逼抑反悔準

折債付等情恐後無凴故立賣田契為拠

道光廿四年十二月初五日立賣田契人徐金森（押）

砝耀（押）

堂兄　金遠（押）

金利（押）

憑中

代筆丁猶麟（押）

立杜找割絶契人徐金森原日前與闕輪禮
民田壹契坐落廿一都夫人廟庄土名社處后……
民田壹處其畝額坵段俱載正契原已契明價……
今因年歲逼迫無錢應用自情愿邀請原……
闕輪禮親邊勸找出契外銅錢肆千文……
契交楚親收足訖其田自找之後任憑闕……
內田畝坵段永遠管業徐邊子孫人等再不敢言找
贖不絶割斷如同截木如藤割斷如違甘受疊騙之
咎此出兩家心愿並無逼抑反悔等情恐後無憑故
立杜找割絶契交與闕邊永遠為據
道光廿四年十二月廿二日立杜找割絶契人徐金森（押）
硂耀（押）
堂兄　金遠（押）
金利（押）
雷永壽（押）
闕學應（押）
見找
代筆丁猶麟（押）

（前頁）>>>>>

立賣田契人徐金森，今因錢粮無办，情愿□□□
坐落廿一都夫人廟庄，土名社處后苦麥崗，安着民
田壹處叁坵，其田上至闕姓田，下至闕姓荒□□□□，
右至竹頭為界，今載四至分明，計額七分正，并及界
內田頭地角，槿樹雜木，一應在內，親立文契，出賣與
闕翰禮親邊為業，當日憑中筆面斷，時值田價
銅錢叁拾叁千文正，其錢當日隨契交兑，親收完足，
其田自賣之後，任憑闕邊執契管業，推收過户，易佃
耕種，收租完粮，扦掘改造，徐邊永遠不敢識認，再不
得言找言贖，永絕割斷，如同截木，此係出自己分物
業，與內外伯叔兄弟子侄人等無涉，日先亦無典當文
墨在外，如有此色，徐邊自能一力承當，不干闕邊之事，
如違，甘受叠騙之咎，此出兩家心愿，並無逼抑反悔準
折債付［負］等情，恐後無憑，故立賣田契為據。
道光廿四年十二月初五日　立賣田契人　徐金森
砿耀
堂兄　金遠
憑中　金利
雷永壽
闕學應
代筆　丁猶麟

立杜找割絶契人徐金森，原日前與闕翰禮□□□□
民田壹契，坐落廿一都大人廟庄，土名社處后□□□□
民田壹處，其畝額坵段，俱載正契，原已契明價□□□，
今因年歲逼迫，無錢應用，自情愿邀请原□□□□
闕翰禮親邊勸找出契外銅錢肆千文正，□□□
契交楚，親收足訖，其田自找之後，任憑闕邊□□□
内田畝坵段，永遠管業，徐邊子孫人等再不敢言找言
贖，永絶割斷，如同截木，如藤割斷，如違，甘受叠騙之
咎，此出兩家心愿，並無逼抑反悔等情，恐後無憑，故
立杜找割絶契交與闕邊永遠為據。

道光廿四年十二月廿二日　立杜找割絶契人　徐金森
　　　　　　　　　　　　　　　　　　　　　　硃耀
　　　　　　　　　　　　　　　　　　堂兄　金遠
　　　　　　　　　　　　　　　　　　見找　金利
　　　　　　　　　　　　　　　　　　　　　雷永壽
　　　　　　　　　　　　　　　　　　　　　闕學應
　　　　　　　　　　　　　　　　　　代筆　丁猶麟

立賣堪地契人賴新有今因錢粮無办自情愿將父手遺下兄弟均分自己鬮内民地坐
落松邑廿一都百步庄趙圩堪埔民地壹塊東至謝姓地為界南至賴開昌地界西至王姓田為界北
至開昌麻地為界今俱四至分明計額叁分正自情請託凴中親立文契出與蔡延排闞翰禮邊入受承
買為業當日三面言斷時值地價銅錢貳拾壹千文正其錢即日隨契兩相面交親収足訖不短
分文其地自賣之後任凴買主過户完粮執契管業其地乃係父受遺下清楚物業與房親伯叔兄
弟子侄内外人等無涉並無寸土干碍日先亦無重服典當文墨在外並無貨債之故如有上手來歴
不明賣主壹力承耽不干買主之事愿賣愿買契明價足劃騰斷根此出兩家情愿各無反悔等情恐
口難信故立賣堪契付與買主永遠為據

道光貳拾陸年拾壹月拾壹日 立賣堪地契人 賴新有（押）

在場兄人 賴新富（押） 賴新福（押） 賴開昌（押）

凴中人 王有田（押） 羅有昌（押）

代筆人 王金財（押）

立找地契人賴新有今因與蔡排闞翰禮邊交易民
地壹契土名坐落松邑廿一都百步庄趙圩堪埔民地壹塊
錢粮亟分前契載明今同年歲歉錢本不應再
請託言場中筆相勸蔡主找出契外銅錢貳千文
正其錢隨找兩相交足不少個文其找之後契明價足

契尾　字　號

布字捌千捌百叁拾伍號右給

松陽縣業户闕翰禮　准此

計開業户　買田小業　畝　價銀弍拾叁兩ㄨ錢ㄨ分　納稅銀ㄨ兩陸錢玖分ㄨ厘ㄨ

道光貳拾捌年弍月　日

恐口難故立找契為據

道光廿六年拾弍月廿日立找契人　賴新有

在場兄賴新富

賴新福

憑中人羅有

代筆　全金

(前頁)>>>>>

立賣坝地契人賴新有，今因錢粮無办，自情愿将父手遺下兄弟均分自己鬮内民地，坐落松邑廿一都百步庄趙圩坝角，民地壹塊，東至謝姓地為界，南至賴開昌地界，西至王姓田為界，北至開昌麻地為界，今俱四至分明，計額叁分正，自情請託凴中親立文契，出與茶排闕翰禮邊入受承買為業，當日三面言断，時值地價銅錢貳拾壹千文正，其钱即日隨契两相面交，親收足訖，不短分文，其地自賣之後，任凴買主過户完粮，執契管業，其地乃係父受［手］遺下清楚物業，與房親伯叔兄弟子侄内外人等無涉，並無寸土干碍，日先亦無重服［復］典當文墨在外，並無貨債之故，如有上手來歷不明，賣主壹力承耽［擔］，不干買主之事，愿賣愿買，契明價足，割藤断根，此出两家情（願），各無反悔等情，恐口难信，故立賣坝契付與買主永遠為據。

道光弍拾陸年拾壹月拾壹日　立賣坝地契人　賴新有

賴新富

在場兄人　賴新福

賴開昌

王有田

凴中人　羅有昌

代筆人　王金財

立找地契人賴新有，今因與茶排闕翰禮邊交易民地壹契，土名坐落松邑廿一都百步庄趙圩垻角，民地壹塊，錢粮畝分，前契載明，今同［因］年歲勸錢本不應，再請託言［原］場中筆，相勸業主找出契外銅錢弍千文正，其钱隨找两相交足，不少個文，其找之後，契明價足，永無找贖，割藤断（根），此出两甘情愿，各無反悔等情，恐口难（信），故立找契為據。

道光廿六年拾弍月廿日　立找契人　賴新有

在場兄　賴新富

賴新福

凴中人　羅有昌

代筆人　王金財

（契尾，道光貳拾捌年弍月）

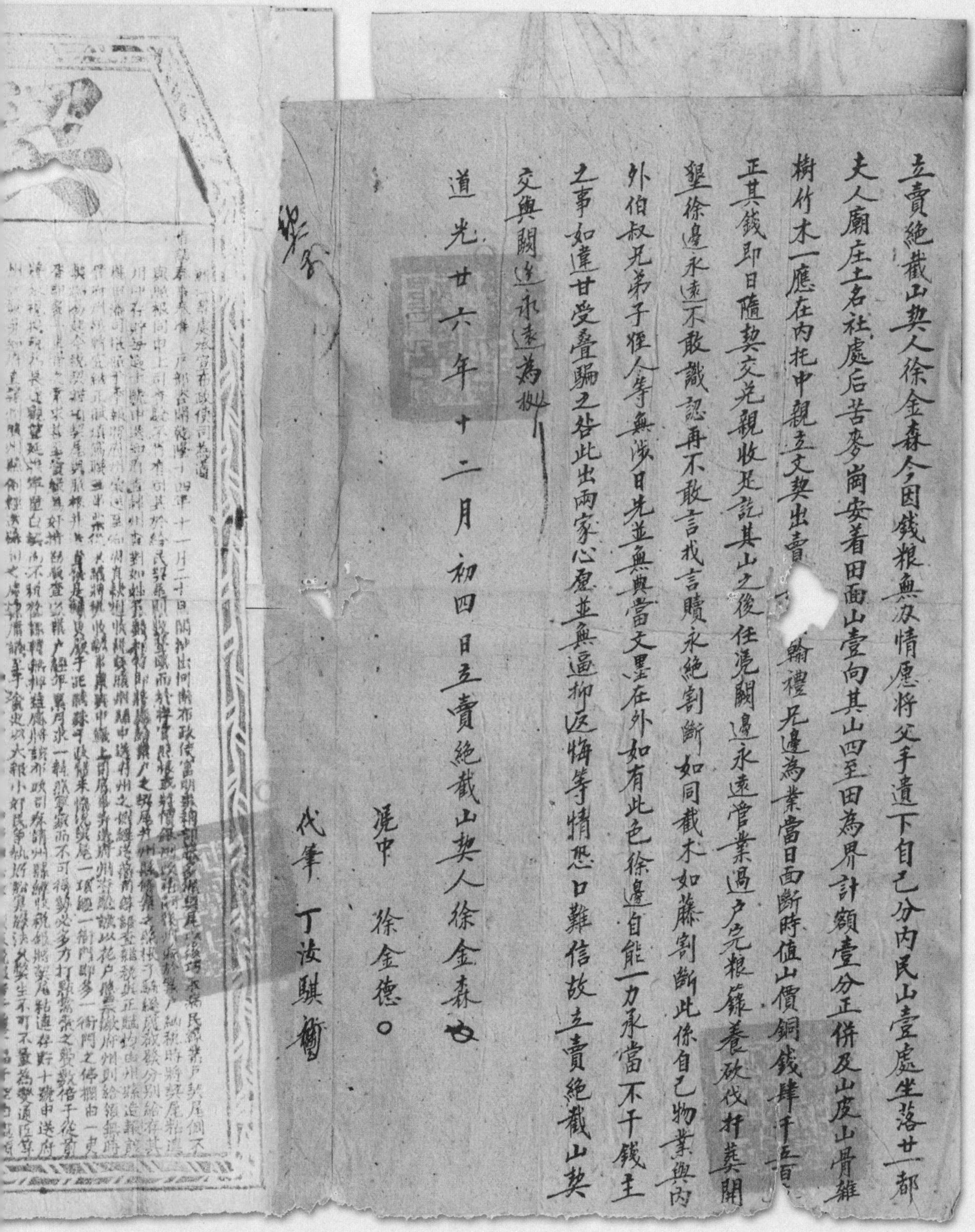
立賣絕截山契人徐金森今因錢粮無次情愿将父手遺下自己分内民山壹處坐落廿一都
夫人廟庄土名社處后苦麥崗安着田面山壹向其山四至田為界計額壹分正併及山皮山骨雜
樹竹木一應在内托中親立文契出賣[illegible]翰禮兄邊為業當日面斷時值山價銅錢肆千五百
正其錢即日隨契交乞親收足訖其山之後任凭闕邊永遠管業過户完粮蓄養砍伐扦葬開
墾徐邊永遠不敢識認再不敢言找言贖永絕割斷如同截木如藤割斷此係自己物業與内
外伯叔兄弟子侄人等無涉日先並無與當文墨在外如有此色徐邊自能一力承當不干錢主
之事如違甘受疊騙之咎此出兩家心愿並無逼抑返悔等情恐口難信故立賣絕截山契
交與闕邊永遠為據

道光廿六年十二月初四日立賣絕截山契人徐金森

凭中　徐金德○

代筆　丁汝騏

字　號
布字捌千捌百叁拾肆號右給
業户闕翰禮
道光貳拾捌年弍月　日

立賣絶截山契人徐金森，今因錢粮無办，情愿将父手遺下自己分内民山壹處，坐落廿一都夫人廟庄，土名社處后苦麥崗，安着田面山壹向，其山四至田為界，計額壹分正，併及山皮、山骨，雜樹竹木，一應在内，托中親立文契，出賣□闕翰禮兄邊為業，當日面斷，時值山價銅錢肆千五百文正，其錢即日隨契交兑，親收足訖，其山之後任凭闕邊永遠管業，過户完粮，籙養砍伐，扦葬開壟，徐邊永遠不敢識認，再不敢言找言贖，永絶割斷，如同截木，如藤割斷，此係自己物業，與内外伯叔兄弟子侄人等無涉，日先並無典當文墨在外，如有此色，徐邊自能一力承當，不干錢主之事，如違，甘受叠騙之咎，此出兩家心愿，並無逼抑返〔反〕悔等情，恐口難信，故立賣絶截山契交與闕邊永遠為據。

道光廿六年十二月初四日　立賣絶截山契人　徐金森

凭中　徐金德

代筆　丁汝騏

（契尾，道光貳拾捌年弍月）

立賣田契人李葳有今因無銅錢應用自情愿將己手置有民田坐落二
十壹都夫人廟庄土名小湖子己住屋门口餘坪堪下安着水田壹大坵其
田上至餘坪沿堪下至闕姓田左至買主荒坪右至砂坑壠為界計額叁
分正今具四至分明以及界内荒熟等處樹木一应在内請托中立契出賣
与闕翰禮兄邊承買為業當日憑中三面斷定目值田價銅錢貳拾仟文正
其錢即日隨契中筆兩相交兑足訖不少個文自賣之後任從買主推收過
户完粮易佃耕作收租管業原係己手清楚物業与内外親房伯叔兄
弟子侄人等並無干碍未賣日先亦無典當交墨交加若有上手來歷
不明賣人自行支所不干買主之事所賣所買兩家心愿並無逼勒準
折債貨之故此賣之後任憑買主修耆賣人不得异言等語今恐口難
信故立賣田契交與買主耕作收租管業為據

道光貳拾玖年 拾壹月貳拾日立賣田契人 李葳有（押）

在場兄 葳福（押）

見中叔 李天利（押）

天福（押）

憑中 吳有基（押）

立杜找田契人李盛有原因日前与闞韜禮光迁交易民田壹契坐落
二十盧鄰交人廟座土名小湖子已任屋门口安着水田壹坵其田界
至亩分前有正契載明今因年逼缺錢使用自請原中向到買主家
勸說再找出銅錢肆千文正其錢即日隨契原中交訖不短個文自找
之后契明價足割藤断根賣人永不敢异言茲事其田四至界内荒坪
地角任從買主易佃耕作收租管業如違甘受之論今恐口難信故立
找田契文与買主子孫永遠為據——

道光貳拾玖年拾弍月拾玖日立找田契人李盛有（押）

見找叔　天利（押）
　　　　天福（押）
兄　盛福（押）
原中　石有基（押）
代筆　闞韜奎（押）

（前頁）>>>>>

立賣田契人李盛有，今因無銅錢應用，自情愿将己手置有民田，坐落二十壹都夫人庙庄，土名小湖子己住屋门口餘坪墈下，安着水田壹大坵，其田上至餘坪沿墈，下至闕姓田，左至買主荒坪，右至砂坑壠為界，计额叁分正，今具四至分明，以及界内荒熟等處樹木，一应在内，請托中立契，出賣与闕翰禮兄邊承買為業，當日憑中三面断定，目值田價銅錢貳拾仟文正，其錢即日随契中筆两相交兑足讫，不少個文，自賣之後，任從買主推收過户完粮，易佃耕作，收租管業，原係己手清楚物業，与内外親房伯叔兄弟子侄人等並無干碍，未賣日先，亦無典當文墨交加，若有上手來歷不明，賣人自行支听，不干買主之事，所賣所買，兩家心愿，並無逼勒準折債貨之故，此賣之後，任凴買主修整，賣人不得异言等語，今恐口難信，故立賣田契交與買主耕作收租管業为據。

在塲兄　盛福

道光貳拾玖年拾壹月弍拾日　立賣田契人　李盛有

見中叔　李天利

天福

凴中　石有基

代筆　闕献奎

立杜找田契人李盛有，原因日前与闕翰禮兄边交易民田壹契，坐落二十壹都夫人庙庄，土名小湖子己住屋门口，安着水田壹坵，其田界至亩分，前有正契載明，今因年逼，缺錢使用，自请原中向到買主家，勸說再找出銅錢肆千文正，其錢即日隨契原中交讫，不短個文，自找之后，契明價足，割藤断根，賣人永不敢异言兹［滋］事，其田四至界内，荒坪地角，任從買主易佃耕作，收租管業，如違，甘受（叠騙）之論，今恐口難信，故立找田契交与買主子孫永遠為據。

道光貳拾玖年拾弍月拾玖日　立找田契人　李盛有

見找叔　天利

天福

兄　盛福

原中　石有基

代筆　闕献奎

立賣絶尾屋契人葉招貴[illegible]缺之銅錢調治應用自愿将父手遺
置有基地𥱰山坐[illegible]廿一都[illegible]人廟庄土名林居下已住正屋下手小门内左安着
架造屋壹間東至王姓瓞連隔三墻為界南至正棟墻脚透出反出入路门隨墻
脚為界西至田堪為界[illegible]沿滴水為界上尾桷樑柱基地门户等項一應在內
今具四至分明托中立契[illegible]闕翰禮兄邊承買為業當日憑中三面言斷定目
值屋價銅錢玖什弍伯[illegible]八郎日隨中筆兩相交兑足訖不少個文自賣之
后任從買主前去闭鎖[illegible]住堆積管業移改修整扞掘調用賣人不得異
言未賣日先亦無典當文墨交加若有來歷不明賣人自己支吥不涉買主之事
原係正行交易並无逼勒準折債負之故一賣千休割藤斷根賣人永不得異
言取贖言找之理原係父手清業与內外伯叔兄弟子侄人等無干如違甘受疊
騙之論恐口難信故立[illegible]此契交與買主子孫永遠管業為據

道光叁拾年柒月初壹日立賣斷絶尾屋契人 葉招貴（押）

見中母舅 王盛琳（押）

憑中 闕新奎（押） 石有基（押）

代筆 闕献奎（押）

立賣绝瓦屋契人葉招貴，□□□□病，缺乏銅錢调治應用，自愿将父手遺下置有基地架造，坐落廿一都夫人庙庄，土名林店下己住正屋下手小门内片，安着架造屋壹间，東至王姓毗連隔三墻为界，南至正棟墻脚透出及出入路门随墻脚为界，西至田塝為界，北□□滴水為界，上瓦桷樑柱基地门户等项，一应在内，今具四至分明，托中立契，□□□闕翰禮兄边承買為業，當日凴中三面言断，定目值屋價銅錢玖仟弍伯文正，其錢即口随中筆兩相交兑足讫，不少個文，自賣之后，任從買主前去闭鎖□□居住，堆積管業，移改修整，扦掘调用，賣人不得异言，未賣日先，亦無典當文墨交加，若有來歷不明，賣人自己支听，不涉買主之事，原係正行交易，並无逼勒準折债負之故，一賣千休，割藤断根，賣人永不得異言取贖言找之理，原係父手清業，与内外伯叔兄弟子侄人等無干，如違，甘受叠騙之論，恐口難信，故立□□□□契交與買主子孫永遠管業為據。

道光叁拾年柒月□壹日　立賣断绝瓦屋契人　葉招貴

見中母旧［舅］　王盛琳

凴中　闕新奎

石有基

代筆　闕献奎

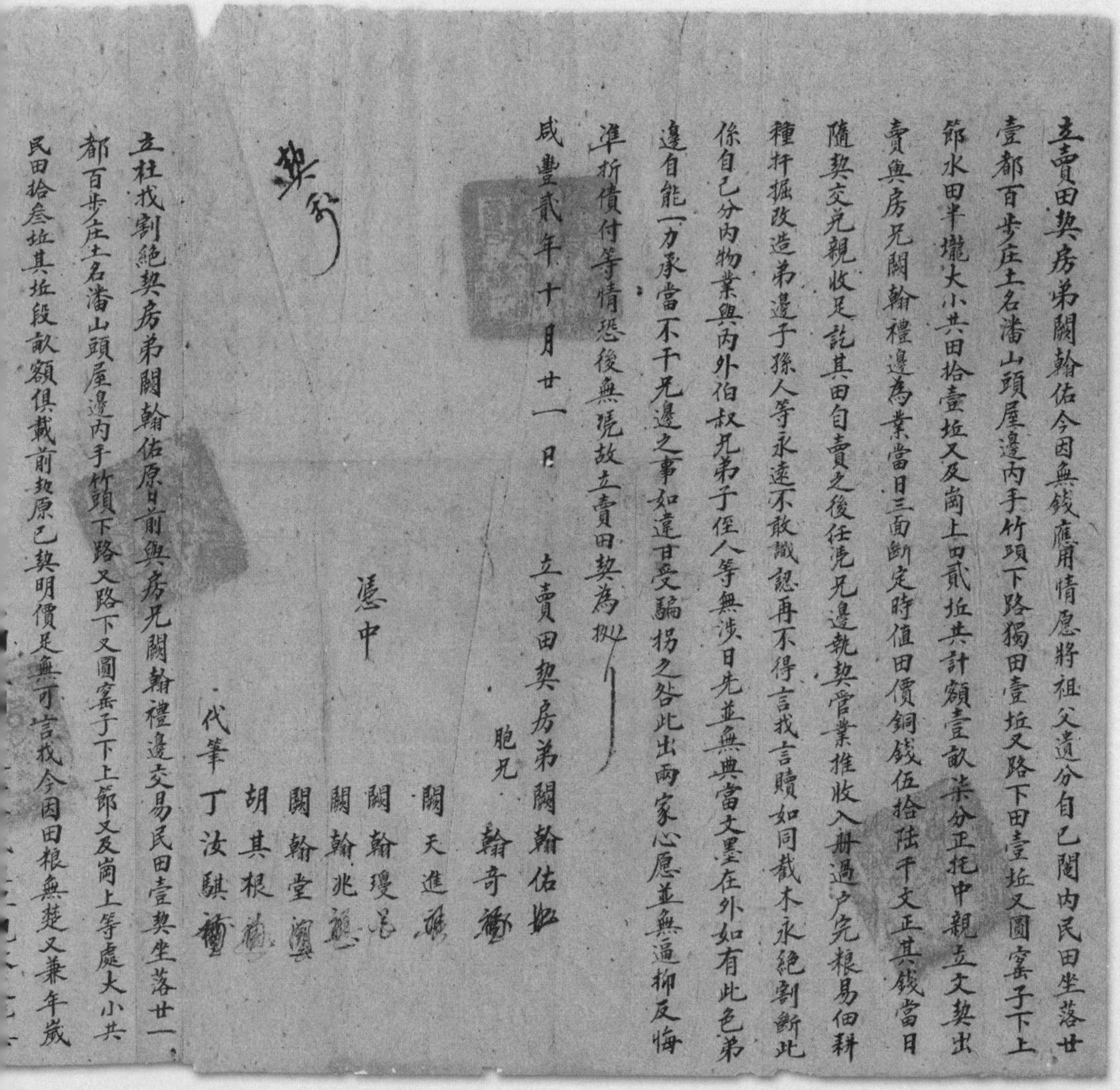

立賣田契房弟闕翰佑今因無錢應用情愿將祖父遺分自己閣內民田坐落廿
壹都百步庄土名潘山頭屋邊內手竹頭下路獨田壹坵又路下田壹坵又園塍子下上
節水田半墈大小共田拾壹坵又反崗上田貳坵共計額壹畝柒分正托中親立文契出
賣與房兄闕翰禮邊為業當日三面斷定時值田價銅錢伍拾陸千文正其錢當日
隨契交兌親收足訖其田自賣之後任憑兄邊執契管業推收入冊過户完粮易佃耕
種扦掘改造弟邊子孫人等永遠不敢識認再不得言找言贖如同截木永絕割斷此
係自己分內物業與內外伯叔兄弟子侄人等無涉日先並無典當文墨在外如有此色弟
邊自能一力承當不干兄邊之事如違甘受騙拐之咎此出兩家心愿並無逼抑反悔
準折債付等情恐後無憑故立賣田契為據

咸豐貳年十月廿一日　立賣田契房弟闕翰佑

胞兄　翰奇

憑中　闕天進　闕翰瓊　闕翰兆　闕翰堂　胡其根

代筆　丁汝騏

契

立杜找割絕契房弟闕翰佑原日前與房兄闕翰禮邊交易民田壹契坐落廿一
都百步庄土名潘山頭屋邊內手竹頭下路又路下又園塍子下上節又反崗上等處大小共
民田拾叁坵其坵段畝額俱載前契原已契明價足無可言找今因田粮無楚又兼年歲

契尾　字　號

浙江等處承宣布政使司為[illegible]戶部咨開乾隆十四年十一月二十[illegible]議奏事案准部議多頒契尾以[illegible]

[illegible]

生不可不量為變通臣等酌議請嗣後布政司頒發給民契尾格式編立號數前半幅照常細書業戶等[illegible]

于後半幅于空白處預鈐司印以備投稅時將[illegible]數目大字填寫鈐印之處令業戶看明當面騎[illegible]

幅同季冊彙送布政司查核此係一行筆跡[illegible]二大小數目委難改換其從前州縣布政司備查各[illegible]

契尾無停擱之虞契價無參差之弊于民無[illegible]侵蝕可杜爭訟可息矣如蒙

俞允候

命下之日臣部頒發格式通行直省督撫一體欽遵[illegible]

旨依議欽此相應抄錄原奏并頒格式[illegible]

臨民投納買價兩納稅三分[illegible]

幅同季冊彙送本司查核所有[illegible]

須至契尾者

計開業戶　布字貳[illegible]號　業戶闕[illegible]　買[illegible]　壹畝　分　價銀陸拾肆兩　錢　分　納稅銀[illegible]

右給松陽縣業戶闕翰禮　准此

咸豐陸年拾弍月　日

田自找之後任憑兄邊照正契土名坵段畝額管業并及田頭地塝柏樹雜木一應在內
弟邊子孫人等再不敢言找言贖永絕割斷如同截木如藤割斷如違甘受疊騙
之咎此出兩家心愿並無逼抑反悔等情恐後無憑故立杜找割絕契為據

咸豐貳年十二月十一日立杜找割絕契房弟闕翰佑（押）

見找原中

胞兄　闕翰奇（押）
闕天進（押）
闕翰瓊（押）
闕翰兆（押）
闕翰堂（押）
胡其根（押）
代筆丁汝騏（押）

（前頁）>>>>>

立賣田契房弟闕翰佑，今因無錢應用，情愿將祖父遺分自己閹内民田，坐落廿壹都百步庄，土名潘山頭屋邊内手竹頭下路，獨田壹坵，又路下田壹坵，又圓窑子下上節水田半壠，大小共田拾壹坵，又及崗上田貳坵，共計額壹畝柒分正，托中親立文契，出賣與房兄闕翰禮邊為業，當日三面斷定，時值田價銅錢伍拾陆千文正，其錢當日隨契交兑，親收足訖，其田自賣之後，任凴兄邊執契管業，推收入册，過户完粮，易佃耕種，扦掘改造，弟邊子孫人等永遠不敢識認，再不得言找言贖，如同截木，永絕割斷，此係自己分內物業，與內外伯叔兄弟子侄人等無涉，日先並無典當文墨在外，如有此色，弟邊自能一力承當，不干兄邊之事，如違，甘受騙拐之咎，此出兩家心愿，並無逼抑反悔準折債付［負］等情，恐後無凴，故立賣田契為據。

咸豐貳年十月廿一日　立賣田契房弟　闕翰佑

胞兄　翰奇

闕天進

憑中　闕翰瓊

闕翰兆

闕翰堂

胡其根

代筆　丁汝騏

立杜找割絕契房弟闕翰佑，原日前與房兄闕翰禮邊交易民田壹契，坐落廿一都百步庄，土名潘山頭屋邊内手竹頭下路，又路下，又圓窑子下上節，又及崗上等處，大小共民田拾叁坵，其坵段畝額，俱載前契，原已契明價足，無可言找，今因田粮無楚［措］，又兼年歲逼迫，自情愿邀同原中筆，向與兄邊勸找出契外銅錢捌千文正，其錢隨契親收足訖，其田自找之後，任憑兄邊照正契土名坵段畝額管業，并及田頭地角，柏樹雜木，一應在内，弟邊子孫人等再不敢言找言贖，永絕割斷，如同截木，如藤割斷，如違，甘受叠騙之咎，此出兩家心愿，並無逼抑反悔等情，恐後無憑，故立杜找割絕契為據。

咸豐貳年十二月十一日　立杜找割絕契房弟　闕翰佑

胞兄　翰奇

闕天進

見找原中　闕翰瓊

闕翰兆

闕翰堂

胡其根

代筆　丁汝騏

（契尾，咸豐陸年拾弍月）

立賣田契人廖有谷今因錢粮無楚情愿將自置民田坐落廿壹都夫人廟庄土名塘子裏安着水田壹段東至路為界南至墻脚為界西至廖姓田為界北至路為界計額貳分正今具四至分明托中親立文契出賣與闕翰禮親邊為業當日三面斷定時值田價銅錢壹拾貳千文正其錢隨契交兑親收足訖其田自賣之後任憑闕邊執契管業推收過户易佃耕種收租完粮扦掘改造廖邊子孫人等永遠不敢識認再不得言找言贖如同截木永絶割斷此係自己物業與内外伯叔兄弟子侄人等無涉日先並無典當文墨在外如有此色廖邊自能一力承當不干錢主之事如違甘受疊騙之咎此出兩家心愿並無逼抑反悔等情恐後無憑故立賣田契交與闕邊永遠為拠

咸豐貳年拾壹月拾陸日立賣田契人廖有谷 〇

憑中 廖有雄 〇

廖石主 〇

代筆丁汝驥（押）

契約

立杜找割絶契人廖有谷日前與闕翰禮親邊交易民田壹契坐落松邑廿壹都夫人廟庄土名塘子裏安着粮田壹段其四至畝額俱載正契原已契明價足無可言找言贖今因年歲逼迫無錢應用情愿邀同原中筆親立找契向與闕翰禮親邊勸找出契

契尾

字　號

咸豐陸年拾弍月　日

布字　號

計開業戶　買　畝　分價銀拾肆兩×錢×分納稅銀×兩肆錢弍分×釐×毫

右給松陽縣業戶闕翰禮　准此

一應在內任凭闕邊永遠執契管業廖邊子孫人等再不得言找言贖永絕割斷如
同截木如藤割斷如違甘受疊騙之咎此出兩家心愿並無逼抑反悔等情恐後無
凭故立杜找割絕契為據

咸豐貳年拾二月貳拾柒日立杜找割絕契人廖有谷〇

原中見找　廖有雄
廖石圭〇

代筆丁汝騏

（前頁）>>>>>

立賣田契人廖有谷，今因錢粮無楚［措］，情愿將自置民田，坐落廿壹都夫人廟庄，土名塘子裏，安着水田壹段，東至路為界，南至墻脚為界，西至廖姓田為界，北至路為界，計額貳分正，今具四至分明，托中親立文契，出賣與闕翰禮親邊為業，當日三面斷定，時值田價銅錢壹拾貳千文正，其錢隨契交兑，親收足訖，其田自賣之後，任凴闕邊執契管業，推收過户，易佃耕種，收租完粮，扦掘改造，廖邊子孫人等永遠不敢識認，再不得言找言贖，如同截木，永絕割斷，此係自己物業，與内外伯叔兄弟子侄人等無涉，日先並無典當文墨在外，如有此色，廖邊自能一力承當，不干錢主之事，如違，甘受叠騙之咎，此出兩家心愿，並無逼抑反悔等情，恐後無凴，故立賣田契交與闕邊永遠為據。

咸豐貳年拾壹月拾陆日　立賣田契人　廖有谷

凴中　廖有雄

廖石主

代筆　丁汝騏

立杜找割絕契人廖有谷，日前與闕翰禮親邊交易民田壹契，坐落松邑廿壹都夫人廟庄，土名塘子裏，安着粮田壹段，其四至畝額，俱載正契，原已契明價足，無可言找言贖，今因年歲逼迫，無錢應用，情愿邀同原中筆親立找契，向與闕翰禮親邊勸找出契外銅錢貳千文正，其錢當日親收足訖，其田自找之後，并及正契界内，田頭地角，柏樹雜木，一應在内，任凴闕邊永遠執契管業，廖邊子孫人等再不得言找言贖，永絕割斷，如同截木，如藤割斷，如違，甘受叠騙之咎，此出两家心愿，並無逼抑反悔等情，恐後無凴，故立杜找割絕契為據。

咸豐貳年拾二月貳拾柒日　立杜找割絕契人　廖有谷

原中見找　廖有雄

廖石主

代筆　丁汝騏

（契尾，咸豐陸年拾弍月）

立賣田契字人闕翰連今因錢粮無办自情愿將父手遺下分派自己股内民田
坐落松邑廿一都百步庄趙圩垻楓樹下下手安着其田左至王姓田右至雷姓境
地内至山脚外至水圳路為界又田壹坵坐落社公殿前安着其田内至路外至水圳
至路右至路為界四至之内並及荒頭地塝茶頭雜木一概在内四至分明計額壹畝
正自愿託中立契出賣與西山庄謝萬富親邊入受承買為業當憑中
三面言斷時值田價銅錢伍拾貳千文正其錢即日當中交兑足訖不短分文其田自賣之
後任憑買主推收投税過户入册完粮起耕管業其田乃係父手清業與内外房親兄弟
子侄人等無涉日先亦無重復典當文墨在外倘有上手來歷不明皆係賣人一力承當不
干買主之事此係正行交易不是準折負債之故一賣千休兩家割截無找無贖兩相
情愿各無反悔並無逼抑等情恐口無憑故立賣契付與買主永遠為據行

咸豐二年十一月十九日立賣田契字人 闕翰連

在場 闕王河

見中 林申茂

代筆 林俊茂

立杜找絕田契字人闕翰連日先將與西山庄謝萬富親邊交易民壹契
坐落松邑廿一都百步庄趙圩垻楓樹下下手安着又社公殿前田壹坵
計共叁坵正四至界限畝額前有正契載明今因年冬逼廹急用無措

契尾

字　號

浙江等處承宣布政使司為遵……

計開

業戶　　買　　畝　分　買價銀伍拾伍兩X錢X分　稅銀壹兩陸錢伍分X厘

布字肆千肆百叁拾　號　右給松陽縣業戶　謝萬富　准此

咸豐　年　月　日

乃係契明價足日後永遠謝邊管業掛邊永不得識認一找干休割籐截根永不敢再行言找如有再行言找甘受疊騙之論恐口难凭故立找字為據

咸豐二年十二月初三日立找田契字人　闕翰連（押）

見找　闕玉河（押）

原中　林申茂（押）

代筆　林俊茂（押）

（前頁）>>>>>

立賣田契字人闕翰連，今因錢粮無办，自情愿将父手遺下分派自己股内民田，坐落松邑廿一都百步庄趙圩垻楓樹下下手，安着其田，左至王姓田，右至雷姓荒地，内至山脚，外至水圳路為界，又田壹坵，坐落社公殿前，安着其田，内至路，外至水圳，左至路，右至路為界，四至之内，並及荒頭地角，茶頭雜木，一概在内，四至分明，計額壹畝五分正，自愿託中立契，出賣與西山庄謝萬富親邊入受承買為業，當（日）凴中三面言断，時值田價銅錢伍拾貳千文正，其錢即日當中交兑足訖，不短分文，其田自賣之後，任憑買主推收投税過户，入册完粮，起耕管業，其田乃係父手清業，與内外房親兄弟子侄人等無涉，日先亦無重復典當文墨在外，倘有上手來歷不明，皆係賣人一力承當，不干買主之事，此係正行交易，不是準折負債之故，一賣千休，两家割截，無找無贖，两相情愿，各無反悔，並無逼抑等情，恐口無凴，故立賣契付與買主永遠為據行。

咸豐二年十一月十九日　立賣田契字人　闕翰連

在場　闕玉河

凴中　林申茂

代筆　林俊茂

立杜找絕田契字人闕翰連，日先原與西山庄謝萬富親邊交易民（田）壹契，坐落松邑廿一都百步庄趙圩垻楓樹下下手安着，又社公殿前田壹坵，計共叁坵正，四至界限畝額，前有正契載明，今因年冬逼迫，急用無措，再請托原中相勸業主，找出契外銅錢叁千文正，其錢即日交足，不短分文，其田乃係契明價足，日後永遠謝邊管業，闕邊永不得識認，一找千休，割藤截根，永不敢再行言找，如有再行言找，甘受叠騙之論，恐口难凴，故立找字為據。

咸豐二年十二月初三日　立找田契字人　闕翰連

見找　闕玉河

原中　林申茂

代筆　林俊茂

（契尾，咸豐　年　月）

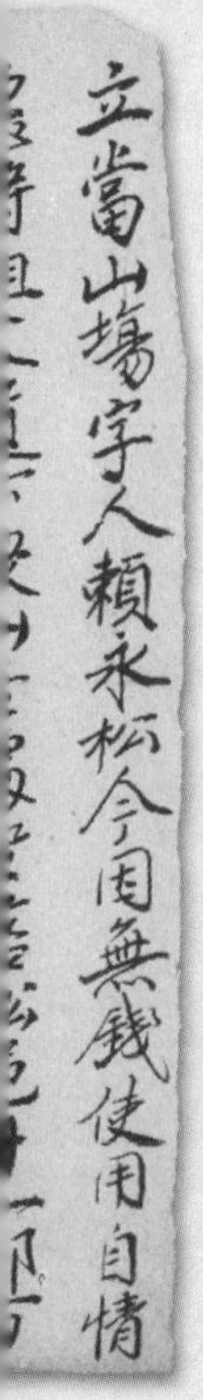

立當灰寮基地字人單荣華仝弟等，今因無錢应用，自愿将祖父遺下基地壹塊，坐落松邑廿一都夫人庙庄，土名山边自己居住老屋门首路边安着，東至田墈，南至出入大路，西至路，北至田墈為界，今俱四至分明，自托中立字，出當与本村阙德理兄入手承當過銅錢本貳仟肆百文正，其錢利当淍中三面言断，每年秋收之日，充纳錢利水谷弍桶正，其利谷送至錢主家内風浄交量清楚，不得欠少升合，如違，其当灰寮基地任淍錢主执契管業，当人等不敢異言阻执，今欲有淍，恐口难信，故立当灰寮字為據。

一批四至界内，柏樹壹枝在内，再照。

咸豐叁年陆月初六日　立當基地人　單荣華

仝弟　荣萬

荣旺

見中　石有基

代筆　阙相奎

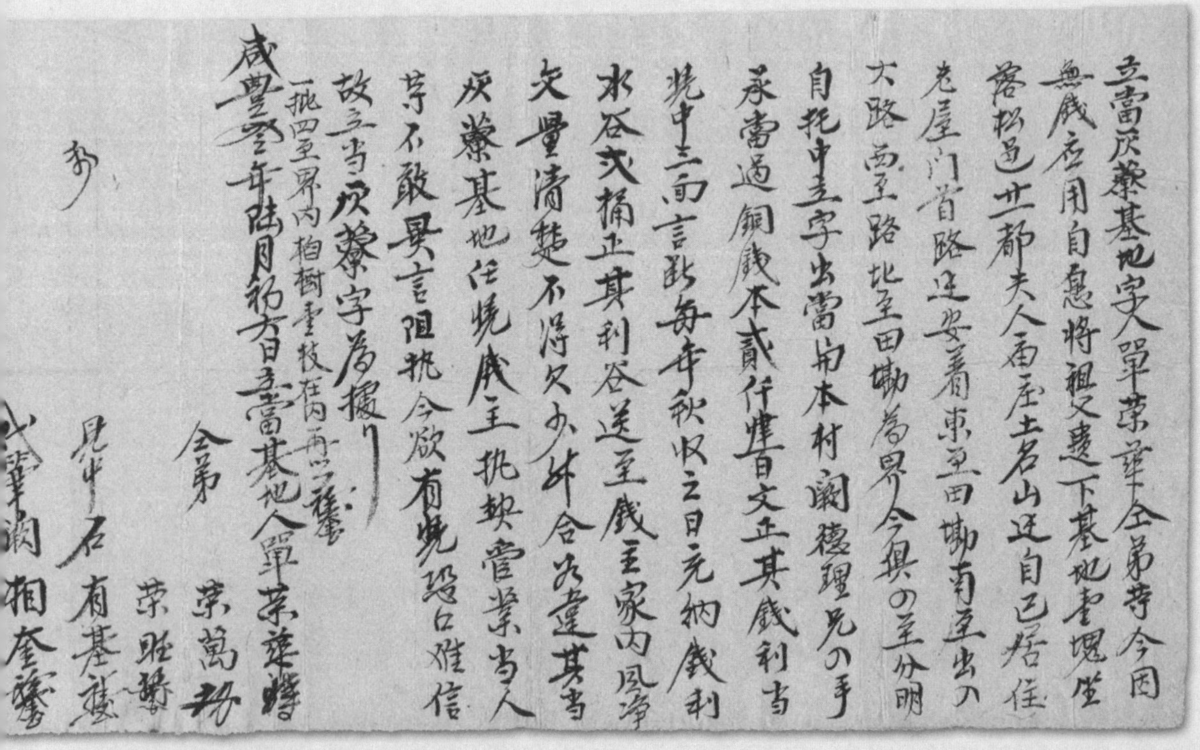

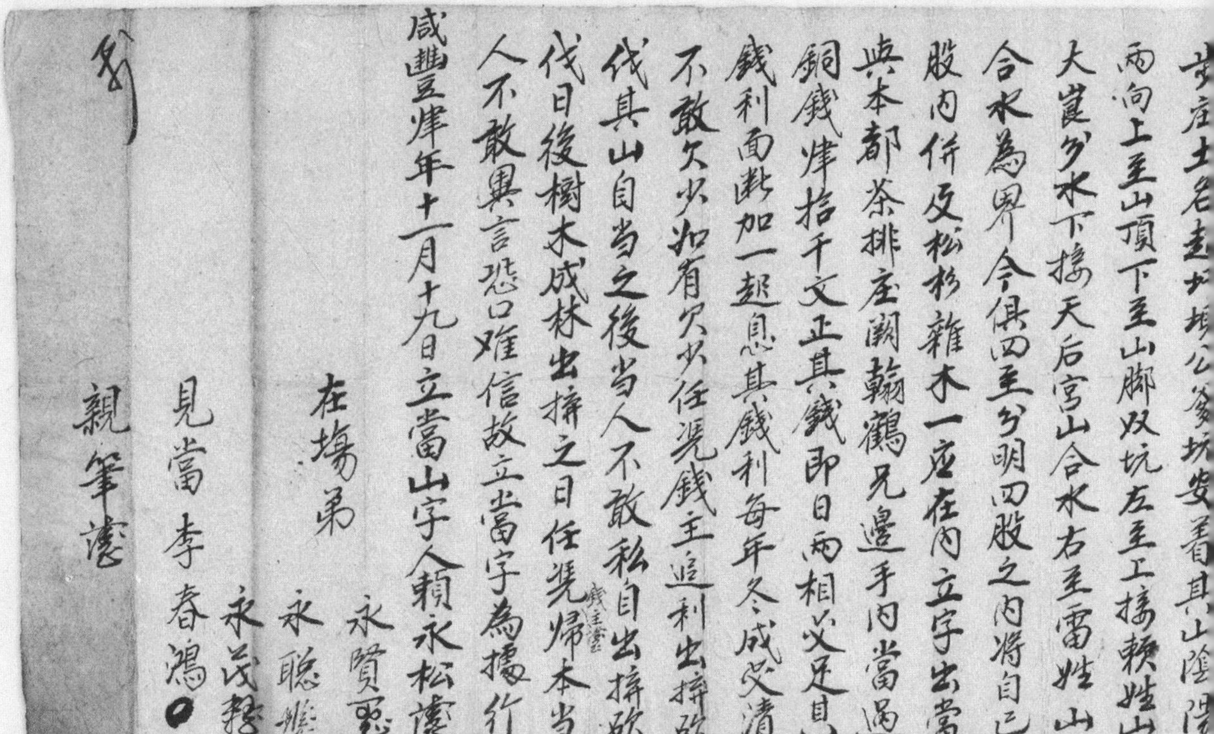

立當山塲字人賴永松，今因無錢使用，自情愿将祖父遺下衆山壹處，坐落松邑廿一都百步庄，土名趙圩垻公爹坑安着，其山陰陽兩向，上至山頂，下至山脚双坑，左至上接賴姓山大良分水，下接天后宫山合水，右至雷姓山合水為界，今俱四至分明，四股之内将自己股内，併及松杉雜木，一应在内，立字出當與本都茶排庄闕翰鶴兄邊手内，當過銅錢肆拾千文正，其錢即日兩相交足，其錢利面断，加一起息，其錢利每年冬成交清，不敢欠少，如有欠少，任凴錢主追利出拚砍伐，其山自当之後，当人不敢私自出拚砍伐，日後樹木成林出拚之日，任凴錢主歸本，当人不敢異言，恐口难信，故立當字為據行。

咸豐肆年十一月十九日　立當山字人　賴永松

在塲弟　永賢

永聪

永茂

見當　李春鴻

親筆

立賣地坪契人賴永琳永利仝侄等今因錢粮無办自情愿將祖公遺下民地坐落松邑廿一
都百步庄趙圩垅坑尾田塆下安着民地一[illegible]上至買主自己田為界下至曾姓地塆為界
左至坑為界右至坑為界四至界内茶桐柏樹雜木一應在内今俱四至分明計額式[illegible]
自情愿托中立契出賣與茶排闕瑜禮兄邊入受承買為業當日三面言斷時值地價
錢肆千弍百文正其錢即日隨契交足不少分文其地自賣之後任從買主過户完粮税契管
業日先亦無重服典當文墨交加在外與房親伯叔兄弟子侄内外人等無涉倘有上
手來歷不明賣主一力承當不干買主之事一賣千休如同截木割藤斷根永無找贖與
出兩家情愿並無反悔等情恐口難信故立[illegible]山塲契永遠為據

咸豐四年十一月廿八日立賣地坪[illegible]人 賴永琳
賴永利
仝侄等人 賴通有
羅秀忠
托中人 郭石寶
藍天有
代筆人 王金財

立賣地坪契人賴永琳、永利仝侄等，今因錢粮無办，自情愿将祖公遺下民地，坐落松邑廿一都百步庄趙圩壟坑尾田塝下，安着民地一□，上至買主自己田為界，下至曾姓地塝為界，左至坑為界，右至坑為界，四至界内，茶桐柏樹雜木，一應在内，今俱四至分明，計額弍分正，自情愿托中立契，出賣與茶排闞翰禮兄邊人受承買為業，當日三面言断，時值地價銅錢肆千弍百文正，其錢即日随契交足，不少分文，其地自賣之後，任憑買主過户完粮，税契管業，日先亦無重服［復］典當文墨交加在外，與房親伯叔兄弟子侄内外人等無涉，倘有上手來歷不明，賣主一力承當，不干買主之事，一賣千休，如同截木，割藤断根，永無找贖，此出两家情愿，並無反悔等情，恐口难信，故立賣山塲契永遠為據。

咸豐四年十一月廿八日　立賣地坪契人　賴永琳

賴永利

仝侄等人　賴通有

羅秀忠

憑中人　郭石宝

藍天有

代筆人　王金財

立賣田契人闕鎮奎，今因錢粮無办，自情愿將自置民田坐落松邑廿一都夫人庙庄，土名石岩下中心山岡，安着。其田上至山脚，下至其興公賞田，左至買主田，右至闕姓田為界，計額叁分五厘正，田頭地墈相樹雜木一應在内，今俱四至分明，托中立契出賣與本家翰禮叔手内入受承買為業。當日憑中三面言断，時值田價銅錢壹拾捌千文正，其錢即日當中交足，不少個文。其田自賣之後，任憑買主推收過户入冊办粮，起耕收租管業，賣人無得異言。如有内外伯叔兄弟人等並無干碍，日先亦無文墨典當他人，倘有上手來歷不明，不涉買主之事，賣人一力承當。愿賣愿買，契明價足，兩無[illegible]貢之故，其田契載割截断根，無找無贖，出兩相情愿，各無反悔。恐口[illegible]凭，故立賣田契付與買主子孫永遠為據。

咸豐捌年十二月十五日立賣田契人闕鎮奎（押）

憑中　侄鳳慶（押）

廖石主（押）

代筆　胡其松（押）

行

立找断截契人闕鎮奎，原因日前與闕翰禮叔手内交易民田壹契，坐落松邑廿一都夫人庙庄，土名石岩下中心岗，安着，畝分界至前有正契[illegible]業主找出契外銅錢叁千伍佰文正

其錢即日當中交足不欠個文其田自找之後一找千休永遠割藤斷根
無找無贖此係兩相情愿各無悔恐口難信故立找斷截契付與買主
子孫永遠為據

咸豐捌年叁月廿日立找斷截契人　闕鎮奎

原中　侄鳳慶
　　　廖石主○

代筆　胡其松

契

字　號

貳千[illegible]號給松陽縣業戶闕翰禮

[illegible]銀貳拾兩伍錢[illegible]

（前頁）>>>>>

立賣田契人闕鎮奎，今因錢粮無办，自情愿将自置民田，坐落松邑廿一都夫人庙庄，土名石岩下中心崗，安着其田，上至山脚，下至其興公尝田，左至買主田，右至闕姓田為界，計額式分五厘正，田頭地角，柏樹雜木，一应在内，今俱四至分明，托中立契，出賣向與本家翰禮叔手内入受承買為業，當日凴中三面言断，時值田價銅錢壹拾捌千文正，其錢即日當中交足，不少個文，其田自賣之後，任凴買主推收過户，入册办粮，起耕收租管業，賣人無得異言，如有内外伯叔兄弟人等，並無干碍，日先亦無文墨典當他人，倘有上手来歷不明，不涉買主之事，賣人一力承當，愿賣愿買，契明價足，两無逼勒債貨之故，其田契載割截断根，無找無贖，此出两相情愿，各無反悔，恐口难信，故立賣田契付與買主子孫永遠為據。

咸豐捌年十一月十五日　立賣田契人　闕鎮奎

凴中侄　鳳慶

廖石主

代筆　胡其松

立找断截契人闕鎮奎，原因日前與闕翰禮叔手内交易民田壹契，坐落松邑廿一都夫人庙庄，土名石岩下中心崗安着，畝分界至，前有正契載明，今因粮食给迫，請托原中相勸業主，找出契外銅錢弍千伍伯文正，其錢即日當中交足，不少個文，其田自找之後，一找千休，永遠割藤断根，無找無贖，此出两相情愿，各無反悔，恐口难信，故立找断截契付與買主子孫永遠為據。

咸豐捌年十弍月廿一日　立找断截契人　闕鎮奎

原中倳　鳳慶

廖石主

代筆　胡其松

（契尾，同治陸年柒月）

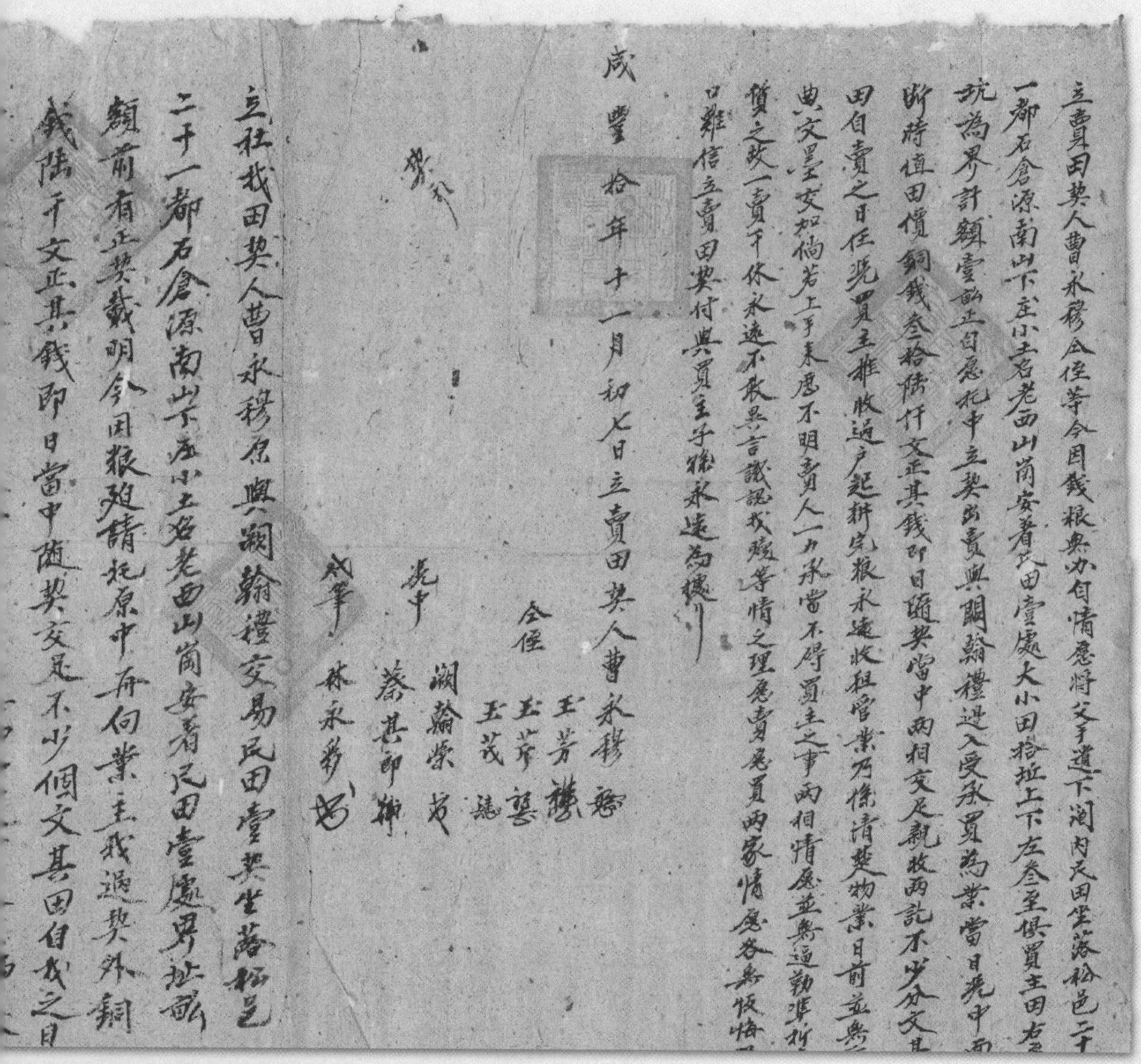

立賣田契人曹永穆仝侄等今因錢粮無办自情愿將父手遺下閏内民田坐落松邑二十
一都石倉源南山下庄小土名老西山崗安着民田壹處大小田拾坵上下左叁至俱買主田右至
坑為界計額壹畝正自愿托中立契出賣與闕翰禮邊入受承買為業當日憑中面
斷時值田價銅錢叁拾陆仟文正其錢即日隨契當中兩相交足親收兩訖不少分文其
田自賣之日任憑買主推收過户起耕完粮永遠收租管業乃係清楚物業日前並無
典交墨文加倘若上手來歷不明賣人一力承當不得買主之事兩相情愿並無逼勒準折
債之故一賣千休永遠不敢異言識認找贖等情之理愿賣愿買兩家情愿各無悔
口難信立賣田契付與買主子孫永遠為據

咸豐拾年十一月初七日立賣田契人曹永穆（押）

仝侄 玉芳（押） 玉葶（押） 玉莪（押）

憑中 闕翰榮（押） 蔡甚郎（押）

代筆 林永彩（押）

立杜找田契人曹永穆原與闕翰禮交易民田壹契坐落松邑
二十一都石倉源南山下庄小土名老西山崗安着民田壹處界址載
額前有正契載明今因粮逼請托原中再向業主找過契外銅
錢陆千文正其錢即日當中隨契交足不少個文其田自找之日

契尾　號

計開業戶 闕 買

同治伍年柒月　日

布字　號右給松陽縣業戶闕翰禮　准此

恐口難信，立杜找田契付與買主永遠子孫為據。

咸豐拾年十二月十三日　立杜找田契人　曹永穆（押）

仝侄　玉芳（押）

玉芹（押）

玉茂（押）

原中　蔡其郎（押）

闕翰棠（押）

代筆　林永彩（押）

（前頁）>>>>>

立賣田契人曹永穆仝侄等，今因錢粮無办，自情愿将父手遺下阄内民田，坐落松邑二十一都石倉源南山下庄，小土名老西山崗，安着民田壹處，大小田拾坵，上、下、左叁至俱買主田，右至坑為界，計額壹畝正，自愿托中立契，出賣與闕翰禮邊入受承買為業，當日凴中面斷，時值田價銅錢叁拾陆仟文正，其錢即日隨契當中两相交足，親收两訖，不少分文，其田自賣之日，任凴買主推收過户，起耕完粮，永遠收租管業，乃係清楚物業，日前並無重典文墨交加，倘若上手来歷不明，賣人一力承當，不碍買主之事，两相情愿，並無逼勒準折債貨之故，一賣千休，永遠不敢異言識認找贖等情之理，愿賣愿買，两家情愿，各無反悔，恐口難信，立賣田契付與買主子孫永遠為據。

咸豐拾年十一月初七日　立賣田契人　曹永穆

玉芳

仝侄　玉芹

玉茂

凴中　闕翰榮

蔡其郎

代筆　林永彩

立杜找田契人曹永穆，原與闕翰禮交易民田壹契，坐落松邑二十一都石倉源南山下庄，小土名老西山崗，安着民田壹處，界址畝額，前有正契載明，今因粮迫，請托原中再向業主找過契外銅錢陸千文正，其錢即日當中随契交足，不少個文，其田自找之日，一找千休，永遠割藤断根，再不得言三語四，如違，甘受叠騙之論，恐口難信，立杜找田契付與買主永遠子孫為據。

咸豐拾年十二月十二日　立杜找田契人　曹永穆

玉芳

仝侄　玉芹

玉茂

原中　蔡其郎

闕翰榮

代筆　林永彩

（契尾，同治伍年柒月）

立賣田契垻地人賴開琳今因錢糧無办自情愿將父手遺下自己閹內民田坐落松邑
廿都百步庄小土名趙圩垻大垃塆安着民田壹坵其田上至賴姓田下至謝姓田內至曾
姓地外至大河為界又中心長塊垻地壹塊其地上至謝姓地下至賴姓地內至水圳外至大河
為界共計額糧分正併及茶桐竹木柏樹雜木壹應在內今俱四至分明托中立契出賣向與
謝翰禮親手內入受承買為業當日憑中三面言斷時值田垻地價銅錢叁拾伍千文正其錢即日
當中交足不少個文其田垻地自賣之後任憑買主推收過户入冊办糧起耕改佃收租管業賣人
無得異言如有內外伯叔兄弟人等並無干碍日先亦無文墨典當他人倘有上手来歷不明
不干買主之事賣人一力承當愿賣愿買契明價足兩無逼勒債貨之故一賣千休
永無找贖割截斷根找盡兩相情愿各無反悔恐口难信故立賣田契垻地付與買
主永遠為據

同治三年十月初七日立賣田契垻地人賴開琳（押）

在場　伯　新富（押）
　　　叔　新有（押）
　　　　　開昌（押）
憑中　開理（押）
　　　羅秀忠（押）
代筆　胡其松（押）

合

立找斷截田契垻地人賴開琳原因日前與謝翰禮業主交易民田垻地壹契坐落
松邑廿都百步庄土名趙圩垻大垃塆安着又中心長塊垻地壹塊敢分界至前
有上契載明今因錢糧無办自情托原中相勸業主找出契外銅錢伍千文正其錢

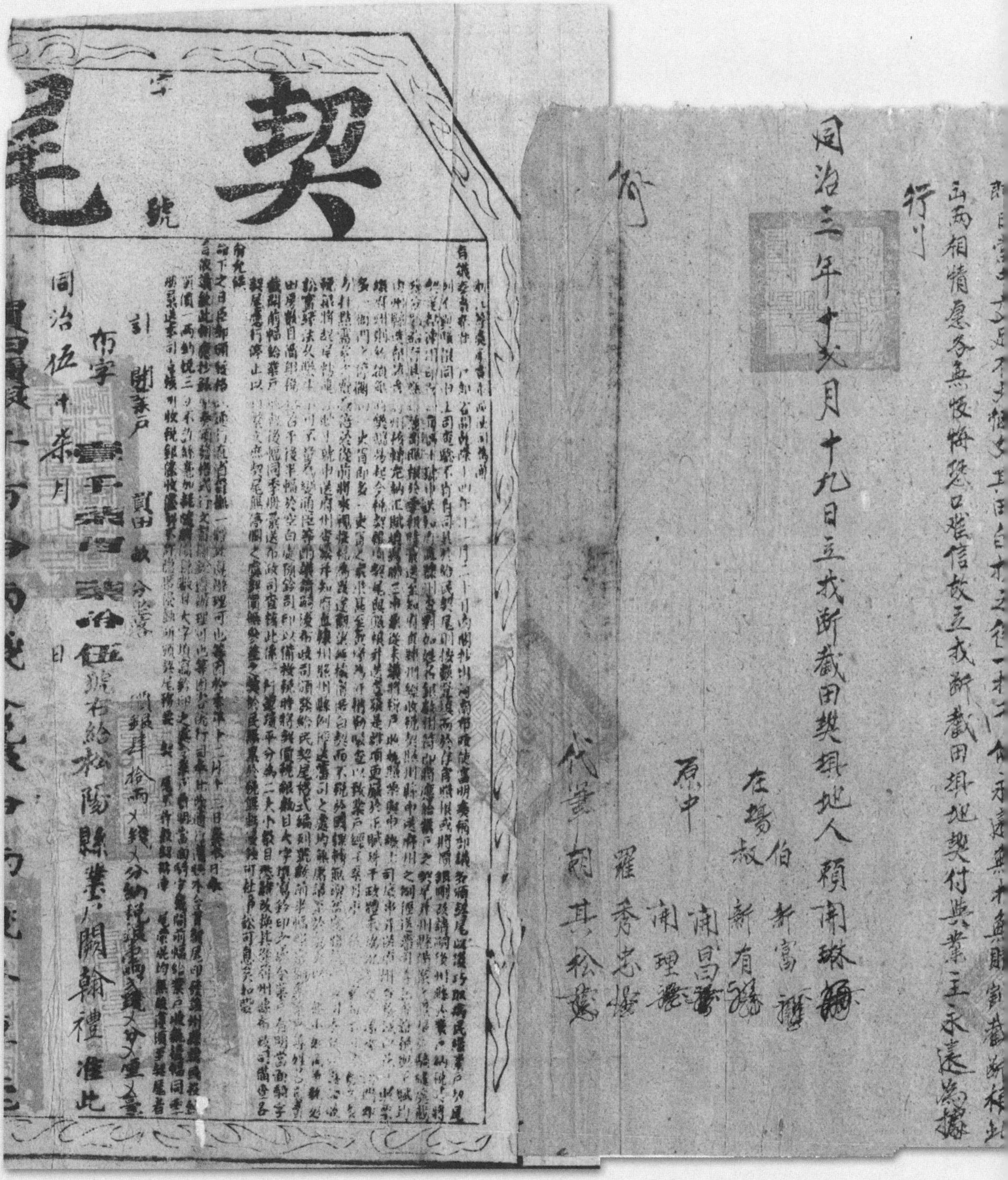
契尾

字　號

同治伍年柒月　日

布字　號

計開業戶　買田　畝　分　釐

給松陽縣業戶闕翰禮　准此

山兩相情愿各無反悔恐口無信故立找斷截田掛坵契付與業主永遠為據

行↑

同治三年十二月十九日立找斷截田掛坵人賴開璘（押）

在場　伯　新富（押）

叔　新有（押）

開昌（押）

原中　開理（押）

羅秀忠（押）

代筆　胡其松（押）

（前頁）>>>>>

立賣田契垻地人賴開琳，今因錢粮無办，自情愿将父手遺下自己阄内民田，坐落松邑廿一都百涉［步］庄，小土名趙圩垻大坵角，安着民田壹坵，其田上至賴姓田，下至謝姓田，内至曽姓地，外至大河為界，又中心長塊垻地壹塊，其地上至謝姓地，下至賴姓地，内至水圳，外至大河為界，共計額陸分正，併及茶桐竹木，柏樹雜木，壹應在内，今俱四至分明，托中立契，出賣向與闕翰禮親手内入受承買為業，當日凴中三面言断，時值田垻地價銅錢叁拾伍千文正，其錢即日當中交足，不少個文，其田垻地自賣之後，任凴買主推收過户，入册办粮，起耕改佃，收租管業，賣人無得異言，如有内外伯叔兄弟人等，並無干碍，日先亦無文墨典當他人，倘有上手来歷不明，不干買主之事，賣人一力承當，愿賣愿買，契明價足，两無逼勒債貨之故，一賣千休，永無找贖，割截断根，此出两相情愿，各無反悔，恐口难信，故立賣田契垻地付與買主永遠為據。

同治三年十月初七日　立賣田契垻地人　賴開琳

在塲伯　新富

叔　新有

凴中　開昌

開理

羅秀忠

代筆　胡其松

立找断截田契垻地人賴冞琳，原因日前與闕翰禮業主交易民田垻地壹契，坐落松邑廿一都百步庄，土名趙圩垻大垢角安着，又中心長塊垻地壹塊，畝分界至，前有正契載明，今因粮食給迫，請托原中相勸業主找出契外銅錢伍千文正，其錢即日當中交足，不少個文，其田自找之後，一找千休，永远無找無贖，割截断根，此出两相情愿，各無反悔，恐口难信，故立找断截田垻地契付與業主永遠為據行。

同治三年十弍月十九日　立找断截田契垻地人　賴冞琳

在場伯　新富

叔　新有

原中　冞昌

冞理

羅秀忠

代筆　胡其松

（契尾，同治伍年柒月）

立賣田契人闕翰日，今因錢粮無办，自情愿将父手遺下閫内民田，坐落松邑二十一都石倉源夫人廟庄，小土名山邊祠堂下手，安着田壹處，内至闕、單两姓田，外至大路，左至闕姓田，右至大路為界，今俱四至分明，計額壹畝正，托中立契，出賣與翰禮兄邊入受承買為業，當日凴中三面言（斷），時值田價洋銀貳拾叁員正，其洋銀即日隨契交付足訖，不少分文，其田自賣之後，任凴買主兄邊過户完粮，收租管業，乃係清楚業産，與内外人等並無干涉，倘有来歷不明，賣人一力承當，不碍買主兄邊之事，此係两相情愿，断無找贖等情，恐口難信，故立賣田契為據。

同治肆年二月十六日　立賣田契人　闕翰日

在見兄　闕翰榮

闕翰岳［鶴］

凴中　闕玉秀

依口代筆　闕玉鑣

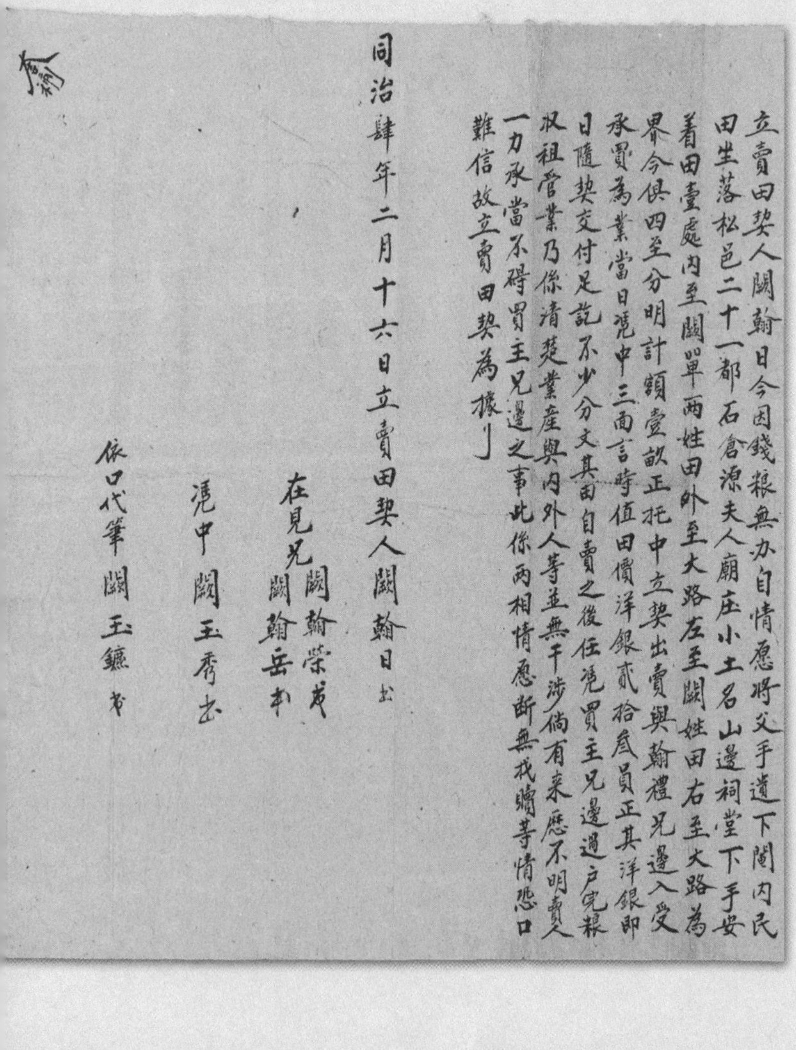

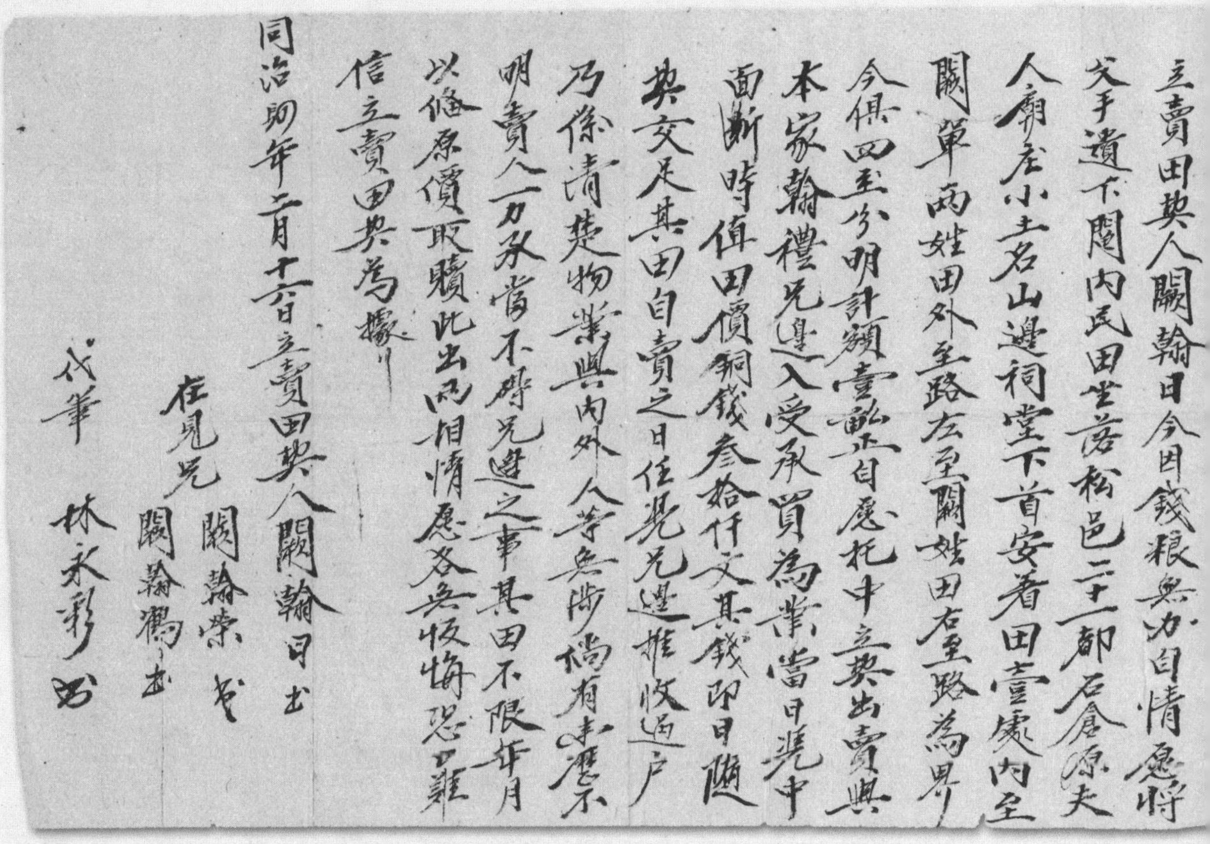

立賣田契人闕翰日，今因錢粮無办，自情愿将
父手遺下閶内民田，坐落松邑二十一都石倉源夫
人廟庄，小土名山邊祠堂下首，安着田壹處，内至
闕、單两姓田，外至路，左至闕姓田，右至路為界，
今俱四至分明，計額壹畝正，自愿托中立契，出賣與
本家翰禮兄邊入受承買為業，當日凴中
面断，時值田價銅錢叁拾仟文，其錢即日隨
契交足，其田自賣之日，任凴兄邊推收過户，
乃係清楚物業，與内外人等無涉，倘有来歷不
明，賣人一力承當，不碍兄邊之事，其田不限年月，
以偹原價取贖，此出两相情愿，各無反悔，恐口難
信，立賣田契為據。

同治肆年二月十六日　立賣田契人　闕翰日

在見兄　闕翰榮

闕翰鶴

代筆　林永彩

立賣田契人李盛貴今因錢粮無办自情愿將父手遺下民田坐落松
廿一都夫人廟庄小土名西山岡安着民田壹大坵正上下兩至俱係瀏姓田右
坑壠右至瀏姓田為界今俱四至分明并及澆田水路一概在內計額伍分正
愿托中立契出賣與闕翰禮邊承買為業當日憑中三面言定時
田價洋銀捌員正其洋即日當中交訖足訖不短分文自賣之後在
買主推收过户完粮收租起耕易佃管業賣人不得異言阻挽與內外人
無涉並無典當文墨此係正行交易愿賣愿買兩相情愿並無債負
準折逼勒等情亦無取贖之理恐口難信故立賣田契永遠為據

同治肆年二月廿四日　立賣田契人李盛貴（押）

憑中李盛宗（押）

代筆李盛興（押）

契尾

同治玖年肆月　日

闕翰禮　准此

（前頁）>>>>>

立賣田契人李盛貴，今因錢粮無办，自情愿将父手遺下民田，坐落松邑廿一都夫人庙庄，小土名西山崗，安着民田壹大坵正，上下两至俱係闕姓田，左至坑壟，右至闕姓田為界，今俱四至分明，併及浸田水路，一概在内，計額伍分正，自愿托中立契，出賣與闕翰禮邊承買為業，當日凴中三面言定，時值田價洋銀捌員正，其洋即日當中交兑足訖，不短分文，自賣之後，任凴買主推收过户，完粮收租，起耕易佃管業，賣人不得異言阻执，與内外人等無涉，並無典當文墨，此係正行交易，愿賣愿買，两相情愿，並無債負準折逼勒等情，亦無取贖之理，恐口难信，故立賣田契永遠為據。

同治肆年弍月廿四日　立賣田契人　李盛貴

凴中　李盛宗

代筆　李盛興

（契尾，同治玖年肆月）

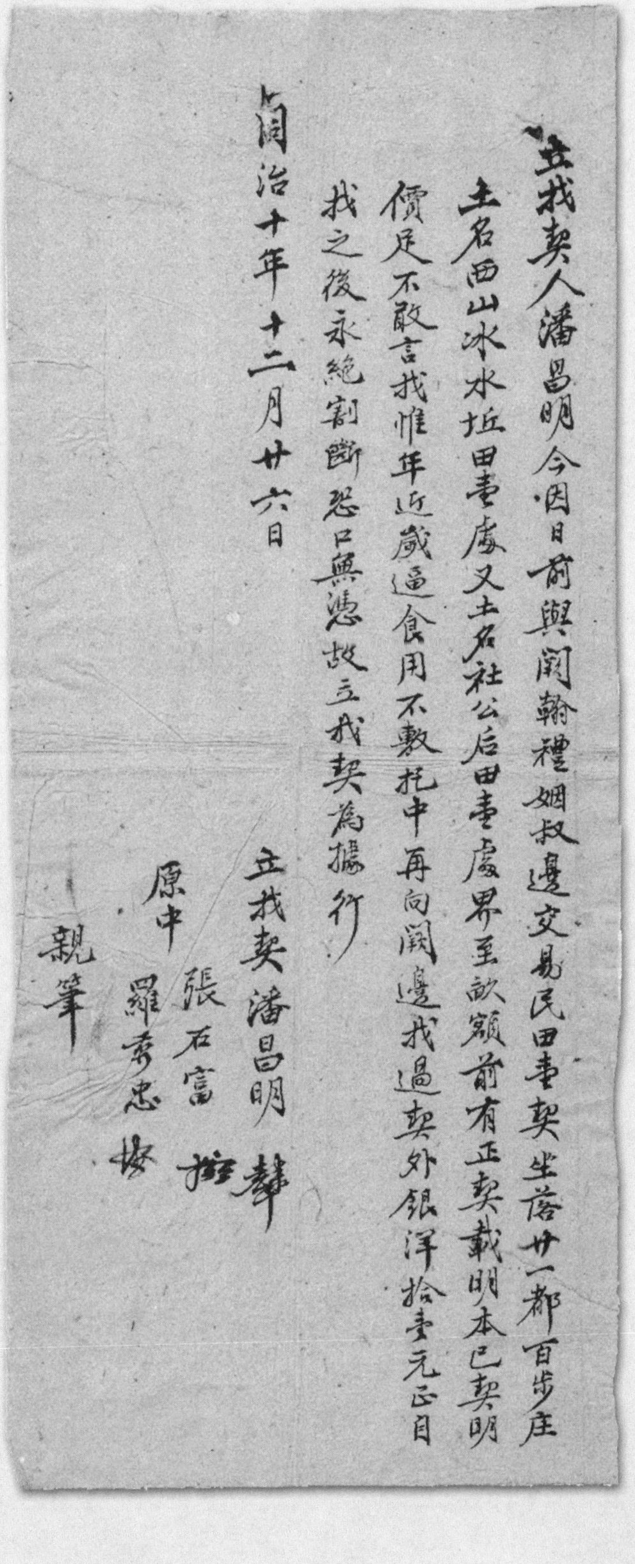

立找契人潘昌明，今因日前與闕翰禮姻叔邊交易民田壹契，坐落廿一都百步庄，土名西山冰水坵田壹處，又土名社公后田壹處，界至畝額，前有正契載明，本已契明價足，不敢言找，惟年近歲逼，食用不敷，托中再向闕邊找過契外銀洋拾壹元正，自找之後，永絕割斷，恐口無憑，故立找契為據行。

同治十年十二月廿六日　立找契　潘昌明

原中　張石富

羅秀忠

親筆

立賣田契人張文裕今因錢粮無办自情愿將父手遺下分己闕内民田壹處坐落松邑二十都夫人廟庄土名上山頭槽碓墳安着其田上至林姓田下至闕林兩姓田左至山右至闕姓田為界今俱四至分明計額壹畝正併及田頭地埆栩樹雜木一應在内自愿托中立契出賣與闕玉凡親邊入手承買為業當日三面言斷時值田價洋銀叁拾柒元正其洋銀即日隨契兩相交付足訖不少分厘其田自賣之後任憑買主推收過户起耕改佃完粮收租管業其田未賣之先上手並無文墨交加既賣之後以内外伯叔兄弟並無干碍如有上手來歷不明賣人一力承當不涉買主之事愿賣愿買兩相情愿各無反悔一賣千休並無逼抑之理恐口難凭故立賣田契付與買主永遠子孫管業為據。

光緒弍年拾月二十三日

立賣田契人 張文裕（押）

在場胞弟 文彩（押）

文貴（押）

憑中 葉闕武（押）

王光慶（押）

代筆 闕翰柳（押）

立賣田契人張文裕，今因钱粮無办，自情愿将父手遺下分己阄内民田壹處，坐落松邑二十一都夫人庙庄，土名上山頭槽碓垮，安着其田，上至林姓田，下至闕、林两姓田，左至山，右至闕姓田為界，今俱四至分明，計額壹畝正，併及田頭地角，柏樹雜木，一應在内，自愿托中立契，出賣與闕玉几親邊入手承買為業，當日三面言断，時直田價洋銀叁拾柒元正，其洋銀即日隨契两相交付足訖，不少分厘，其田自賣之後，任凴買主推收過户，起耕改佃，完粮收租管業，其田未賣之先，上手並無文墨交加，既賣之後，以［與］内外伯叔兄弟並無干碍，如有上手来歷不明，賣人一力承當，不涉買主之事，愿賣愿買，两相情愿，各無反悔，一賣千休，並無逼抑之理，恐口难凴，故立賣田契付與買主永遠子孫管業為據。

光緒弍年拾月二十三日　立賣田契人　張文裕

在場胞弟　文彩

文貴

凴中　葉洢武

王光慶

代筆　闕翰柳

立杜找斷截田契人張文裕日先與闕玉凡邊交有民田壹契坐落松邑二十一都夫人廟庄土名上山頭槽碓塆安着畝分界至前有正契載明今因粮迫請託原中前來向闕業主找迻契外洋銀伍元正其洋銀即洋銀即日隨找契兩相兩面交足不少分厘其田自找之後契明價足愿找愿斷一找千休割藤斷兩相情愿並無逼抑之理恐口难凭故立杜找斷截田契付與買主永遠子孫管業為據——

光緒弍年十一月二十九日 立杜找斷截田契人 張文裕

在場胞弟 文彩 文貫

原中 葉渊武 ○ 王光慶

代筆 劉翰卿

三[illegible]

立杜找断截田契人張文裕，日先與闕玉几邊交有民田壹契，坐落松邑二十一都夫人庙庄，土名上山頭槽碓垮安着，畝分界至，前有正契載明，今因粮迫，請託原中前来向勸業主找過契外洋銀伍元正，其洋銀『即洋銀』即日隨找契两相两面交足，不少分厘，其田自找之後，契明價足，愿找愿断，一找千休，割藤断（根），两相情愿，並無逼抑之理，恐口难凴，故立杜找断截田契付與買主永遠子孫管業為據。

光緒弍年十一月二十九日　立杜找断截田契人　張文裕

在場胞弟　文彩

文貴

原中　葉冾武

王光慶

代筆　闕翰柳

立找田契人闕玉顏仝弟等向日先父手與翰禮伯邊交有民田壹處坐落松邑二十一都夫人廟庄小土名山邊祠堂下手安着其界至畝分前有正契載明今乃父終喪費無办請托原中向與翰禮伯邊找過契外洋銀壹拾肆員正其洋銀即日隨契交付足訖不少分文自找之後任凭翰禮伯邊過户完粮収租管業此係兩相心情並無逼抑等情一找千休永無取贖恐口難信故立找契為據

光绪五年又三月初九日立找田契人闕玉顏仝弟等（押）

在見　闕翰棠（押）

闕翰岳（押）

凭中　闕玉秀（押）

依口代筆　闕玉鑣（押）

立找田契人闕玉顏仝弟等，因日先父手與翰禮伯邊交有民田壹處，坐落松邑二十一都夫人廟庄，小土名山邊祠堂下手安着，其界至畝分，前有正契載明，今乃父終，喪費無办，請托原中向與翰禮伯邊找過契外洋銀壹拾肆員正，其洋銀即日隨契交付足訖，不少分文，自找之後，任凴翰禮伯邊過户完粮，收租管業，此係兩相心情［願］，並無逼抑等情，一找千休，永無取贖，恐口難信，故立找契為據。

光绪五年又三月初九日　立找田契人　闕玉顏仝弟等

在見　闕翰榮

闕翰岳［鶴］

凴中　闕玉秀

依口代筆　闕玉鑣

立退山骨字人林學財仝侄等，今因日先父手遺下置有山塲，坐落松邑廿一都夫人庙庄西山降，安着山骨壹處，上至自己田为界，下至林闬樟田为界，左至林闬樟田後墈大石为界，右至自己山骨为界，今俱四至分明，自愿立字，出退與闞學禮親邊入手承退為業，當日憑中三面言断，目值時價洋銀弍元正，其洋即日親收足訖，無短分厘，山骨自退之後，任凴闞边鉤［淘］洗鐵沙生理發賣，日後闬墾成田，陞科應册完粮，收租管業，如有上手來歷不明，子侄内外人等，皆係退人自能一力支當，不涉闞邊承人之事等情，愿退愿承，两相情愿，各無反悔，恐口难信，故立退断截山骨字永遠为據。

光緒五年五月拾弍日　立退山骨字人　林學財

在見侄　配松

叔　鳳鄰

代筆　江日興

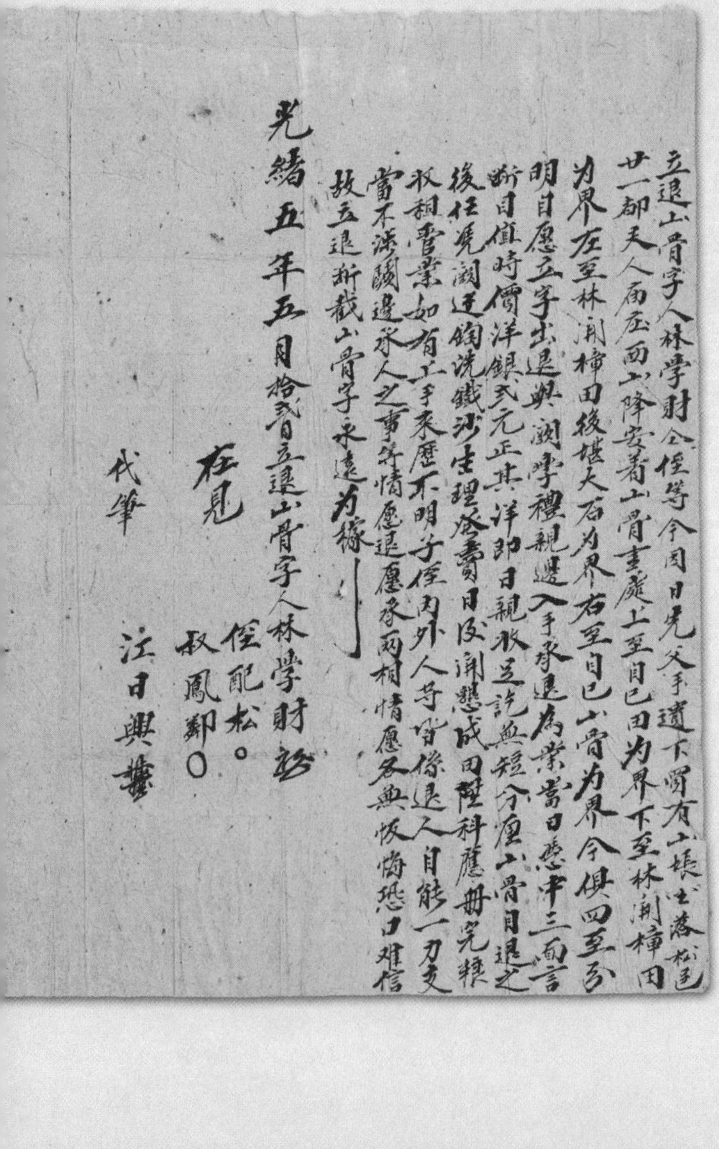

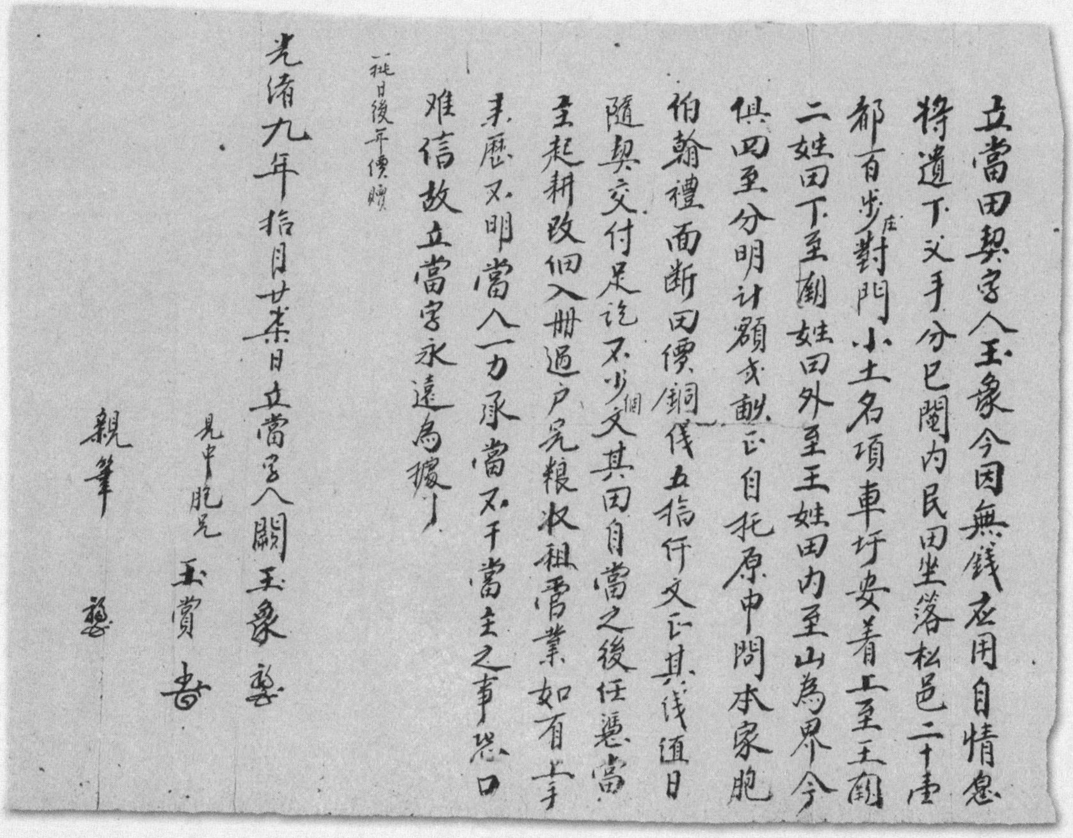

立當田契字人玉象，今因無錢应用，自情愿
将遺下父手分己閹内民田，坐落松邑二十壹
都百步庄對門，小土名項車圩安着，上至王、闕
二姓田，下至闕姓田，外至王姓田，内至山為界，今
俱四至分明，计額式畝正，自托原中問本家胞
伯翰禮，面断田價銅钱五拾仟文正，其钱值［即］日
随契交付足讫，不少個文，其田自當之後，任憑當
主起耕改佃，入册過户，完粮收租管業，如有上手
来歷不明，當人一力承當，不干當主之事，恐口
难信，故立當字永遠為據。
一批日後年價贖。
光绪九年拾月廿柒日　立當字人　闕玉象
見中胞兄　玉賞
親筆

合利

立賣田契字人闕玉象，今因無錢應用，自情愿將遺下父手分已閤內民田壹坵，坐落松邑二十一都百步庄小土名項車行安着，其田上至闕姓併王姓，下至王姓，外至王姓，內至嶺為界，今俱四至分明，計額弍畝五分正，其田自托原中立契出賣與本家胞伯翰樞入受承買為業，當日憑中三面言斷時值田價洋銀柒拾陸元正，其洋銀隨契交付足訖，其田自賣之後，任憑買主起耕改佃，入冊完粮過戶，収祖管業，賣人不得異言，一賣一買，此系兩相情愿，各無返悔，永無找贖等情，恐口無憑，故立賣田契付與買主管業，永遠為據。

光緒拾年十一月初十日

立賣契人 闕玉象

胞弟 玉爐

侄 能安

在見 王瑤

永高

翰樞

親筆

立賣田契字人闕玉象，今因無錢应用，自情愿将遺下父手分己阄内民田壹坵，坐落松邑二十一都百步庄，小土名項車圩，安着其田，上至闕姓併王姓，下至王姓，外至王姓，内至嶺為界，今俱四至分明，计額弍畝五分正，其田自托原中立契，出賣與本家胞伯翰禮入受承買為業，當日憑中三面言断，時值田價洋銀柒拾陆元正，其洋銀隨契交付足讫，其田自賣之後，任憑買主起耕改佃，入册完粮，過户收租管業，賣人不得異言，一賣一買，此出两相情愿，各無反悔，永無找贖等情，恐口無憑，故立賣田契付與買主管業永遠為據。

光緒拾年十一月初十日　立賣契人　闕玉象

胞弟　玉爐

侄　能安

在見　玉璠

永高

親筆　翰柳

洪

立賣田契人闕玉妹今

二十一都茶排庄土名湿

左至坑壠石至闕姓田為

憑托中立契出賣與

隨契交付足訖不少分

賣之先上手並無文墨

手未曆不清賣自己

並無逼抑之理恐口難憑

光緒拾年十一月

退下分己闕内民田壹處坐落松色

大小坵弍上至買主田下至闕姓田

及田頭地塝樹木雜木在内自

日值時價洋銀玖元正其洋銀即日

戶起耕改佃完粮收租管業未

執房兄弟子侄並無干碍如有上

人買兩家心愿各無恢悔並一賣千休

業為據

闕玉妹

德璣

立找斷截田契人闕玉妹、
土名洋頭崗新屋
無办請托原中前去
分屋其田自找之後契
找無贖並無逼抑
光緒拾年十二月

契坐落松邑二十上都茶排庄
畝分前有正契載明原因粮食
大銀即日隨契交付清楚不少
藤斷根兩家心愿日後永遠無
與買主永遠管業為據

二妹
仁璣
稱郁

（前頁）>>>>>

立賣田契人闕玉妹，今□□□□□□□□□□遺下分己阄内民田壹處，坐落松邑
二十一都茶排庄，土名洋□□□□□□□□□田大小弍坵，上至買主田，下至闕姓田，
左至坑壠，右至闕姓田為界，□□□□□□□田頭地角，柏樹雜木，（一）應在内，自
愿托中立契，出賣與□□□□□□□□□□目直時價洋銀玖元正，其洋銀即日
隨契交付足訖，不少分文，□□□□□□□□户起耕改佃，完粮收租管業，未
賣之先，上手並無文墨重典，□□□□□□親房兄弟子侄並無干碍，如有上
手来歷不清，賣（人）自己一□□□□□□愿賣愿買，两家心愿，各無反悔，一賣千休，
並無逼抑之理，恐口難凴，□□□□□□□業為據。
光緒拾年十一月□□□　□□□□　闕玉妹
□□　德璣
□□　翰柳

立找断截田契人闕玉妹，□□□□□□□□□壹契，坐落松邑二十一都茶排庄，
土名洋頭崗新屋對□□□□□□□□□畝分，前有正契載明，原因粮食
無办，請托原中前□□□□□□□□□銀即日隨契交付清楚，不少
分厘，其田自找之後，契□□□□□□□□□藤断根，两家心愿，日後永遠無
找無贖，並無逼抑之□□□□□□□□□與買主永遠管業為據。

光緒拾年十二月□□□　□□□□□□□　闕玉妹
□□　德璣
□□　翰柳

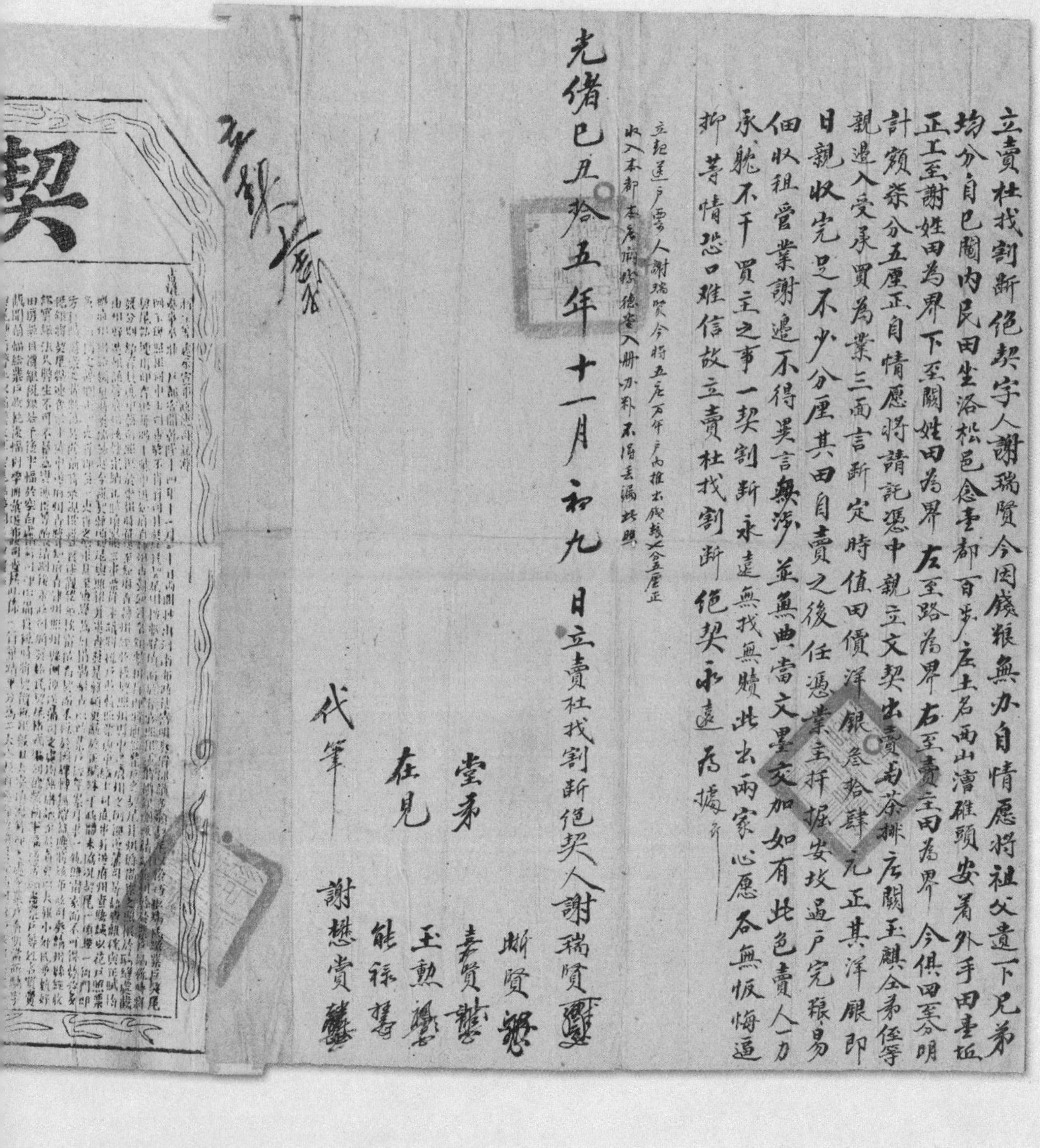

立賣杜找割斷絶契字人謝瑞賢今因錢粮無办自情愿將祖父遺下兄弟均分自己鬮内民田坐洛松邑念壹都百步庄土名西山漕碓頭安着外手田壹坵正工至謝姓田為界下至闕姓田為界左至路為界右至賣主田為界今俱四至分明計額柒分五厘正自情愿將請託憑中親立文契出賣與本排庄闕王麒仝弟侄等親邊入受承買為業三面言斷定時值田價洋銀叁拾肆元正其洋銀即日親收完足不少分厘其田自賣之後任憑業主扦掘安坟過户完粮易佃收租管業謝邊不得異言無涉並無典當文墨交加如有此色賣人一力承䏬不干買主之事一契割斷永遠無找無贖此出兩家心愿各無悔逼抑等情恐口难信故立賣杜找割斷絶契永遠為據

立起退户票人謝瑞賢今將五庄下午户内推出民粮柒分五厘正收入本都本庄闕樹德富入册办料不得丢漏此照

光緒己丑拾五年十一月初九日立賣杜找割斷絶契人謝瑞賢（押）

堂弟 斯賢（押） 嘉賢（押）

在見 玉勲（押） 能祿（押）

代筆 謝懋賞（押）

契

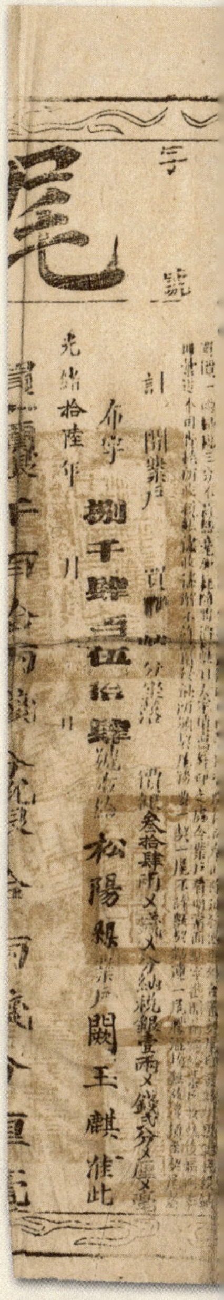

立賣杜找割断绝契字人謝瑞賢，今因錢粮無办，自情愿将祖父遺下兄弟均分自己閹内民田，坐落松邑念壹都百步庄，土名西山漕〔槽〕碓頭，安着外手田壹坵正，上至謝姓田為界，下至闕姓田為界，左至路為界，右至賣主田為界，今俱四至分明，計額柒分五厘正，自情愿『将』請託憑中親立文契，出賣与茶排庄闕玉麒仝弟、侄等親邊入受承買為業，三面言断，定時値田價洋銀叁拾肆元正，其洋銀即日親收完足，不少分厘，其田自賣之後，任憑業主打掘安坟，過户完粮，易佃收租管業，謝邊不得異言無涉，並無典當文墨交加，如有此色，賣人一力承躭〔擔〕，不干買主之事，一契割断，永遠無找無贖，此出兩家心愿，各無反悔逼抑等情，恐口难信，故立賣杜找割断绝契永遠為據。

立起送户票人謝瑞賢，今将五庄万年户内推出錢粮七分五厘正，收入本都本庄闕樹德堂入册办粮，不得丢漏，此照。

光緒己丑拾五年十一月初九日　立賣杜找割断绝契人　謝瑞賢

晰賢

堂弟　嘉賢

在見　玉勳

能禄

代筆　謝懋賞

（契尾，光緒拾陸年）

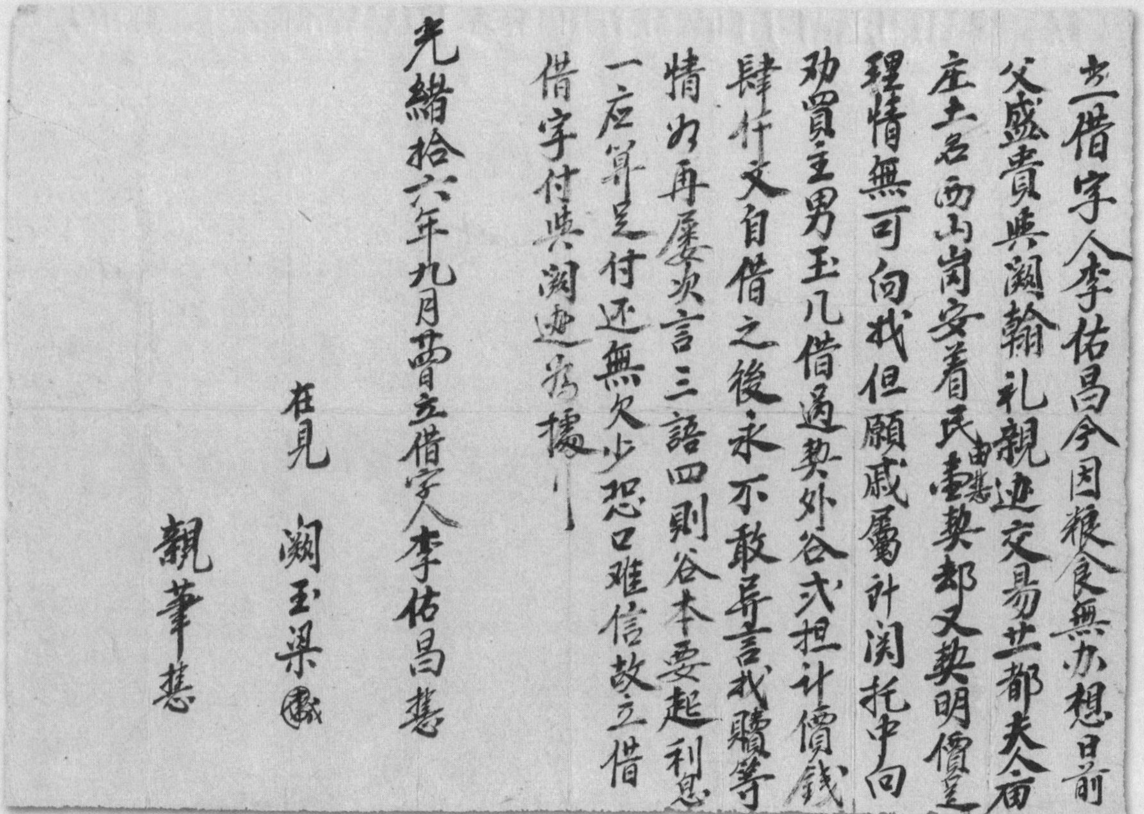

立借字人李佑昌，今因粮食無办，想日前
父盛貴與闕翰礼親边交易廿一都夫人庙
庄，土名西山岗，安着民田壹契，却又契明價足，
理情無可向找，但顧戚屬所關，托中向
劝買主男玉几借過契外谷式担，计價錢
肆仟文，自借之後，永不敢异言找贖等
情，如再屢次言三語四，則谷本要起利息
一应算足付还，無欠少，恐口难信，故立借
『借』字付與闕边為據。
光緒拾六年九月廿四日　立借字人　李佑昌
在見　闕玉梁
親筆

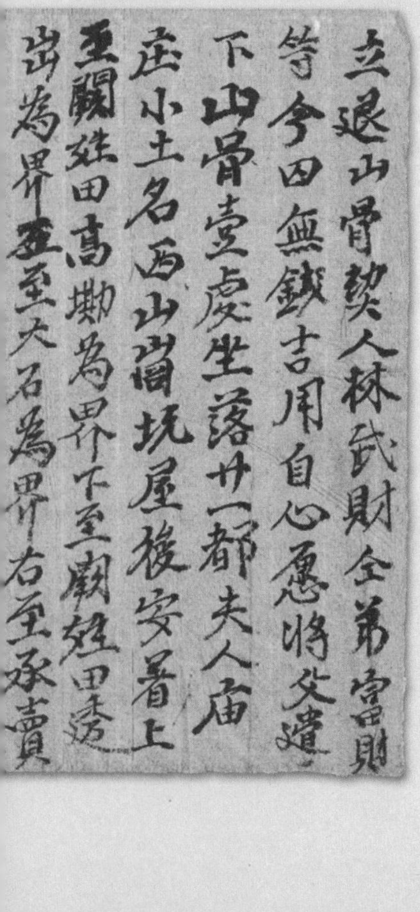

立退山骨契人林武財仝弟富財等，今因無錢吉［急］用，自心愿将父遺下山骨壹處，坐落廿一都夫人庙庄，小土名西山崗坑屋後安着，上至闕姓田高墈為界，下至闕姓田透出為界，左至大石為界，右至承賣人寮為界，今俱四至分明，自愿托中立契，出退與闕學禮入手承買為業，即日面断，退過山骨時價銅錢叁仟文正，其錢即日隨退契付清，不少分文，此賣之後，任凴闕边淘洗铁砂，闸北［闢］成田，永遠管業，永不找贖等情，如有上手来歷不明，賣人一力承當，不涉買（主）之事，愿買（愿賣），两相情愿，凴［並］無逼抑等情，恐口难信，故立退山骨契付與買主永遠為據。

光緒拾九年九月初三日　立退山骨字人　林武財

在見　培亮

親筆　富財

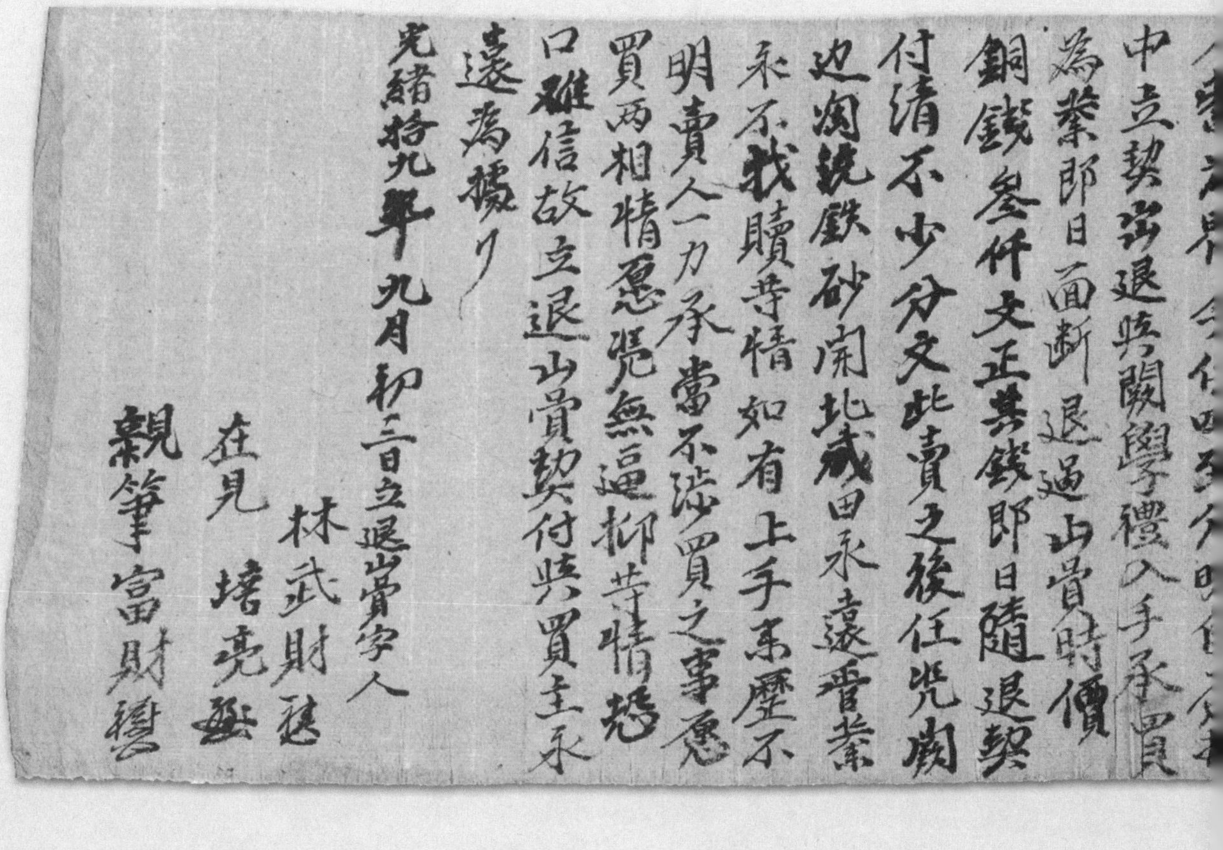

祖

立賣田契人闕玉璠今因錢糧無办自情愿將父手遺下抽己名
内民田壹處土名坐落松邑廿一都石倉源山邊莊下山邊安着田
壹坵正計額柒分五厘正其田内右弍至大路為界外至闕姓田
左至琉璃佘田為界今俱四至分明親立文契出賣與玉几弟邊
承受為業三面言斷目値田價洋銀貳拾柒元正其洋隨契交收
不少分毫其田自賣之後凭憑弟邊收租完糧易佃耕種與内
外伯叔兄弟子侄人等並無干涉日前亦無典當重賣文墨交加
如有此色上手一力承當不干買主之事此出兩相情愿各無悔
悔遁抑等情一賣千休永無找贖恐口難信故立賣田契永
遠子孫為據

光緒丙申二十二年十一月十三日立賣田契人闕玉璠（押）

在見 弟 玉瑾（押）
玉玟（押）

親筆（押）

立賣田契人闕玉璠，今因錢糧無办，自情愿將父手遺下抽己名
内民田壹處，土名坐落松邑廿一都石倉源山邊莊下山邊，安着田
壹坵正，計額柒分五厘正，其田内、右弍至大路為界，外至闕姓田，
左至琉璃会田為界，今俱四至分明，親立文契，出賣與玉几弟邊
承受為業，三面言断，目值田價洋銀貳拾柒元正，其洋隨契交收，
不少分毫，其田自賣之後，凭［任］憑弟邊收租完糧，易佃耕種，與内
外伯叔兄弟子侄人等並無干涉，日前亦無典當重賣文墨交加，
如有此色，上手一力承當，不丨買主之事，此出两相情愿，各無反
悔逼抑等情，一賣千休，永無找贖，恐口難信，故立賣田契永
遠子孫為據。

光緒丙申二十二年十一月十三日　立賣田契人　闕玉璠

在見弟　玉璭

玉玟

親筆

立賣田契人闕永來今因錢粮無办自情愿將父手遺下自己閫內民田坐落
廿一都石倉源夫人廟庄土名西山崗安着民田壹大坵內至賣人田外至闕
姓田左至林姓田右至坑壠為界併及田頭地埇槿樹雜木浸田水路壹概
在內計額五畝正今俱四至分明將其田四股內托中筆立契出賣壹股計額
壹畝弍分五正賣與本家玉几姪邊入受承買為業當日憑中面断時值壹
股田價洋銀五拾叁元正其洋即日隨契兩相交付足訖不少分厘其田自賣之
後任憑買主推收過戶完粮收租管業賣人歷年亮納租谷弍担壹籮正不敢
欠少如有欠少任憑買主四至界內左右內外踏田壹股起耕另佃收租管業賣人
無得異言此係自己清業與內外伯叔兄弟子侄人等無涉日先亦無典當在外
若有來歷不明賣人一力承當不干買之事契明價足永無找贖愿賣愿買
此乃正行交易並無債貨準折逼抑之故恐口难憑故立賣田契付與買主永
遠子孫為據

光緒二十三年十二月初七日　立賣田契　闕永來

胞弟　闕永聰　闕永養

闕玉雨

憑中　單丙奕　闕玉麒

依口代筆　闕永有

立賣田契人闕永來，今因錢粮無办，自情愿将父手遺下自己阄内民田，坐落廿一都石倉源夫人廟庄，土名西山崗，安着民田壹大坵，内至賣人田，外至闕姓田，左至林姓田，右至坑壠為界，併及田頭地角，槿樹雜木，浸田水路，壹概在内，計額五畝正，今俱四至分明，将其田四股内托中筆立契出賣壹股，計額壹畝弍分五（厘）正，賣與本家玉几姪边入受承買為業，當日憑中面断，時值壹股田價洋銀五拾叁元正，其洋即日隨契两相交付足訖，不少分厘，其田自賣之後，任憑買主推收過户完粮，收租管業，賣人歷年充納租谷弍担壹籮正，不敢欠少，如有欠少，任憑買主四至界内，左右内外，踏田壹股，起耕易佃，收租管業，賣人無得異言，此係自己清業，與内外伯叔兄弟子侄人等無涉，日先亦無典當在外，若有来歷不明，賣人一力承當，不干買（主）之事，契明價足，永無找贖，愿賣愿買，此乃正行交易，並無債貨準折逼抑之故，恐口难憑，故立賣田契付與買主永遠子孫為據。

光緒二十三年十二月初七日　立賣田契　闕永來

胞弟　闕永聰

闕永養

闕玉雨

憑中　單丙炎

闕玉麒

依口代筆　闕永有

立杜找絶契人闕永來日前原與玉几侄边交易民田壹處坐落廿一都石倉源夫人廟庄土名西山崗安着民田壹契畀至亩額前有正載今因口食給再托原中筆相勸買主找出契外洋銀玖元正其洋即日收訖不少分厘其田自找之後一找千休永遠割藤斷根日後子孫不得識認恐口难信故立杜找断絶田契永遠為據々

光緒二拾三年十二月初七日立找斷絶契人闕永來〇

在見　闕永聰（押）　闌永養〇

憑中　單丙炎（押）　闕培蓮（押）

代筆　闕永有（押）

立杜找絕契人闕永來，日前原與玉几伜边交易民田壹處，坐落廿一都石倉源夫人廟庄，土名西山崗，安着民田壹契，界至畝額，前有正載，今因口食不給，再托原中筆相勸買主找出契外洋銀玖元正，其洋即日收訖，不少分厘，其田自找之後，一找千休，永遠割藤断根，日後子孫不得識認，恐口难信，故立杜找断絕田契永遠為據。

光緒二拾三年十二月初七日　立找断絕契人　闕永來

在見　闕永聰

闞永養

憑中　單丙炎

闕培蓮

代筆　闕永有

立賣田契人闕玉柑今因無办錢粮自情愿將父手遺下自己閹内民田壹處坐落松邑廿都茶排庄小土名后金安着田壹處上至茶山為界下至山為界左至茶山併路為界右至山為界今俱四至分明計額五分正計租弍担壹桶正自愿托中立字愿將弍担壹桶數内出賣叁畧正與本家起朋入手承買為業當日憑中三面言斷目值時價洋銀弍拾陆元正其洋即日隨契付清不少毫其田自賣之後任憑買主起耕改佃收租管業賣人不得異言阻執未賣之先上手並無文墨典當如有來歷不明賣人一力承當不涉買主之事愿買愿賣此出兩相情愿各無反悔等情日後任憑賣人廿年滿限原價取贖廿年後無找無贖以作絶契管業今欲有憑故立賣田契人為據

一批錢粮賣人完納再照

光緒廿四年四月廿弍日　　立賣田契人　闕玉柑

代筆　闕玉祿　書

立賣田契人闕玉柑，今因無办錢粮，自情愿将父手遺下自己鬮内民田壹處，坐落松邑廿一都茶排庄，小土名后金，安着田一處，上至茶山為界，下至山為界，左至茶山併路為界，右至山為界，今俱四至分明，計額五分正，计租式担壹桶正，自愿托中立字，愿将式担壹桶数内出賣叁罗［蘿］正與本家起朋入手承買為業，當日凴中三面言断，目值時價洋銀式拾陆元正，其洋即日随契付清，不少（分）毫，其田自賣之後，任凴買主起耕改佃，收租管業，賣人不得異言阻執，未賣之先，上手並無文墨典當，如有来歷不明，賣人一力承當，不涉買主之事，愿買愿賣，此出两相情愿，各無反悔等情，日後任凴賣人卅年满限原價取贖，卅年後無找無贖，以作絕契管業，今欲有憑，故立賣田契『人』為據。

一批錢粮賣人完納，再照。

光緒廿四年四月廿式日　立賣田契人　闕玉柑

代筆　闕玉禄

立賣田契字人闕玉柑今因無錢使用自情愿將祖父遺下分己阄内民田弍處
坐落松邑二十一都夫人廟庄小土名后金坳安着上壹處上至賣人茶山并坵坳
至路邊茶山為界左至横𡉏并路為界右至路為界又毗連路外田壹處上至路
底界下至茶山為界左至路為界右至山為界今俱四址分明計額壹畝四至界内
木一應在内自情託中立契出賣與本家堂兄玉觀入受承買為業當日三面言斷目
值時價洋銀叁拾玖元正其洋即日隨契交付不少分毫其田未賣日先並無文墨
重典交加既賣之後任憑買主推收過户完粮收租起耕易佃管業與内外房親伯
叔兄弟子侄人等並無干碍如有上手來歷不明賣人一力承當不涉買主之事一
賣千休並無找贖等情愿賣愿買所出兩相情愿各無反悔恐口難信故立
賣田契付與買主子孫永遠管業為據

弍拾四年　十二月　初二日

立賣田契字人闕玉柑（押）

胞兄　闕玉禄（押）

在見　玉梅（押）　玉萬（押）

憑中　王安發（押）　闕玉對（押）　闕玉瑾（押）

代筆　闕玉裕（押）

□找截契字人闕玉柑日前向與本家堂兄王觀交易民田弍處坐落□

一都夫人廟庄小土名后金坳安着界至畝額前有正契載明自情請託相勸業主

找過契外洋銀玖元正其洋即日隨找契交付不少分毫心情意滿一找千休愿斷愿

找各無恢悔等情恐口難信故立找斷截田契付與買主子孫永遠管業為據

光緒弍拾肆年　十二月十四日　立找斷截田契字人闕玉柑

胞兄　闕玉祿

在見　王安發○

闕玉對

闕玉爐

代筆　闕玉裕

契
字　號

計開業戶　都　田　畝　價肆拾捌元

光緒貳拾伍年　月　日

壹千柒百壹拾柒號　給　松陽　業戶闕玉觀　准此

（前頁）>>>>>

立賣田契字人闕玉柑，今因無錢使用，自情愿将祖父遺下分己阄内民田弍處，坐落松邑二十一都夫人庙庄，小土名后金坳，安着上壹處，上至賣人茶山并荒地為界，下至路邊茶山為界，左至横墈并路為界，右至路為界，又毗連路外田壹處，上至路為界，下至茶山為界，左至路為界，右至山為界，今俱四址分明，計額壹畝，四至界內，□□□木，一應在內，自情託中立契，出賣與本家堂兄玉麃[1]人受承買為業，當日三面言断，目值時價洋銀叁拾玖元正，其洋即日隨契交付，不少分毫，其田未賣日先，並無文墨重典交加，既賣之後，任凴買主推收過户，完粮收租，起耕易佃管業，與内外房親伯叔兄弟子侄人等並無干碍，如有上手來歷不明，賣人一力承當，不涉買主之事，一賣千休，並無找贖等情，愿賣愿買，所出两相情愿，各無反悔，恐口難信，故立賣田契付與買主子孫永遠管業為據。

光緒弍拾四年十二月初二日　立賣田契字人　闕玉柑

胞兄　闕玉禄

在見　玉梅

玉萬

凴中　王安發

闕玉對

闕玉瑾

代筆　闕玉裕

1 『玉麃』，據光緒《闕氏宗譜》，實為『玉几』的異寫。

立找断田截契字人闕玉柑，日前向與本家堂兄玉几交易民田弍處，坐落松邑廿一都夫人廟庄，小土名后金坳安着，界至畝額，前有正契載明，自情請託相勸業主找遏契外洋銀玖元正，其洋即日隨找契交付，不少分毫，心情意滿，一找千休，愿断愿找，各無反悔等情，恐口難信，故立找断截田契付與買主子孫永遠管業為據。

光緒弍拾肆年十二月十四日　立找断截田契字人　闕玉柑

胞兄　闕玉禄

在見　王安發

闕玉對

闕玉爐

代筆　闕玉裕

（契尾，光緒貳拾伍年肆月）

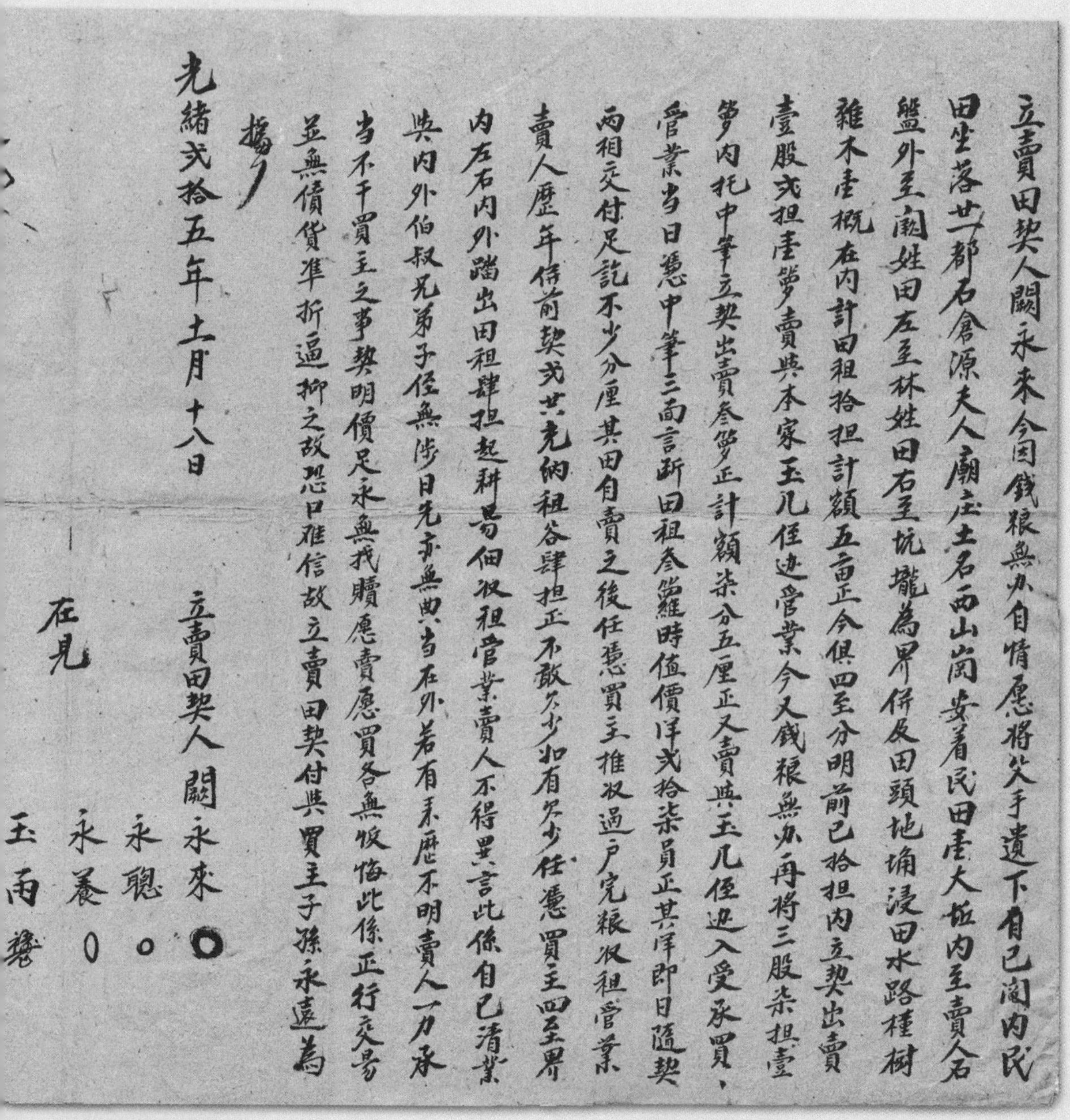
立賣田契人闕永來今因錢粮無办自情愿將父手遺下自己阄内民
田坐落廿一都石倉源夫人廟庄土名西山崗安着民田壹大坵内至賣人石
盤外至闕姓田左至林姓田右至坑壠為界併及田頭地塝浸田水路槿樹
雜木壹概在内計田租拾担計額五畝正今俱四至分明前已拾担内立契出賣
壹股弍担壹箩賣與本家玉兀侄边管業今又錢粮無办再將三股柒担壹
箩内托中筆立契出賣叁箩正計額柒分五厘正又賣與玉兀侄边入受承買、
管業當日憑中筆三面言斷田租叁箩雜時值價洋弍拾柒員正其洋即日隨契
兩相交付足訖不少分厘其田自賣之後任憑買主推收過户完粮收租管業
賣人歷年併前契弍共充納租谷肆担正不敢欠少如有欠少任憑買主四至界
内左右内外踏出田租肆担起耕另佃收租管業賣人不得異言此係自己清業
與内外伯叔兄弟子侄無涉日先亦無典當在外若有來歷不明賣人一力承
當不干買主之事契明價足永無找贖愿賣愿買各無反悔此係正行交易
並無債貨準折逼抑之故恐口難信故立賣田契付與買主子孫永遠為
據

光緒弍拾五年十一月十八日

立賣田契人 闕永來

在見 永聰
永養
玉雨鑾

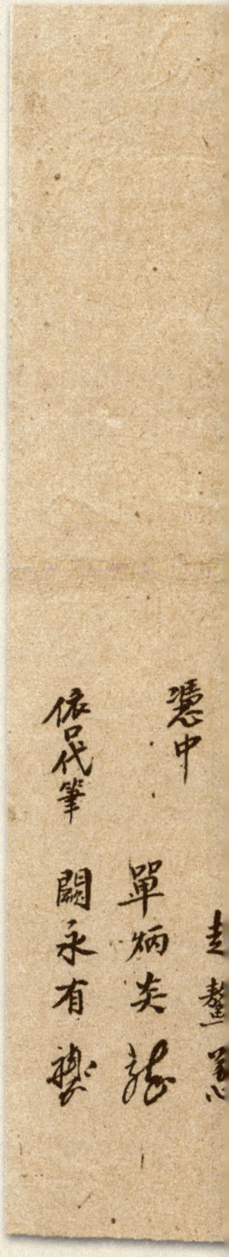

立賣田契人闕永來，今因錢粮無办，自情愿将父手遺下自己阄内民田，坐落廿一都石倉源夫人廟庄，土名西山崗，安着民田壹大坵，内至賣人石盤，外至闕姓田，左至林姓田，右至坑壠為界，併及田頭地角，浸田水路，槿樹雜木，壹概在内，計田租拾担，計額五亩正，今俱四至分明，前已拾担内立契出賣壹股式担壹箩，賣與本家玉几侄边管業，今又錢粮無办，再将三股柒担壹箩内托中筆立契出賣叁箩正，計額柒分五厘正，又賣與玉几侄边入受承買管業，当日憑中筆三面言断田租叁籮，時值價洋式拾柒員正，其洋即日隨契两相交付足訖，不少分厘，其田自賣之後，任憑買主推收過户完粮，收租管業，賣人歷年併前契式共充納租谷肆担正，不敢欠少，如有欠少，任憑買主四至界内，左右内外，踏出田租肆担，起耕易佃，收租管業，賣人不得異言，此係自己清業，與内外伯叔兄弟子侄無涉，日先亦無典当在外，若有来歷不明，賣人一力承当，不干買主之事，契明價足，永無找贖，愿賣愿買，各無反悔，此係正行交易，並無債貨準折逼抑之故，恐口难信，故立賣田契付與買主子孫永遠為據。

光緒式拾五年十一月十八日　立賣田契人　闕永來

永聰

在見　永養

玉雨

憑中　起鼇

單炳炎

依口代筆　闕永有

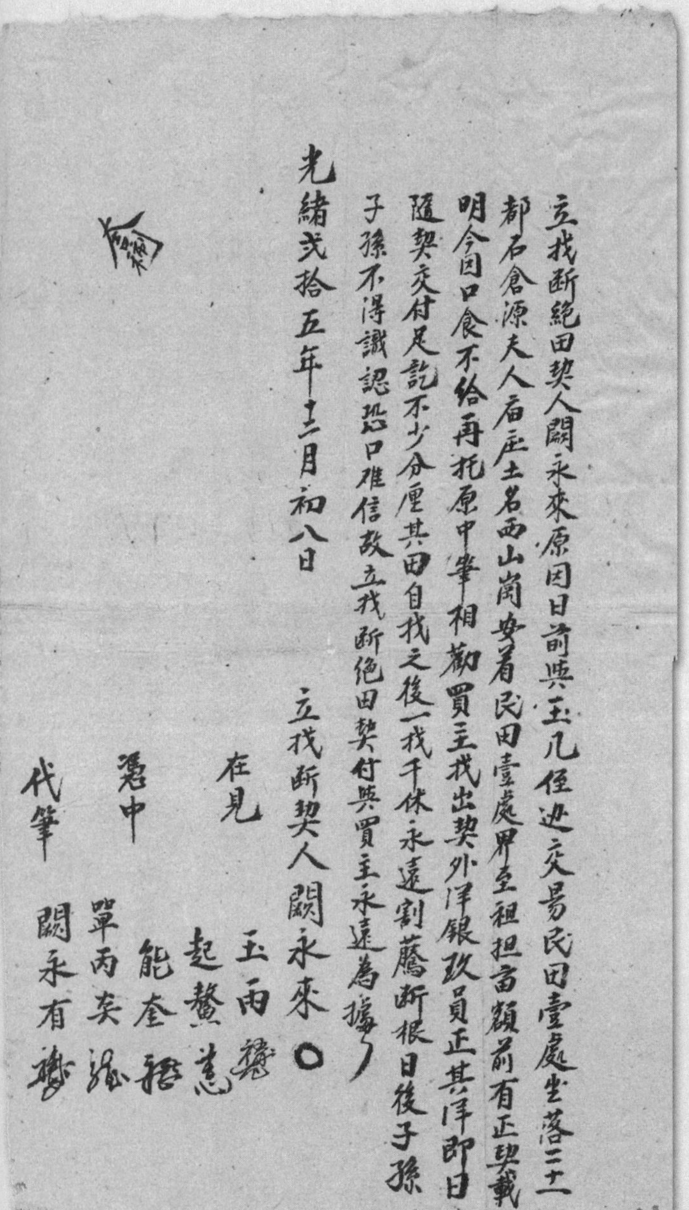

立找断絕田契人闕永來，原因日前與玉几侄边交易民田壹處，坐落二十一都石倉源夫人庙庄，土名西山崗，安着民田壹處，界至租担亩額，前有正契載明，今因口食不給，再托原中筆相勸買主，找出契外洋銀玖員正，其洋即日隨契交付足訖，不少分厘，其田自找之後，一找千休，永遠割藤断根，日後子孫『子孫』不得識認，恐口难信，故立找断绝田契付與買主永遠為據。

光緒弍拾五年十二月初八日　立找断契人　闕永來

在見　玉雨

起鰲

憑中　能奎

單丙炎

代筆　闕永有

立賣断截田契人單炳炎今因無錢吉用情愿將上手遺下自置民田壹處坐落松邑廿一都石倉源上山邊庄土名祠堂背賣人住屋后安着田壹處內至賣人山為界外至賣人住屋後墻滴水為界左至路并賣人屋為界右至單姓坟地石磡并小塊坪為界今俱四至分明並及田頭地塝水路闕姓田邊小塊坪壹塊一概在內計額三分壹厘弍毫正托中筆立契出賣與闕玉几親邊入受承買為業三面言断日值時價洋银壹拾捌元正其洋即日隨契交付足訖不少分毫其田自賣之後任憑買主推收過戶完粮起耕易佃收租管業賣人不得異言此係自己清業日前並無半點文墨典當在外與內外房親伯叔子侄人等亦無干涉如有上手來歷不明賣人一力承當不干買主之事契明價足愿買愿賣各無反悔割藤断根一賣千休永無找贖此乃正行交易價貨並無準折逼抑之故恐口难憑故立賣断截田契付與買主子孫永遠為據

光緒廿六年十月廿四日立賣断截田契人單炳炎（押）

憑中　闕寧奎（押）　闕培蓮（押）

代筆　闕永有（押）

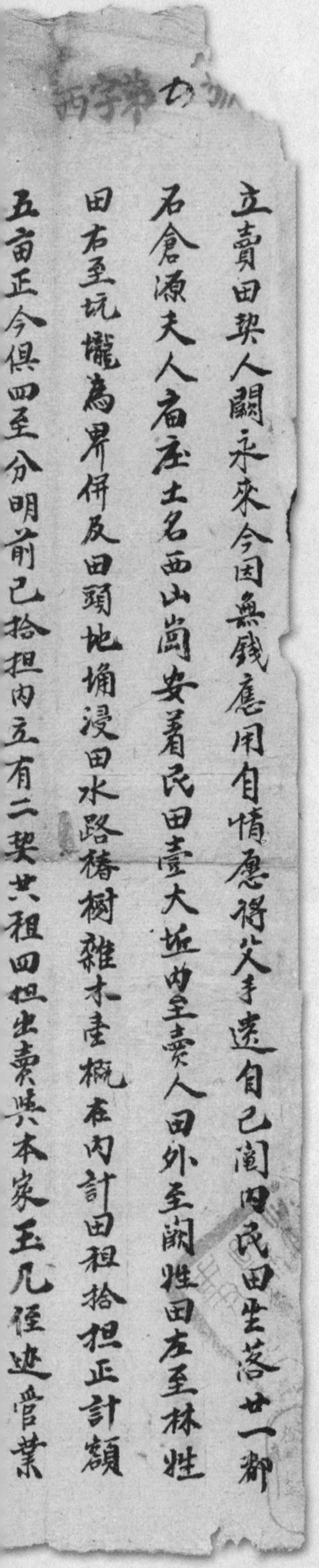

（前頁）>>>>>

立賣断截田契人單炳炎，今因無錢吉［急］用，情愿将上手遺下自置民田壹處，
坐落松邑廿一都石倉源上山邊庄，土名祠堂背賣人住屋后，安着田
壹處，内至賣人山為界，外至賣人住屋後墻滴水為界，左至路并賣人屋
為界，右至單姓坟地石磡并小荒坪為界，今俱四至分明，並及田頭地角
水路，闕姓田邊小荒坪壹塊，一概在内，計額三分壹厘弍毫正，托中筆立
契，出賣與闕玉几親邊入受承買為業，三面言断，目直時價洋银壹拾
捌元正，其洋即日隨契交付足讫，不少分毫，其田自賣之後，任憑買主推
收過户完粮，起耕易佃，收租管業，賣人不得異言，此係自己清業，日前
並無半點文墨典當在外，與内外房親伯叔子侄人等亦無干涉，如有
上手來歷不明，賣人一力承當，不干買主之事，契明價足，愿買愿賣，各無
反悔，割藤断根，一賣千休，永無找贖，此乃正行交易，並無債貨準折逼抑之故，
恐口难憑，故立賣断截田契付與買主子孫永遠為據。

光緒廿六年十月廿四日　立賣断截田契人　單炳炎

憑中　闕寧奎

闕培蓮

代筆　闕永有

允十七

今又無錢應用，再將尚有田祖陆担正，四至界内一概不留，計額叁畝正，托中立契出
賣與玉几入受承買管業。當日憑中筆三面言斷，田祖陆担時價洋銀壹伯弍拾肆元正，
其洋即日隨契兩相交付足訖，不少分厘。其田自賣之後，任憑買主徑迎推收過户完
粮，起耕易佃，收租管業，賣人不得異言。其田此係賣人自己清業，與內外房親伯叔並
無干涉，日先亦無典當。在外君有來歷不明，賣人一力承當，不干買主之事。契明價足，
永無找贖，應賣應買，甚無逼抑，恐口無憑，故立賣田契付與買主子孫永遠為據。

光緒叁拾四年　九月十二日　立賣田契人　闕永來（押）

胞弟　永聰（押）　永養（押）　玉兩（押）

憑中　單炳奎（押）　闕起鰲（押）　能奎（押）　培蓮（押）

代筆　永有（押）

(前頁)>>>>>

立賣田契人闕永來，今因無錢應用，自情愿将父手遺自己阄内民田，坐落廿一都石倉源夫人庙庄，土名西山崗，安着民田壹大坵，内至賣人田，外至闕姓田，左至林姓田，右至坑壠為界，併及田頭地角，浸田水路，椿樹雜木，壹概在内，計田租拾担正，計額五亩正，今俱四至分明，前已拾担内立有二契，共租四担，出賣與本家玉几侄边管業，今又無錢應用，再将尚有田租陆担正，四至界内，一概不留，計額叁亩正，托中立契，出賣與玉几人受承買管業，當日憑中筆三面言断，田租陆担，時價洋銀壹伯弍拾肆元正，其洋即日隨契两相交付足訖，不少分厘，其田自賣之後，任憑買主侄边推收過户，完粮起耕，易佃收租管業，賣人不得異言，其田此係賣人自己清業，與内外房親伯叔並無干涉，日先亦無典當在外，若有来歷不明，賣人一力承當，不干買主之事，契明價足，永無找贖，愿賣愿買，並無逼抑，恐口無憑，故立賣田契付與買主子孫永遠為據。

光緒叁拾四年九月十一日　立賣田契人　闕永來

胞弟　永聰

永養

玉雨

單炳炎

憑中　闕起鰲

能奎

培蓮

代筆　永有

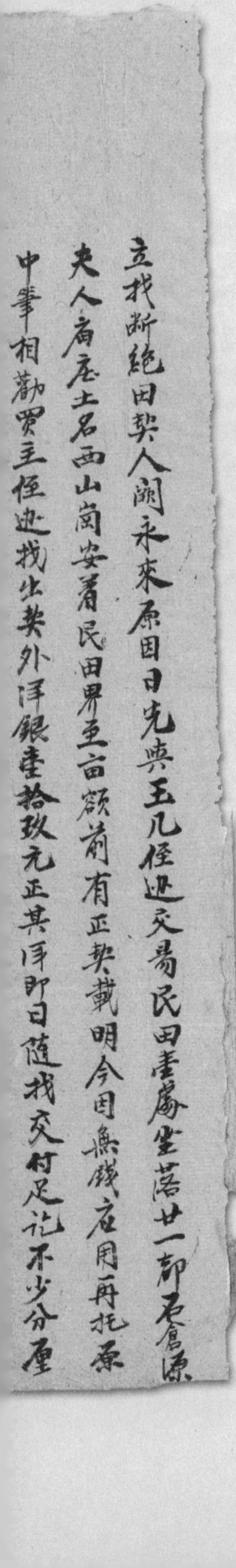
立找断绝田契人阙永来原因日先典玉几侄边交易民田壹處坐落廿一都石倉源
夫人庙庄土名西山岗安着民田界至亩额前有正契载明今因無钱应用再托原
中夆相勸買主侄边找出契外洋銀壹拾玖元正其洋即日随找交付足讫不少分厘

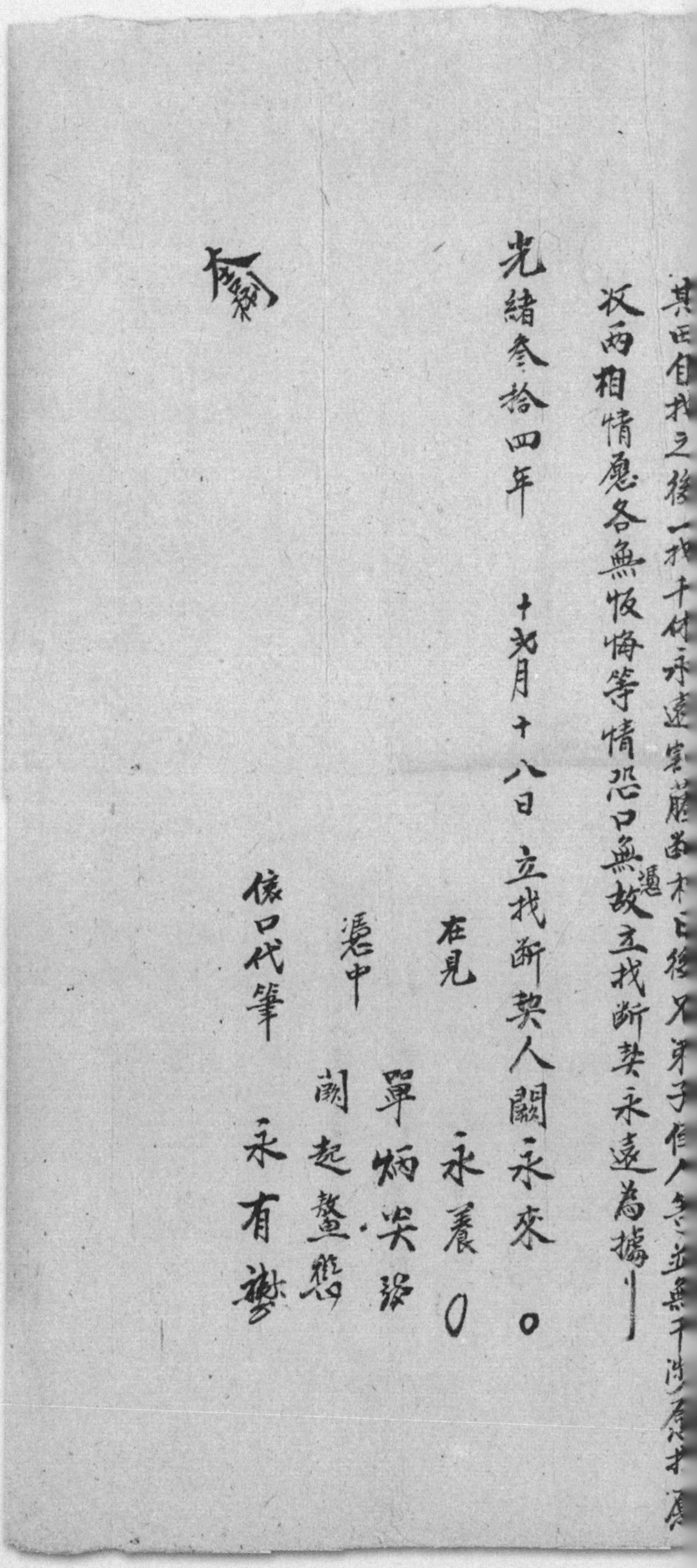
其田自找之後，一找千休，永遠割藤断根，日後兄弟子侄人等並無干涉，愿找愿
收，兩相情愿，各無反悔等情，恐口無憑，故立找断契永遠為據。
光緒叁拾四年　十弍月十八日　立找断契人闕永來　○
在見　永養　○
憑中　單炳炎
闕起鳌
依口代筆　永有

立找断絕田契人闕永來，原因日先與玉几侄边交易民田壹處，坐落廿一都石倉源夫人庙庄，土名西山崗，安着民田，界至亩额，前有正契載明，今因無錢应用，再托原中筆相勸買主侄边，找出契外洋銀壹拾玖元正，其洋即日隨找交付足讫，不少分厘，其田自找之後，一找千休，永遠割藤断根，日後兄弟子侄人等並無干涉，愿找愿收，兩相情愿，各無反悔等情，恐口無憑，故立找断契永遠為據。

光緒叁拾四年十弍月十八日　立找断契人　闕永來

在見　永養

憑中　單炳炎

闕起鳌

依口代筆　永有

立賣斷截淘洗山骨石磴字人闕永聰與二嫂林氏等今因無錢急用叔嫂商議愿將日先淘洗鐵砂遺下山骨石磴壹處坐落本邑二十一都南山下庄土名中周嶺山門前安着其石磴上至賣人田下至受主田左至大坵田踏步直入石礫右至芭蕉坑壠為界今俱四至分明託中立字出賣與闕玉凡本家入受承買為業當日三面言斷山骨石磴工本價英洋貳拾柒元正其洋隨字交付足訖不少分厘其石磴山骨四至界內任從受主前去開懇成田扞坵調用收租管業現有闕學禮坑糧戶下推割過戶賣人無得異言此係叉手分派已下與子侄人等並無干碍亦無重筆典當文墨交加如有上手來歷不清賣人一力支當不涉受主之事契明價足皆無逼抑等情愿買愿賣此兩相情愿各無反悔恐口無憑故立賣山骨石磴字永遠為據

宣統貳年十二月拾六日立賣山骨石磴人闕永聰（押）

闕林氏（押）

在見 闕永養（押）

闕仁章（押）

憑中 單炳炎（押）

雷石蓮（押）

代筆 闕清芝（押）

立賣断截淘洗山骨石磁字人闕永聰與二嫂林氏等，今因無錢急用，叔嫂商議，愿将日先淘洗鐵砂遺下山骨石磁壹處，坐落本邑二十一都南山下庄，土名中周嶺山門前，安着其石磁，上至賣人田，下至受主田，左至大坵田踏步直入石磜，右至苞焦坑壠為界，今俱四至分明，託中立字，出賣與闕玉几本家入受承買為業，當日三面言断，山骨石磁工本價英洋貳拾柒元正，其洋隨字交付足訖，不少分厘，其石磁山骨四至界內，任從受主前去開懇［墾］成田，扞泥調用，收租管業，現有闕學禮坑粮户下推割過户，賣人無得異言，此係父手分派己下，與子姪人等並無干碍，亦無重筆典當文墨交加，如有上手来歷不清，賣人一力支當，不涉受主之事，契明價足，皆無逼抑等情，愿買愿賣，此兩相情愿，各無反悔，恐口無憑，故立賣山骨石磁字永遠為據。

宣統貳年十二月拾六日　立賣山骨石磁人　闕永聰

闕林氏

在見　闕永養

闕仁章

憑中　單炳炎

雷石蓮

代筆　闕清芝

立退田並灰鋪人闕林氏今因口食不數自情將夫手開有水田弍坵窠有灰鋪
壹间坐落本邑南山下庄小土名中周嶺山門前安着其田上下左三至槐係受
主石礎並田為界右至芭蕉坑壠為界計田租壹桶其灰鋪坐西朝東安着二共托
中立字出退與本家闕玉几叔湊便承受為業當日憑中三面言斷田價灰鋪工
本英洋陸元五角正其洋即日付清足訖其田自退之後歸以受主耆業其灰鋪
任從修整燒灰開鎖調用出退人皆無霸執留阻□情此係日先夫手自開自造
與夫弟子姪並無牽連亦無重疊請同親戚向前皆無恢悔雖是女流現有叔姪
在見恐口難信故立文契付與受主永遠為據

宣統貳年十二月二十三日立退田並灰寮字人闕林氏〇

在見叔 闕永聰（押）
闕永養〇
姪 闕仁章（押）
姑丈 單炳炎（押）
憑中 雷石蓮（押）
代筆 闕清芝（押）

立退田並灰鋪人闕林氏，今因口食不敷，自情将夫手開有水田弍坵，築有灰鋪壹间，坐落本邑南山下庄，小土名中周嶺山門前，安着其田，上、下、左三至概係受主石礅並田為界，右至苞焦坑壠為界，計田租壹桶，其灰鋪坐西朝東安着，二共托中立字，出退與本家闕玉几叔湊便承受為業，當日憑中三面言断，田價灰鋪工本英洋陸元五角正，其洋即日付清足訖，其田自退之後，歸以受主管業，其灰鋪任從修整燒灰，關鎖調用，出退人皆無霸执留阻等情，此係日先夫手自開自造，與夫弟子姪並無牽連，亦無重筆，請同親戚向前，皆無反悔，雖是女流，現有叔姪在見，恐口難信，故立文契付與受主永遠為據。

宣統貳年十二月二十三日　立退田並灰寮字人　闕林氏

在見叔　闕永聡

闕永養

姪　闕仁章

姑丈　單炳炎

憑中　雷石蓮

代筆　闕清芝

立賣断截田契字人闕執承今因……乏無措自情愿將父手遺下民田坐落
本邑二十一都茶排庄小土名墩……田上至大垃田為界毗連在下荒坪在
内下至闕姓田為界左至賣……姓田為界右至茶山路為界四至界内
桐茶雜木荒坪地角一概在……四至分明自愿托中立賣與本家瑞
公玉凡承買為業當日三面……銀弍拾貳元正其洋即日隨契交付足訖
不少分毫其田自賣之後任憑買……主耕易佃收租管業賣人無得異言阻執
此係自己清楚物業與房親伯叔……涉内有來歷不明賣人一力承當不干買
主之事日前亦無重典疊當等情……足永遠無找無贖兩家情愿各無反悔
恐口難信故立断截契交於買主……

中華民國丁巳六年十月二十一日

……截契人　闕執承

見　四公　玉熊

四叔　培俟

趙燕

吉謙

培俍

買契

是項契紙須於契約成立後依限繳稅再行加蓋縣印方為有效否則仍作未稅論

買主姓名
不動產種類
座落
面積

四至
東至
南至
西至
北至

賣價
應納稅額
原契幾張
立契年月日

例則摘要

一不動……契紙成立後六個月以內赴該管徵收官署投稅

一訂立不……須由賣主或出典人赴該管徵收官署填具申請書請領契紙繳納契紙……

一不動產……領契紙後已逾兩月其契約尚未成立者原領契紙失其効力但因自願……時得於限內赴徵收官署申明事由酌予寬限

一原領……須補領或更換時仍依第四條第一項之規定繳納契紙費

一契……如逾限在六個月以上處一倍罰金一年以上處二倍罰金

二……

一匿……分之二者照短納稅額處一倍罰金惟匿報數雖及一成其短稅……予科罰如匿報契價十分之二以上未滿十分之三者照短納稅額……上處三倍罰金十分之四以上處四倍罰金十分之五以上處五倍罰……

一私紙立……明請換契紙免予科罰外如被告發或查出者致換契紙補繳契紙費並處……

一契約成立期間限於遵領官契紙者適用之其私紙所書之契約若事後不換寫契紙……

一逾限未……之效力

中華民國八　年　月　日

縣給

（前頁）>>>>>

立賣断截田契字人闞執承，今因□□費無措，自情愿將父手遺下民田，坐落本邑二十一都茶排庄，小土名墩子□□□田，上至大垢田為界，毗連在下荒坪在内，下至闞姓田為界，左至賣□□□□田為界，右至茶山路為界，四至界内，桐茶雜木，荒坪地角，一概在内，□□四至分明，自愿托中立（契），賣與本家滿公玉几承買為『爲』業，當日三面□□□銀式拾肆元正，其洋即日隨契交付足讫，不少分毫，其田自賣之後，任憑買主□□起耕易佃，收租管業，賣人無得異言阻执，此係自己清楚物業，與房親伯叔□□無涉，如有来歷不明，賣人一力承當，不干買主之事，日前亦無重典叠當等情，□□□足，永遠無找無贖，两家情愿，各無反悔，恐口难信，故立断截契交於買主□□□□□□。

中華民國丁已［巳］六年十一月二十一日　立賣断截契人　闞執承

□見四公　玉熊

四叔　培倛

□□　起鰲

吉谦

□筆　培佷

（買契，中華民國八年）

立退石盤并荒坪字人闕仁裕今因[illegible]

淘洗山骨石盤并荒坪壹處坐落松邑二十一都石倉源夫人廟庄土名

南山下老西山崗安着其石盤荒坪上至闕姓田下至闕姓并橋會田為

界左至徐闕二姓田右至買主淘洗餘坪為界其四至界内日先已經業

主買淨斷絶現有老契載明後因淘沙開荒費有工本愿托中立字出

退與闕玉凡承退為業當日三面言斷英洋拾弍元其洋即日付訖其

石盤荒坪自退之後任憑業主淘沙開墾管業出退人無得異言阻執

此係正行交易愿退愿受各無反悔恐口無憑故立退字為據

中華民國七年四月十八日立退石盤并荒坪字人闕仁裕（押）

在見　闕永養 ○

闕培崧（押）

闕能奎（押）

憑中　單炳炎 ●

闕起鰲（押）

代筆　闕吉伸（押）

參紀

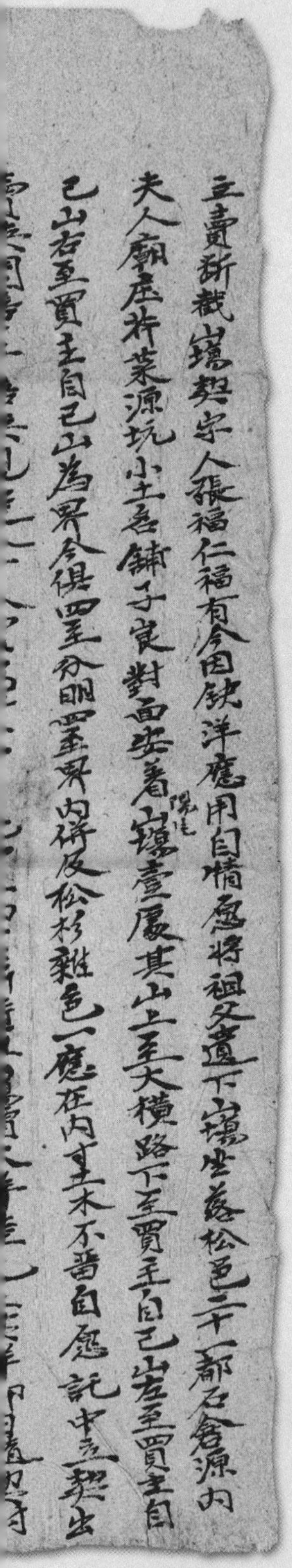
立賣斷截塲契字人張福仁福有今因缺洋應用自情愿將祖父遺下塲坐落松邑二十一都石倉源内
夫人廟庄并茱源坑小土名鉢子良對面安着塲壹處其山上至大横路下至買主自
己山右至買主自己山為界今俱四至分明四至界内併及松杉雜色一應在内寸土木不留自愿託中立契出

(前頁)>>>>>

立退石盤并荒坪字人闕仁裕，今因無錢應用，原於日先父手與二伯淘洗山骨石盤并荒坪壹處，坐落松邑二十一都石倉源夫人廟庄，土名南山下老西山崗，安着其石盤荒坪，上至闕姓田，下至闕姓并橋會田為界，左至徐、闕二姓田，右至買主淘洗餘坪為界，其四至界内，日先已經業主買净断绝，現有老契載明，後因淘沙闲荒費有工本，愿托中立字，出退與闕玉几承退為業，當日三面言断英洋拾式元，其洋即日付訖，其石盤荒坪自退之後，任憑業主淘沙開墾管業，出退人無得異言阻執，此係正行交易，愿退愿受，各無反悔，恐口無憑，故立退字為據。

中華民國七年四月十八日　立退石盤并荒坪字人　闕仁裕

在見　闕永養

闕培崧

憑中　闕能奎

單炳炎

闕起鰲

代筆　闕吉伸

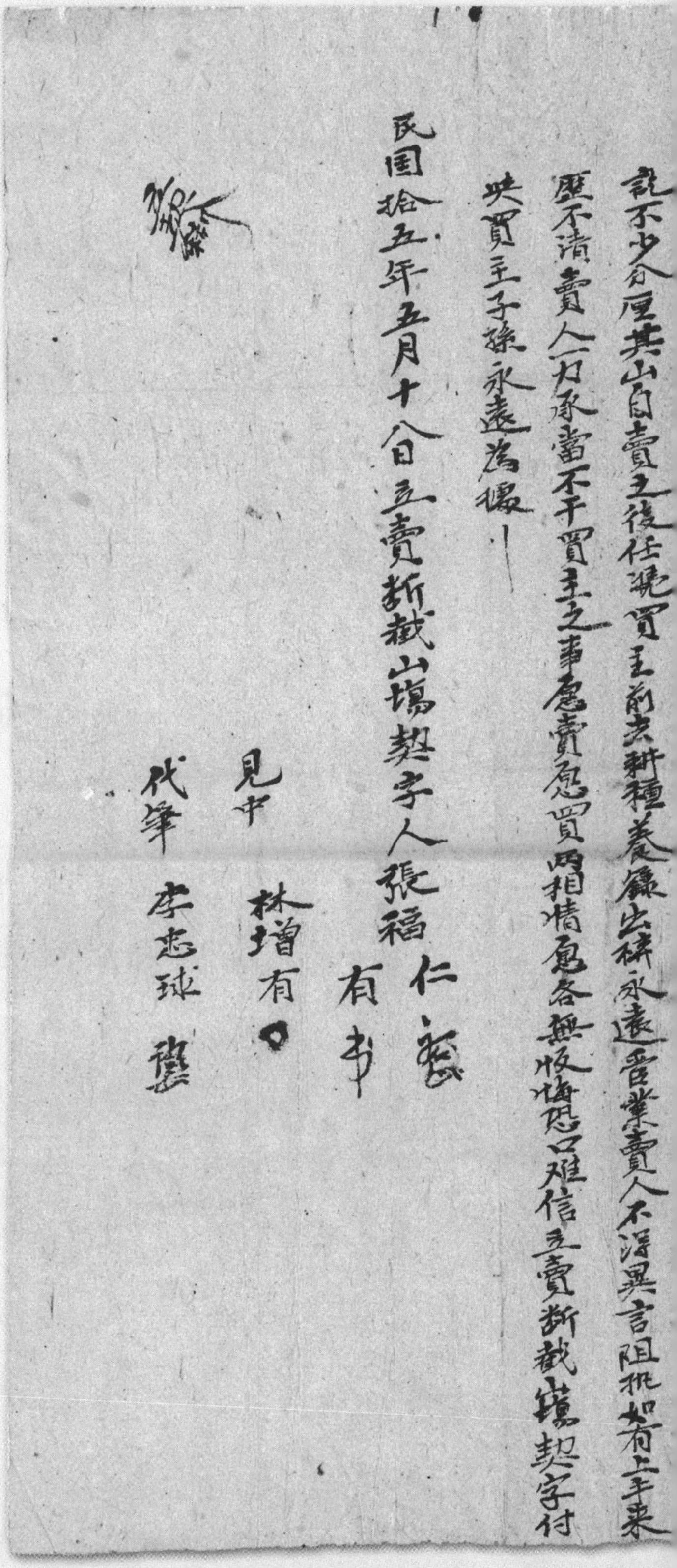
訖不少分厘其山自賣之後任凴買主前去耕種養籙出拚永遠管業賣人不得異言阻执如有上手来
歷不清賣人一力承當不干買主之事愿賣愿買两相情愿各無反悔恐口难信立賣断截山塲契字付
與買主子孫永遠為據
民国拾五年五月十八日立賣断截山塲契字人張福仁
有
見中　林增有
代筆　李忠球

立賣断截山塲契字人張福仁、福有，今因缺洋應用，自情愿将祖父遺下山塲，坐落松邑二十一都石倉源内夫人廟庄芥菜源坑，小土名鋪子崀對面，安着陽片山塲壹處，其山上至大横路，下至買主自己山，左至買主自己山，右至買主自己山為界，今俱四至分明，四至界内，併及松杉雜色，一應在内，寸土木不留，自愿託中立契，出賣與闕培華、培英親邊入手承買為業，當日凴中三面言断，時直山塲價大洋陸元正，其洋即日隨契付訖，不少分厘，其山自賣之後，任凴買主前去耕種養籙出拚，永遠管業，賣人不得異言阻执，如有上手来歷不清，賣人一力承當，不干買主之事，愿賣愿買，两相情愿，各無反悔，恐口难信，立賣断截山塲契字付與買主子孫永遠為據。

民国拾五年五月十八日　立賣断截山塲契字人　張福仁

有

見中　林增有

代筆　李忠球

立退樹苗字人闞吉爐，今因錢粮無办，自情愿将自己開種
杉木壹處，坐落松邑廿一都五合圩庄，小土名内坑南洞窩，安着
其山，上至山頂，下至横路，左至吉華山，右至林姓山隨良分水，今
俱四至界内分明，自愿托中立字，出退與本家同春信記
叔邊入受為業，當日憑中三面言断，時價洋銀柒元正，其
洋即日隨字付清，不少分文，自退之後，任憑銀主管業籙养
式拾年砍伐，日後归還退人，如有房親伯叔等情来歷不明，
退人一力承当，愿退愿受，两相情愿，各無反悔，恐口难信，
故立退杉木字『人』為據。

民國式拾叁年十式月十九日　立退杉木字人　闞吉爐

在見　吉華

吉輝

代筆　起禎

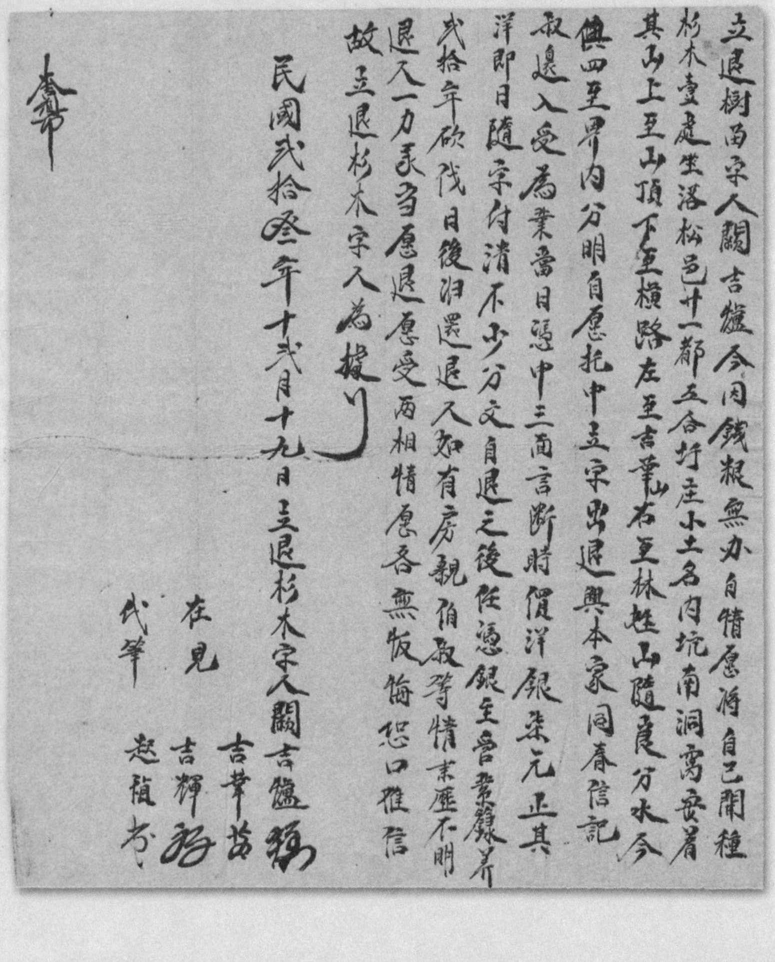
立退樹苗字人闞吉爐今因錢粮無办自情愿将自己開種
杉木壹處坐落松邑廿一都五合圩庄小土名内坑南洞窩安着
其山上至山頂下至横路左至吉華山右至林姓山隨良分水今
俱四至界内分明自愿托中立字出退與本家同春信記
叔邊入受為業當日憑中三面言断時價洋銀柒元正其
洋即日隨字付清不少分文自退之後任憑銀主管業籙养
式拾年砍伐日後归還退人如有房親伯叔等情来歷不明
退人一力承当愿退愿受两相情愿各無反悔恐口难信
故立退杉木字人為據
民國式拾叁年十式月十九日立退杉木字人闞吉爐
在見　吉華
吉輝
代筆　起禎

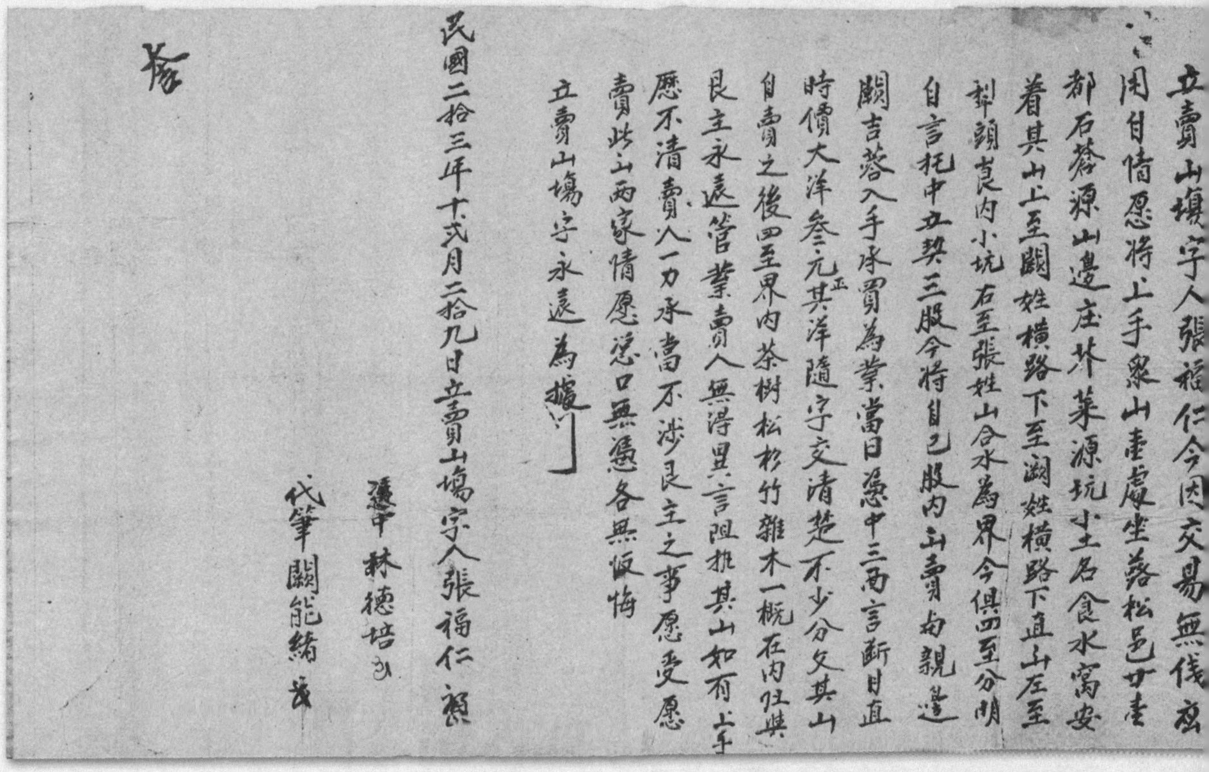

立賣山塲字人張福仁，今因交易無钱应用，自情愿将上手衆山壹處，坐落松邑廿壹都石蒼［倉］源山邊庄芥菜源坑，小土名食水窝，安着其山，上至闞姓横路，下至闞姓横路下直山，左至犁頭崀内小坑，右至張姓山合水為界，今俱四至分明，自言托中立契三股，今将自己股内山賣与親邊闞吉蓉入手承買為業，當日憑中三面言断，目直時價大洋叁元正，其洋隨字交清楚，不少分文，其山自賣之後，四至界内，茶樹松杉竹雜木，一概在内，归與银主永遠管業，賣人無得異言阻执，其山如有上手（来）歷不清，賣人一力承當，不涉银主之事，愿受愿賣，此出两家情愿，恐口無憑，各無反悔，

立賣山塲字永遠為據。

民國二拾三年十弍月二拾九日　立賣山塲字人　張福仁

憑中　林德培

代筆　闞能緒

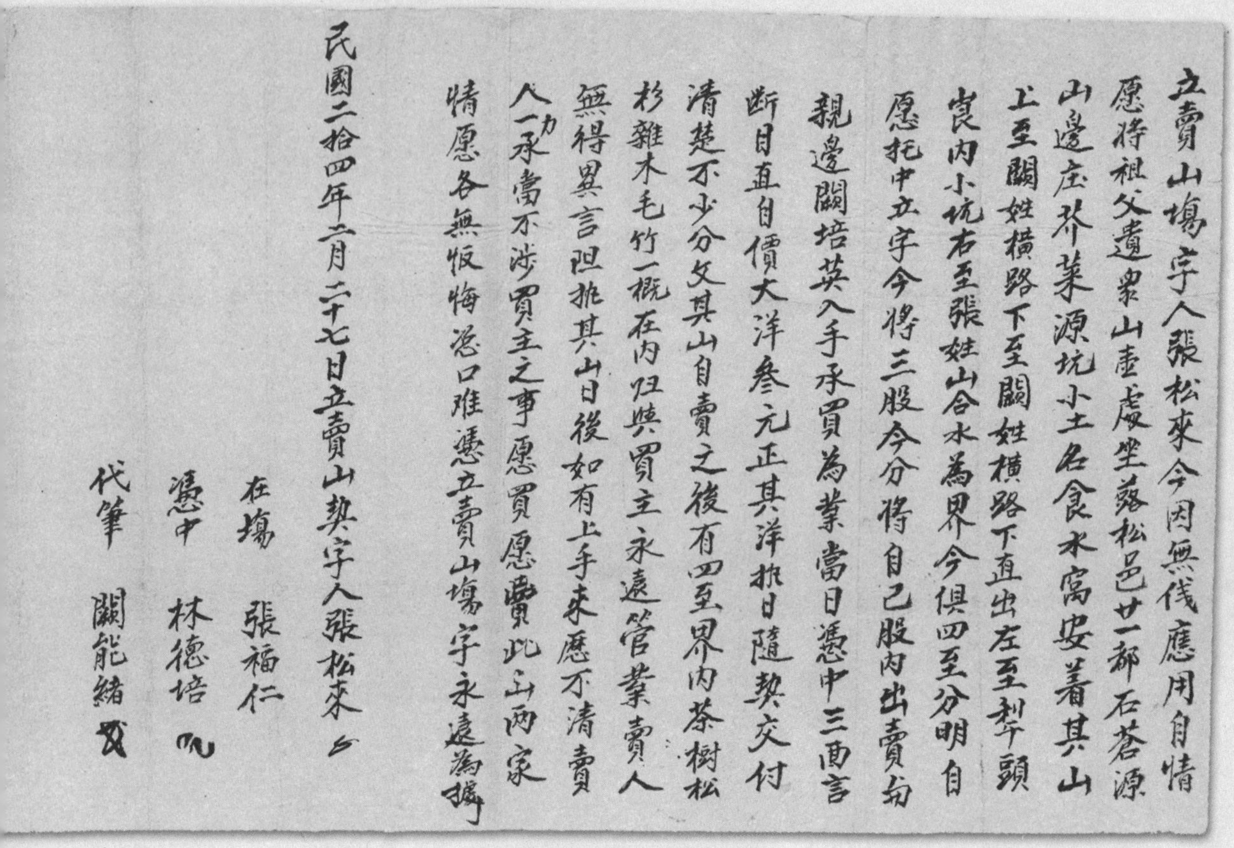

立賣山塲字人張松來，今因無钱應用，自情愿将祖父遺衆山壹處，坐落松邑廿一都石蒼［倉］源山邊庄芥菜源坑，小土名食水窩，安着其山，上至闕姓横路，下至闕姓横路下直出，左至犁頭良内小坑，右至張姓山合水為界，今俱四至分明，自愿托中立字，今将三股今分将自己股内出賣与親邊闕培英入手承買為業，當日憑中三面言斷，目直自［時］價大洋叁元正，其洋执［即］日隨契交付清楚，不少分文，其山自賣之後，有四至界内茶樹松杉雜木毛竹，一概在内，归與買主永遠管業，賣人無得異言阻执，其山日後如有上手來歷不清，賣人一力承當，不涉買主之事，愿買愿賣，此出两家情愿，各無反悔，恐口难憑，立賣山塲字永遠為據。

民國二拾四年二月二十七日　立賣山契字人　張松來

在塲　張福仁

憑中　林德培

代筆　闕能緒

立退樹苗字人闕吉華，今因錢粮無办，自
情愿将自己開山杉木壹處，坐落松
邑廿一都五合圩庄，小土名内坑南洞窩，
安着其山，上至吉輝山，下至吉梂[1]山横路，左
至吉魁山，右至退主山，四至界内分明，自愿
托中立字，出退與本家同春信記叔邊
入受為業，當日憑中三面断定，時價洋銀
捌元正，其洋即日隨字付訖，不少分文，自退
之後，任業主籙養管業念『拾』年砍伐，日後
歸還退人，如有房親伯叔等情來歷不明，退
人一力承当，愿退愿受，两相情愿，各無反悔，恐口难信，
故力［立］退杉木字為據。

中華民國念伍年三月廿七日　立退樹苗字人　闕吉華

在見　闕吉爐

代筆　闕祥鷗

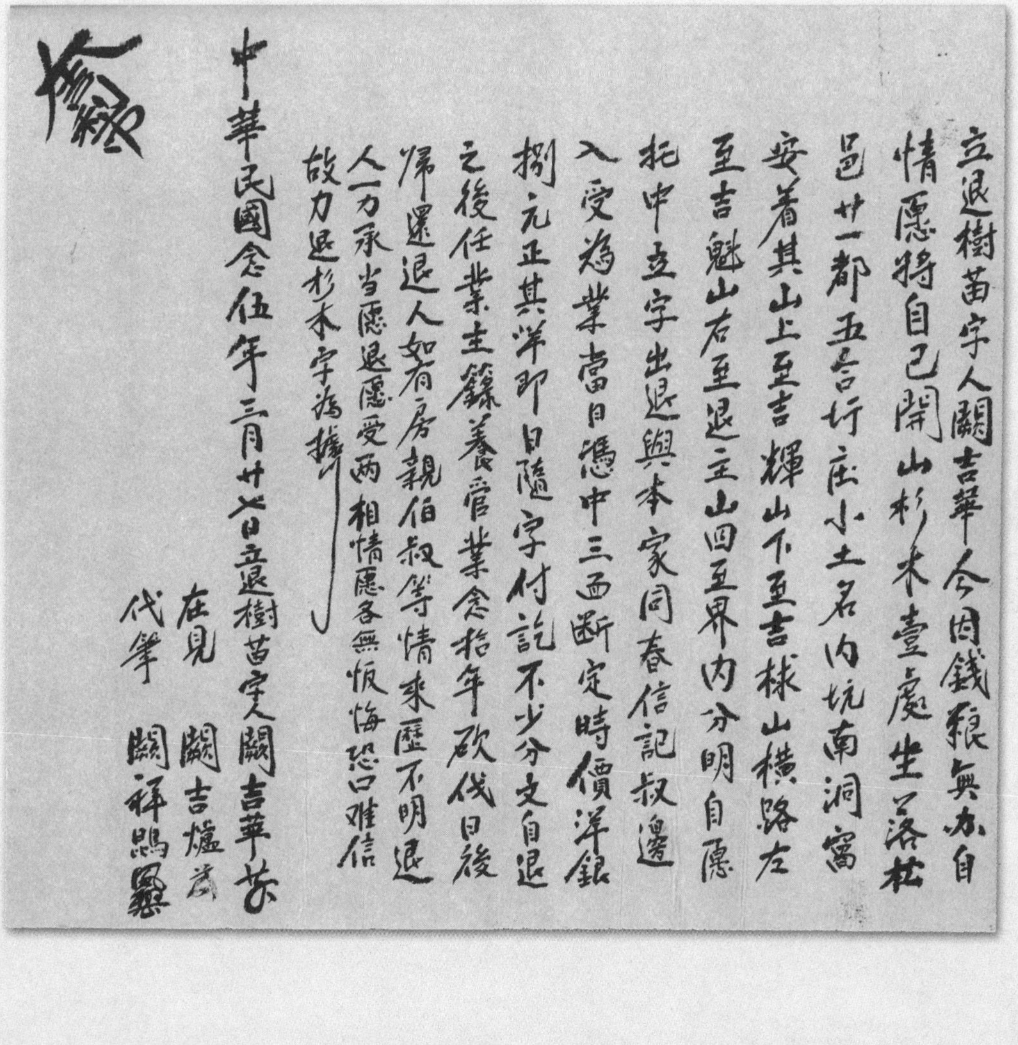
立退樹苗字人闕吉華今因錢粮無办自
情愿将自己開山杉木壹處坐落松
邑廿一都五合圩庄小土名内坑南洞窩
安着其山上至吉輝山下至吉梂山横路左
至吉魁山右至退主山四至界内分明自愿
托中立字出退與本家同春信記叔邊
入受為業當日憑中三面断定時價洋銀
捌元正其洋即日隨字付訖不少分文自退
之後任業主籙養管業念拾年砍伐日後
歸還退人如有房親伯叔等情來歷不明退
人一力承当愿退愿受两相情愿各無反悔恐口难信
故力退杉木字為據
中華民國念伍年三月廿七日立退樹苗字人闕吉華
在見　闕吉爐
代筆　闕祥鷗

1　據民國《闕氏宗譜》，『吉梂』實為『吉球』。

立當杉木苗字人林裕榮仝弟壽今因應用不敷自
情愿將自己栽種明山杉木苗壹處坐落松邑廿都五合
圩庄小土名裡内坑中間村安着其山上至山頂下至田左至
小崀并坎從右至路并崀爲界今俱四至分明自愿託中
立字出當與闕培英菁親邊入受承當爲業當日當過杉
木苗價洋念玖元正每年充納艮利四元叁角伍分正如有
利息不清任憑承當人錄養砍伐出新日前并無文
墨典当倘有來歷不明當人一力承當出當人無得異言阻執等
情此係正行交易兩相情愿愿受愿當各無反悔恐口難
信故立當杉木苗字爲據
一紙貼過花押洋四角三分五厘正
中華民國廿五年十二月初四日立當杉木苗字人林裕榮十
在見林裕華十
憑中闕吉爐十
代筆闕鳳翔

立當杉木苗字人林裕荣仝弟等，今因應用不敷，自
情愿将自己栽種明山杉木苗壹处，坐落松邑廿都五合
圩庄，小土名裡内坑中间村，安着其山，上至山頂，下至田，左至
小良并坟地，右至路并良為界，今俱四至分明，自愿托中
立字，出當與闕培英等親邊入受承當為業，当日當過杉
木苗價洋念玖元正，每年充纳银利四元叁角伍分正，如有
利息不清，任憑承當人籙養砍伐出拚，日前并無文
墨典当，如有來歷不明，當人一力承當，出當人無得異言阻执等
情，此係正行交易，两相情愿，愿受愿當，各無反悔，恐口难
信，故立當杉木苗字為據。　一批貼過花押洋四角三分五厘正。

中華民國廿五年十二月初四日　立當杉木苗字人　林裕荣

在見　林裕華

憑中　闕吉爐

代筆　闕鳳翔

立賣樹苗字人闕吉輝今因無錢應用自情愿將自己杄插樹苗壹處坐落松邑廿都五合圩庄小土名下内坑南洞窩安着其山上至横路下至買主山右至崀左至吉尌樹苗直下為界今俱四至界内分明自愿托中立字出賣与本家叔边闕培英等入受承買為業当日憑中三面断定目值時價洋艮拾六元正其洋即日隨字付清其樹苗任憑買主籙养砍伐出售日前並無文墨典当自己清楚不干買主之事如有来歷不明賣人一力承当愿賣愿受两相情愿各無反悔恐口难信故立賣樹苗字為據

一批任憑買主籙养廿五年满限

民国廿五年十二月十九日 立賣樹苗字人闕吉輝（押）

在見 闕吉棟（押）

代筆 闕吉璜（押）

立賣樹苗字人闕吉輝，今因無錢應用，自情愿將自己扦插樹苗壹處，坐落松邑廿都五合圩庄，小土名下内坑南洞窩，安着其山，上至横路，下至買主山，右至艮，左至吉魁樹苗直下為界，今俱四至界内分明，自愿托中立字，出賣与本家叔边闕培英等人受承買為業，当日憑中三面断定，目值時價洋银拾六元正，其洋即日隨字付清，其樹苗任憑買主籙养砍伐出售，日前並無文墨典当，自己清楚，不干買主之事，如有来歷不明，賣人一力承当，愿賣愿買，两相情愿，各無反悔，恐口难信，故立賣樹苗字為據。

一批任憑買主籙养廿五年滿限。

民国廿五年十二月十九日　立賣樹苗字人　闕吉輝

在見　闕吉棟

代筆　闕吉璜

立賣樹苗字人闕吉求仝弟等今因無錢應用
自情愿將自己扦插樹苗壹處坐落松邑廿
都五合圩庄小土名下内坑南洞窩安着其山上至買
主山下至坑右至小窩石山艮值上吉魁山左至坑
為界今俱四至分明自愿托中立字出賣与本
家叔迹闕培英等入受承買為業三面言斷目
值時價洋艮拾六元正其洋即日隨字付清其樹苗
任憑買主籙养砍伐出售日前並無典当自己清楚
不干買主之事如有上手來歷不明賣人一力承当
愿買愿賣兩相情願各無恨悔恐口難信故立賣
樹苗字為據

一批任憑買主籙养弍十五年滿限
一批横路上樹苗在内 照

民国弍拾五年十二月十九日

立賣樹苗字人闕吉求 书

見 吉棟 照
吉輝 押

立賣樹苗字人闕吉求〔球〕仝弟等，今因無錢應用，自情愿將自己扦插樹苗壹處，坐落松邑廿都五合圩庄，小土名下内坑南洞窝，安着其山，上至買主山，下至坑，右至小窩石良值〔直〕上吉魁山，左至坑為界，今俱四至分明，自愿托中立字，出賣与本家叔边闕培英等入受承買為業，三面言断，目值時價洋银拾六元正，其洋即日隨字付清，其樹苗任憑買主籙养砍伐出售，日前並無典当，自己清楚，不干買主之事，如有上手来歷不明，賣人一力承当，愿買愿賣，两相情願，各無反悔，恐口难信，故立賣樹苗字為據。

一批任憑買主籙养弍十五年滿限。

一批横路上樹苗在内。

民国弍拾五年十二月十九日　立賣樹苗字人　闕吉求〔球〕

見　吉棟

吉輝

代筆　吉璜

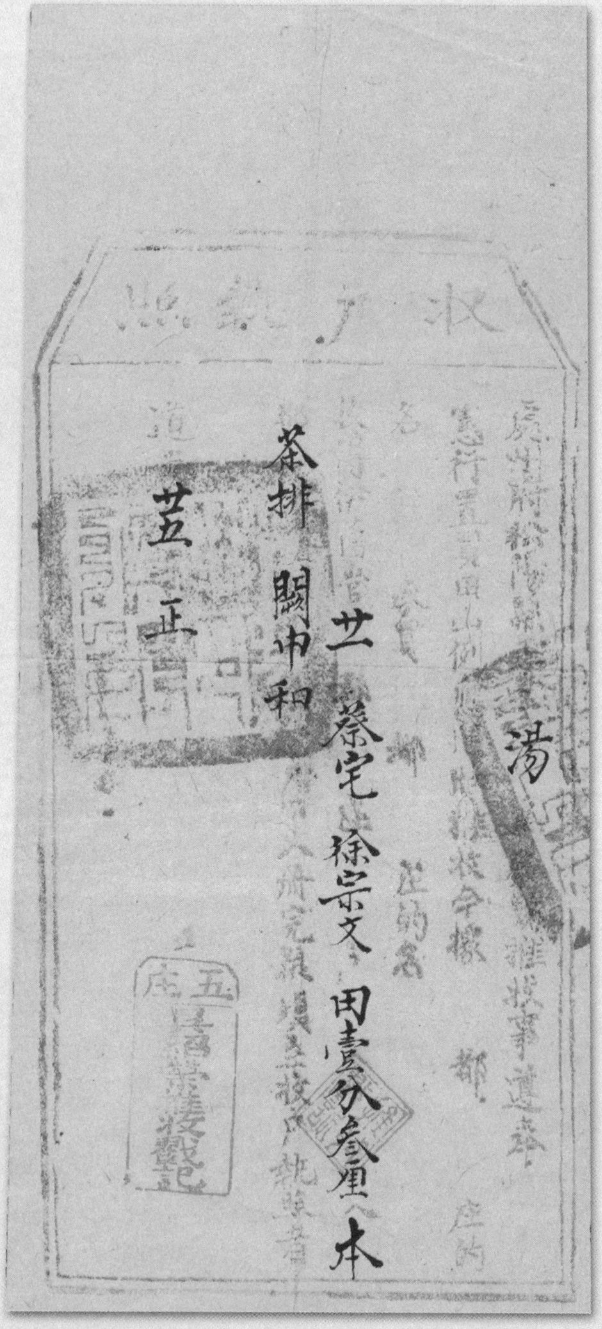

收戶執照

處州府松陽縣正堂湯　為嚴飭推收事，遵奉

憲行置買田山例，應隨時推收，今據　都　庄的

名　承買　都　庄的名

收得伊舊管廿一都蔡宅庄徐宗文户 田壹分叁厘入本

都茶排庄闕中和户下入册完粮，須至收户執照者。

道光廿五　年　正　月　日

五庄

吴紹榮推收戳記

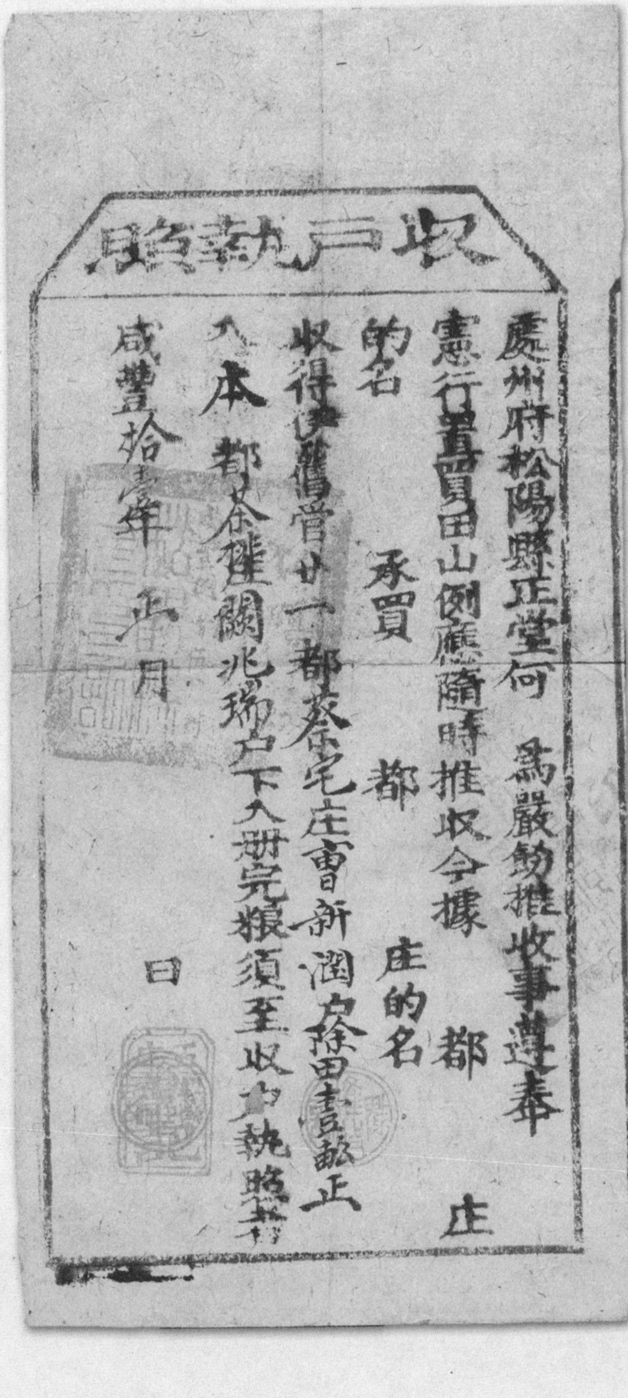

收戶執照

處州府松陽縣正堂何　為嚴飭推收事，遵奉
憲行置買田山例，應隨时推收，今據　都　庄
的名　承買　都　庄的名
收得伊舊管廿一都蔡宅庄曹新潤户除田壹畝正
入本都茶排庄闕兆瑞户下入册完粮，須至收户執照者。
咸豐拾壹年　正月　日

五　庄
戳記

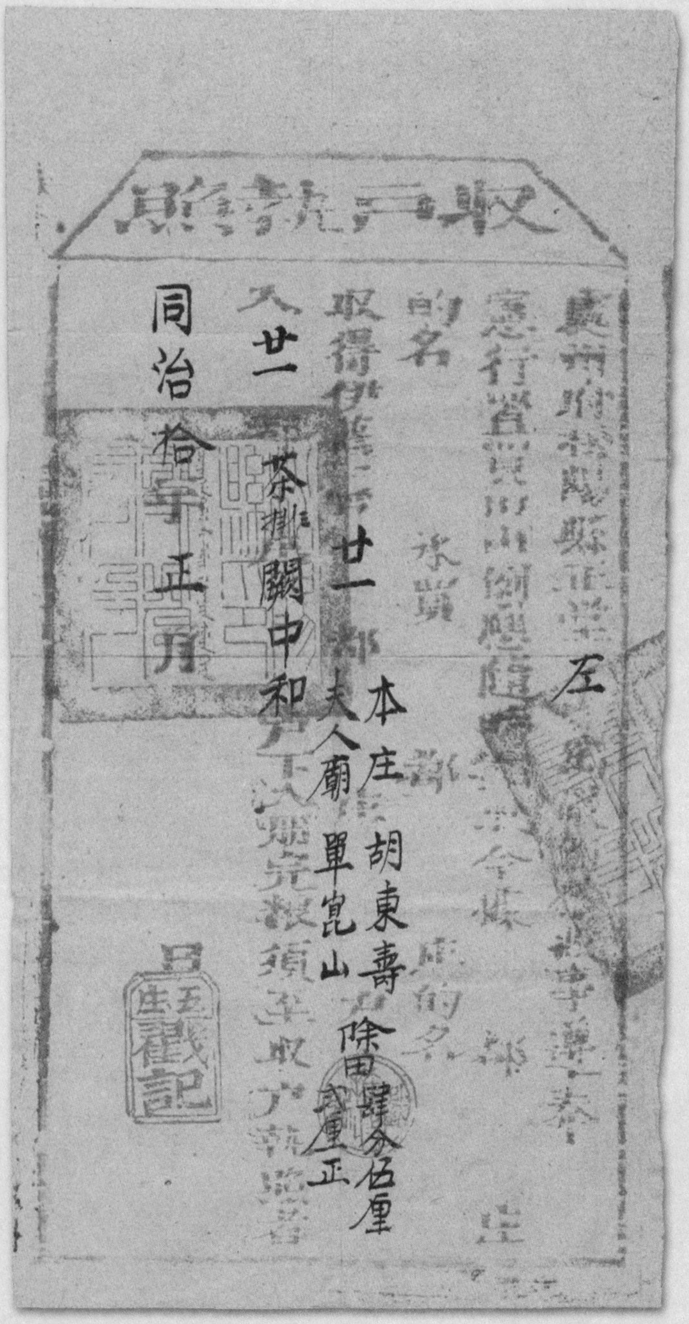

收戶執照

處州府松陽縣正堂左　為嚴飭推收事，遵奉
憲行置買田山例，應隨時推收，今據　都　庄
的名　　承買　都　庄的名
收得伊舊管廿一都　本庄　胡東壽户　除田　肆分伍厘
　　　　　　　　　夫人廟　單崑山　　　　弍厘正
入本廿一都茶排庄闞中和户下入册完粮，須至收户執照者。
同治拾　年　正　月　日

五庄
戳記

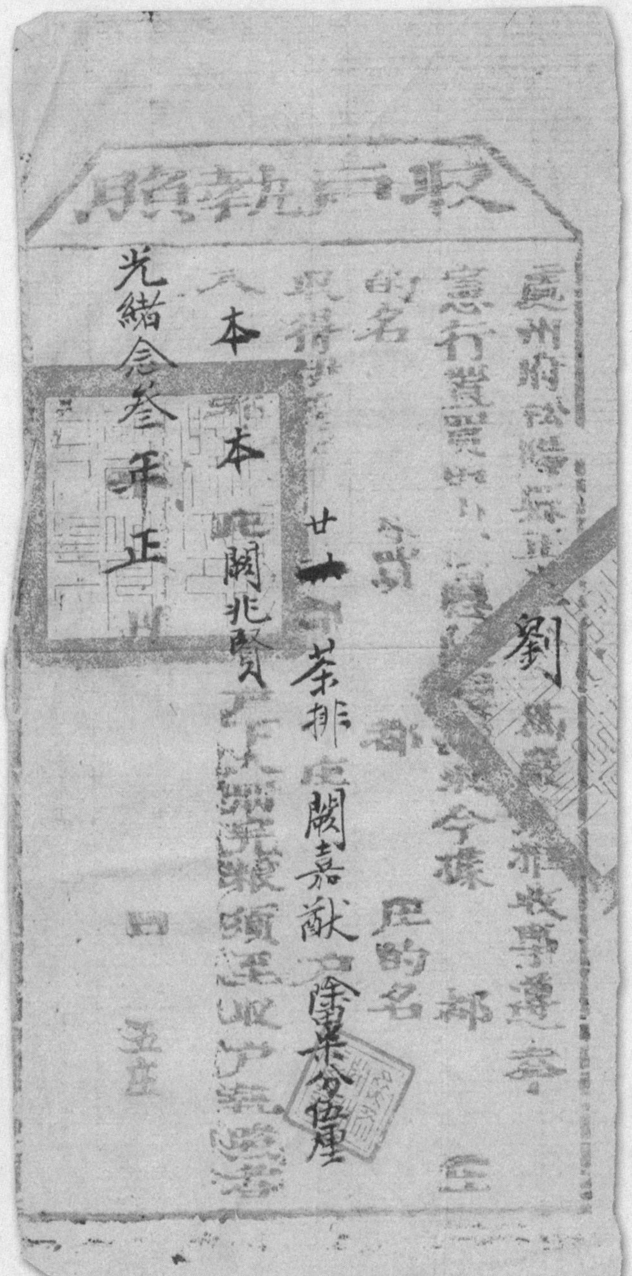

收戶執照

處州府松陽縣正堂劉　　為嚴飭推收事，遵奉
憲行置買田山例，應隨時推收，今據　都　庄
的名　　承買　都　　庄的名
收得伊舊管廿一都　茶排庄　闕嘉猷户除田柒分伍厘
入本都本　庄闕兆賢户下入册完粮，須至收户執照者。
光緒念叁　年　正　月　日　五庄

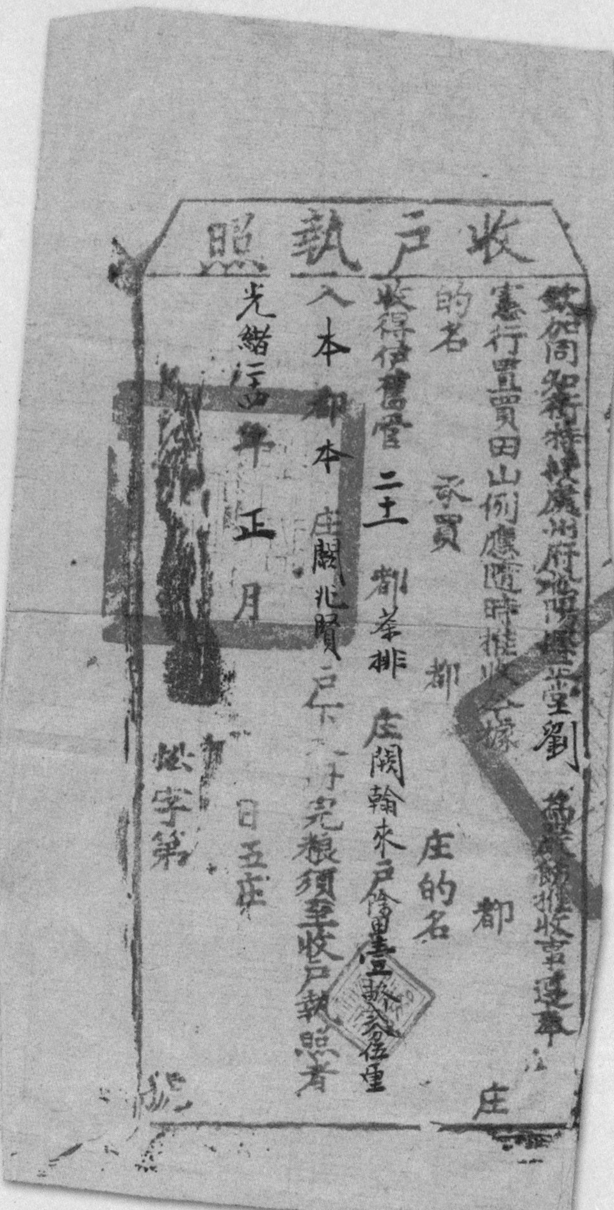

收戶執照

欽加同知銜特授處州府松陽縣正堂劉　為嚴飭推收事，遵奉
憲行置買田山例，應隨時推收，今據　都　庄
的名　承買　都　庄的名
收得伊舊管二十一都茶排庄闕翰來户除田壹畝弍分伍厘
入本都本庄闕兆賢户下入册完粮，須至收户執照者。
光緒二十四年正月　日　五庄
松字第　號

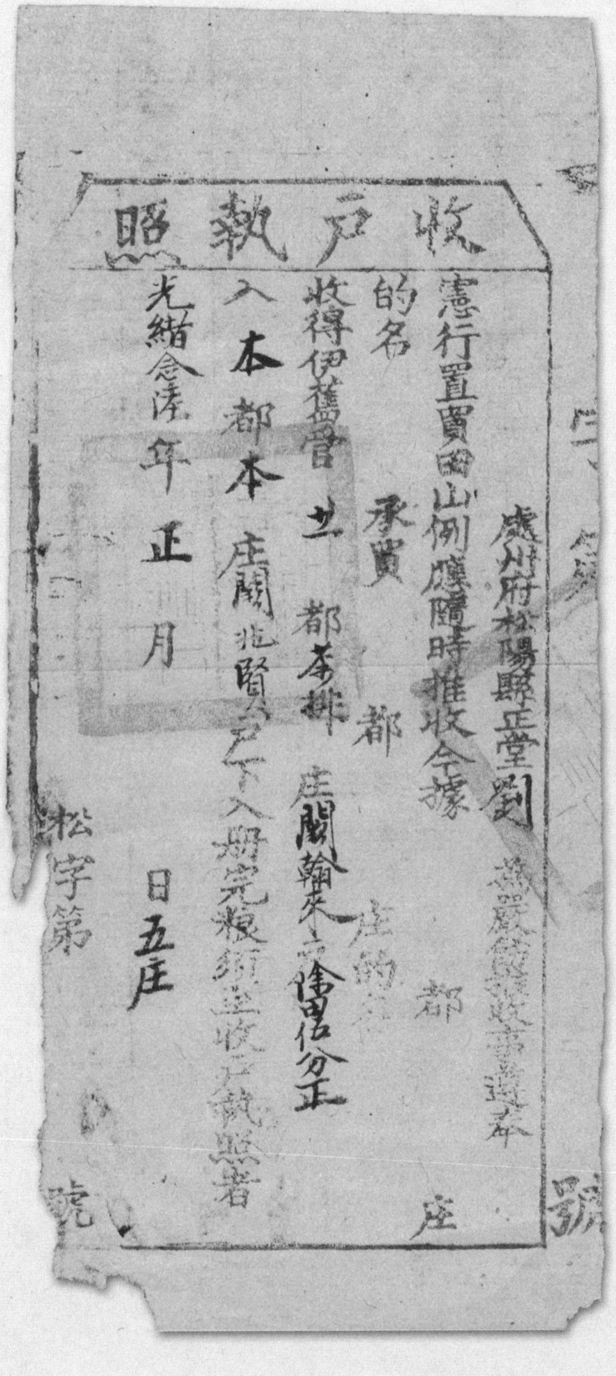

收戶執照

處州府松陽縣正堂劉　為嚴飭推收事，遵奉
憲行置買田山例，應隨時推收，今據　　都　　庄
的名　　承買　　都　　庄的名
收得伊舊管廿一都茶排庄闕翰來户除田伍分正
入本都本庄闕兆賢户下入册完粮，須至收户執照者。
光緒　念陸　年　正　月　　日　五庄
松字第　　　號

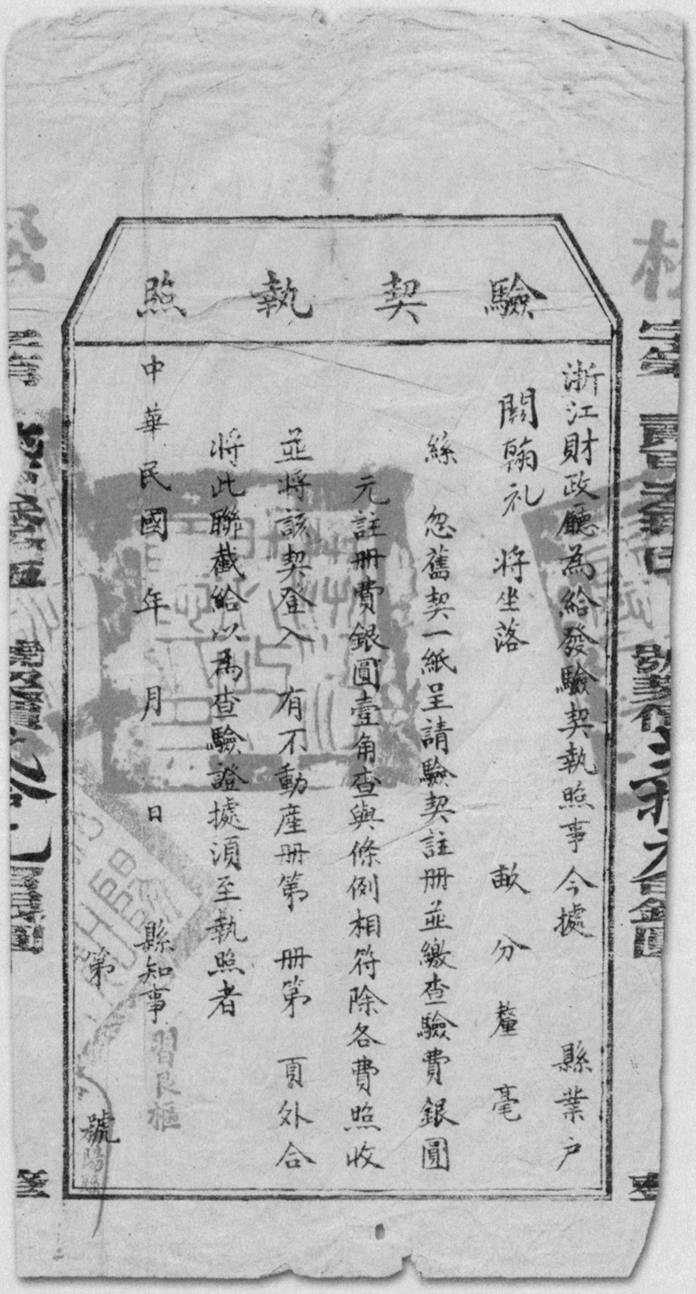

驗契執照

浙江財政廳為給發驗契執照事，今據　　縣業户
闞翰礼　将坐落　　畝　分　釐　毫
絲　忽舊契一紙，呈請驗契註册，並繳查驗費銀圓
元，註册費銀圓壹角，查與條例相符，除各費照收
並将該契登入　有不動産册第　　册第　　頁外，合
将此聯截給，以為查驗證據，須至執照者。
中華民國　年　　月　　日　　縣知事　習良樞
第　　號

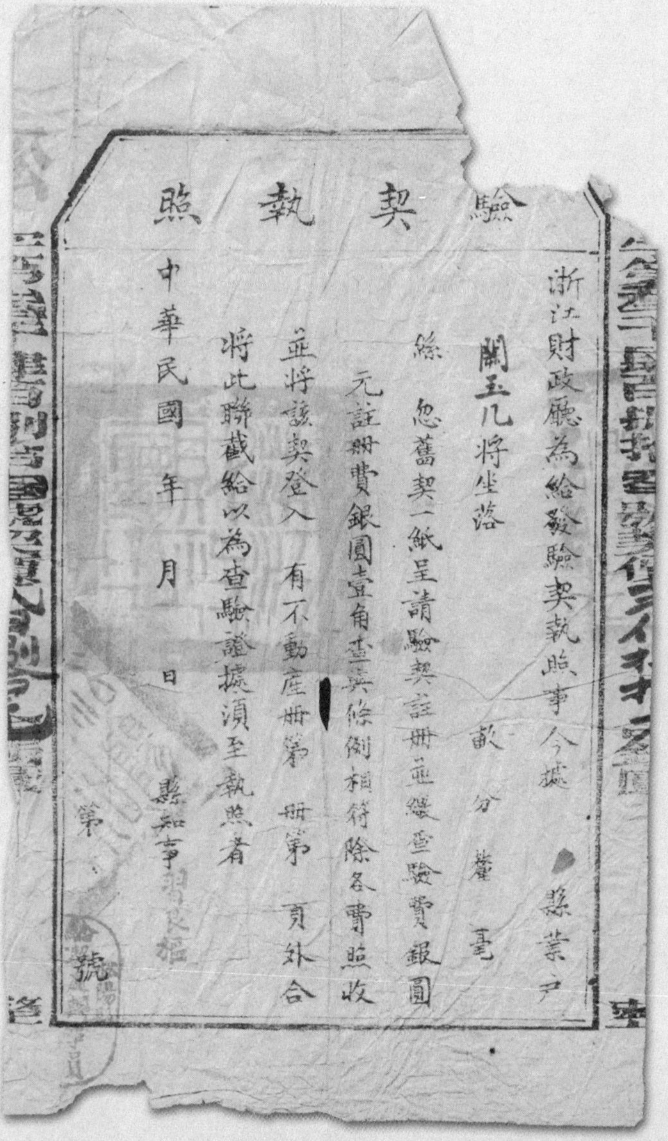

驗契執照

浙江財政廳為給發驗契執照事，今據　縣業户
闕玉几　将坐落　畝分釐毫
絲　忽舊契一紙，呈請驗契註册，並繳查驗費銀圓
元，註册費銀圓壹角，查與條例相符，除各費照收
並将該契登入　有不動産册第　册第　頁外，合
将此聯截給，以為查驗證據，須至執照者。
中華民國　年　月　日　縣知事　習良樞
第　號

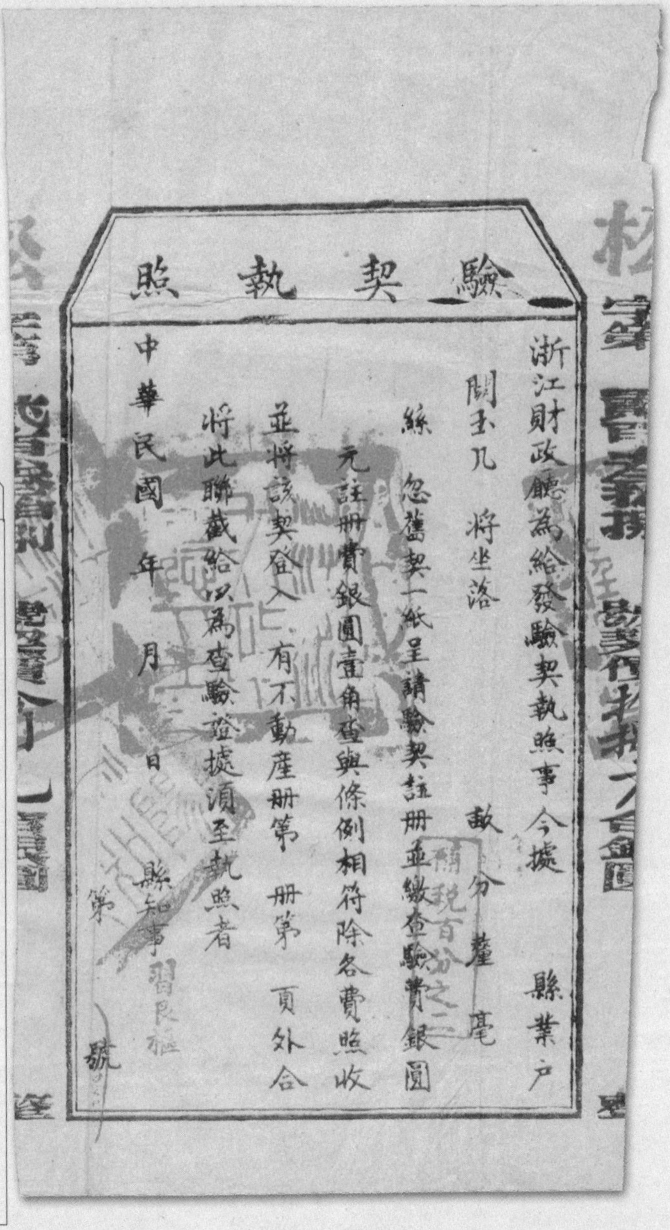

驗契執照

浙江財政廳為給發驗契執照事，今據　　縣業户

闞玉几　将坐落　　畝　分　釐　毫

係　忽舊契一紙，呈請驗契註册，並繳查驗費銀圓

元，註册費銀圓壹角，查與條例相符，除各費照收

並将該契登入　有不動産册第　　册第　　頁外，合

将此聯截給，以為查驗證據，須至執照者。

中華民國　　年　　月　　日　　縣知事　習良樞

補税百分之二

第　　號

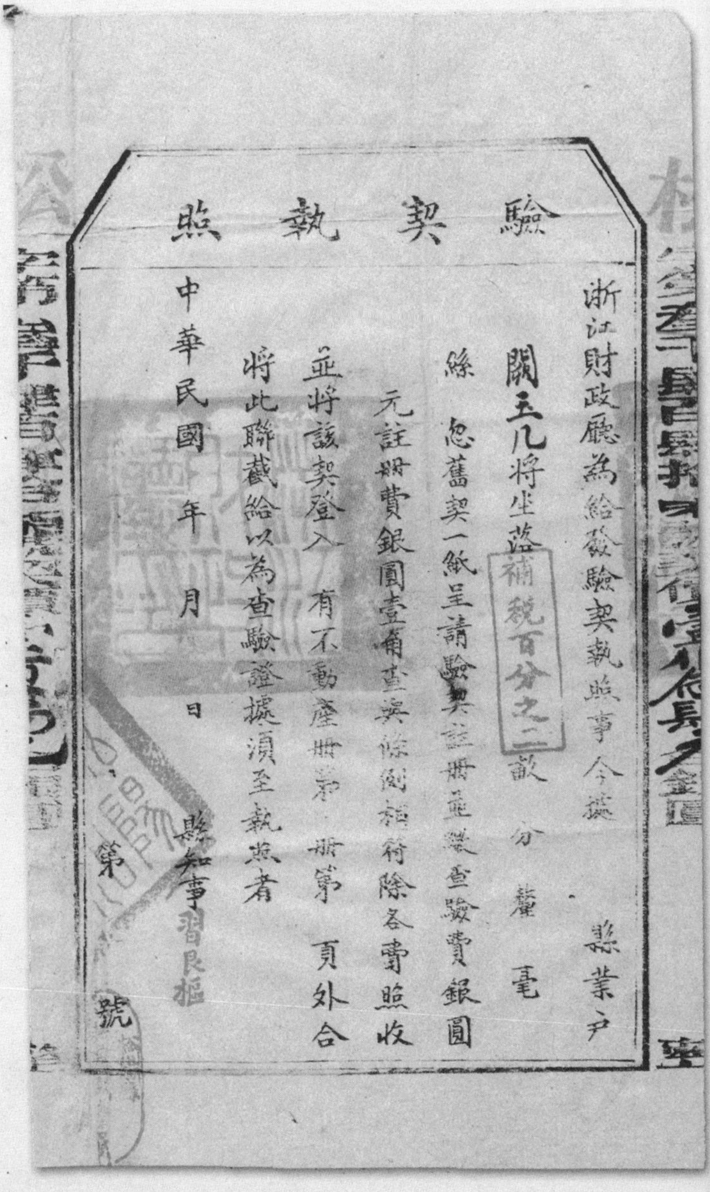

驗契執照

浙江財政廳為給發驗契執照事，今據　　縣業户

闕玉几　將坐落　　畝　分　釐　毫

絲　忽舊契一紙，呈請驗契註冊，並繳查驗費銀圓

元，註冊費銀圓壹角，查與條例相符，除各費照收

並將該契登入　有不動產册第　　册第　　頁外，合

將此聯截給，以為查驗證據，須至執照者。

中華民國　年　月　日　　縣知事　習良樞

第　　號

補税百分之二

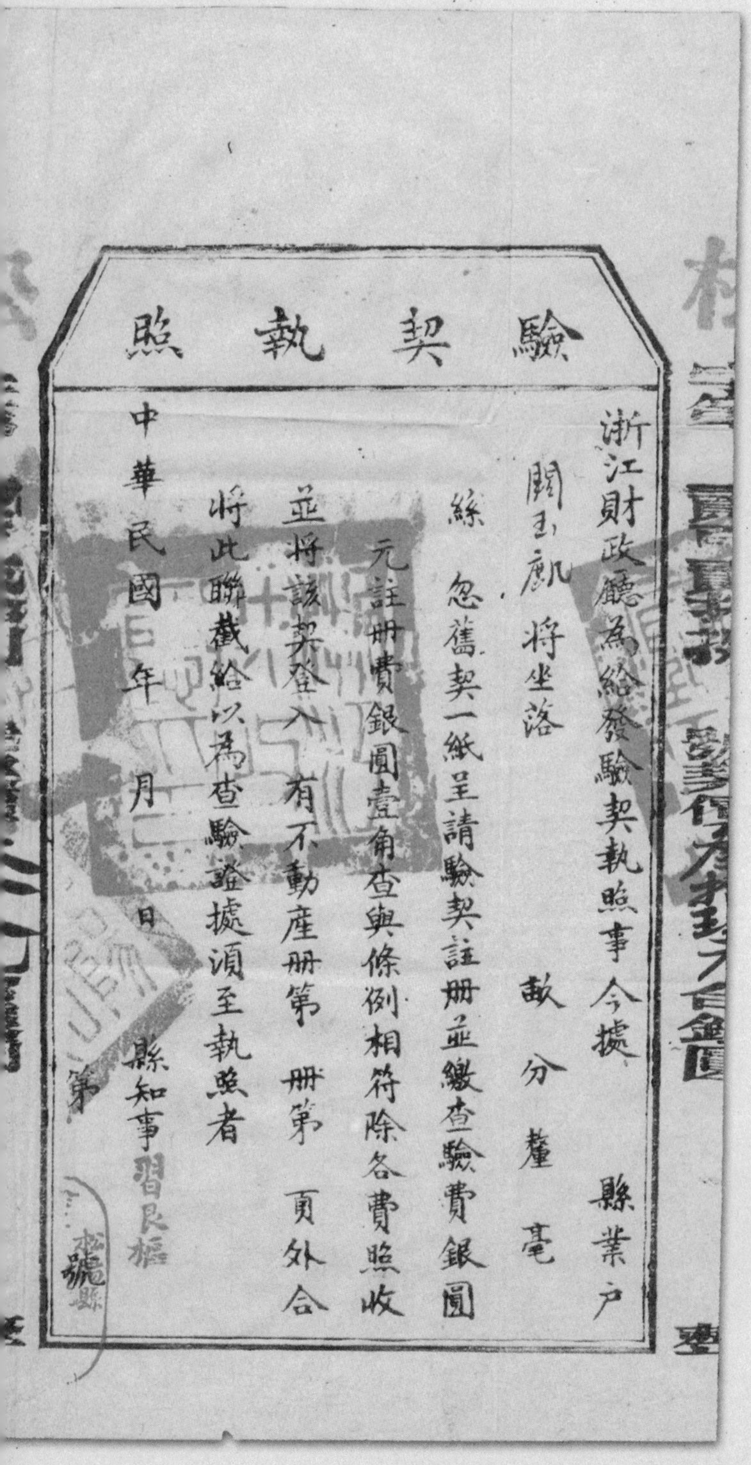

驗契執照

浙江財政廳為給發驗契執照事，今據　　縣業户
闕玉几　将坐落　　畝　分　釐　毫
絲　忽舊契一紙，呈請驗契註册，並繳查驗費銀圓
元，註册費銀圓壹角，查與條例相符，除各費照收
並将該契登入　有不動產册第　　册第　　頁外，合
將此聯截給，以為查驗證據，須至執照者。
中華民國　年　月　日　縣知事　習良樞
第　號

松陽縣人民政府
臨時驗收單

業主姓名	住址	送繳稻谷數量	代繳佃戶或送繳人姓名	住址	備考
闕何氏	石仓六保	伍拾玖斤三兩			

右送繳稻谷如數收訖。

附註：一、此驗收單祇限業主在土地登記未經歸戶前使用。

二、土地歸戶後，業主可憑此單掉換農業稅正式串據。

三、地土歸戶後此單無效。

驗收倉庫　三区庫　經收員

一九五〇　年　弍　月　三　日

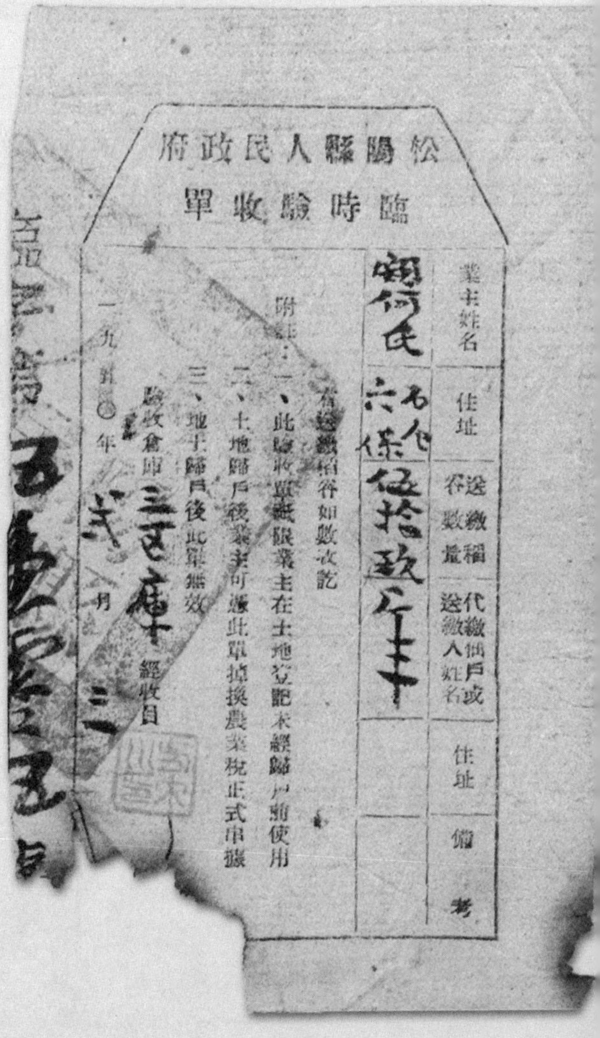

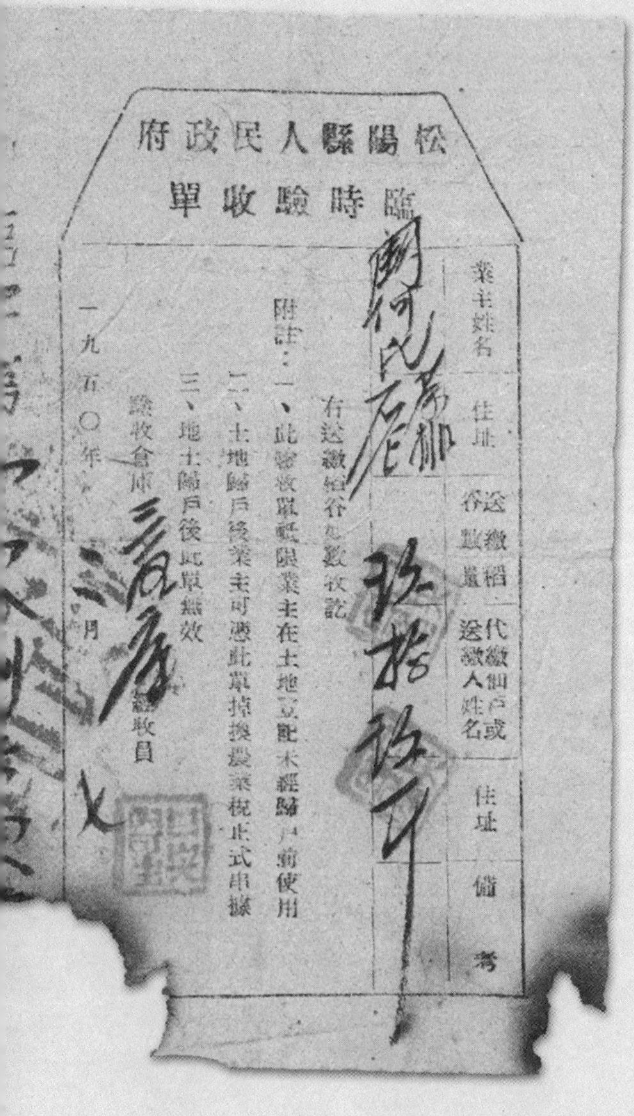

松陽縣人民政府

臨時驗收單

業主姓名	住址	送繳稻谷數量	代繳佃戶或送繳人姓名	住址	備考
闕何氏	茶排石仓	玖拾玖斤			

右送繳稻谷如數收訖。

附注：一、此驗收單祇限業主在土地登記未經歸戶前使用。

二、土地歸戶後，業主可憑此單掉換農業稅正式串據。

三、地土歸戶後此單無效。

驗收倉庫　三区庫　經收員

一九五〇年　二月　七日

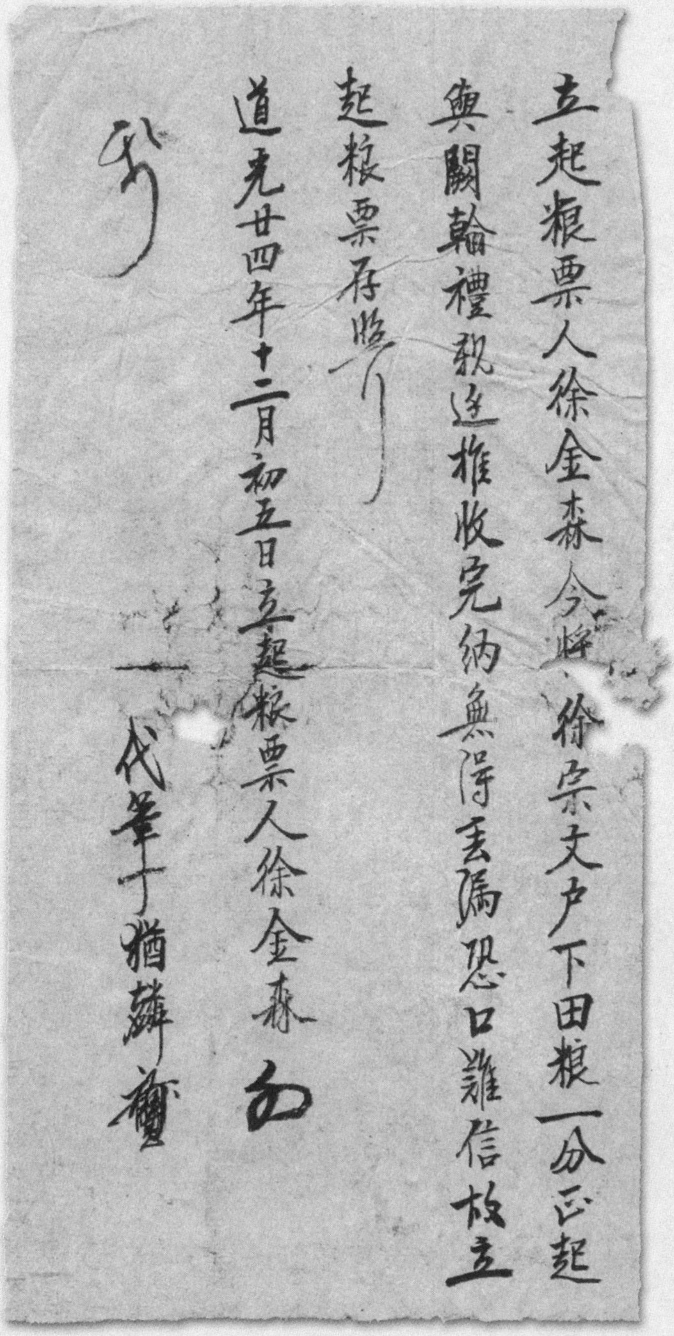

立起粮票人徐金森，今将徐宗文户下田粮一分正，起
與闕翰禮親边推收完纳，無得丢漏，恐口難信，故立
起粮票存照。

道光廿四年十二月初五日　立起粮票人　徐金森

代筆　丁猶麟

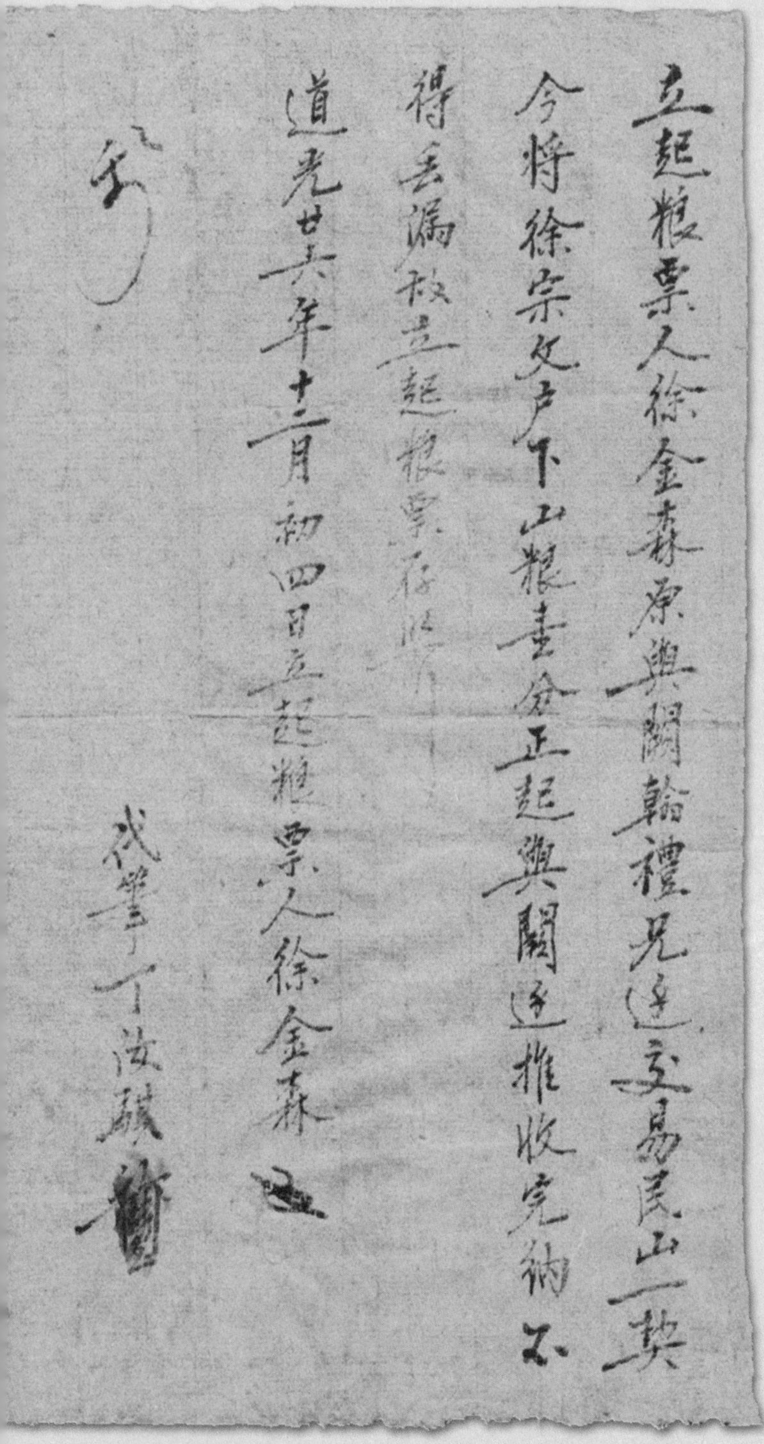

立起粮票人徐金森，原與闞翰禮兄边交易民山一契，今将徐宗文户下山粮壹分正，起與闞边推收完纳，不得丢漏，故立起粮票存照。

道光廿六年十二月初四日　立起粮票人　徐金森

代筆　丁汝騏

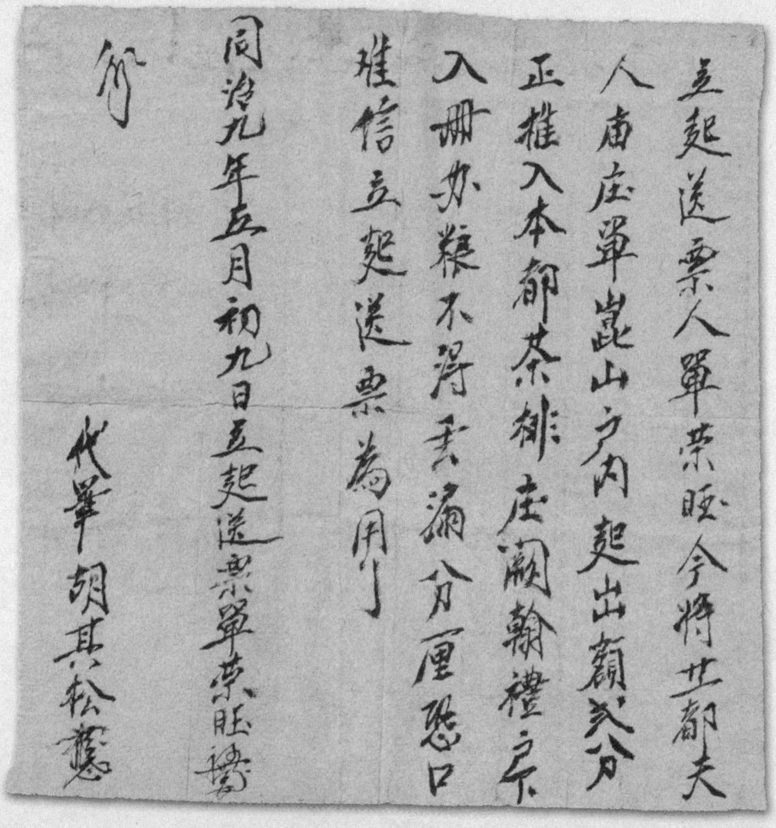

立起送票人單荣旺，今将廿一都夫
人庙庄單崑山户内起出額式分
正，推入本都茶排庄闕翰禮户下
入册办粮，不得丢漏分厘，恐口
难信，立起送票為用。
同治九年五月初九日　立起送票　單荣旺
代筆　胡其松

立送户票人阙永來，今因翰來户粮畝欠少，無可推收，情愿将此户出送與本家玉几名（下），歷年完纳，不得丢漏，恐口無憑，故立起送户『名』票付侄邊永遠為據。

光绪叁拾肆年十二月十九日　立送户票人　阙永來

在見　永聰

代筆　永友

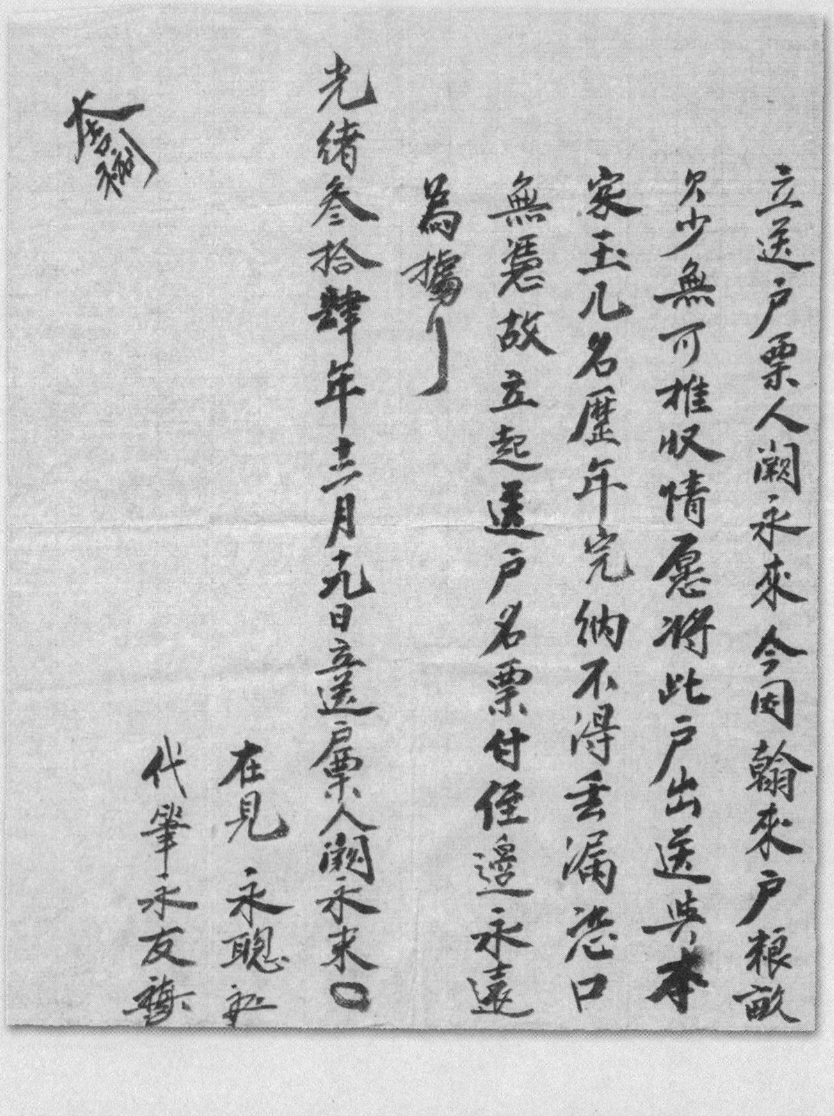

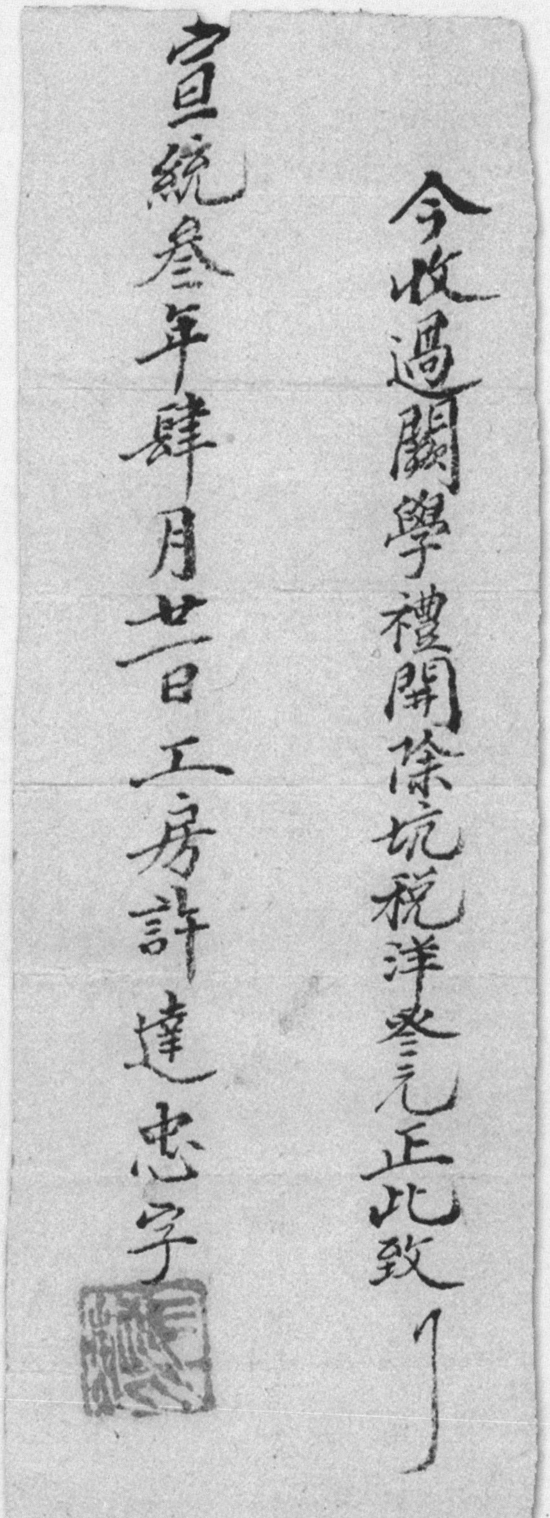

今收過闕學禮開除坑税洋叁元正，此致。
宣統叁年肆月廿一日　　工房許達忠字

今收過闕學禮開除坑税洋叁元正，此致。
宣統叁年肆月廿一日　　工房許達忠字

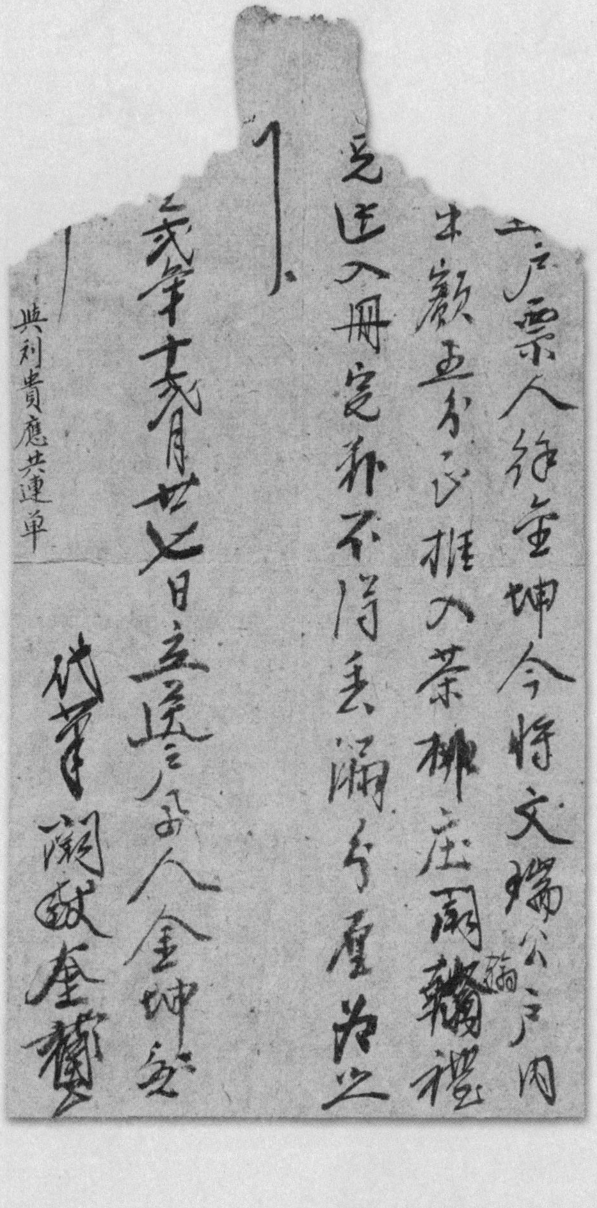

立送户票人徐金坤，今将文瑞公户内
□出额五分正，推入茶排庄阙翰禮
兄边入册完粮，不得丢漏分厘，为照。
□□弍年十弍月廿七日　立送户票人　金坤
代筆　阙献奎

與刘貴應共連单

上茶排

闕氏·天開·德玿

德玿善继堂外景

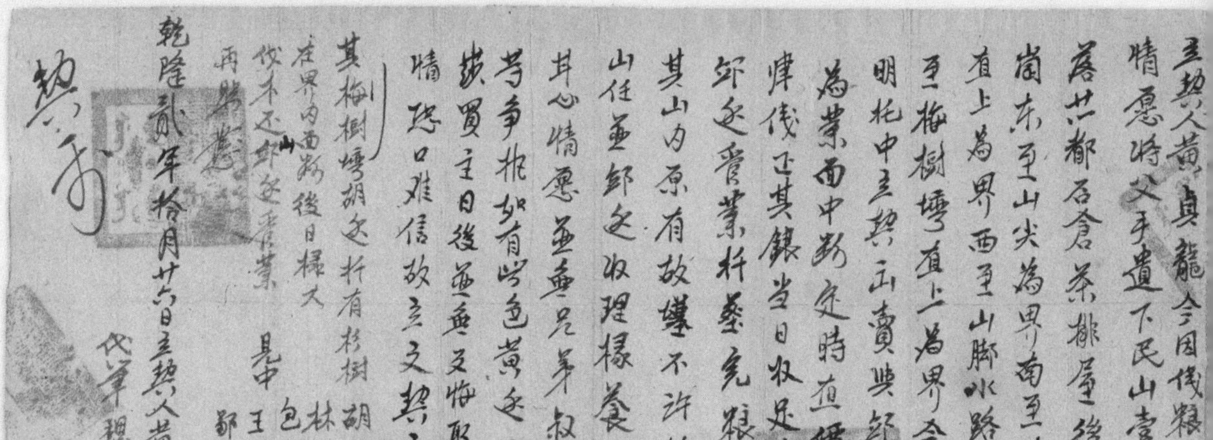

立契人黄貞龍，今因钱粮無办，自心
情愿将父手遺下民山壹處，土名坐
落廿一都石倉茶排屋後内崗，山一
崗，东至山尖為界，南至徐家山墱
直上為界，西至山脚水路為界，北
至梅樹墱直上為界，今俱四至分
明，托中立契，出賣與邱學元边
為業，面中断定，時直價銀貳两
肆钱正，其銀当日收足，其山任並［憑］
邱边管業扦葬，完粮貳畝正，
其山内原有故墓不许扦壞，其余
山任並［憑］邱边收理禄［籙］養，自賣以後，
甘心情愿，並無兄弟叔伯内外人
等争执，如有此色，黄边一力支當，不
涉買主，日後並無反悔取贖找價等
情，恐口难信，故立文契永遠為據。
其梅樹墱胡边扦有杉樹　　胡春梅
在界内，面断後日禄［籙］大，　林文昌
伐木还山，邱边管業，　見中　包石有
再照。　　王风寿
鄒盛元
乾隆貳年拾月廿六日　立契人　黄貞龍
代筆　魏芝元

立賣契丁思畏今因錢粮無办自情愿将祖父遺下坐
廿一都地方坐落土名橋後彎山壹處上至山頂尖為界下
至山脚平為界內手至尾嶐岗徐山岗頂分水為界外手
至丁邊賣與陳趙其正面分水為界今具四至分明親立文契托
中賣與闕榮利兄為業三面言定時值價文銀壹两貳錢正
其山額伍分即與闕邊收過户管業扦插山木錄養丁逄並無
二三言親此係祖遺已業並無叔伯子侄干涉亦無重典交
家如有此本家自能听當不干銀主之事此山二家心愿並
無逼抑反悔等情恐口难信立契字據為照

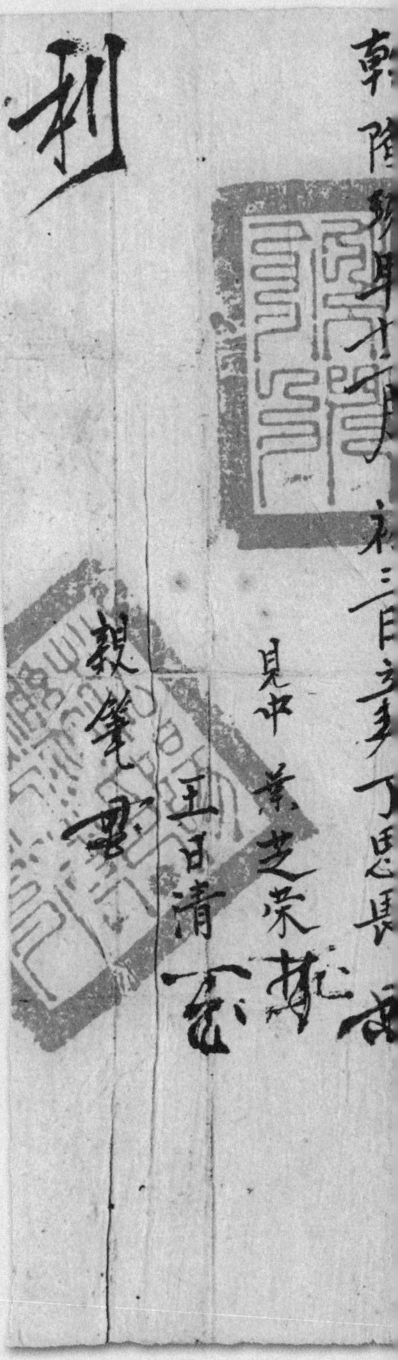

立賣契丁思畏，今因錢粮無办，自情愿将祖父遺下坐
廿一都地方，坐落土名橋後弯山壹處，上至山頂尖爲界，下
至山脚平［坪］為界，内手至瓦窑岗、徐山岗頂分水爲界，外手
至丁邊賣與陳趙其正面分水爲界，今具四至分明，親立文契，托
中賣與闕荣利兄爲業，三面言定，時值價文［紋］銀壹两貳錢正，
其山額伍分即與闕邊（推）收過户管業，扦插山木録［籙］養，丁边並無
二三言說，此係祖遺己業，並無叔伯子侄干涉，亦無重典交
家［加］，如有此，本家自能听當，不干銀主之事，此出二家心愿，並
無逼抑反悔等情，恐口难信，立契字據爲照。

乾隆玖年十一月初三日　立契　丁思畏

見中　葉芝荣

王日清

親筆

契

立賣契人丁宗渊今因銭粮無办愿将自置民田坐落土名二十都横山横湖田弍坵計額四畝正立契出賣與吳嗣公邊為業三面断定價紋銀叁拾肆兩正其銀即日收足其田自賣之後任凭銀主执契管業收租完粮闲换此係自己物業與兄弟子侄人等無涉日前亦無文墨重典如有此色本家一力支听不干銀主之事此出兩家甘願並非逼抑等情亦無反悔情弊恐口难信立此賣契為拠

註年字再照

乾隆弍拾叁年弍月昔　立賣契人丁宗渊（押）

見中徐應富（押）

代筆弟丁宗履（押）

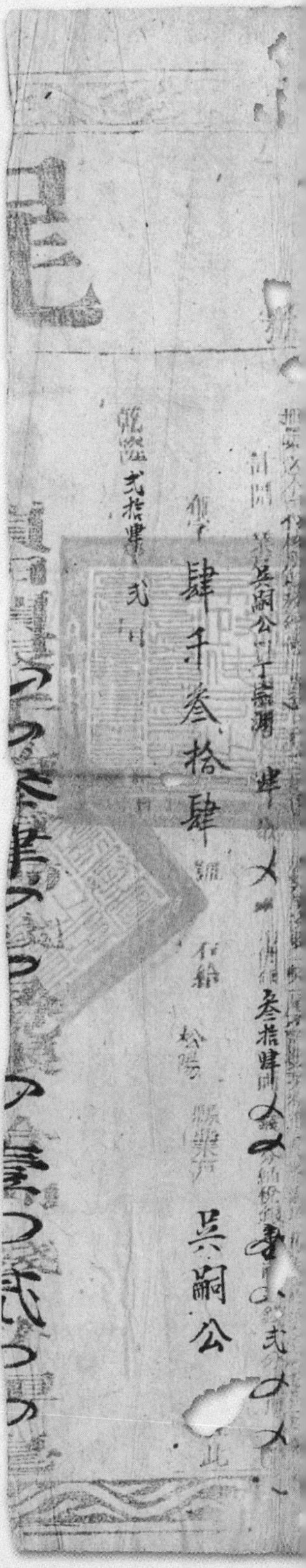

立賣契人丁宗淵，今因錢粮無办，愿将自置民田，坐落土名二十都横山横湖，田式坵，計額四畝正，立契出賣與吴嗣公邊為業，三面断定，價紋銀叁拾肆两正，其銀即日收足，其田自賣之後，任憑銀主执契管業，收租完粮無文墨重典，如有此色，本家一力支听，不干銀主之事，此出两家甘願，並非逼抑等情，亦無反悔情弊，恐口难信，立此賣契為據。

註年字，再照。

乾隆式拾叁年式月廿日　立賣契人　丁宗淵

見中　徐應富

代筆弟　丁宗履

（契尾，乾隆式拾肆年式月）

立賣山契徐文禎仝弟文玉等，今因錢粮無办，自情愿将祖父遺下荒山壹處，土名坐落處下山弍岗弍塢，東至岗上分水為界，南至山脚為界，西至邱、汪两姓山為界，北至山頂為界，今具四至分明，托中送與王發琳兄邊為業，當日三面言断，時值山價纹銀陸两正，其銀即日親收足訖，不欠分文，其山即與王邊過户完粮管業，此乃自己祖父遺下物業，與内外伯叔兄弟子姪無涉，倘有来歷不明，徐邊一力承當，不干王邊之事，自賣之後，日后任從王姓録［籙］養管業，徐邊毋得二三言说，所賣所買，此出两相甘愿，日前並無債負準折逼抑等情，日後亦無找贖情事，恐口难信，立（賣）山契送與王姓子孫永遠為業。

外批東至賴姓坟地，契外王邊為業，随岗直下分水為界，再照。

乾隆肆拾伍年拾月初五日　立賣山契　徐文禎

仝弟　文玉

文福

文秀

文德

文瑞

文舉

姪　登雲

見中　鄭天壽

徐宗文

林世全

代筆　蕭佑三

（契尾，乾隆肆拾陆年拾弍月）

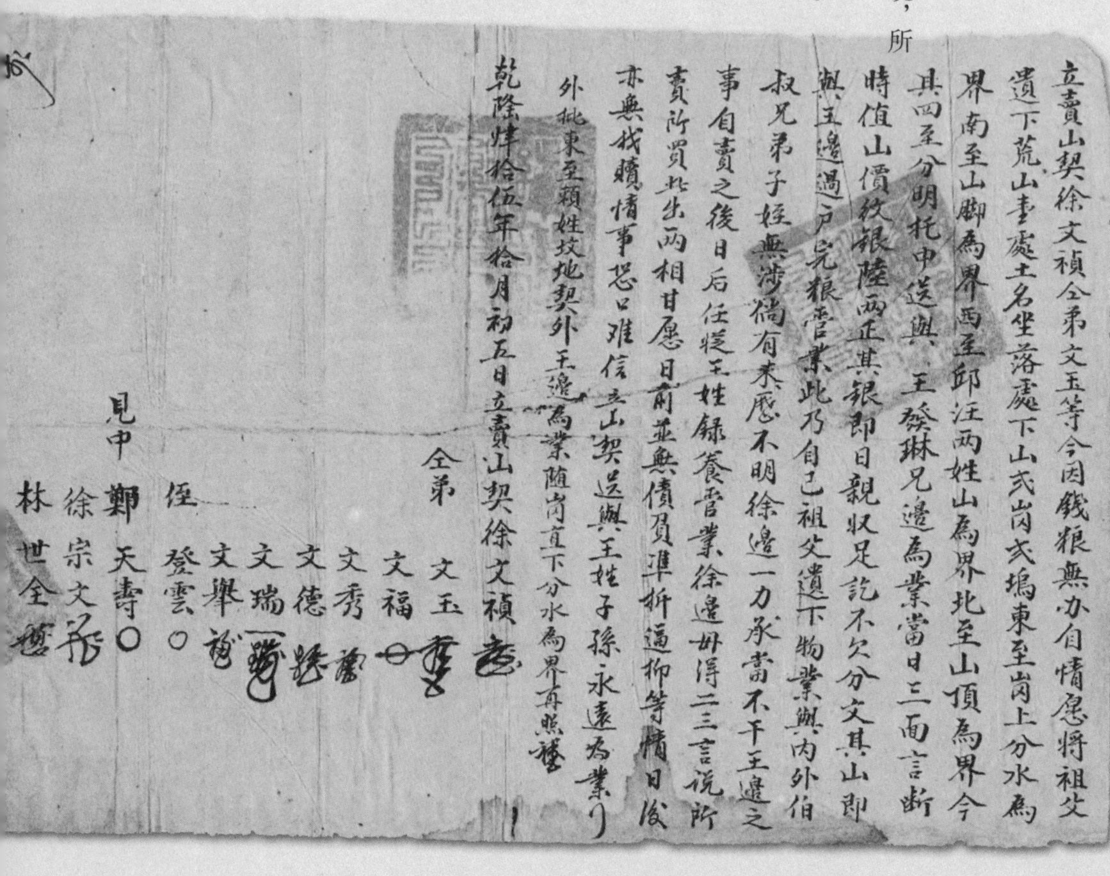

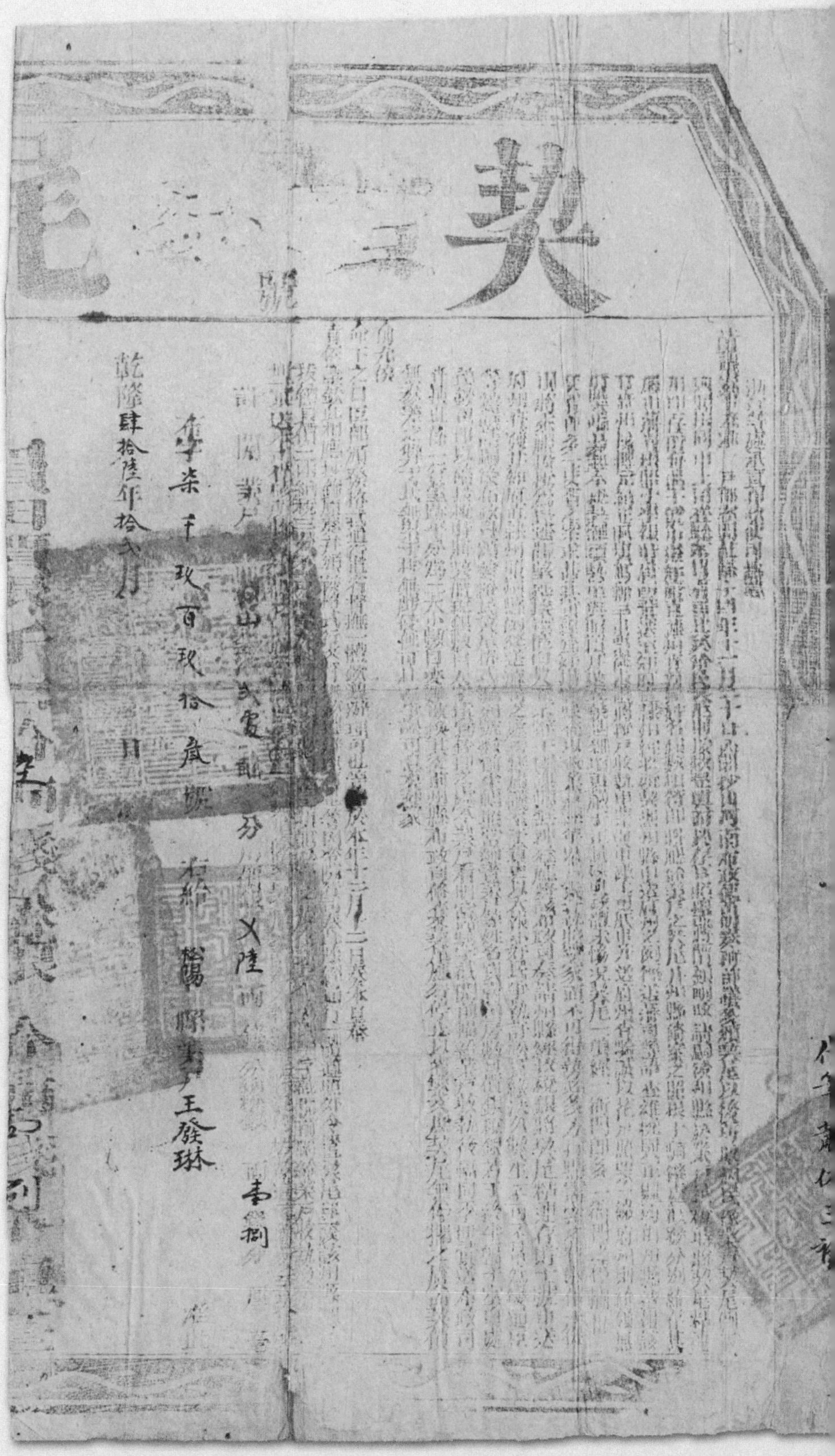
契
計開　業户
銀柒千玖百玖拾貳
右給　松陽縣業户王發琳
乾隆肆拾陸年拾弍月　日

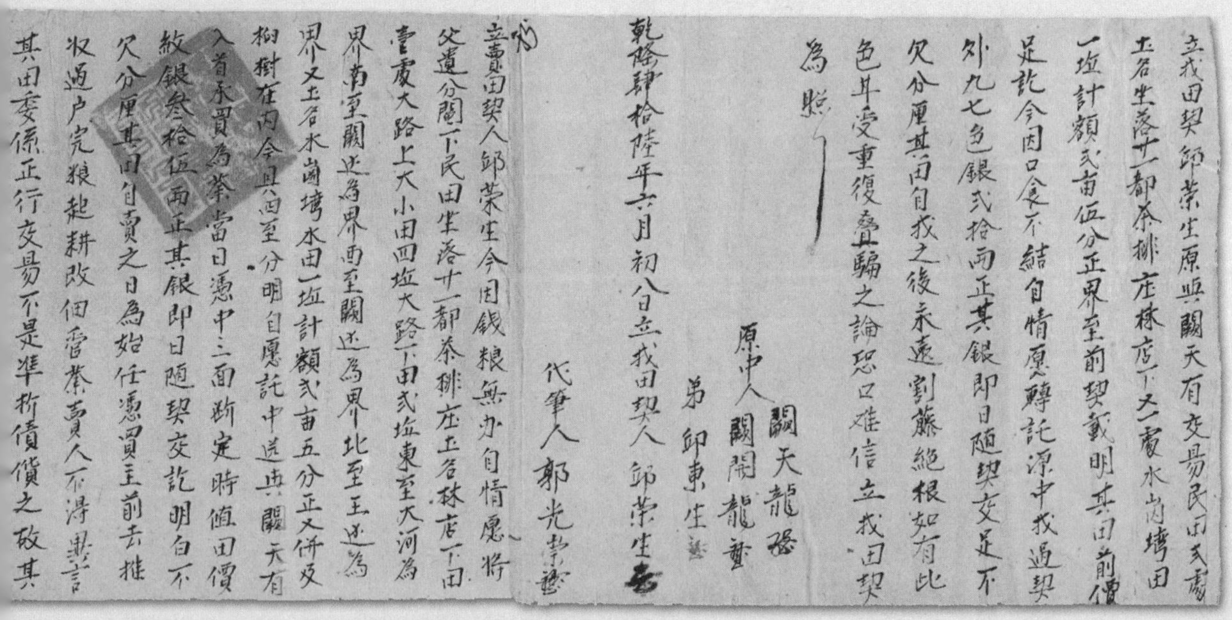
立找田契鄔榮生原與闕天有交易民田弍處
土名坐落廿一都茶排庄林店下又一處水崗塆田
一坵計額弍亩伍分正界至前契載明其田前價
足訖今因口食不結自情愿轉託原中找過契
外九七色銀弍拾兩正其銀即日隨契交足不
欠分厘其田自找之後永遠割藤絕根如有此
色并受重復疊騙之論恐口难信立找田契
為照

乾隆肆拾陸年六月初八日立找田契人鄔榮生
原中人闕天龍
闕閣龍
弟鄔東生
代筆人郭光崇

立賣田契人鄔榮生今因錢粮無办自情愿將
父遺分閹下民田坐落廿一都茶排庄土名林店下田
壹處大路上大小田四坵大路下田弍坵東至大河為
界南至闕迸為界西至闕迸為界北至王迸為
界又土名水崗塆水田一坵計額弍亩五分正又併及
樹樹在內今具四至分明自愿託中送與闕天有
入首承買為業當日憑中三面断定時值田價
紋銀叁拾伍兩正其銀即日隨契交訖明白不
欠分厘其田自賣之日為始任憑買主前去推
收過户完粮起耕改佃管業賣人不得異言
其田委係正行交易不是準折債貨之故其

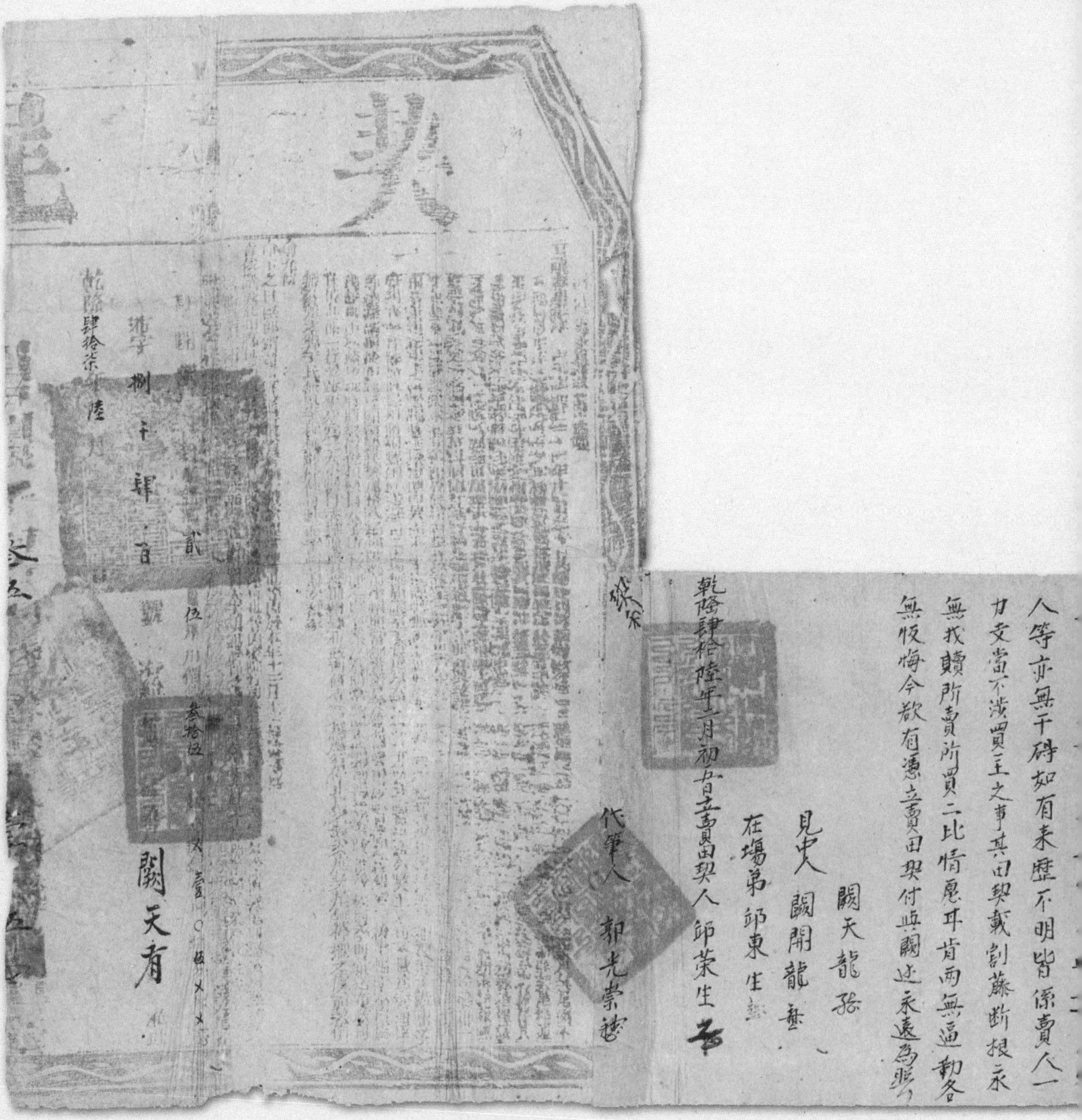

乾隆肆拾柒年陸月

闕天有

人等亦無干碍如有來歷不明皆係賣人一
力支當不涉買主之事其田契載割藤斷根永
無找贖所賣所買二比情愿并皆两無逼勒各
無悔今欲有憑立賣田契付與闕边永遠為照

闕天龍
見中人　闕開龍
在塲弟　郎東生

乾隆肆拾陸年十一月初五日立賣田契人　郎榮生

代筆人　郭光崇

(前頁)>>>>>

立賣田契人邱荣生，今因錢粮無办，自情愿将
父遺分鬮下民田，坐落廿一都茶排庄，土名林店下，田
壹處，大路上大小田四坵，大路下田弍坵，東至大河為
界，南至闕边為界，西至闕边為界，北至王边為
界，又土名水崗塆水田一坵，計額弍亩五分正，又併及
柏樹在内，今具四至分明，自愿託中送與闕天有
入首承買為業，當日憑中三面断定，時值田價
紋銀叁拾伍两正，其銀即日随契交訖明白，不
欠分厘，其田自賣之日為始，任憑買主前去推
收過户，完粮起耕，改佃管業，賣人不得異言，
其田委係正行交易，不是準折債貨之故，其
『其』田日前並無文墨重典他人，亦與上下兄弟
人等亦無干碍，如有来歷不明，皆係賣人一
力支當，不涉買主之事，其田契載割藤断根，永
無找贖，所賣所買，二比情愿甘肯，两無逼勒，各
無反悔，今欲有憑，立賣田契付與闕边永遠為照。

闕天龍

見中人　闕開龍

在場弟　邱東生

乾隆肆拾陸年二月初五日　立賣田契人　邱荣生

代筆人　郭光崇

立找田契邱荣生，原與闕天有交易民田弍處，土名坐落廿一都茶排庄林店下，又一處水岗墘田一坵，計額弍亩伍分正，界至前契載明，其田前價足訖，今因口食不結〔給〕，自情愿轉託原中找過契外九七色銀弍拾两正，其銀即日随契交足，不欠分厘，其田自找之後，永遠割藤絕根，如有此色，甘受重復叠騙之論，恐口难信，立找田契為照。

原中人　闕天龍
闕開龍
弟　邱東生

乾隆肆拾陸年六月初八日　立找田契人　邱荣生
代筆人　郭光崇

（契尾，乾隆肆拾柒年陸月）

立賣契何康侯，今因粮食不给，自情愿将父分與己分民田，土名坐落十九都水南庄横山頭下，田壹坵，计額弍畝正，托中立契，出賣與堂侄士發边為業，面断時值價銀叁拾伍兩陸钱正，其銀当日收足，其田即與侄边执契管業，過户完粮，易佃耕種，此係自己分下田業，與内外伯叔兄弟等無涉，日前並無重典文墨交加，如有此色，自己一力承当，不干買主之事，日後亦無得取贖，此出两家心願，並無債負準折反悔等情，恐口难信，故立文契為據。

乾隆肆拾玖年十一月卅日立賣契　何康侯

内土名與原聯不同，再照。　何有寬

見中堂叔　継信

何兆琰

賴書三

親筆

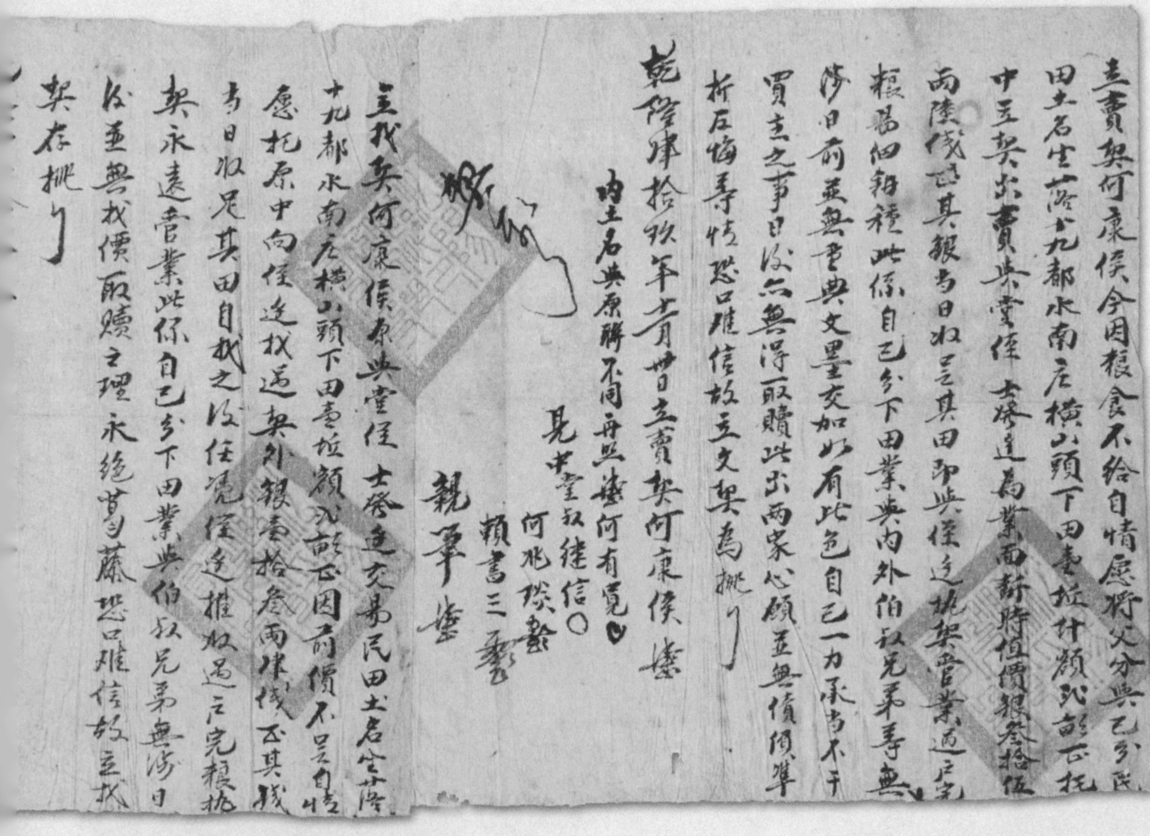

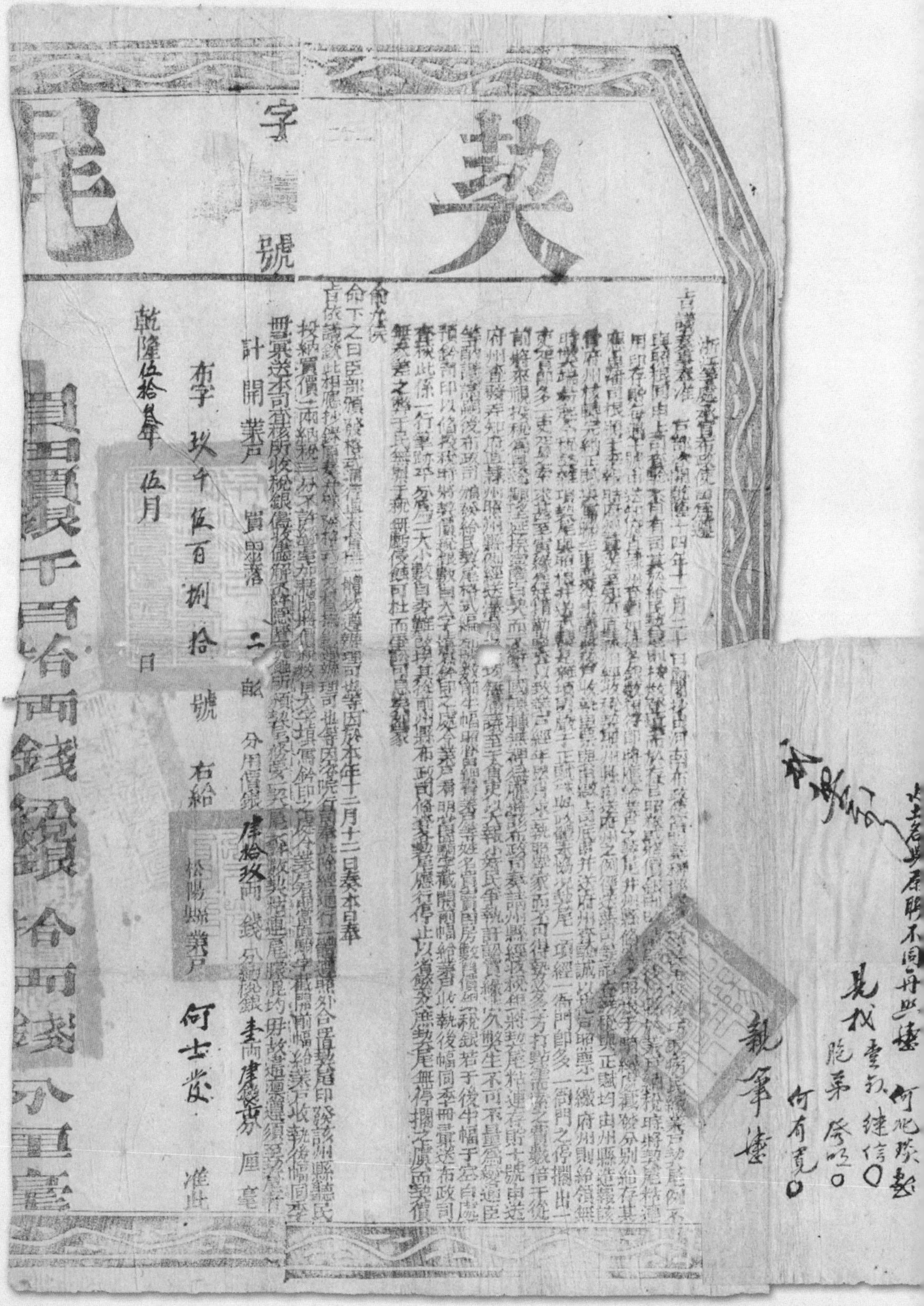

契尾

字　號

計開業戶　買　　二畝　分　用價銀

布字玖千伍百捌拾號　右給　松陽縣業戶　何士发　准此

乾隆伍拾叁年　伍月　日

（前頁）>>>>>

立找契何康侯，原與堂侄士發边交易民田，土名坐落十九都水南庄横山頭下，田壹坵，額弍畝正，因前價不足，自情愿托原中向侄边找過契外銀壹拾叁兩肆钱正，其錢当日收足，其田自找之後，任凴侄边推收過户，完粮执契，永遠管業，此係自己分下田業，與伯叔兄弟無涉，日後並無找價取贖之理，永绝葛藤，恐口难信，故立找契存據。

乾隆伍拾年十一月十五日　立找契　何康侯

内土名與原聯不同，再照。　何兆琰

見找堂叔　继信

胞弟　發明

親筆　何有寬

（契尾，乾隆伍拾叁年伍月）

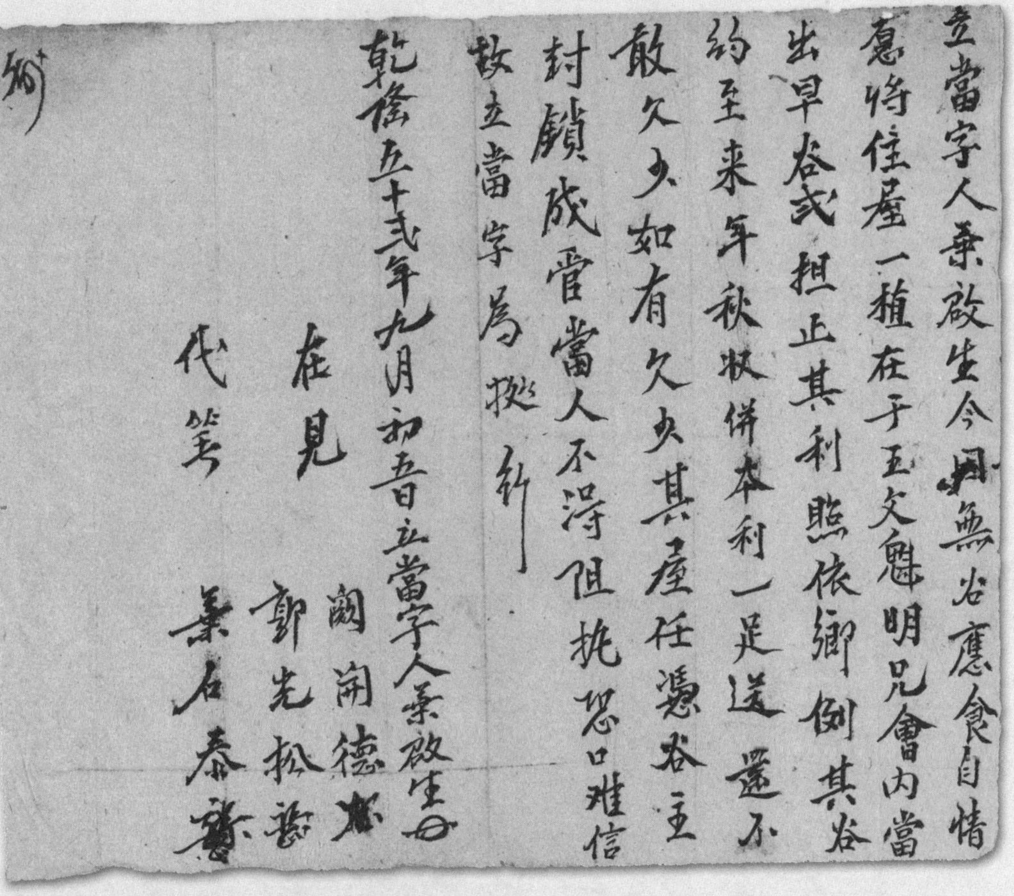

立當字人葉啟生，今因無谷應食，自情愿将住屋一植，在于王文魁明兄會內，當出早谷弍担正，其利照依鄉例，其谷約至来年秋收，併本利一足送還，不敢欠少，如有欠少，其屋任憑谷主封鎖成管，當人不得阻执，恐口难信，故立當字為據行。

乾隆五十弍年九月初五日　立當字人　葉啟生

在見　闞闬德

郭光松

代笔　葉石泰

立賣屋居契書人葉啟生今因錢無办自情愿將住屋壹植土名坐落廿一都夫人廟庄林庄下下屋下片坐西安着中央壹植內外兩姓墻隔為界左右天井餘坪路為界今俱四至分明並及上沿屋掛地基一應在內照依旧管將來托中送與王文魁兄會內承買當憑中三面言斷時值屋價銅錢壹拾貳千文正其錢即日隨契兩相交訖清楚不少分文其屋任從王邊会內前來居住管業另易此係自買清業與上下內外房親伯叔兄弟子侄人等並無干涉倘有來歷不明皆係賣人一力支當不涉買主之事一賣一買委係正行交易不是準折負債之故二家心愿并無重複典當交加亦無逼勒等情日後不得取贖找價重索等情恐口難信故立賣屋居契書付為存照

大清乾隆五拾玖年五月初六日立賣屋契人葉啟生（押）

葉石泰（押）

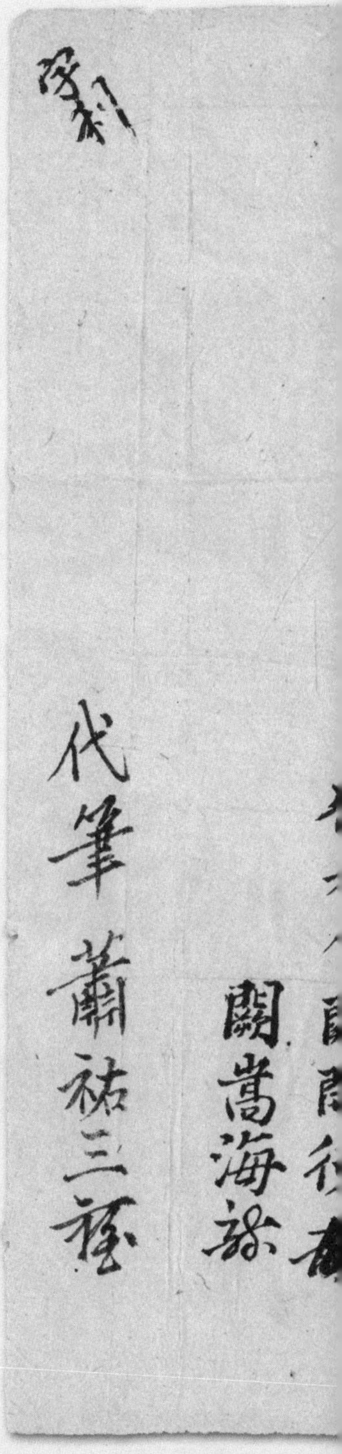

立賣屋居契書人葉啟生，今因錢無办，自情愿将
住屋壹植，土名坐落廿一都夫人庙庄林店下，下屋下片
坐西，安着中央壹植，内外阙姓墙隔為界，左右天井餘坪路
為界，今俱四至分明，並及上沿、瓦槨［桷］、地基，一應在内，照依旧管，将
来托中送與王文魁兄會内承買，當（日）憑中三面言断，時值屋
價銅錢壹拾貳千文正，其錢即日隨契两相交訖清楚，不少分
文，其屋任從王邊会内前来居住管業另易，此係自買清業，與
上下内外房親伯叔兄弟子侄人等並無干涉，倘有来歷不明，
皆係賣人一力支當，不涉買主之事，一賣一買，委係正行交易，不
是準折負債之故，二家心愿，并無重複典當交加，亦無逼
勒等情，日後不得取贖找價重索等情，恐口难信，故立
賣屋居契書付為存照。

大清乾隆五拾玖年五月初六日　立賣屋契人　葉啟生
　　　　　　　　　　　　　　　　　　　　葉石泰
　　　　　　　　　　　　　在見人　闕開德
　　　　　　　　　　　　　　　　　闕嵩海
　　　　　　　　　　　代筆　蕭祐三

立賣契人闕財魁今因錢粮無办自情愿將祖父遺下民田壹處土名坐廿一都夫人廟庄土名芥菜源口東至小坑為界南至山脚為界西至闕姓田為界北至小坑為界今俱四至分明併及田頭相樹在内計額粮壹畝伍分正自愿托中送與闕天開入手承買為業當日三面憑中言斷時值田價銅錢壹拾肆千文正其錢即日隨契交訖明白不欠分文其田自賣之日為始任憑買主推收過户完粮起耕另佃收租管業賣人不敢異言阻當此係自己清楚物業與房親伯叔兄弟人等並無文墨重典交加等情倘若來歷不明皆係賣人一力承當不涉買主之事所賣所買出在兩井情愿乃係正行交易契明價足不是債貨準折之故其田割藤断根截賣永無找價取贖之理今欲有憑立賣田契付與買主永遠為照

内註取遠貳字再照

内共額壹畝五分與闕德鋁、闕王璣二户各分七分五厘均被水冲

在場　母闕門林氏　○
伯闕栢壽　押
兄闕金魁　押

嘉慶叁年拾月初三日立賣田契人　闕財魁　押

憑中　鄭光崇　押

代筆　林天九　押

立找田契人闕財魁今因原與闕天開交易民田壹契坐落廿一都夫人廟庄土名芥菜源口田壹處計額畝分界至俱照正契載明今因口食不給請托愿中相勸業主找出正契外銅錢陸千文正其錢即日交足明白不少個文其田自找之後為始永遠割藤断根截找再不敢異之識認如有此色甘受疊騙之論一找千休恐口無憑立找田契永遠為據

在場　母闕門林氏　○

兄闕全魁（押）
原中　鄭光棠（押）
嘉慶叁年十二月廿三日立找田契人　闕財魁（押）
代筆　林天九（押）

立送戶票人闕財魁與闕天開交易民田壹契今將闕元壽戶下錢粮壹畝五分正送與本都茶排庄買主戶下入冊办粮完納不得丢漏分厘恐口难信立送戶票為用
原中　鄭光棠（押）
嘉慶叁年十月初三日立送戶票人　闕財魁（押）
代筆　林天九（押）

契尾
字　號

布字叁百壹號　右給松陽縣業戶闕天開　准此
道光元年拾貳月　日

（前頁）>>>>>

立賣契人闕財魁，今因錢粮無办，自情愿将祖父遺下民田壹處，『土名』坐（落）廿一都夫人庙庄，土名芥菜源口，東至小坑為界，南至山脚為界，西至闕姓田為界，北至小坑為界，今俱四至分明，併及田頭柏樹在内，計額粮壹畝伍分正，自愿托中送與闕天開入手承買為業，當日三面憑中言断，時直田價銅錢壹拾肆千文正，其錢即日随契交訖明白，不欠分文，其田自賣之日為始，任憑買主推收過户完粮，起耕另佃，收租管業，賣人不敢異言阻擋，此係自己清楚物業，與房親伯叔兄弟人等（無涉），並無文墨重典交加等情，倘若来曆［歷］不明，皆係賣人一力承當，不涉買主之事，所賣所買，出在两甘情愿，乃係正行交易，契明價足，不是債貨準折之故，其田割藤断根截賣，永無找價取贖之理，今欲有憑，立賣田契付與買主永遠為照。

内註取、遠貳字，再照。

内其額壹畝五分與阙德玿、阙玉璵户各分七分五厘，均被水冲。

母 闕門林氏

在場伯 闕栢壽

兄 闕金魁

憑中 郭光崇

嘉慶叁年拾月初三日　立賣田契人 闕財魁

代筆 林天九

立找田契人闕財魁，今因原與闕天開交易民田壹契，坐落廿一都夫人庙庄，土名芥菜源口，田壹處，計額畝分界至，俱概正契載明，今因口食不给，請托愿［原］中相『訖』勸業主，找出正契外銅錢陸千文正，其錢即日交足明白，不少個文，其田自找之後為始，永遠割藤断根截找，再不敢異之識認，如有此色，甘受叠騙之論，一找千休，恐口無憑，立找田契永遠為據。

在塲　母　闕門林氏
伯　闕相壽
兄　闕金魁
原中　郭光崇

嘉慶叁年十二月廿三日　立找田契人　闕財魁
代筆　林天九

立送户票人闕財魁，與闕天開交易民田壹契，今将闕元壽户下錢粮壹畝五分正，送與本都茶排庄買主户下入册办粮完纳，不得丢漏分厘，恐口难信，立送户票為用。

原中　郭光崇

嘉慶叁年十月初三日　立送户票人　闕財魁
代筆　林天九

（契尾，道光元年拾貳月）

立賣契何天運，今因粮食不足，自情愿將祖父遺下民田，土名坐落十九都水南庄大中央畋田壹坵，計額壹畝伍分正，親立文契出賣与房侄孫元瑞邊為業，三面斷定時值價錢伍拾仟文正，其錢當日收足，其田自賣之後，任憑侄孫邊為業，收租完粮耕種，并無重典重當文墨交加。如有此色，自己一力承當，永絕割斷，不敢再行言找言贖。此出二家心愿，恐口难信，故立賣契為據。

嘉慶叁年十二月初八日 立賣契何天運（押）

見中 王石松（押） 弦雨（押） 天明（押）

代筆 胞弟 天株（押）

立找契何天運，今因口食不給，自情愿托原中找过銅錢捌仟文正。原因日先与房侄孫元瑞邊交易民田壹契，土名坐落十九都水南庄大中央畋田壹坵，計額壹畝伍分正，其錢當日收足，其田自找之後，永不敢言找言贖。此出二家心愿，恐口难信，故立找契為據。

嘉慶叁年十二月廿八日 立找契何天運（押）

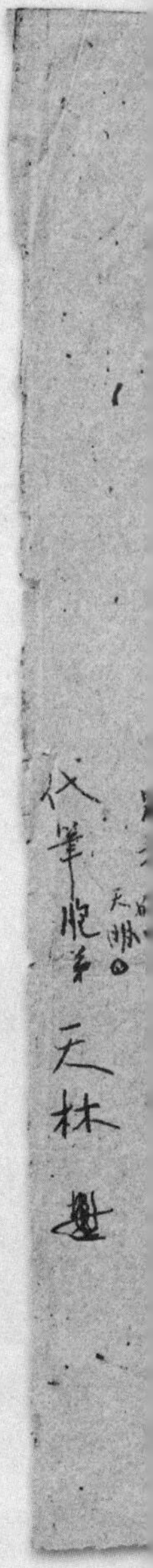

立賣契何天運，今因粮食不足，自情愿将祖父遺下民田，土名坐落十九都水南庄大中央畂［畈］田壹坵，計額壹畝伍分正，親立文契，出賣与房侄孫元瑞边為業，三面断定，時值價錢伍拾仟文正，其錢當日收足，其田自賣之後，任憑侄孫边為業，收租完粮耕種，并無重典重當文墨交加，如有此色，自己一力承當，永絕割断，不敢再行言找言贖，此出二家心愿，恐口难信，故立賣（契）為據。

嘉慶叁年十二月初八日　立賣契　何天運

見中　王石松

硋雨

天明

代筆胞弟　天林

立找契何天運，今因口食不給，自情愿托原中找过銅錢捌仟文正，原因日先与房侄孫元瑞边交易民田壹契，土名坐落十九都水南庄大中央畂［畈］田壹坵，計額壹畝伍分正，其錢當日收足，其田自找之後，不敢言找言贖，此出二家心愿，恐口难信，故立找契為據。

嘉慶叁年十二月廿七日　立找契　何天運

見找　王石松

硋雨

天明

代筆胞弟　天林

立當田契人鄭徐壽今因錢粮無办缺少吉用情愿將
自置民田一處坐落廿都橫水口庄小土名根庄攔据板窩
計田大小伍坵正計額粮伍分正其田上下左右山爲界其田
今俱四至分明自愿立契當與周文喜手内當過銅錢本
叁千陸伯文正其錢當日三面言斷每年充納錢利租谷陸
桶正其谷的至每年八月收成之日一足朗過車淨以量不致
欠少過期如違欠少當作賣契任從錢主起耕推收投稅過
户完粮當人不得異言阻擋二比甘愿恐口难信立當契爲拠
一批不另年限任當人備原價取贖再照

見當人鄭徐鏺 ○

嘉慶五年十二月廿三日立當田契人鄭徐壽 ○

代筆人鄭玉[illegible]

立當田契人鄧徐壽，今因錢粮無办，缺少吉［急］（用），自情愿将
自置民田一處，坐落廿都横水口庄，小土名振庄角据［鋸］板窝，
計田大小伍坵正，計額粮伍分正，其田上、下、左、右山為界，其田
今俱四至分明，自愿立契，當與周文喜手内，當過銅錢本
叁千陆伯文正，其錢當日三面言断，每年充纳錢利租谷陆
桶正，其谷的至每年八月收成之日一足晾過，車净交量，不致
欠少過期，如違欠少，當作賣契，任從錢主起耕，推收投税，過
户完粮，當人不得異言阻挡，二比甘愿，恐口难信，立當契為據。
一批不另［論］年限，任當人備原價取贖，再照。

見當人　鄧徐發
嘉慶五年十二月廿三日　立當田契人　鄧徐壽
代筆人　邹玉彩

立賣基地契人葉逢春仝弟連三原因祖父遺下置有基地壹塊坐落廿一都夫人廟庄土名山迷左至闕姓墻脚為界右至廳姓菜園為界上至闕姓已田為界下至路為界今俱四至分明管業不便託中立契出賣與闕永壽承買為業當日憑中言斷時值基地價錢陸仟文正其錢即日隨契兩相交訖自賣之後任憑買主起擺架造扦整併及樹木一應在内此係祖遺下清楚物業以及内外人等並無干涉亦無重典文墨交加如有來歷不明賣人一力支當不涉買主之事所賣所買兩相情愿此係正行交易契明價足並無逼抑債負之故其基地永遠不敢異言找贖等情今欲有憑立賣契付與買主永遠為照

嘉慶玖年拾貳月拾六日

立賣基地契人　葉　逢春（押）

連三（押）

憑中　徐登鳳（押）

代筆　闕萬瑜（押）

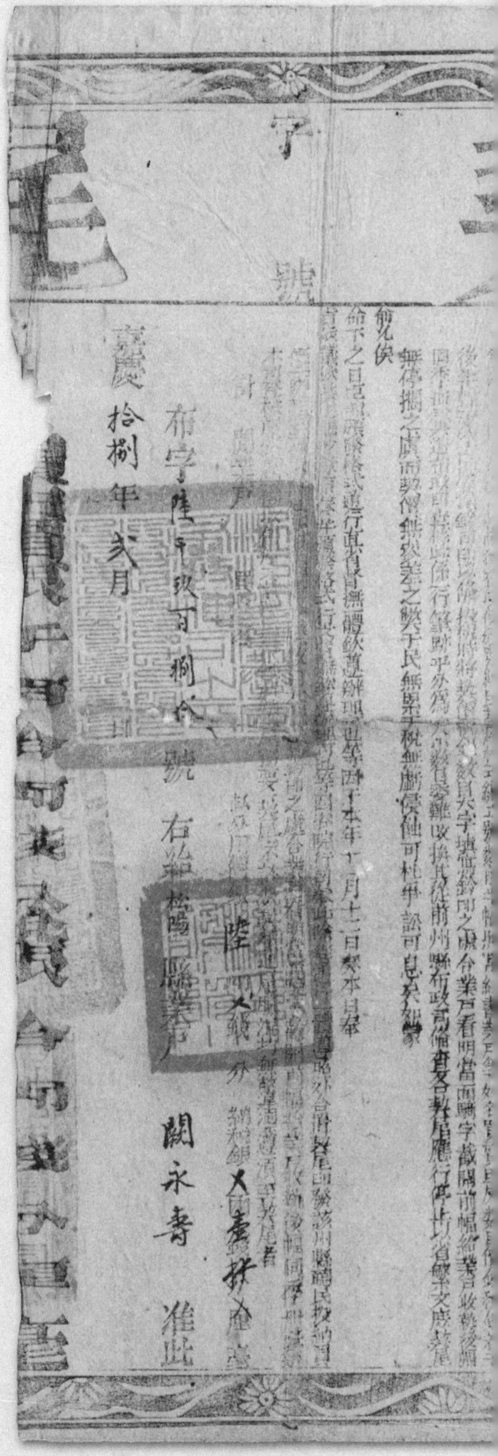

（契尾，嘉慶拾捌年弍月）

立賣基地契人葉逢春仝弟連三，原因祖父遺下置有基地壹塊，坐落廿一都夫人庙庄，土名山边，左至闕姓墻脚為界，右至應姓菜園為界，上至闕姓忌田為界，下至路為界，今俱四至分明，管業不便，託中立契，出賣與闕永壽承買為業，當日凴中言断，時值基地價錢陸仟文正，其錢即日随契两相交訖，自賣之後，任憑買（主）挖掘架造扦葬，併及樹木一應在内，此係祖遺下清楚物業，以及内外人等並無干涉，亦無重典文墨交加，如有来歷不明，賣人一力支當，不涉買主之事，所賣所買，两甘情愿，此係正行交易，契明價足，並無逼抑債負之故，其基地永遠不敢異言找贖等情，今欲有憑，立賣契付與買主永遠為照。

嘉慶玖年拾貳月拾六日　立賣基地契人　葉逢春

連三

憑中　徐登鳳

代筆　闕萬瑜

立賣山契闕永鐘，今因祖父兄弟均分民山壹處，坐落本都夫人庙庄，土名瓦窑崗内手，上至横路為界，下至坑脚為界，外至買主山為界，内大窝合水植［直］上為界，又土名梅樹盤山壹塊，上至山頂分水為界，下至坑脚田為界，外至買主山為界，内至梨樹口山崗水分［分水］為界，今俱四至分明，計額伍分正，託中立契，出賣與邱荣全承買為業，當日憑中言断，時值山價錢壹拾貳仟文正，其錢即日随契两相交訖，自賣之後，任憑買主前去修籙，併及山内樹俱概蓄養栽種管業，賣人無得異言，其山場此係祖置均分股下清楚物業，以及内外人等並無碍，亦無重典文墨交加，如有来歷不明，賣人一力支當，不涉買主之事，所賣所買，此出两甘情愿，此係正行交易，契明價足，並無逼抑債負之故，其山賣人永遠不敢異言找贖等情，今欲有憑，立賣契付與買主永遠為據。

嘉慶玖年拾貳月念伍日　立賣山契人　闕永鐘

在場叔　闕裕樹

在見兄　闕永接

柏松

憑中　林允榮

代筆　闕萬瑜

（契尾，嘉慶拾壹年肆月）

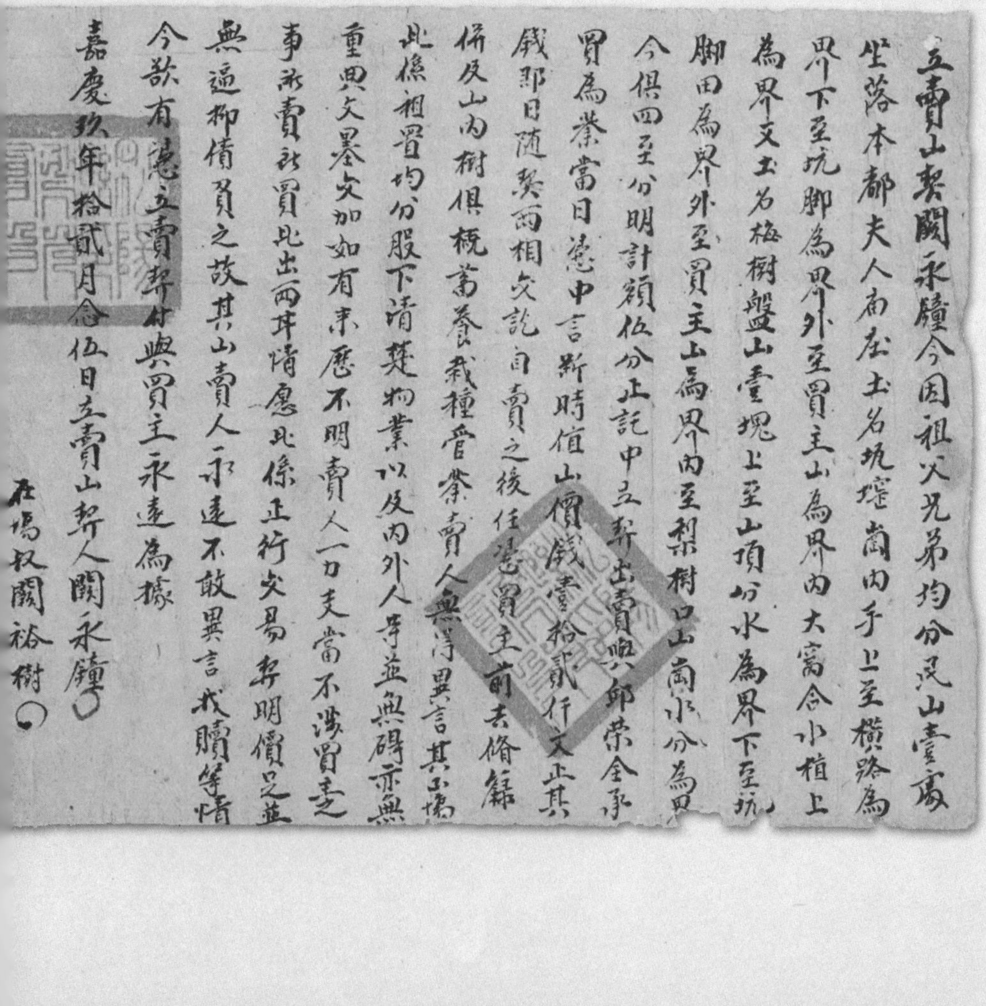

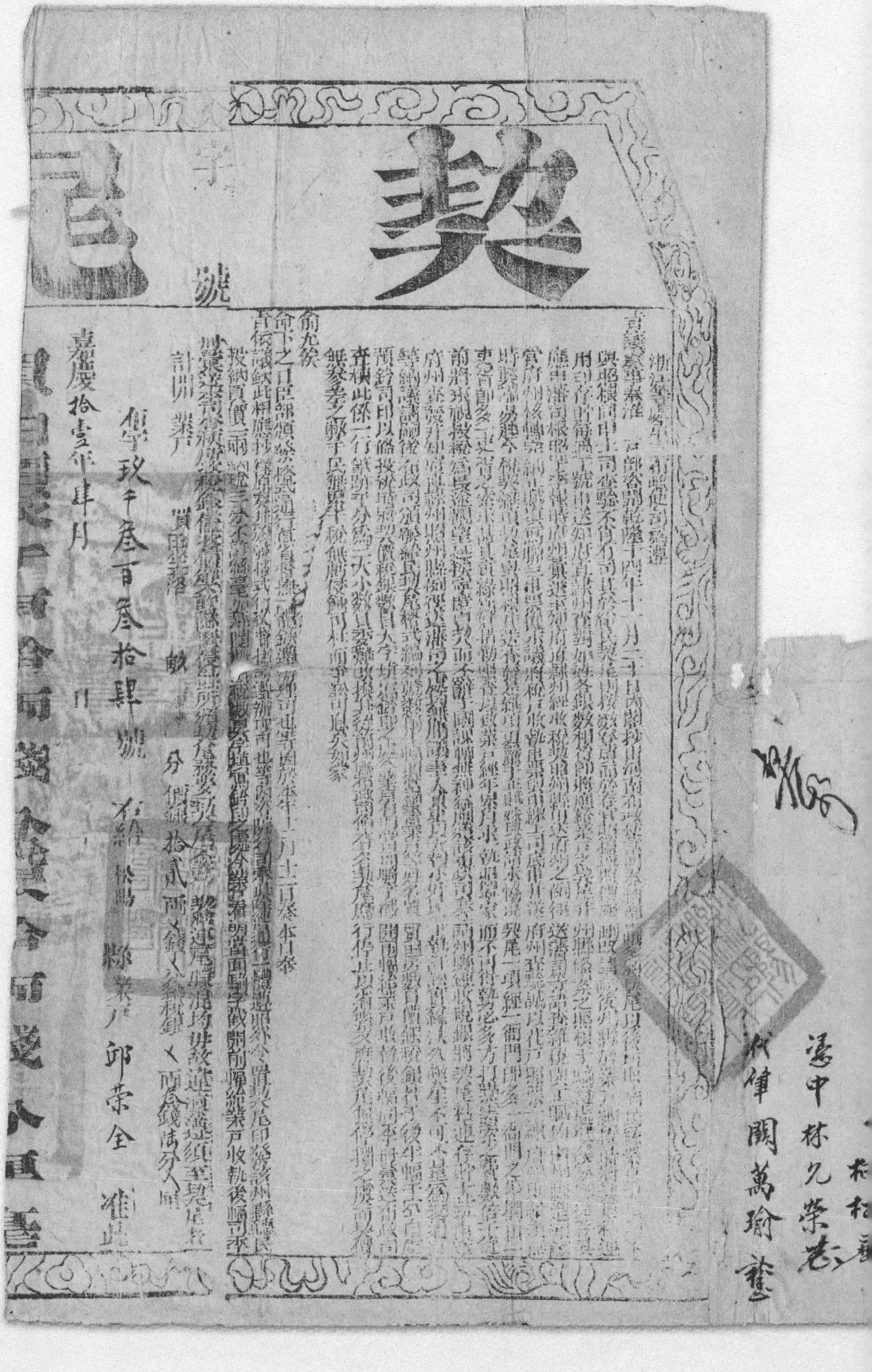

契

字 號

浙江等處承宣布政使司為遵

俞允欽

伍千叁百叁拾肆號

計開 業戶 買田 畝 分 價銀拾弍兩 錢 分

業戶 邱荣全

嘉慶拾壹年肆月 日

憑中 林允荣

代筆 闕萬瑜

立賣山契闕永台，今因錢粮無办，自情愿将祖父遺下均分阄内民山壹處，坐落本都夫人庙庄芥菜源内，小土名梨樹窝，齊窝直上山頂為界，下至坑脚田塝為界，外至買主山為界，内至沙塘窝外手直崀分水為界，計額伍分正，今俱四至分明，托中欲行立契，出與邱荣全承買為業，當日憑中三面言断，時值山價錢玖千文正，其錢即日随契两相交訖，自賣之後，併及山内荒坪樹木，任憑買主前去録［籙］蓄栽種，推收過户，完粮管業，賣人無得異言，其山塲此係祖遺下均分清楚物業，以及内外人等並無干碍，日先亦無重典文墨交加，如有来歷不明，賣人一力承當，不涉買主之事，所賣所買，出在两甘情愿，此係正行交易，契明價足，並無逼抑債貨準折之故，其山永遠断根，再不敢異言找贖等，今欲有憑，立賣契永遠為據。

嘉慶玖年拾貳月念八日　立賣山契　闕永台

在塲兄　柏松　永接

永鐘

憑中　林允荣

黄發清

代筆　闕萬瑜

（契尾，嘉慶拾壹年肆月）

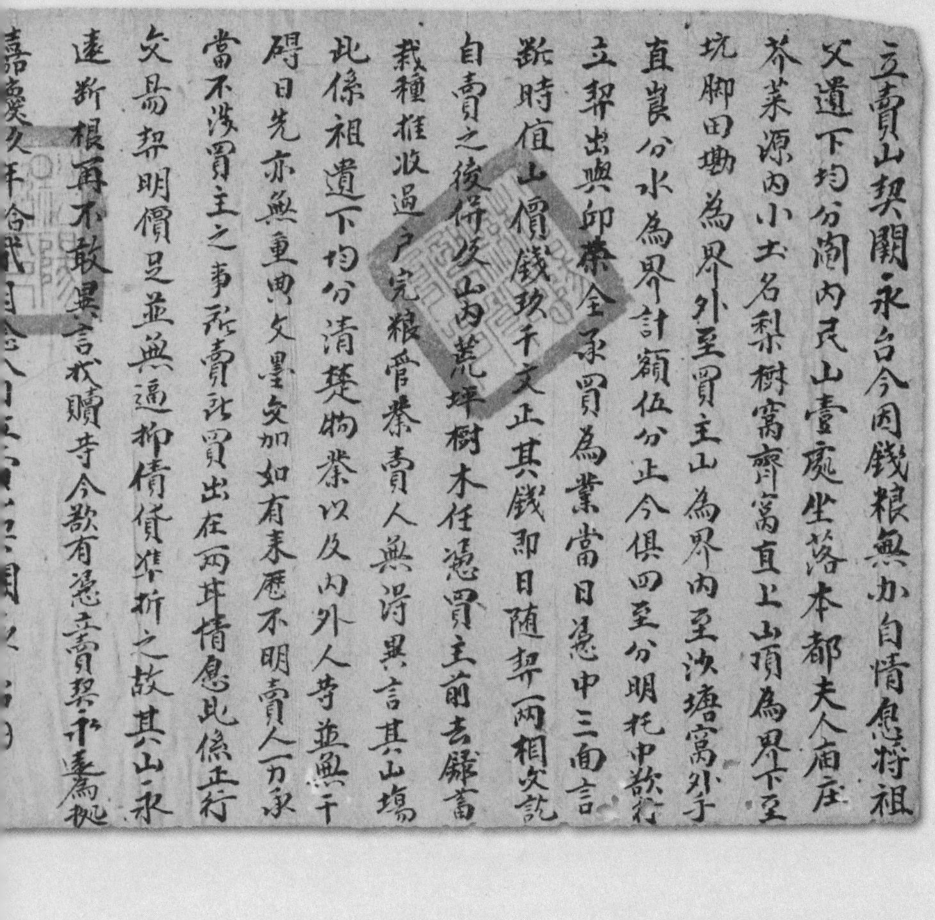
立賣山契闕永台今因錢粮無办自情愿將祖
父遺下均分阄内民山壹處坐落本都夫人庙庄
芥菜源内小土名梨樹窝齊窝直上山頂為界下至
坑脚田塝為界外至買主山為界内至沙塘窝外手
直崀分水為界計額伍分正今俱四至分明托中欲行
立契出與邱荣全承買為業當日憑中三面言
断時值山價錢玖千文正其錢即日随契兩相交訖
自賣之後併及山内荒坪樹木任憑買主前去歸蓄
栽種推收過户完粮管業賣人無得異言其山塲
此係祖遺下均分清楚物業以及内外人等並無干
碍日先亦無重典文墨交加如有來歷不明賣人一力承
當不涉買主之事所賣所買出在兩甘情愿此係正行
交易契明價足並無逼抑債貨準折之故其山永
遠断根再不敢異言找贖等今欲有憑立賣契永遠為據

在場兄 柏松 彥

承謄

憑中 林允荣

黃發清

代筆 闕萬瑜

契尾

字 號

[illegible]

俞允欽

命下之日 [illegible]

計開 業戶 買田坐落 畝 分 價銀 玖 兩 [illegible]

字玖千叁百叁拾叁號 右給 松陽縣業戶 邱荣全 准此

嘉慶拾壹年肆月 日

立賣山契人王文雄兄弟等今因錢粮無办自情愿將父遺下民山壹處坐落本都夫
人廟庄莽萊源口庛下荒山小土名苦株嶺東至岗上分水為界南至山脚為界西至買主
之山為界北至山頂為界今具四至分明托中計額叁分正欲行立契出賣與邱榮全承
買為業當日憑中言斷時值山價錢壹拾陸仟文正其錢即日隨契兩相交訖不少個文自
賣之後其山內任憑買主樵收過户完粮管業併及松杉雜木一應前去修鋤蓄養賣
人無得異言其山此係父遺清楚物業與及內外人並無干涉亦無重典文墨交加如
有來歷不明賣人一力承當不涉買主之事亦賣所買出在兩甘情愿此係正行交易
契明價足並無逼抑債貨準折之故其山永遠不敢异言找贖等情今欲有憑立賣
契付與買主永遠子孫為據 併及原連繳與買主為管 照
一批東至賴姓坟地進隨崗植下為界再照 照

嘉慶拾年拾貳月念陸日立賣山契王文雄 押
文賀 押
文貴 押
在見王文魁 ○
憑中 鄭光崇 押
葉石太 押
賴登光 押
代筆闕萬瑜 押

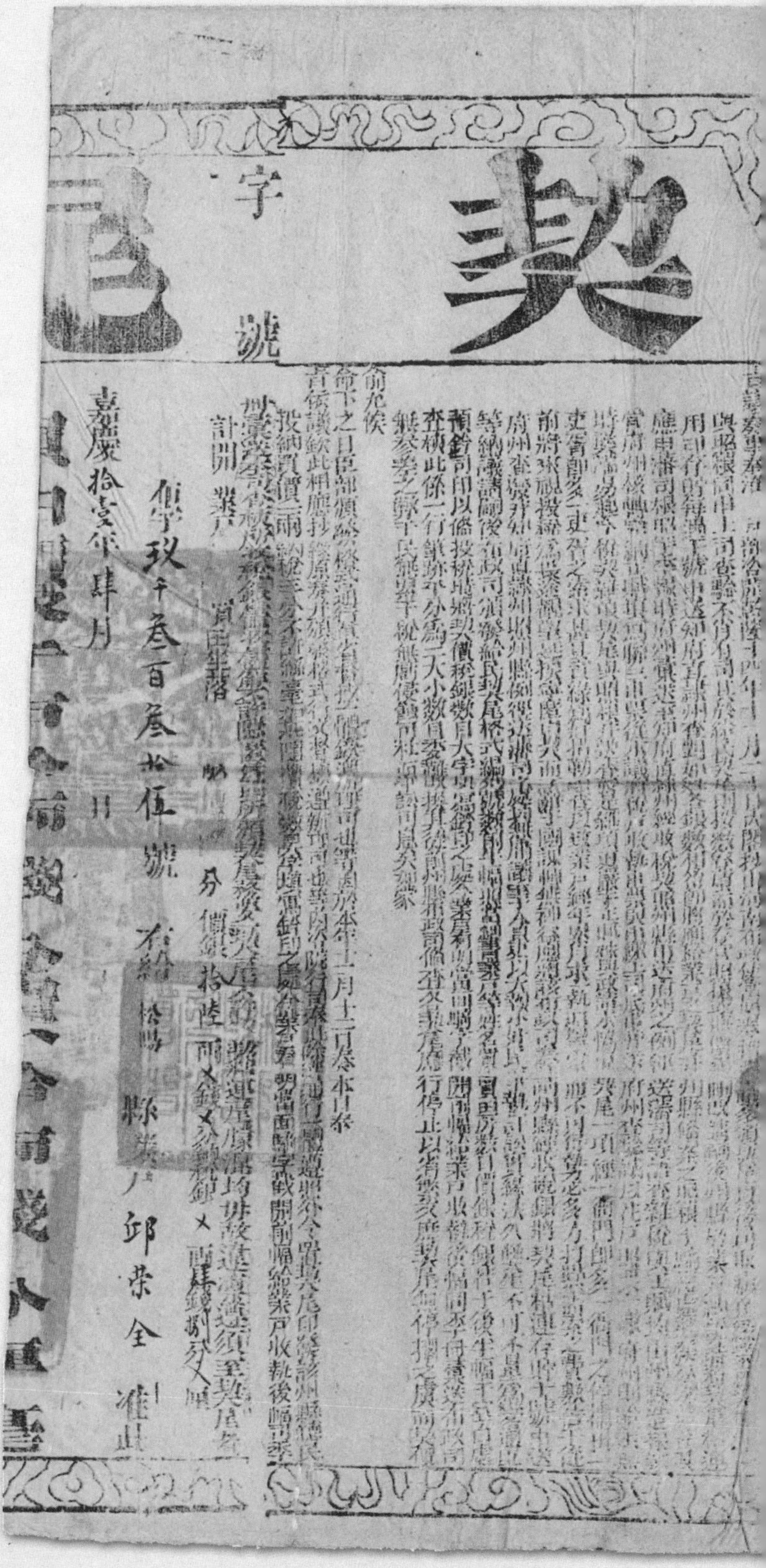

契尾

字　號

計開　業户　買田　畝　分價銀拾陸兩　錢　分

布字玖千叁百叁拾伍號　松陽縣業户邱荣全　准此

嘉慶拾壹年肆月　日

(前頁)>>>>>

立賣山契王文雄兄弟等，今因錢粮無办，自情愿将父遺下民山壹處，坐落本都夫人庙庄芥菜源口處下荒山，小土名苦株嶺，東至崗上分水為界，南至山脚為界，西至買主己山為界，北至山頂為界，今具四至分明，托中計額叁分正，欲行立契出賣與邱荣全承買為業，當日憑中言断，時值山價錢壹拾陸仟文正，其錢即日随契两相交訖，不少個文，自賣之後，其山内任憑買主推收過户，完粮管業，併及松杉雜木，一應前去修籙蓄養，賣人無得異言，其山此係父遺清楚物業，與及内外人並無干涉，亦無重典文墨交加，如有来歷不明，賣人一力承當，不涉買主之事，所賣所買，出在两甘情愿，此係正行交易，契明價足，並無逼抑債負準折之故，其山永遠不敢异言找贖等情，今欲有憑，立賣契付與買主永遠子孫為據，併及原連繳與買主為管。

一批東至賴姓坟地边随崗植［直］下為界，再照。

文賀

嘉慶拾年拾貳月念陸日　立賣山契　王文雄

文貴

在見　王文魁

郭光崇

憑中　葉石太

賴登光

代筆　闕萬瑜

（契尾，嘉慶拾壹年肆月）

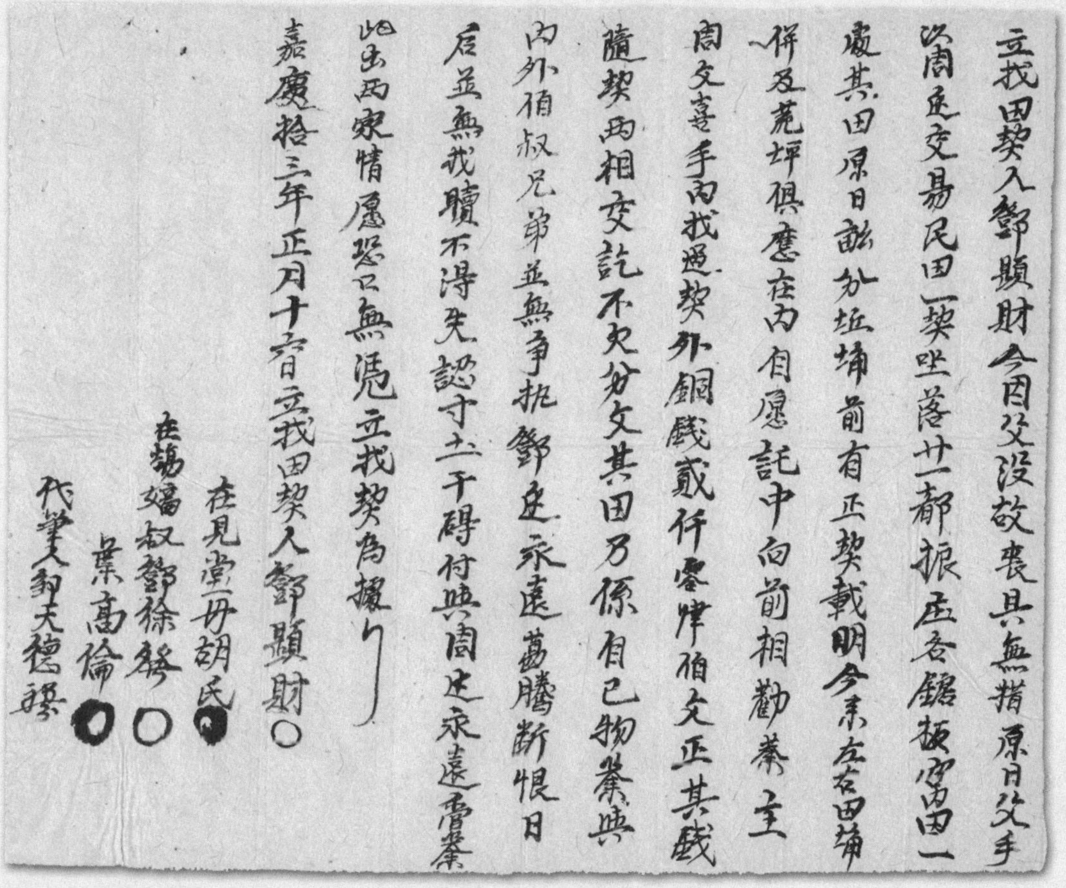

立找田契人鄧顯財，今因父没故，喪具無措，原日父手
以［與］周边交易民田一契，坐落廿一都振庄各［角］鋸板窩，田一
處，其田原日畝分坵角，前有正契載明，今来左右田角，
併及荒坪，俱應在内，自愿託中向前相勸業主
周文喜手内，找過契外銅錢貳仟零肆伯文正，其錢
隨契两相交訖，不欠分文，其田乃係自己物業，與
内外伯叔兄弟並無争执，鄧边永遠葛藤断根［根］，日
后並無找贖，不得失［識］認，寸土干碍，付與周边永遠管業，
此出两家情愿，恐口無凴，立找契為據。
嘉慶拾三年正月十六日　立找田契人　鄧顯財
在見堂母　胡氏
在塲嫡叔　鄧徐發
葉高倫
代筆人　邹天德

立賣屋基契人葉德耀仝侄荊琳荊玉今因無錢使用自情愿將祖父
遺下坐落八都茶排庄屋基壹塊正上至胡廷勘為界下至路為界左至
路為界右至路為界今俱四至分明託中出賣與[illegible]亦元庄入手承買當日
三面言斷時值屋基價銅錢伍仟文正其錢即日隨契交訖不少分文其
屋基自賣之後任憑買主前去架造管業賣人不得異言與內外伯叔
兄弟人等並無寸土干碍此係自己物業並無文墨典當他人倘有來歷不
明皆係賣人一力承當不涉買主之事自賣之後永不找價取贖一賣一買
二家心愿今欲有憑恐口難信故立屋基契付與買主永遠為照

立賣屋基契人葉德耀（押）
侄　荊琳（押）
荊玉（押）
憑中王宗桂（押）
代筆王崇學（押）

嘉慶拾柒年十二月廿日

契約

立賣屋基契人葉德耀仝侄荆琳、荆玉，今因無錢使用，自情愿将祖父遺下，坐落廿一都茶排庄屋基壹塊正，上至胡边堋為界，下至路為界，左至路為界，右至路為界，今俱四至分明，託中出賣，送與葉七生入手承買，當日三面言断，時值屋基價銅錢伍仟文正，其錢即日隨契交訖，不少分文，其屋基自賣之後，任憑買主前去架造管業，賣人不得異言，與内外伯叔兄弟人等並無寸土干碍，此係自己物業，並無文墨典當他人，倘有来歷不明，皆係賣人一力承當，不涉買主之事，自賣之後，永無找價取贖，一賣一買，二家心愿，今欲有憑，恐口难信，故立（賣）屋基契付與買主永遠為照。

仝侄　荆琳

荆玉

嘉慶拾柒年十二月廿一日　立賣屋基契人　葉德耀

憑中　王宗桂

代筆　王荣學

立賣契人闕才貽，今因錢粮無辦，自情愿將祖手遺下民田壹處，坐落念壹都夫人
廟庄，土名西山崗田大小叁坵，上至闕永燦田為界，下至田脚為界，左至圳塝，右至山脚為界；又土名南
山下坳下田壹坵，又土名大湖口田壹坵，上至闕永燦田為界，下至蔡姓田為界，左至山背，右至坑壠為界，共計
額壹畝正，親立文契出賣與叔祖天開邊為業，时值價錢柒拾千文正，其價即日親收完足，其田即與叔祖
邊執契管業，自賣之後，再無異言。此係自己物業，與內外伯叔兄弟人等無涉，日前亦並無重典、重賣文
墨交加不明，有此色貽邊一力承當，不干叔祖之事。其粮亦隨契交割，推收過户完粮。此係二家心愿，並無
逼抑反悔等情，恐口無憑，故立賣契為據。

嘉慶拾捌年拾壹月拾陸日　立賣契人闕才貽（押）

在場母闕林氏（〇）
闕金貽（押）
末貽（押）

憑中　民貽（押）
治梅（押）
周榮夏（押）

代筆　丁光雲（押）

找

立找契人闕才貽，原因日前與叔祖天開邊交易过民田壹處，坐落念壹都夫人廟
庄，土名西山崗、南山下坳下、大湖口等處，界至坵段畝額，前契俱已載明，契明價足，原無可找，今
因粮食交迫，自情愿托原中向叔祖邊找得契外銅錢拾貳千文正，其錢即日收足，自找之後，永絕葛
藤，再無異言找言贖等情，如有此色，任听議究。此係二家心愿，並無逼抑反悔，恐口無憑，故立找契為照。

契

字　號

布字陸百捌拾叁號

右給松陽縣業户闕天開　准此

嘉慶貳拾壹年叁月　日

在場母闕林氏

闕金鼎（押）

闕東鼎（押）

原中　闕良鼎（押）

闕炳梅（押）

周景夏（押）

代筆　丁光雲（押）

（前頁）>>>>>

立賣契人闕才魁，今因錢粮無辦，自情愿将祖手遺下民田叁處，坐落念壹都夫人廟庄，土名西山崗，田大小叁坵，上至闕永燦田為界，下至田脚為界，左至扎塴，右至山脚為界，又土名南山下坳下田壹坵，又土名大湖口田壹坵，上至闕永燦田為界，下至蔡姓田為界，左至山骨，右至坑壠為界，共计額壹畝正，親立文契出賣與叔祖天闬邊為業，时值價錢柒拾千文正，其钱即日親收完足，其田即與叔祖邊執契管業，自賣之後，再無異言，此係自己物業，與内外伯叔兄弟人等無涉，日前亦並無重典重賣文墨交加，如有此些［色］，魁邊一力承當，不干叔祖之事，其粮亦随契交割，推收過户完粮，此係二家心愿，並無逼抑反悔等情，恐口無凴，故立賣契為據。

嘉慶拾捌年拾壹月拾陆日　立賣契人　闕才魁

在場母　闕林氏

闕金魁

来魁

凴中　银魁

德梅[1]

周荣夏

代筆　丁光雲

1 據光緒《闕氏宗譜》，『德梅』實為『德珻』。

立找契人闕才魁，原因日前與叔祖天涧邊交易过民田叁處，坐落念壹都夫人廟庄，土名西山崗、南山下坳下、大湖口等處，界至坵段畝額，前契俱已載明，契明價足，原無可找，今因粮食交迫，自情愿托原中向叔祖邊，契［找］過契外銅錢拾貳千文正，其钱即日收足，自找之後，永绝葛藤，再無言找言贖等情，如有此些［色］，任听議究，此係二家心愿，亦無逼抑反悔，恐口無凴，故立找契為照。

嘉慶拾捌年拾壹月念陆日　立找契人　闕才魁

在塲母　闕林氏

闕金魁

来魁

原中　银魁

德海

周荣夏

代筆　丁光雲

（契尾，嘉慶貳拾壹年叁月）

立賣田契人鄧宗旺今因錢粮無办自情愿将自置
遺下兄弟分閹已下民田坐落二十都横水口庄土名鵝翼
坳過路横面上水田壹横，計大小貳坵上至賣人已田下至出
當饒迭田左至路右至坑又過路横田下水田壹坵上至出當
饒田下至林姓田左至路右至坑為界共計額貳分正今俱四
至分明立契出賣典闕德珝德璉德珠韓文芓衆関王會
內入手承買為業當日凴中面斷時值田價銅錢伍千文正其
錢即日収足不少箇文其田自賣之後听凴買主起畊佃種収
租执葬管業賣人不敢異言其田乃係自置閹下清業典伯叔
兄弟人芓無涉日前並未重典文約交加並無争执如有此色自能
一力承不干買主之事委係正行交易不是準折債負之故其田
日後原價取贖幽迭不淂执留文契其粮額當中面断鄧迭自納
不干闕迭之事不敢有違芓情恐口难信立賣契為據 了

嘉慶貳拾貳年四月十九日 [illegible]

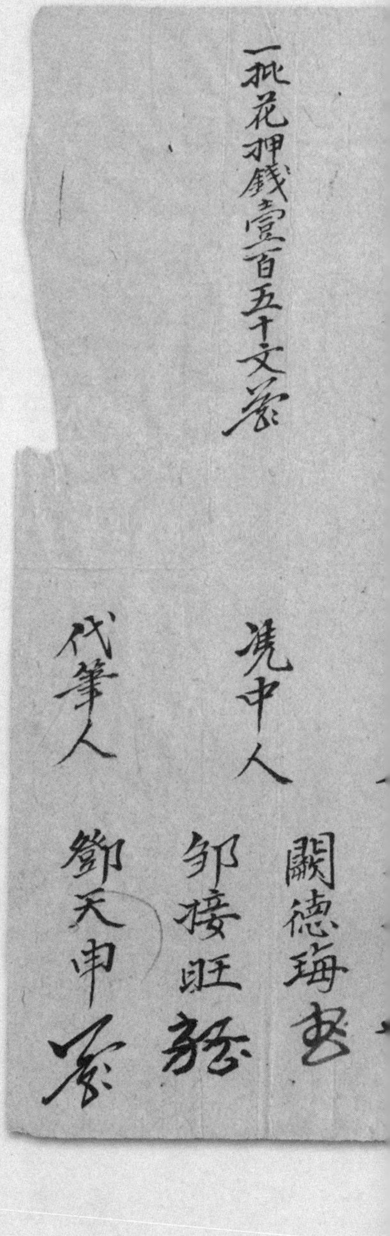
一批花押錢壹百五十文
憑中人　闞德海
邹接旺
代筆人　鄧天申

立賣田契人邹宗旺，今因錢粮無办，自情愿将自置遺下兄弟分閹己下民田，坐落二十都横水口庄，土名鵝翼坳過路横面上，水田壹横，計大小貳坵，上至賣人己田，下至出當饒边田，左至路，右至坑，又過路横田下，水田壹坵，上至出當饒田，下至林姓田，左至路，右至坑為界，共計額貳分正，今俱四至分明，立契出賣與闞德玿、德璉、德珠、韓文等衆關王會内入手承買為業，當日憑中面断，時值田價銅錢伍千文正，其錢即日收足，不少箇文，其田自賣之後，听憑買主起耕佃種收租，执契管業，賣人不敢異言，其田乃係自置閹下清業，與伯叔兄弟人等無涉，日前並未重典文約交加，並無争执，如有此色，自能一力承（當），不干買主之事，委係正行交易，不是準折債負之故，其田日後原價取贖，闞边不得执留文契，其粮額當中面断，邹边自納，不干闞边之事，不敢有違等情，恐口难信，立賣契為據。

嘉慶弍拾弍年四月十九日　立賣田契人　邹宗旺

憑中人　闞德海

邹接旺

一批花押錢壹百五十文。

代筆人　鄧天申

立賣田契人二十都樹稍庄梁松茂今因錢粮無办自情愿將祖父遺下民田坐落橫水口庄土名石寺源穇四相公前水田壹處計額弍畝伍分正計田大小壹拾陸坵正其田東至山脚林姓田爲界南至葉姓田爲界西至大坑併鄧姓荒坪爲界北至四相公前堰頭爲界今俱四至分明自愿立契托中出賣與二十一都茶排庄闕天開入受承買爲業當日憑中面斷時值田價銅錢捌拾千文正其錢隨契兩相交訖不少個文其田自賣之後任從買主推収過户入册办粮起畊另佃収租投税执契永遠管業賣人此子及孫不敢異言阻执其田乃係己分閹內清楚物業與親房伯叔兄弟子侄人等並無干涉日先亦未重曲文墨交加之故並無爭执如有此色賣人自能一力承當不干買主之事委係正行交易不是准折債負之故其田所賣所買兩相割截一賣斷根永無找贖此出兩家心愿並無逼抑等情今恐人言難信故立賣田契永遠爲據

嘉慶貳拾貳年十二月十二日　立賣田契人梁松茂

在場人　胞兄松貴

嫡叔德春

憑中人　王福生

鄧天發

契尾

字　　號

浙江等處承宣布政使司為遵

旨議奏事奉准　戶部咨開乾隆十四年十二月二十日內閣抄出[illegible]

[illegible]

無得措之虞而契價無參差之弊矣于民[illegible]

諭允後

命下之日[illegible]

旨依議[illegible]

價[illegible]

本司查核[illegible]

計　開業戶　　買田

業戶[illegible]分用價銀捌拾兩　　納稅銀[illegible]

布字肆千陸百伍拾叁號　右給　松陽縣業戶　闕天開

嘉慶貳拾叁年拾壹月

代筆人　鄧天申

（前頁）>>>>>

立賣田契人二十都樹稍庄梁松茂，今因錢粮無办，自情愿將祖父遺下民田，坐落横水口庄，土名石寺源穆四相公前，水田壹處，計額弍畝伍分正，計田大小壹拾陸坵正，其田東至山脚林姓田為界，南至葉姓田為界，西至大坑併鄧姓荒坪為界，北至四相公前堰頭為界，今俱四至分明，自愿立契托中，出賣與二十一都茶排庄闕天開入受承買為業，當日凴中面断，時值田價銅錢捌拾千文正，其錢隨契两相交訖，不少箇文，其田自賣之後，任從買主推收過户，入册办粮，起耕另佃，收租投税，执契永遠管業，賣人以子及孫不敢異言阻执，其田乃係己分閹内清楚物業，與親房伯叔兄弟子侄人等並無干涉，日先亦未重典文墨交加之故，並無争执，如有此色，賣人自能一力承當，不干買主之事，委係正行交易，不是準折債負之故，其田所賣所買，两相割截，一賣断根，永無找贖，此出两家心愿，並無逼抑等情，今恐人言難信，故立賣田契永遠為據。

嘉慶貳拾貳年十二月十三日　立賣田契人　梁松茂

在場人胞兄　松貴

嫡叔　德春

凴中人　王福生

鄧天發

代筆人　鄧天申

（契尾，嘉慶弍拾叁年拾壹月）

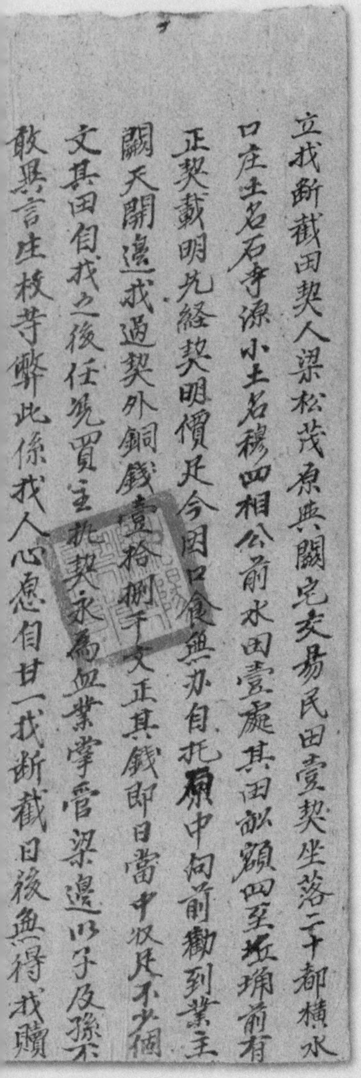
立我断截田契人梁松茂原典闗宅交易民田壹契坐落二十都横水
口庄土名石寺源小土名穆四相公前水田壹處其田計額四至坵塝前有
正契載明先経契明價足今因口食無办自托原中向前勸到業主
闗天開邊我過契外銅錢壹拾捌千文正其錢即日當中収足不少個
文其田自我之後任憑買主执契永為血業掌管梁邊以子及孫不
敢異言生枝节弊此係我人心愿自甘一我断截日後無得找贖

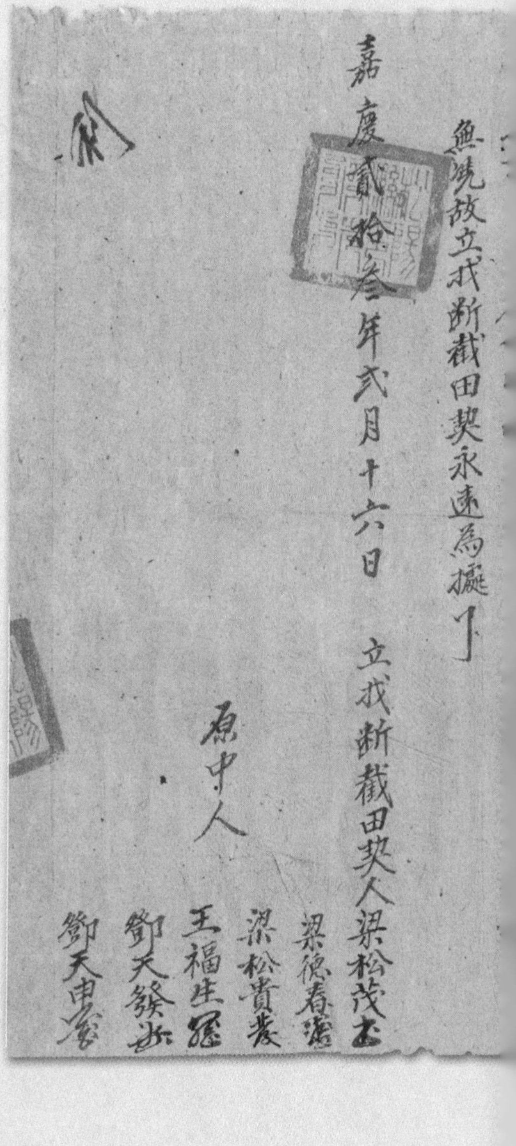

立找断截田契人梁松茂，原與闞宅交易民田壹契，坐落二十都横水口庄，土名石寺源，小土名穆四相公前，水田壹處，其田畝額四至坵角，前有正契載明，先經契明價足，今因口食無办，自托原中向前勸到業主闞天開邊，找過契外銅錢壹拾捌千文正，其錢即日當中收足，不少個文，其田自找之後，任凴買主执契，永為血業掌管，梁邊以子及孫，不敢異言生枝等弊，此係找人心愿，自甘一找断截，日後無得找贖，如有此色，自愿甘受叠騙之故，此出两相情愿，並無逼抑等情，恐後無凴，故立找断截田契永遠為據。

嘉慶貳拾叁年弍月十六日　立找断截田契人　梁松茂

梁德春

梁松貴

原中人　王福生

鄧天發

鄧天申

65

立賣田契人闕永煥，今因錢糧無办，自情愿將父手遺下兄弟分闗自己鬮內民田，土名坐落松邑

廿一都夫人廟庄，土名山邊王姓門首大路外田肆坵，上至路，下至永壽田，左至天開自己田，右至小坑為界；

併小坑背砂坪水頭田壹坵，又土名坐落山邊單立祿店前路內田貳坵，東至路，南至永壽田，西至天培田，北至天

有嘗田為界；又併其田內片田貳坵，東至天有嘗田，南至闕姓田，西至買主嘗田，北至禮田為界；又土名坐落石岩

下田壹處，上下兩至闕姓田，左至崩山，沿右至坑壠為界；又土名坐落石岩下鴨䳒窩田壹處，併劉有富基地在

內；又併小坑背田壹處，上至闕姓田，下至林姓田，左至闕姓田，右至坑壠；又土名坐落大北山冷水上下共田貳處，其

上處上至石壁堰頭，面上田壹橫坎，上賣人嘗田為界，下至賣人三橫嘗田為界，左至賣人嘗田，右至崩山沿為界；

其下處上節田叁橫，計田叁坵，下節田貳橫，計大小田肆坵，下至天有田為界。以上共田柒處，至俱計分明，共計額

糧壹拾肆畝正，其田並處荒熟、桐樹、雜木一應在內。託中立契出賣與本家天闗叔邊入手承買為業，

當日憑中面斷時值田價銅錢叁伯千文正，其錢即日隨契交收足訖，不少分文。其田自賣之后，任憑買

主起耕改佃推收過戶，完糧收租，管業。賣人不得異言阻執，言稱找贖等情。其田原係賣人鬮內清業，未賣之

前並無典當文墨交加，既賣之后亦無內外人等爭執。如有來歷不明，賣人一力支當，不涉買主之事。委係正行

交易，不是準折債貨之故，兩意甘受。彼此甘肯，並無逼抑反悔等情。恐口難憑，立賣田契永遠為據。

嘉慶貳拾三年拾壹月廿貳日立賣田契人 闕永煥（押）

見契兄 永壽（押）

闕永魁（押）

憑中 石日才（押）

闕永喬（押）

闕猷奎（押）

代筆 李天昭（押）

立杜找田契人闕永煥，日前曾與天闗叔公邊交易水田壹契，坐落松邑

驗契執照

浙江財政廳為給發驗契執照事今據

契　字　號

嘉慶貳拾肆年　月　日

布字陸千壹百拾貳號　右給松陽縣業戶闕天開　准此

正祿居前路內共田四丘又石岩下田壹處又石岩下田壹處又大地
山冷水田壹處併其田下田壹處共田柒處共計額壹拾肆畝正田清糧明
契斷價足今因乏錢吉用自愿請託原中向勸叢主天尚叔公手內找
出契外銅錢陸拾千文正其錢即日交訖無短其田自找之后任凭叔公
永遠完糧收租管業契載割藤斷絶找人不得再言找價等情愿找
愿杜並無逼抑恐口難凭立杜找田契永遠為據

嘉慶貳拾三年拾貳月廿叁日立杜找田契人闕永煥（押）

見找兄　永壽（押）

凭中　石日才（押）　丁光清（押）　闕永明（押）　闕献奎（押）

代筆　李天昭（押）

(前頁)>>>>>

立賣田契人闕永煥，今因錢糧無办，自情愿将父手遺下兄弟分關自己阄内民田等處，坐落松邑廿一都夫人廟庄，土名山邊王姓门首大路外，田肆坵，上至路，下至永壽田，左至天闲自己田，右至小坑為界，併小坑背砂坪水頭，田壹坵，又土名坐落山邊单正禄店前路内，田貳坵，東至路，南至永壽田，西至天培田，北至天有嘗田為界，又併其田内片田貳坵，東至天有尝田，南至闕姓田，西至買主尝田，北至僧田為界，又土名坐落石岩下，田壹處，上下兩至闕姓田，左至崩山沿，右至坑壠為界，又土名坐落石岩下鴨牳窝，田壹處，併劉有富基地在内，又併小坑背，田壹處，上至闕姓田，下至林姓田，左至闕姓田，右至坑壠，又土名坐落大北山冷水，上下共田貳處，其上處上至石壁堰頭面上田壹横，坎上賣人嘗田為界，下至賣人三横嘗田為界，左至賣人嘗田，右至崩山沿為界，其下處上節田叁横，計田叁坵，下節田貳横，計大小田肆坵，下至天有田為界，以上共田柒處，四至俱計分明，共計額糧壹拾肆畝正，其田盡處，荒熟柏樹雜木，一應在内，託中立契，出賣與本家天闲叔邊入手承買為業，當日憑中面断，時值田價銅錢叁伯千文正，其錢即日隨契交收足訖，不少分文，其田自賣之后，任憑買主起耕改佃，推收過户完糧，收租管業，賣人不得異言阻執，言稱找贖等情，其田原係賣人阄内清業，未賣之前，並無典當文墨交加，既賣之后，亦無内外人等争執，如有来歷不明，賣人一力支當，不涉買主之事，委係正行交易，不是準折債貨之故，所賣所受，彼此甘肯，並無逼抑反悔等情，恐口難憑，立賣田契永遠為據。

嘉慶貳拾三年拾壹月廿貳日　立賣田契人　闕永煥

見契兄　永壽

闕永魁

憑中　石日才

闕永喬

闕献奎

代筆　李天昭

立杜找田契人闕永煥，日前曾與天개叔公邊交易水田壹契，坐落松邑廿壹都夫人庙庄，土名山邊王姓门首大路外，田四坵，併坑背田壹坵，又山邊单正禄店前路内共田四坵，又石岩下凹壹處，又石岩下鴨㸹窝田壹處，又大北山冷水田壹處，併其田下田壹處，共田柒處，共計額壹拾肆畝正，田清糧明，契断價足，今因乏錢吉［急］用，自愿請託原中向勸業主天開叔公手内，找出契外銅錢陸拾千文正，其錢即日交訖無短，其田自找之后，任凴叔公永遠完粮收租管業，契載割藤断絕，找人不得再言找價等情，愿找愿杜，並無逼抑，恐口難凴，立找田契永遠為據。

嘉慶貳拾三年拾貳月廿弍日　立杜找田契人　闕永煥

見找兄　永壽

石日才

丁光清

凴中　闕永明

闕献奎

代筆　李天昭

（契尾，嘉慶弍拾肆年）

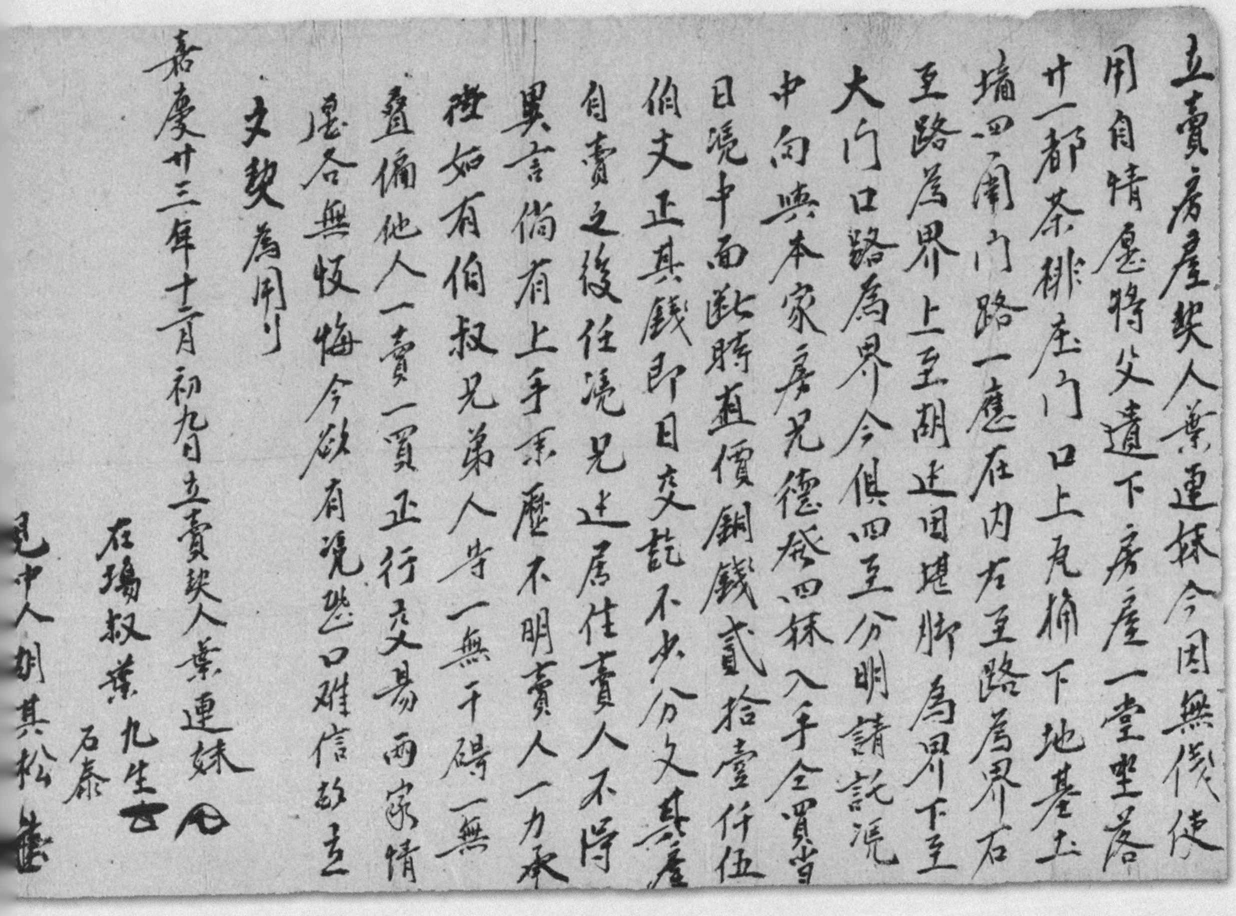

立賣房屋契人葉運妹今因無錢使
用自情愿將父遺下房屋一堂坐落
廿一都茶排庄门口上瓦楠下地基土
墻四围门路一應在内右至路爲界右
至路爲界上至胡述田堪脚爲界下至
大门口路爲界今俱四至分明請託凭
中向與本家房兄德發、四妹入手全買爲
日凭中面斷時值價銅錢貳拾壹仟伍
伯文正其錢即日交訖不少分文其屋
自賣之後任凭兄述居住賣人不得
異言倘有上手來歷不明賣人一力承
擋如有伯叔兄弟人等一無干碍一無
疊偏他人一賣一買正行交易兩家情
愿各無恨悔今欲有凭恐口難信故立
文契爲用

嘉慶廿三年十二月初九日立賣契人葉運妹

在場叔葉九生
石泰

見中人胡其松

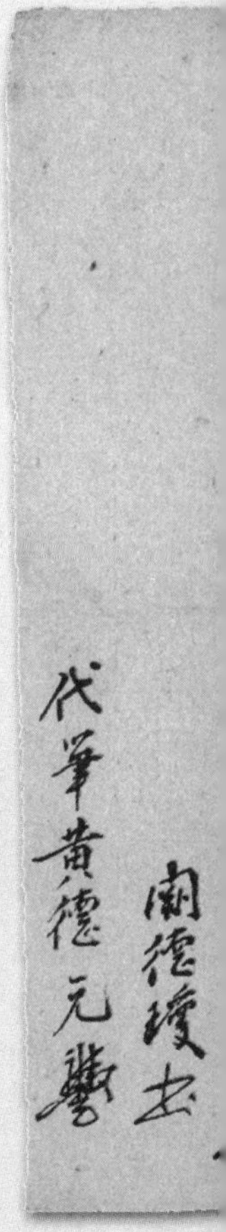

立賣房屋契人葉連妹，今因無钱使用，自情愿将父遺下房屋一堂，坐落廿一都茶排庄，门口上瓦桷，下地基，土墙四周门路，一應在內，左至路為界，右至路為界，上至胡边田塝脚為界，下至大门口路為界，今俱四至分明，請託凂中向與本家房兄德發四妹入手仝買，当日凂中面断，時直價銅錢貳拾壹仟伍伯文正，其錢即口交訖，不少分文，其屋自賣之後，任凂兄边居住，賣人不得異言，倘有上手来歷不明，賣人一力承当，如有伯叔兄弟人等，一無干碍，一無叠偏［騙］他人，一賣一買，正行交易，两家情愿，各無反悔，今欲有凂，恐口难信，故立文契為用。

嘉慶廿三年十二月初九日　立賣契人　葉連妹

在場叔　葉九生

石泰

見中人　胡其松

闞德瓊

代筆　黃德元

立賣田契人闞彩奎，今因錢粮無辦，自情愿将父手遺
民田壹處，坐落廿壹都夫人廟庄，土名山邊水碓背，水
田壹坵，其田東至其雄田為界，南至單姓墻脚為界，西
至大路為界，北至其雄田為界，計額弍分正，今具四至分
明，託中立契，出賣與本家天開叔公入手承買為
業，當日凴中三面言断，時值田價銅錢捌千伍伯文
正，其錢即日两相交訖，不欠分文，其田自賣之後，任從
買主推收過户，完粮收租管業，其田原係父手清楚業
產，與伯叔兄弟内外人等並無干碍，其田日先亦無
重典復當文墨交加，其田倘有上手來歷不明，賣人一
力支當，不涉買主之事，此出两甘情愿，並無逼抑
債負之故，其田當日面言，此賣之後，並無找贖等情，
今欲有凴，立賣田契『人』付与買主子孫永遠管業為
據。

嘉慶弍拾肆年十弍月十五日　立賣田契人　闞彩奎

在塲伯　永上

凴中　應松琳

代筆　闞献奎

（契尾，嘉慶貳拾伍年拾貳月）

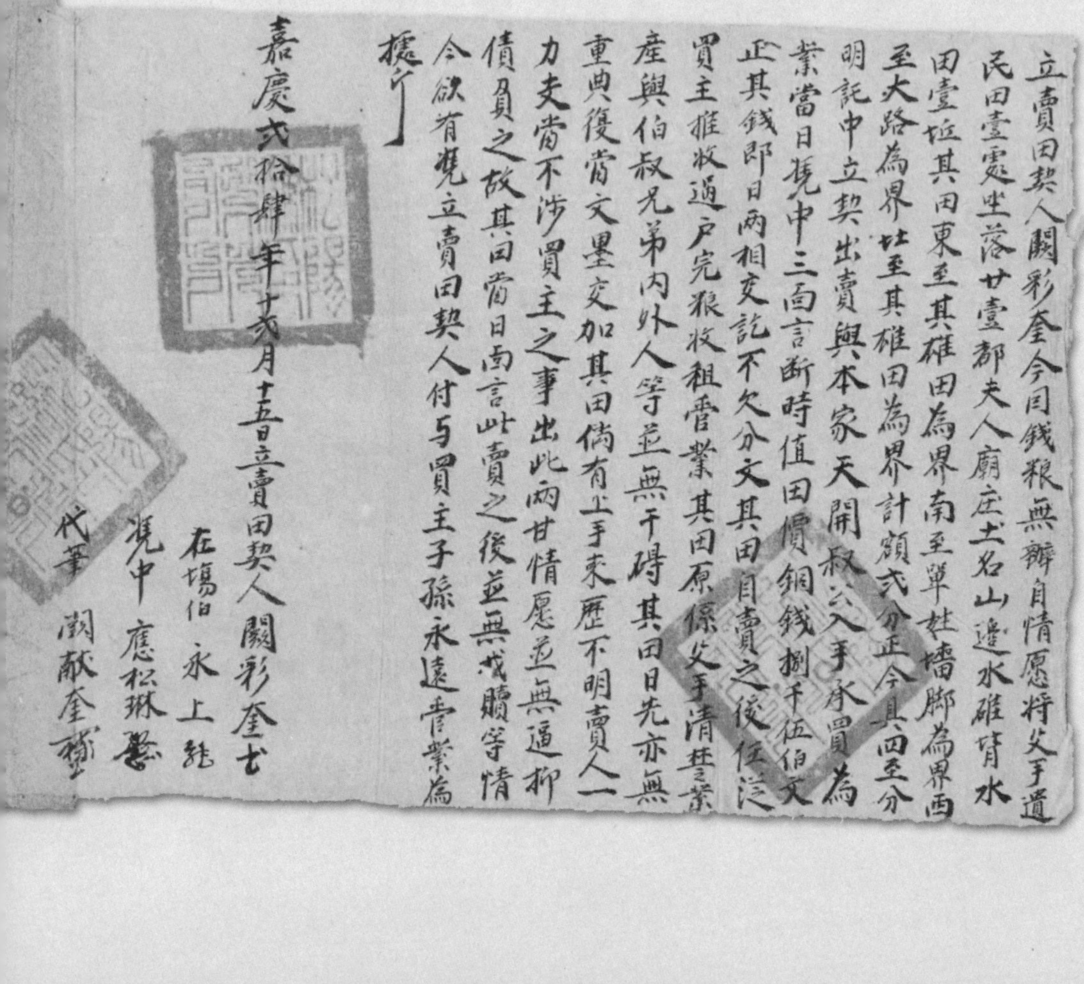

契

字　　號

浙江等處承宣布政使司為……

[illegible]

計開業戶　　　買田土　　　契

用價銀　捌兩伍錢×分　　納稅銀　貳錢伍分伍厘

布字捌千貳百肆號　右給　松陽縣業戶　闕天開　准此

嘉慶貳拾伍年拾貳月　　日

立找田契人邹宗旺今因缺少口食自情將
日前與陳宅交易民田一契土名坐落廿都横
水口庄小土名鵝罩坳計田肆横大小不等丘畝
分界很前有正契載明今來請託原中相勸
茶主陳兆瑞手内找過契外銅錢叁千文正其
錢即日當中交訖不少個文其田自找之後任
憑買主清業日後永無找贖之理一找千休
如有此色并受叠寫之倫恐口难信故立找契
為永遠據

嘉慶貳拾五年二月

立找田契人邹宗旺（押）
見找人 邹樓旺（押）
邹琳旺（押）
原中人 饒美能（押）
闕德梅（押）

立找田契人邹宗旺，今因缺少口食，自情将日前與陳宅交易民田一契，土名坐落廿都横水口庄，小土名鵝翼坳，計田肆横，大小柒坵正，畝分界限，前有正契載明，今来請託原中相勸業主陳兆瑞手内，找過契外銅錢叁千文正，其錢即日當中交訖，不少個文，其田自找之後，任憑買主清業，日後永無找贖之理，一找千休，如有此色，甘受叠騙之倫［論］，恐口难信，故立找契為永遠據。

嘉慶式拾五年二月　立找田契人　邹宗旺

見找人　邹接旺

邹琳旺

原中人　饒英能

闕德海

鄧天財

許元昌

代筆人　邹天德

立賣田契人鄒遠富今因錢粮無办自情願將父分遺下兄弟分閹已下民田坐落廿都横水口庄土名自己屋前水井邊右手水田壹處計田壹坵計額捌分正其田上至鬮鄒兩姓田為界下至鬮周兩姓田為界左至水井塝大路為界右至獅子山脚為界今俱四至分明自願立契托中出賣與鬮德珸德璉德珠漢文等邊入受承買為業當日憑中面斷時值田價銅錢貳拾貳千文正其錢即日當中兩相交訖不少分文其田自賣之後任憑買主推收入册办粮起割另佃收租投稅挑契永遠管業賣人以子及孫不敢異言阻滯其田乃係父遺清業與伯叔兄弟子侄內外人等無涉日先亦未重典文墨交加之故並無爭执如有此色賣人自能一力承當不干買主之事委係正行交易不是準折債負之情愿賣愿買兩相割截日後無找無贖此出兩家心愿並無逼抑等情恐口難信立賣田契為據

嘉慶貳拾伍年十一月初八日　立賣田契人鄒遠富（押）

鬮德瑀（押）

憑中人　鄒元祖（押）

鄒遠權（押）

代筆人　鄧天申（押）

立找断截田契人鄒遠富原與鬮宅交易田業壹契坐落廿都横水口庄土名自己屋前水井邊右手水田壹坵畝額四至前契載明先経契明價重今因粮食無措自托原中向前勸到業主鬮德珸德璉德珠漢文等邊找過契外銅錢肆千文正其錢當中隨契兩相交訖不少分文其田自找之後任憑買主子孫挑契永遠管業鄒邊以子及孫不敢陽外生枝等弊此

……確並無逼勒等情，恐後無憑，立找斷截田契永遠爲據。

嘉慶貳拾伍年十二月廿四日　立找斷截田契人　鄒遠富（押）

原中人　闕德珦（押）　鄒元祖（押）　鄒遠桂（押）

代筆人　鄒天申（押）

契尾

字　號

浙江等處承宣布政使司爲遵……

計開

業戶　買田　畝　分

布字貳千玖百叁號

業戶　闕德珞　准此

道光肆年伍月　日

（前頁）>>>>>

立賣田契人邹遠富，今因錢粮無办，自情願将父分遺下兄弟分閹己下
民田，坐落廿都横水口庄，土名自己屋前水井邊右手，水田壹處，計田壹坵，
計額捌分正，其田上至闕、邹两姓田為界，下至闕、周两姓田為界，左至水井角
大路為界，右至獅子山脚為界，今俱四至分明，自願立契托中，出賣與闕德玿、德璉、
德珠、漢文[1]等邊入受承買為業，當日凴中面断，時值田價銅錢弍拾弍千文正，其錢即
日當中两相交訖，不少分文，其田自賣之後，任凴買主推收入册，办粮起耕，另佃收租，
投税执契，永遠管業，賣人以子及孫不敢異言阻滞，其田乃係父遺清業，與伯叔
兄弟子侄内外人等無涉，日先亦未重典文墨交加之故，並無争执，如有此色，賣人
自能一力承當，不干買主之事，委係正行交易，不是準折債負之情，愿賣愿買，两
相割截，日後無找無贖，此出两家心愿，並無逼抑等情，恐口难信，立賣田契為據。

嘉慶貳拾伍年十一月初八日　立賣田契人　邹遠富

闕德瑇

凴中人　邹元祖

邹遠桂

代筆人　鄧天申

1 據光緒《闕氏宗譜》，『漢文』實為『翰文』之誤。

立找断截田契人邹遠富，原與闕宅交易田業壹契，坐落廿都横水口庄，土名自己屋前水井邊右手，水田壹坵，畝額四至，前契載明，先經契明價重，今因粮食無措，自托原中向前勸到業主闕德珆、德璉、德珠、漢［翰］文等邊，找遏契外銅錢肆千文正，其錢當中隨契两相交訖，不少分文，其田自找之後，任凴買主子孫执契永遠管業，邹邊以子及孫不敢隔［格］外生枝等弊，此係找人心愿，自甘割藤断截，永無找贖，如有此色，以作叠騙之論，此出两相情願，並無逼勒等情，恐後無凴，立找断截田契永遠為據。

嘉慶弍拾伍年十二月廿四日　立找断截田契人　邹遠富

闕德珻

原中人　邹元祖

邹遠桂

代筆人　鄧天申

（契尾，道光肆年伍月）

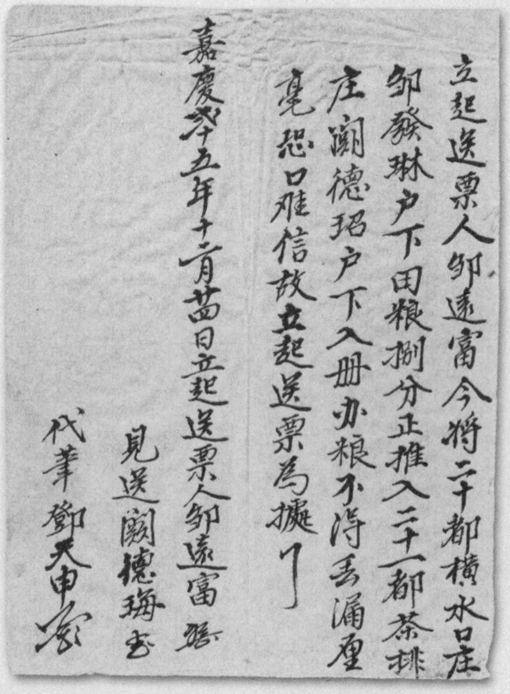
立起送票人邹遠富今將二十都橫水口庄
鄒發琳户下田粮捌分正推入二十一都茶排
庄阙德招户下入册办粮不得丟漏厘
毫恐口难信故立起送票為據
嘉慶廿五年十二月廿四日立起送票人邹遠富
見送阙德珻
代筆鄧天申

立起送票人邹遠富，今将二十都横水口庄
邹發琳户下田粮捌分正，推入二十一都茶排
庄阙德招户下入册办粮，不得丢漏厘
毫，恐口难信，故立起送票為據。
嘉慶弍十五年十二月廿四日　立起送票人　邹遠富
見送　阙德珻
代筆　鄧天申

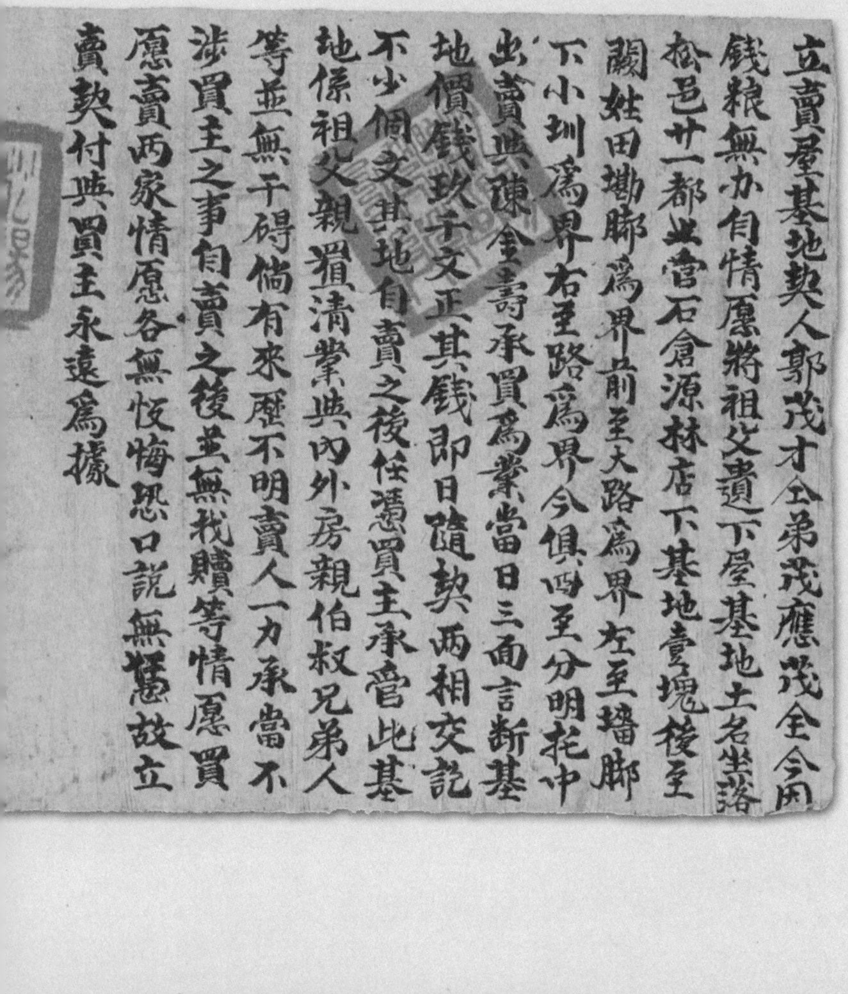
立賣屋基地契人郭茂才仝弟茂應茂全仝男
錢粮無办自情愿將祖父遺下屋基地土名坐落
於邑廿一都业營石倉源林店下基地壹塊後至
闕姓田塍脚為界前至大路為界左至墻脚
下小圳為界右至路為界今俱四至分明托中
出賣與陳金壽承買為業當日三面言斷基
地價錢玖千文正其錢即日隨契兩相交訖
不少個文其地自賣之後任憑買主承管此基
地係祖父親置清業與内外房親伯叔兄弟人
等並無干碍倘有來歷不明賣人一力承當不
涉買主之事自賣之後並無找贖等情愿買
愿賣兩家情愿各無悔悔恐口說無憑故立
賣契付與買主永遠為據

契
號

道光伍年叁月　日

計開業戶
布字伍千叁百伍拾伍號石給
松陽
陳金壽

全弟
茂應〇
茂全〇
闕嵩壽〇
憑中
郭茂榮
闕德富
代筆人
葉石泰

（前頁）>>>>>

立賣屋基地契人郭茂才仝弟茂應、茂全，今因錢粮無办，自情愿將祖父遺下屋基地，土名坐落松邑廿一都业管石倉源林店下，基地壹塊，後至闕姓田墈脚爲界，前至大路爲界，左至墻脚下小圳爲界，右至路爲界，今俱四至分明，托中出賣與陳金壽承買爲業，當日三面言断，基地價錢玖千文正，其錢即日隨契两相交訖，不少個文，其地自賣之後，任憑買主承管，此基地係祖父親置清業，與內外房親伯叔兄弟人等並無干碍，倘有來歷不明，賣人一力承當，不涉買主之事，自賣之後，並無找贖等情，愿買愿賣，两家情愿，各無反悔，恐口說無憑，故立賣契付與買主永遠爲據。

道光元年十二月廿六日　立賣地契人　郭茂才

仝弟　茂應

茂全

憑中　郭茂荣

闕嵩壽

闕德富

代筆人　葉石泰

（契尾，道光伍年柒月）

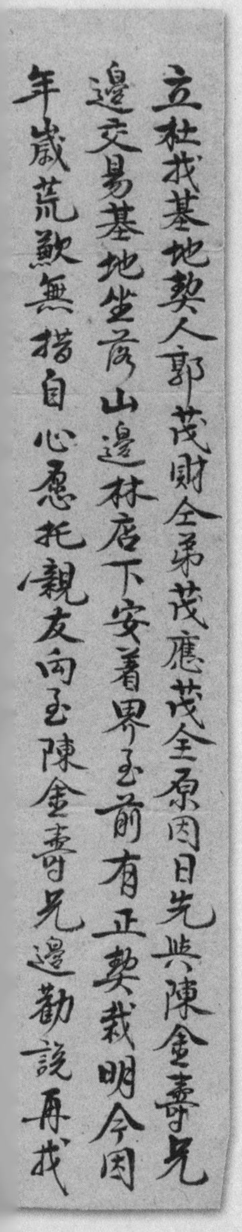
立杜找基地契人郭茂財仝弟茂應茂全原因日先與陳金壽兄邊交易基地坐落山邊林店下安着界至前有正契載明今因年歲荒歉無措自心愿托親友向至陳金壽兄邊勸說再找

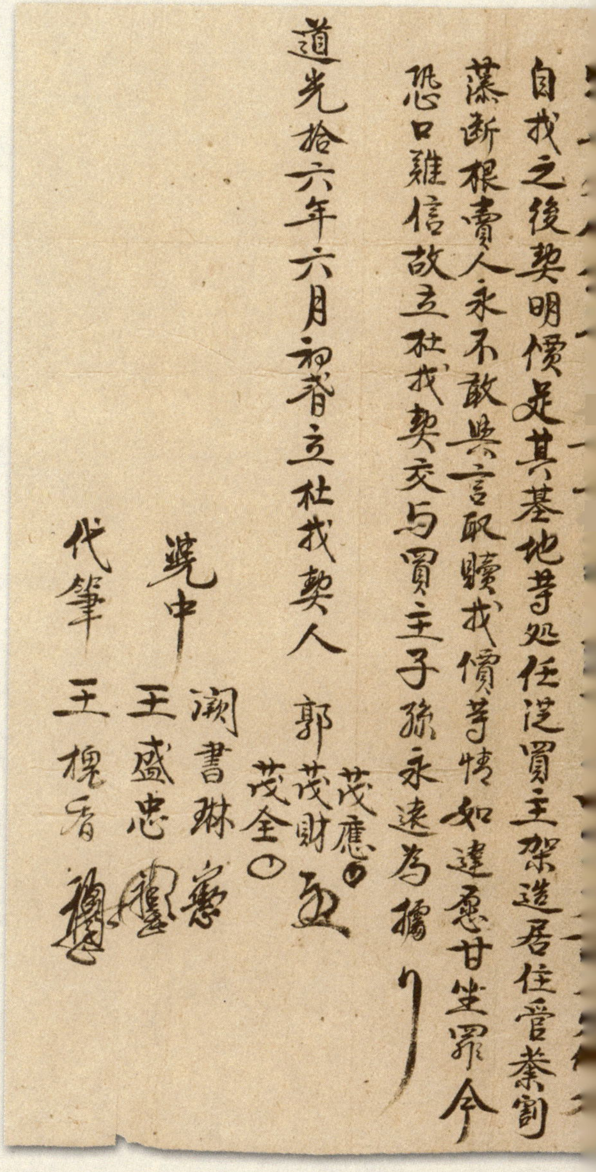

立杜找基地契人郭茂財仝弟茂應、茂全，原因日先與陳金壽兄邊交易基地，坐落山邊林店下安着，界至前有正契栽［載］明，今因年歲荒歉無措，自心愿托親友向至陳金壽兄邊勸說，再找出契外銅錢弍千文正，其錢即日隨找契两家交訖，不欠個文，自找之後，契明價足，其基地等处，任從買主架造居住管業，割藤断根，賣人永不敢異言取贖找價等情，如違，愿甘坐罪，今恐口難信，故立杜找契交与買主子孫永遠為據。

茂應

道光拾六年六月初弍日　立杜找契人　郭茂財

茂全

凴中　闕書琳

王盛忠

代筆　王槐香

立賣截白田契人周增基仝弟增滿，原因父手承買鄧天申田業壹契，坐落二十都横水口庄，土名石寺源排内楓樹下，水田弍横，又土名葉姓田面長坵田壹坵，因旧年冬将田業向至闞边交賣，其契内只載土名楓樹下水田弍横為有，土名葉姓田面長坵田壹坵未載入契，今将土名葉姓田面長坵田壹坵，親立截白田契，請托原中向前出賣與業主闞天開边入手承買為業，當日凴中面断，時值田價銅錢伍千文正，其錢即日收足，不（欠）分文，其田自立截白出賣之後，任凴闞边附入賣契内，照依鄧姓原聯，执契永遠管業，周边自甘一賣千休，日後不敢隔［格］外生枝等弊，永截割断，此出两家心愿，並無反悔，恐口难信，故立賣截白田契為據。

道光弍年又三月十八日　立賣截白田契人　周增基

仝弟　增滿

原契凴中人　闞德琿

周增萬

代筆人　鄧天申

（契尾，道光捌年捌月）

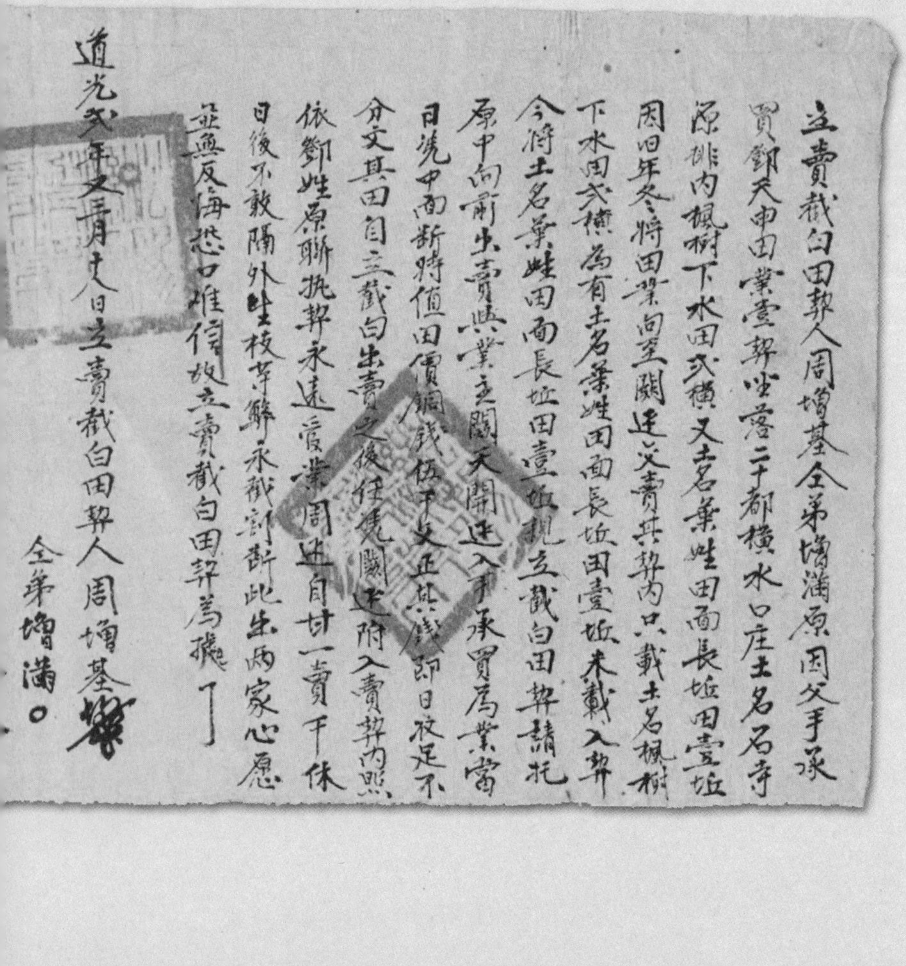

契尾

字　號

計開業戶

布字貳千捌百肆號右給業戶闕天開　准此

道光捌拾捌年捌月　日

原契憑中人　周增萬

代筆人　鄧天申

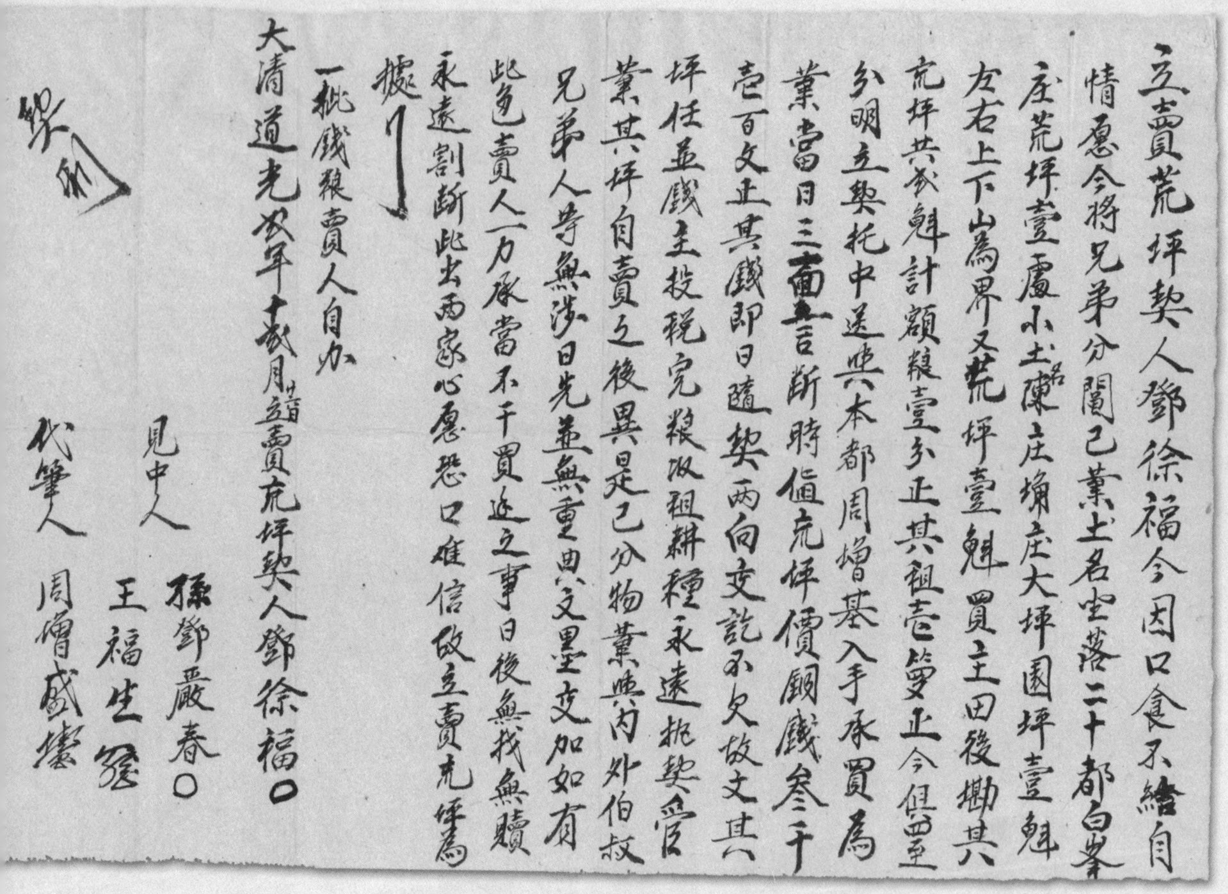

立賣荒坪契人鄧徐福，今因口食不給，自
情愿今將兄弟分閫己業，土名坐落二十都白峰
庄荒坪壹處，小土名陳庄角庄大坪，園坪壹魁［塊］，
左、右、上、下山為界，又荒坪壹魁［塊］，買主田后墈，其
荒坪共弍魁［塊］，計額粮壹分正，其租壹箩正，今俱四至
分明，立契托中，送與本都周增基入手承買為
業，當日三面言断，時值荒坪價銅錢叁千
壹百文正，其錢即日隨契兩向交訖，不欠故［個］文，其
坪任並［凭］錢主投税完粮，收租耕種，永遠执契管
業，其坪自賣之後，異是己分物業，與內外伯叔
兄弟人等無涉，日先並無重典文墨交加，如有
此色，賣人一力承當，不干買边之事，日後無找無贖，
永远割断，此出两家心愿，恐口难信，故立賣荒坪為
據。

一批錢粮賣人自办。

大清道光弍年十弍月廿六日　立賣荒坪契人　鄧徐福

見中人孫　鄧嚴春

王福生

代筆人　周增盛

立找断截契人王光興，原與葉德發交易房屋壹堂，坐落廿一都茶排庄安着，今因年老無奈，請托親友相勸業主找過契外銅錢肆伯文正，其錢即日隨字兩相交訖，不少分文，其屋自找之後，永不敢闲言賴找，如有此色，尖上加尖，甘受叠偏［騙］之論，故立找契為用。

道光陆年十二月初三日　立找断截契人　王光興

見找　王理光

王球光

代筆　胡其松

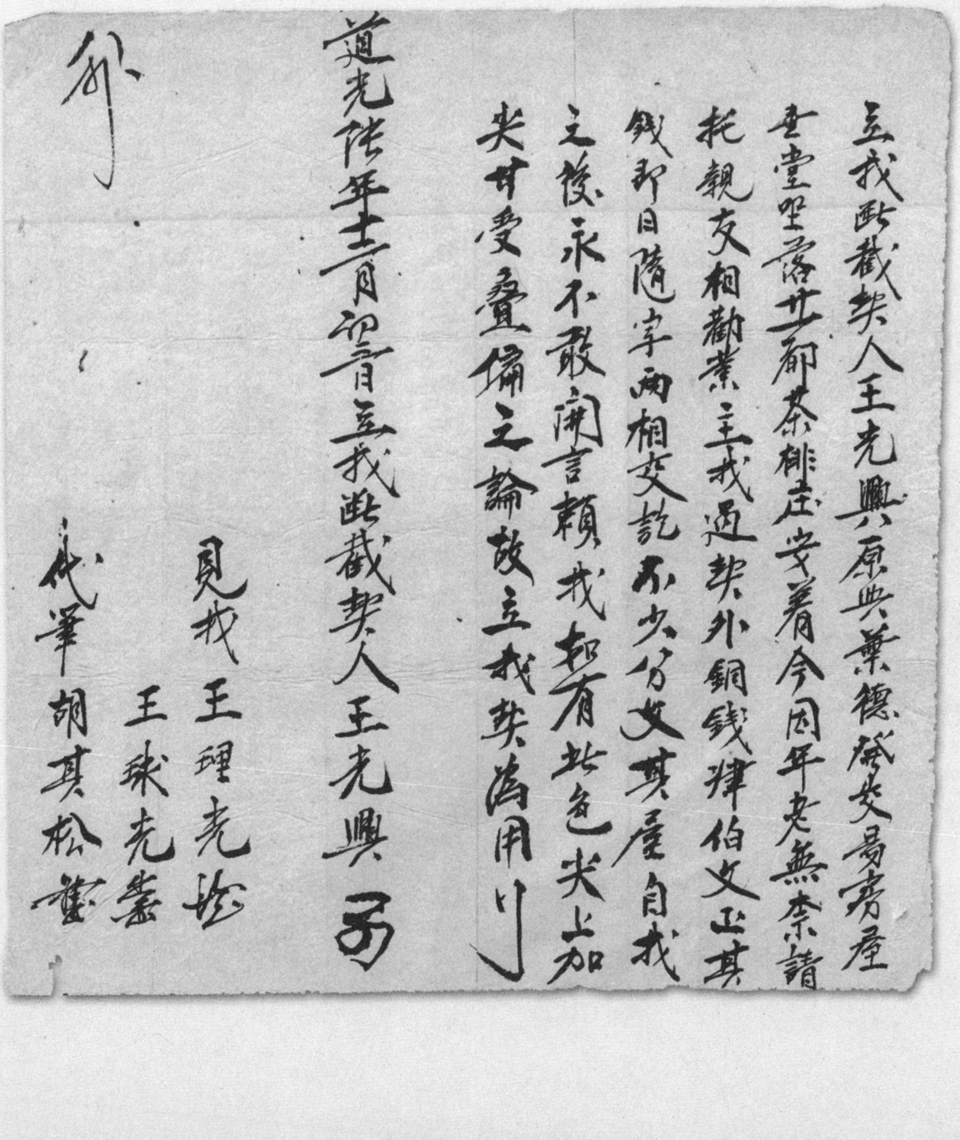

立賣契人張鑽功，今因錢粮無办，自情愿將父遺下民田土名坐落二十都張村庄河田大路上田壹坵，計額叁畝玖分柆厘正，又土名坐落水碓史路邊田壹坵，計額八分柆厘正，以上共田弍坵，共額田四畝壹分柆厘正，托中說合立契出賣與劉德紹、旧達為業，三面言定時值價洋銀壹佰念肆員正，其洋銀即日親收完足，其田即交買主耕種為業，收租完粮，日前并無典當重賣文墨交加，如有此色，本家一力承當，不干買主之事。此賣民田委係自己分下物業，與内外人等無涉。其粮両言自己户下完納，不干買主之事。此出兩家心愿，其田不論年限，如備契内原洋銀取贖，買主不得執留，並無反悔逼抑等情，恐後人言难信，故立賣契為據。

内批並無化押錢，依中兩言其契不許找稅再出。

道光癸年拾弍月十四日

立賣契人張鑽功（押）

見中亲人　何高俊（押）　鄧顯相○　鄧有金○　劉僧寿○　張寅（押）　程碇貴○　張碇基○

親筆張鑽功（押）

立賣契人徐纘功，今因錢粮無办，自情愿将父遺下民田，土名坐落二十都徐村庄河田大路上，田壹坵，计额叁畝式分伍厘正，又土名坐落下水碓大路边，田壹坵，计额八分伍厘正，以上共田弍坵，共額四畝壹分伍厘正，托中説合立契，出賣與闕德珝旧［舅］边为業，三面言定，時值價洋银壹伯念肆員正，其洋银即日親收完足，其田即與買主执契管業，收租完粮，日前並無典當重賣文墨交加，如有此色，本家一力承當，不干買主之事，所賣民田，委係自己分下物業，與内外人等無涉，其粮面言自己户下完纳，不干買主之事，亦出弍家心愿，其田不論年限，如備契内原洋银取贖，買主不得执留，並無反悔逼抑等情，恐后人言难信，故立賣契为據。

内批並無化［花］押錢，酒水面言，其契不許投稅，再照。

道光柒年拾弍月十四日　立賣契人　徐纘功

見中滖人　鄧顯相

何高俊

鄧有金

闕增寿

徐　寅

程砿貴

徐砿基

親筆　徐纘功

立賣契徐辰今因錢粮無办自情愿將已分民田土名坐落二十都水南寺下田壹坵計額陸担正托中説合親立文契出賣闕德瑫叔邊為業三面言定時值價洋銀伍拾貳元正其洋銀當日收足其田任錢主執契管業收租完粮日先並無内當重賣此係自己物業與内外伯叔兄弟無涉文墨交加如有此色賣边壹力聽當不干買主之事日后契内洋銀如備原價取贖不論年限此出二家心愿並無反悔逼等情恐口難信故立賣契永遠為照據

内批田壹坵正

道光柒年十二月十五日立賣契 徐辰（押）

内批日后回贖酒水花字俱無其契不許頭税粮賣边自己完納

見中 闕增寿（押）

鄭顯相（押）

程磁貴（押）

親筆（押）

新

立賣契徐辰，今因錢粮無办，自情愿将己分民田，土名坐落二十都水南寺下，田壹坵，計額陸担正，托中説合，親立文契，出賣闕德玿叔邊為業，三面言定，時值價洋銀伍拾貳元正，其洋銀當日收足，其田任錢主執契管業，收租完粮，日先並無典當重賣，此係自己物業，與内外伯叔兄弟無涉，（無）文墨交加，如有此色，賣边壹力聽當，不十買主之事，日后契内洋銀如偹原價取贖，不論年限，此出弍家心愿，並無反悔逼（抑）等情，恐口难信，故立賣契永遠為照據。

内批田壹畝正。

道光柒年十弍月十五日　立賣契　徐　辰

見中　闕增寿

鄧顕相

程磁貴

親筆

内批日后回贖，酒水花字俱無，其契不許頭［投］税。

粮賣边自己完納。

立賣田契人吴元瑞今因錢粮無办自情愿将祖父遺下已分民田土名坐落二十都横山庄横湖田壹坵計額叁畝正托中踏明親立文契出與二十山都茶排庄闕德玿兄邊承買為業當日憑中面斷時直價洋銀壹伯肆拾伍元正其洋銀即日親收完足其田挑與買主挑契管業易佃耕種收祖完粮推收過户此係自己物業與內外伯叔兄弟子侄人等無涉日先亦無重典重賣文墨交加如有此色賣主自行一力承當不干買主之事此出兩家情愿永遠如同截木割籐並無反悔逼抑等情恐口难信故立賣田契永遠為據

立賣田契人 吴元瑞（押）

嫡兄 元海（押）

吴增基（押）

何炳如（押）

道光捌年伍月二十七日

契尾

字　號

計開

業戶　闕德韶

買田　坐落

價銀壹百叁拾伍兩　分

税銀叁兩……

布字貳千捌百拾柒號

道光　捌年捌月　日

闕漢四（押）

闕增壽（押）

范榮章（押）

代筆

（前頁）>>>>>

立賣田契人吴元瑞，今因錢粮無办，自情愿将祖父遺下己分民田，土名坐落二十都横山庄横湖，田壹坵，計額叁畝正，托中踏明，親立文契，出與二十一都茶排庄闕德珸兄邊承買為業，當日憑中面断，時直價洋銀壹伯肆拾伍元正，其洋銀即日親收完足，其田执與買主执契管業，易佃耕種，收租完粮，推收過户，此係自己物業，與内外伯叔兄弟子侄人等無涉，日先亦無重典重賣文墨交加，如有此色，賣主自行一力承當，不干買主之事，此出两家情愿，永遠如同截木割藤，並無反悔逼抑等情，恐口难信，故立賣田契永遠為據。

道光捌年伍月二十七日　立賣田契人　吴元瑞

嫡兄　元海

見中　吴增基

何炳如

范賢通

闕漢因

闕增壽

代筆　范榮章

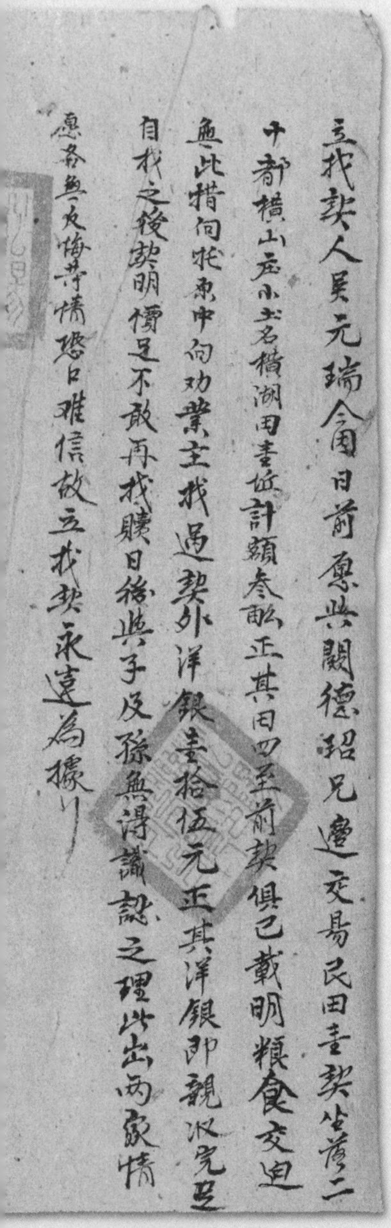
立找契人吴元瑞今因日前憑典闕德珸兄邊交易民田壹契坐落二十都横山庄小土名横湖田壹坵計額叁畝正其田四至前契俱已載明粮食交迴無此措向託中向劝業主找過契外洋銀壹拾伍元正其洋銀即親收完足自找之後契明價足不敢再找贖日後與子及孫無得議認之理此出兩家情愿各無反悔等情恐口難信故立找契永遠為據

（契尾，道光捌年捌月）

字　號

道光捌年拾貳月　日

計開業戶

布字叁千捌百叁號

業戶闕德玿

立起送戶票人吳元瑞今將十八都小竹溪吳鴻戶下民田計額叁畝正送入二十壹都茶排庄闕德玿戶下入册办粮不得丢漏分厘立送戶票為據

立送戶票人吳元瑞（押）

代筆　范榮章（押）

范炳（押）

娟見　元海○

代筆　范榮章（押）

（前頁）>>>>>

立找契人吴元瑞，今因日前愿〔原〕與闕德珸兄邊交易民田壹契，坐落二十都横山庄，小土名横湖，田壹坵，計額叁畝正，其田四至，前契俱已載明，粮食交迫無『此』措，向托原中向劝業主，找過契外洋銀壹拾伍元正，其洋銀即親收完足，自找之後，契明價足，不敢再找贖，日後與子及孫無得識認之理，此出两家情愿，各無反悔等情，恐口难信，故立找契永遠為據。

道光捌年十二月初七日　立找契人　吴元瑞

嫡兒　元海

代筆　范炳松

范荣章

立起送户票人吴元瑞，今将十八都小竹溪吴鴻户下民田，計額叁畝正，送入二十壹都茶排庄闕德珸户下入册办粮，不得丢漏分厘，立送户票為據。

立送户票人　吴元瑞

代筆　范荣章

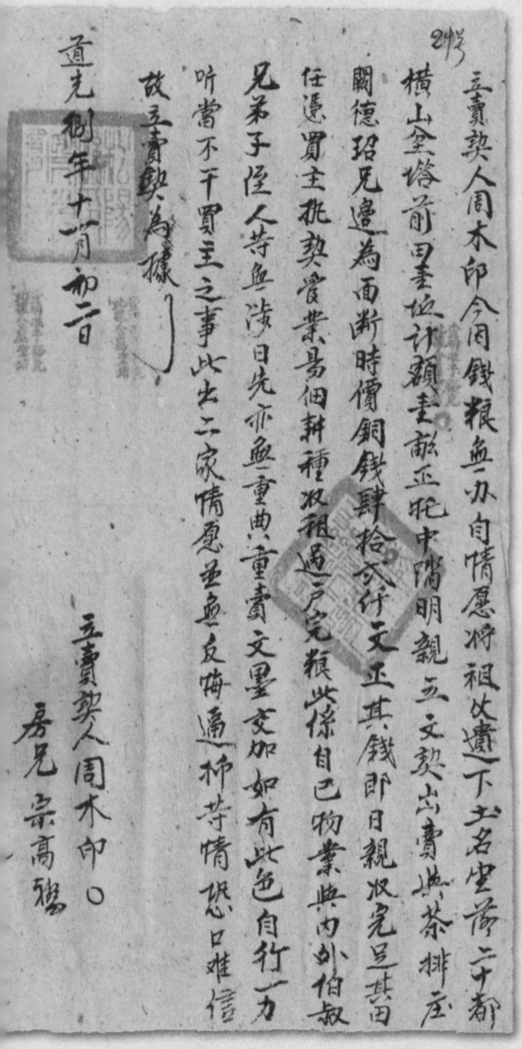
立賣契人周木印今因錢粮無办自情愿將祖父遺下土名坐落二十都横山金塔前田壹坵計額壹畝正托中踏明親立文契出賣與茶排庄闕德珸兄邊為面斷時價銅錢肆拾弍仟文正其錢即日親收完足其田任憑買主拖契管業易佃耕種收租過户完粮此係自己物業與內外伯叔兄弟子侄人等無涉日先亦無重典重賣文墨交加如有此色自行一力听當不干買主之事此出二家情愿並無反悔過柳等情恐口难信故立賣契為據

道光捌年十一月初二日

立賣契人周木印○

房兄宗高押

（契尾，道光捌年拾貳月）

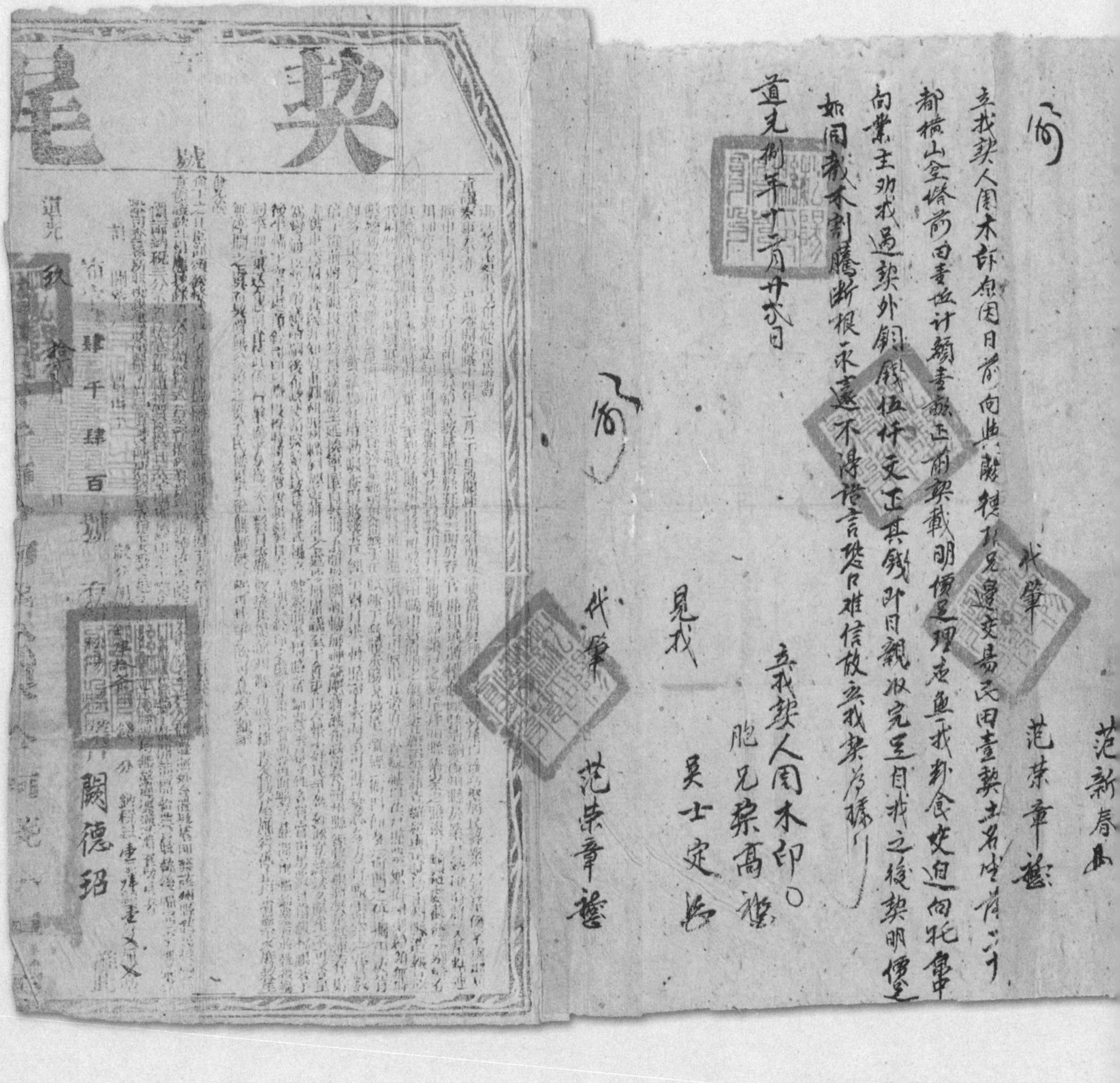
契尾
闕德紹
立找契人周木訴原因日前向典闕穗兄邊交易民田壹契土名坐落六
都横山全塔前田壹坵计額壹畝正前契載明價足理應無找兹因食使迫向托中
向業主处找過契外銅錢伍仟文正其錢即日親收完足自找之後契明價足
如同截木割藤断根永遠不得増言恐口难信故立找契存照
道光捌年十二月廿六日
立找契人周木印〇
胞兄周高
見找　吴士定
代筆　范榮章
代筆　范榮章
范新春

(前頁)>>>>>

立賣契人周木印，今因錢粮無办，自情愿将祖父遺下，土名坐落二十都横山坌塔前，田壹坵，计額壹畝正，托中踏明，親立文契，出賣與茶排庄闕德玿兄邊為（業），面断時價銅錢肆拾弍仟文正，其錢即日親收完足，其田任憑買主执契管業，易佃耕種，收租過户完粮，此係自己物業，與内外伯叔兄弟子侄人等無涉，日先亦無重典重賣文墨交加，如有此色，自行一力听當，不干買主之事，此出二家情愿，並無反悔逼抑等情，恐口难信，故立賣契為據。

道光捌年十一月初二日　立賣契人　周木印

房兄　宗高

見中　吴士定

范新春

代筆　范荣章

立找契人周木印，原因日前向與闕德玿兄邊交易民田壹契，土名坐落二十都横山坌塔前，田壹坵，计額壹畝正，前契載明價足，理应無找，粮食交迫，向托原中向業主劝找過契外銅錢伍仟文正，其錢即日親收完足，自找之後，契明價足，如同截木，割藤断根，永遠不得语言，恐口难信，故立找契為據。

道光捌年十二月廿弍日　立找契人　周木印

胞兄　宗高

見找　吴士定

代筆　范荣章

（契尾，道光玖年拾貳月）

照

立賣契人周宗祥今因錢粮無办自情愿将祖父遺下土名坐落二十都
横山金塔前田大小弍坵計額弍畝正托中踏明親立文契出賣與叔
排出闕德昭兄邊為業三面斷定時價銅錢壹伯仟文正其錢即日親
収完足其田任憑錢主执契管業易佃耕種収租過户完粮自己物業
與内外伯叔兄弟子侄人等無涉日先亦無重典重賣文墨交加如
有此色自行一力听當不干錢主之事此出二家情愿並無反悔逼抑
等情恐口难信故立賣契為據

道光捌年十二月初二日

立賣契人周宗祥

胞兄宗高

吴士廷

范瑾章

見中 范新春

謝增壽

代筆 范榮章

所

立找契人周宗祥原因日前向與闕德昭兄邊交易民田壹契土名坐
落二十都横山金塔前田上下大小弍坵計額弍畝正前契載民價足理應無
找粮食交迫再托原中向劝業主找過契外銅錢陸仟文正其錢即日
親収完足自找之後契明價足如同截木割藤斷根永遠不語言恐口难

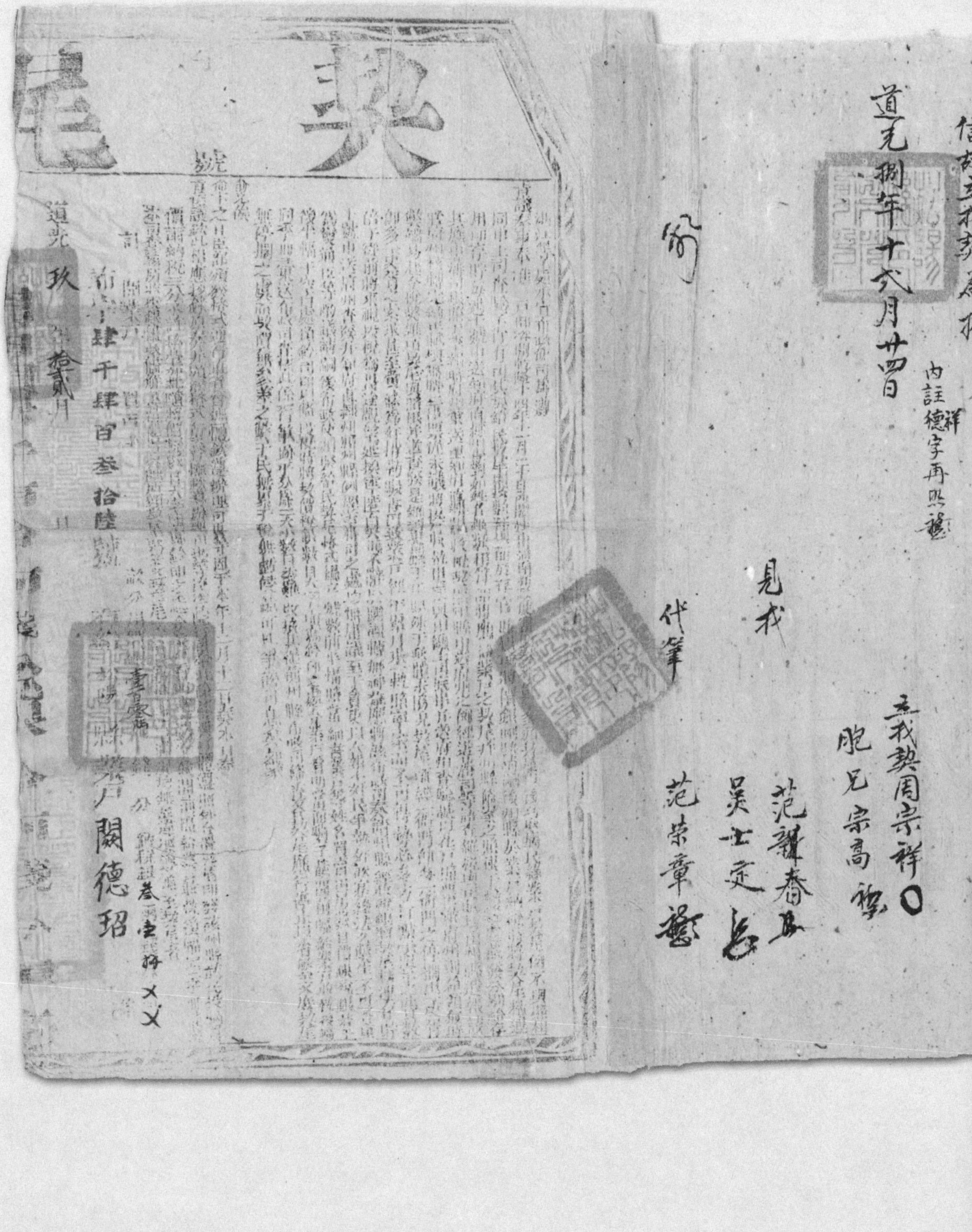

契

信栈立找契為據

道光捌年十弍月廿四日

内註德祥字再照

見找

代筆

立找契周宗祥

胞兄宗高

范龍春

吴士定

范荣章

（前頁）>>>>>

立賣契人周宗祥，今因錢粮無办，自情愿将祖父遺下，土名坐落二十都横山坌塔前，田大小弍坵，計額弍畝正，托中踏明，親立文契，出賣與茶排庄闕德玿兄邊為業，三面断定，時價銅錢壹伯仟文正，其錢即日親收完足，其田任憑錢主执契管業，易佃耕種，收租過户完粮，自己物業，與内外伯叔兄弟子侄人等無涉，日先亦無重典重賣文墨交加，如有此色，自行一力听當，不干錢主之事，此出二家情愿，並無反悔逼抑等情，恐口难信，故立賣契為據。

道光捌年十一月初二日　立賣契人　周宗祥

胞兄　宗高

見中　吴士定

范瑶章

范新春

闕增壽

代筆　范荣章

立找契人周宗祥，原因日前向與闕德玿兄邊交易民田壹契，土名落〔坐〕落二十都横山坌塔前，田上下大小式坵，计額式畝正，前契載民〔明〕價足，理应無找，粮食交迫，再托原中向劝業主，找過契外銅錢陸仟文正，其錢即日親收完足，自找之後，契明價足，如同截木，割藤断根，永遠不德〔得〕語言，恐口难信，故立找契為據。

内註祥、德字，再照。

道光捌年十式月廿四日　立找契　周宗祥

胞兄　宗高

見找　范新春

吴士定

代筆　范荣章

（契尾，道光玖年拾貳月）

立賣田契人徐登發，今因錢糧無办，自情愿將祖手遺下分阄内民田壹坵，坐
落廿壹都亥人廟庄揚土名社庭后雷公廟上坑边安着，其田上至蔡姓田，下
至闕姓田，左至大路，右至徐登發姓田為界，计額壹分正，今俱四至分明，託中
立契出賣與闕德璉兄邊入手承買為業，當日三面斷定時值田價銅
錢拾貳仟文正，其錢即日两相交兑足訖，不欠分文，自賣之日，任從買主推
收過户完粮，易佃收租管業。原系祖手分已物業，與内外房親伯叔兄弟子
姪人等無干，所賣所買兩家心愿，並無逼勒準折債負之故，未賣日先亦無
典當文墨交加，若有來歷不明，賣人一力支吮，不干買主之事，此賣之日四至
界内荒坪地墘栩樹等項，俱概在内，任從買主管業，賣人不敢异言找價
取贖等情，今恐口難信，故立賣田契付與買主子孫永遠管業為據。

道光玖年十月初玖日立賣田契人　徐登發

凭中　徐登清
　　　闕彩奎
　　　闕天進

代筆　闕献奎

立杜找契人徐登發，原因日前與茶排庄闕德璉兄边交易民田壹坵，坐落
二十壹都亥人廟庄土名社垄后雷公殿上坑边安着，其田四至界額前有正
契載明，今因缺錢吉用，自情愿請託原中向到買主手内勸說，再找過契
外銅錢貳仟文正，其錢即日两相交兑足訖，不欠個文，自找之日，契明價足，
心考貪滿割藤斷根，永不敢異言識退找價，如有此色，愿甘坐罰，其田四至

杜找契付與買主子孫永遠管業為據

道光玖年　十弍月念日　立杜找契人　徐登鑅

徐登清

原中　闕彩奎

闕天進

代筆　闕獻奎

契　號

道光拾捌年柒月　日

計開業戶　買山價銀

布字叁千陸百玖拾壹號

業戶　闕德建

（前頁）>>>>>

立賣田契人徐登發，今因錢粮無办，自情愿将祖手遺下分阄内民田壹坵，坐落廿壹都夫人廟庄，總土名社處后雷公庙上坑边，安着其田，上至蔡姓田，下至闕姓田，左至大路，右至徐、蔡兩姓田為界，计額壹分正，今俱四至分明，託中立契，出賣与闕德璉兄邊入手承買為業，當日三面断定，時值田價銅錢拾貳仟文正，其錢即日两相交兑足讫，不欠分文，自賣之日，任從買主推收過户，完粮易佃，收租管業，原属祖手分己物業，與内外房親伯叔兄弟子姪人等無干，所賣所買，两家心愿，並無逼勒準折債負之故，未賣日先亦無典當文墨交加，若有來歷不明，賣人一力支听，不干買主之事，此賣之日，四至界内，荒坪地角，柏树等项，俱概在内，任凴買主管業，賣人不敢异言找價取贖等情，今恐口難信，故立賣田契付与買主子孫永遠管業為據。

道光玖年十月初玖日　立賣田契人　徐登發

徐登清

凴中　闕彩奎

闕天進

代筆　闕献奎

立杜找契人徐登發，原因日前与茶排庄闕德璉兄边交易民田壹坵，坐落二十壹都夫人庙庄，土名社處后雷公殿上坑边，安着其田，四至界额，前有正契載明，今因缺錢吉［急］用，自情愿请就原中向到買主手內勸说，再找過契外銅錢贰仟文正，其錢即日两相交兑足讫，不欠個文，自找之日，契明價足，心情意满，割藤断根，永不敢異言識認找價，如有此色，愿甘坐罪，其田四至界內，任凴買主收租管業，賣人不得滋事生端等情，今恐口難信，故立杜找契付与買主子孙永遠管業為據。

道光玖年十弍月念日　立杜找契人　徐登發

徐登清

原中　闕彩奎

闕天進

代筆　闕献奎

（契尾，道光拾捌年柒月）

立賣契人王長高今因錢粮無办自情愿將自己民田坐落二十都徐村庄土名下潘兜田弍坵計額壹畝正東至徐姓田為界南至買主荒塔為界西至買主荒塔為界北至門首墻脚為界今具四至分明托中立契出賣典關德珺兄邊為業三面斷定時值價洋銀弍拾元正其洋銀當日收足其田即與關邊執契管業易佃耕種收租完粮扦掘安塟此係自己物業典內外伯叔兄弟子侄人等無涉日前並無典當重賣文墨交加在外如有此色賣主自能聽當不干買主之事此出二家心愿並無準折逼抑反悔等情恐口無憑立此賣契為據

道光拾年九月初五日立賣契人王長高

見中 鄧顯相〇 鄧起雲〇

李克應

代筆丁利發

立杜找契人王長高日前原典關德珺兄邊交易民田壹契其土名坵數畝額前契俱已載明價足原不應找今因歲口食不給自愿托全原中向典關邊勸找過契外洋銀壹元正其洋銀當即收足其田自找之後永絶割断不致再言找贖識認之理此出自己心愿亦無逼抑反悔等情恐口無憑故立杜找契永遠為據

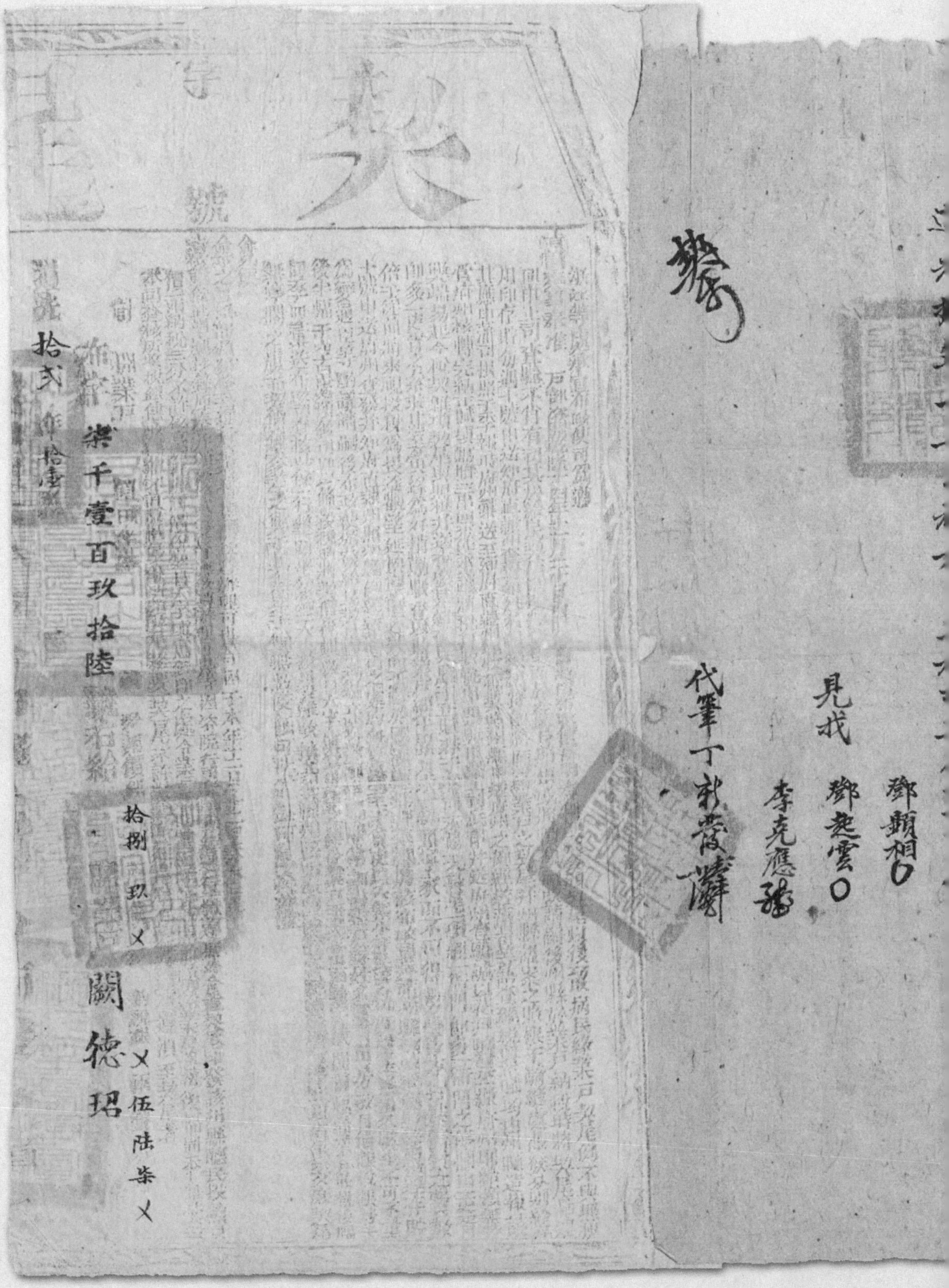
字
號
拾弍
柒千壹百玖拾陸
拾捌 玖 乂
闕德珸 乂伍陸柒乂
見找 鄧鴻相 鄧起雲 李克應
代筆丁彩霞

（前頁）>>>>>

立賣契人王長高，今因錢粮無办，自情愿将自己民田，坐落二十都徐村庄，土名下潘兒，田弍坵，計額壹畝正，東至徐姓田為界，南至買主荒塔為界，西至買主荒塔為界，北至门首墻脚為界，今具四至分明，托中立契，出賣與闕德玿兄邊為業，三面断定，時值價洋銀弍拾元正，其洋銀當日收足，其田即與闕邊執契管業，易佃耕種，收租完粮，扦掘安葬，此係自己物業，與内外伯叔兄弟子侄人等無涉，日前並無典當重賣文墨交加在外，如有此色，賣主自能聽當，不干買主之事，此出二家心愿，並無準折逼抑反悔等情，恐口無憑，立此賣契為據。

道光拾年九月初五日　立賣契人　王長高

鄧顕相

見中　鄧起雲

李克應

代筆　丁新發

立杜找契人王長高，日前原與闕德玿兄邊交易民田壹契，其土名坵数畝額，前契俱已載明價足，原不應找，今因歲口食不給，自愿托仝原中，向與闕邊勸找過契外洋銀壹元正，其洋銀當即收足，其田自找之後，永絕割斷，不致再言找贖識認之理，此出自己心愿，亦無逼抑反悔等情，恐口無憑，故立杜找契永遠為據。

道光拾年十二月初六日　立杜找契人　王長高

鄧顯相

見找　鄧起雲

李克應

代筆　丁新發

（契尾，道光拾弍年拾壹月）

立賣田契人邱槐魁今因錢粮無辦自情愿将父手遺下分已阄内民田壹坵坐落廿壹都夫人廟庄土名下包芥㮇源坑口安着東至闕德珮田南至小坑西至大河北至邱新貴田爲界今俱四至分明計額壹畝叁分正託中立契出賣與闕德瑶叔邊入手承買爲業當日憑中三面言斷定時值田價銅錢捌拾仟文正其錢即日隨契兩相交兑足訖不少個文自賣之日任憑買主推收過户完粮易佃收租管業未賣日先亦無重典復賣文墨交加若有來歷不明賣人一力支所不涉買主之事原係父手分已阄内物業再内外房親伯叔兄弟子姪人等無干可賣所買兩家心愿並無逼勒準折債負之故一賣千休割藤斷根永不敢異言識恐若清今恐口難信故立賣田契付與買主子孫永遠管業爲據

道光拾年拾月初十日 立賣田契人 邱槐魁

胞兄 邱槐聰

弟 槐棋

叔 邱新貴

在場堂叔 新龍 新利

憑中 闕天進

立賣田契人邱槐魁，今因錢粮無辦，自情愿将父手遺下分己阄内民田壹坵，坐落廿壹都夫人廟庄，土名下包芥菜源坑口安着，東至闕德珮田，南至小坑，西至大河，北至邱新貴田為界，今俱四至分明，計額壹畝叁分正，託中立契，出賣與闕德玿叔邊入手承買為業，當日凴中三面言断，定時值田價銅錢捌拾仟文正，其錢即日隨契兩相交兑足讫，不少個文，自賣之日，任凴買主推收過户，完粮易佃，收租管業，未賣日先，亦無重典復當文墨交加，若有来歷不明，賣人一力支听，不涉買主之事，原係父手分己鬮内物業，与内外房親伯叔兄弟子姪人等無干，所賣所買，两家心愿，並無逼勒準折債負之故，一賣千休，割藤断根，永不敢異言識認等情，今恐口難信，故立賣田契付與買主子孫永遠管業為據。

在場堂叔　新龍
新利

道光拾年拾月初十日　立賣田契人　邱槐魁
胞兄　邱槐聰
弟　槐棋
叔　邱新貴
凴中　闕天進
代筆　闕献奎

立杜找契人周陳榮原因日前與闕德珸叔邊交易民田壹契坐落本邑廿都橫木口白峰庄小土名石寺源上树安着其田界至畝額前有正契載明今因粮迫請託原中向到買主德珸叔邊勸說找出契外銅錢貳拾柒仟文正其錢即日隨找契兩相交兑足訖不少個文自找之日契明價足割藤斷根賣人永不敢言稱找價識認等情其田四至界內荒坪地塝雜樹等項任憑買主易佃起耕收租管業不敢异言如違甘受疊騙之論今恐口難信故立找杜契付與買主子孫永遠管業為據

原中 許元昌 葉嘉善

道光十年十二月初六日立杜找契人 周陳榮

在場胞弟 唐勳

堂叔 增基

葉金聚

鄒天申

闕天進

葉興隆

原中

天字
號
浙江等處承宣布政使司為遵
拾弍
柒千壹百玖拾肆
玖拾肆
闕德玿
弍捌弍
代筆
葉唐卿
石有福
劉献奎

（前頁）>>>>>

立杜找契人周陳榮，原因日前与闕德玿叔邊交易民田壹契，坐落本邑廿都横水口白峰庄，小土名石寺源上排，安着其田，界至畝額，前有正契載明，今因粮迫，請託原中向到買主德玿叔边勸說，找出契外銅錢貳拾柒仟文正，其錢即日隨找契兩相交兑足讫，不少個文，自找之日，契明價足，割藤断根，賣人永不敢言称找價識認等情，其田四至界内，荒坪地角雜樹等項，任凴買主易佃起耕，收租管業，不敢异言，如違，甘受叠騙之論，今恐口難信，故立找杜契付与買主子孙永遠管業为據。

原中 許元昌

葉嘉善

道光十年十弍月初六日 立杜找契人 周陳榮

在場胞弟 唐勳

堂叔 增基

葉金聚

鄧天申

闕天進

原中 葉興隆

闕翰通

葉唐卿

石有福

代筆 闕獻奎

（契尾，道光拾弍年拾壹月）

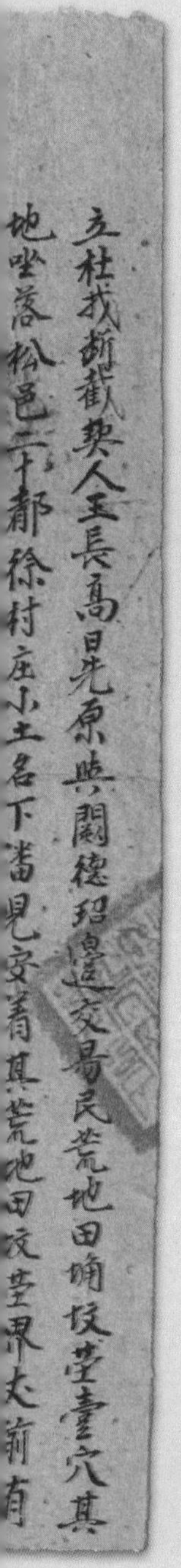
立杜找斷截契人王長高日先原與闕德玿邊交易民荒地田埔坟茔壹穴其
地坐落松邑二十都徐村庄小土名下當見安着其荒地田坟茔界太前有

[illegible]日[illegible]今因口食不結請托原中向勸業主找過契
外洋錢壹拾肆員正其洋艮隨契交兑不短分文其荒塔田埔坟茔自找
之後任從闕边扦葬築養壹業王边不敢異言阻擋亦不敢認識如有此
色甘受叠騙之論恐口难凭故立找截契付闕边永遠為據

道光拾年十二月十二日　立找断截契人王長高（押）

原中　鄭顯相（押）
鄭玉琳（押）

代筆　林永泰（押）

拾弍
洪千壹百玖拾伍
劉拾肆
闕德珺

(前頁)>>>>>

立杜找断截契人王長高，日先原與闕德玿邊交易民荒地田角坟茔壹穴，其地坐落松邑二十都徐村庄，小土名下潘兒，安着其荒地田，坟茔界丈，前有正契載明，原係契明價足，今因口食不结［給］，請托原中向勸業主，找過契外洋銀壹拾肆員正，其洋银隨契交兑，不短分文，其荒塔田角坟茔自找之後，任從闕边扦葬籙養管業，王边不敢異言阻擋，亦不敢認識，如有此色，甘受叠騙之論，恐口难凴，故立找截契付闕边永遠為據。

道光拾年十二月十二日　立找断截契人　王長高

原中　鄧顯相

鄧玉琳

代筆　林永泰

（契尾，道光拾弍年拾壹月）

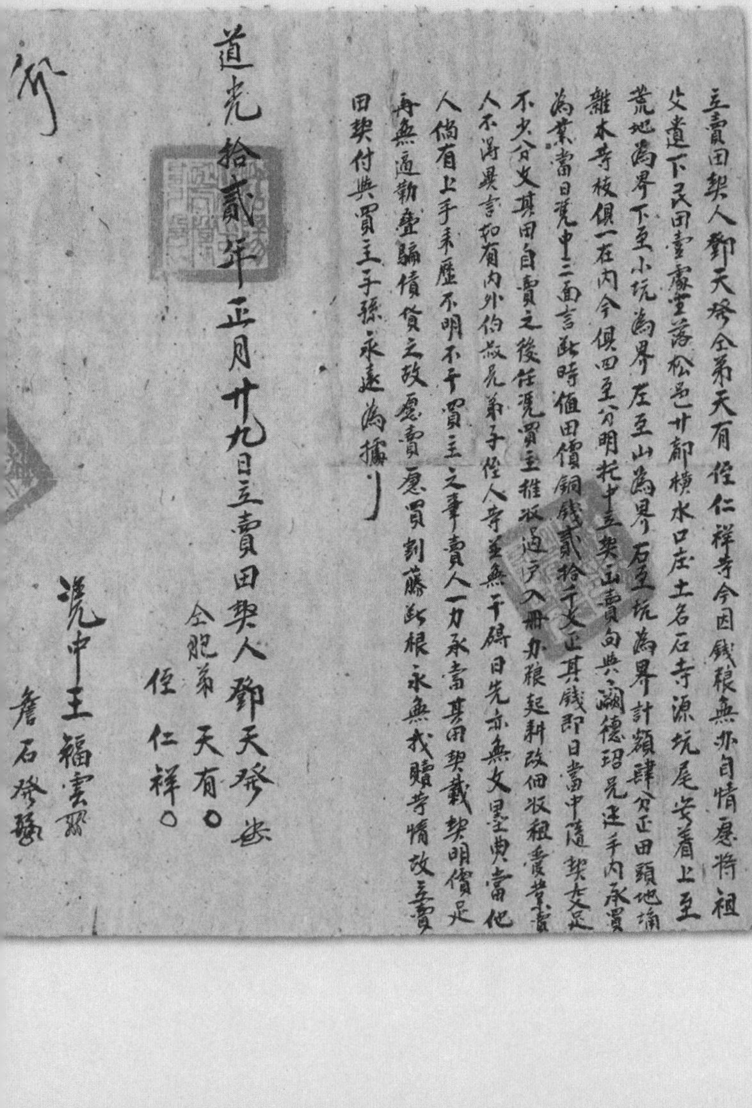
立賣田契人鄧天癸仝弟天有侄仁祥等今因錢粮無办自情愿將祖父遺下民田壹處坐落松邑廿都橫水口庄土名石寺源坑尾安着上至荒地為界下至小坑為界左至山為界右至坑為界計額肆分正田頭地角雜木等板俱一在內今俱四至分明托中立契出賣與闕德玿兄邊手內承買為業當日憑中三面言斷時值田價銅錢貳拾千文正其錢即日當中隨契交足不少分文其田自賣之後任憑買主推收過戶入冊办粮起耕改佃收租管業人不得異言如有內外伯叔兄弟子侄人等並無干碍日先亦無文墨典當他人倘有上手來歷不明不干買主之事賣人一力承當其田契載契明價足再無逼勒叠騙債貨之故愿賣愿買劉藤斷根永無找贖等情故立賣田契付與買主子孫永遠為據

道光拾貳年正月廿九日立賣田契人鄧天癸

仝胞弟　天有

侄　仁祥

憑中王福雲

詹石癸

契尾

號

道光拾捌年叁月　日

布字叁千陸百玖拾玖號

業戶闕德玿

立杜找斷截契人鄧天癸仝弟天有侄仁祥等原因與廿都
茶排闕德玿兄手内文買民田壹契坐落松邑廿都横水口庄土名石寺
源坑尾安着畝分界至前有正契載明今因粮食不給請托原中
相勸業主找出契外銅錢貳千伍伯文正其錢即日隨契當中交足不
少分文其田自找之後一找千休永遠不得識認割藤斷截再無找
贖等情故立杜找斷截契付與闕边子孫永遠為據

道光拾貳年弍月廿九日立杜找斷截契人鄧天癸（押）

仝胞弟　天有〇

侄　仁祥〇

原中　王福雲（押）

詹石癸（押）

代筆胡其松（押）

（前頁）>>>>>

立賣田契人鄧天發仝弟天有、侄仁祥等，今因錢粮無办，自情愿将祖父遺下民田壹處，坐落松邑廿都横水口庄，土名石寺源坑尾安着，上至荒地為界，下至小坑為界，左至山為界，右至坑為界，計額肆分正，田頭地角，雜木等枝，俱一在内，今俱四至分明，托中立契，出賣向與闕德玿兄边手内承買為業，當日凴中三面言断，時值田價銅錢貳拾千文正，其錢即日當中隨契交足，不少分文，其田自賣之後，任凴買主推收過户，入册办粮，起耕改佃，收租管業，賣人不得異言，如有内外伯叔兄弟子侄人等，並無干碍，日先亦無文墨典當他人，倘有上手来歷不明，不干買主之事，賣人一力承當，其田契載，契明價足，再無逼勒叠騙債貨之故，愿賣愿買，割藤断根，永無找贖等情，故立賣田契付與買主子孫永遠為據。

道光拾貳年正月廿九日　立賣田契人　鄧天發

仝胞弟　天有

侄　仁祥

凴中　王福雲

詹石發

代筆　胡其松

立杜找断截契人鄧天發仝弟天有、侄仁祥等，原因與廿一都茶排闕德玿兄手内交易民田壹契，坐落松邑廿都横水口庄，土名石寺源坑尾安着，畝分界至，前有正契載明，今因粮食不給，請托原中相勸業主，找出契外銅錢貳千伍伯文正，其錢即日隨契當中交足，不少分文，其田自找之後，一找千休，永遠不得識認，割藤断截，再無找贖等情，故立杜找断截契付與闕边子孫永遠為據。

道光拾貳年弍月廿九日　立杜找断截契人　鄧天發

仝胞弟　天有

侄　仁祥

原中　王福雲

詹石發

代筆　胡其松

（契尾，道光拾捌年柒月）

立賣山契人卯槐松仝弟槐露等今因錢粮無办自情愿將祖父遺下青山
壹處坐落松邑廿一都夫人廟庄土名界菜源坑小土名梅樹坪梨樹窩安着上
至山頂為界下至山脚坑為界內至横坑口对面砂塘窩石崀值上分水為界外
至四址田窩落尾址值上合水為界計額壹分正今俱四至分明托中立契將山場
樹木松杉雜木等枝出賣向與闕德珝親邊手內入受承買為業當日憑中
三面言斷時值山價銅錢叁拾千文正其錢即日當中隨契交足不少分文其山
自賣之後任憑買主投税入冊办粮起耕種扦籙養收租管業賣人無得異言如
有內外伯叔兄弟子侄人等並無干碍日先亦無文墨典當他人倘有上手來歷不
明不干買主之事賣人一力承當愿賣愿買兩無逼勒叠騙債貨準折之故其山
契載契明價足永無找贖割藤斷根此山兩相情愿各無扳悔恐口難信故立賣
山契付與買主子孫永遠為據

道光拾叁年九月廿日立賣山契人卯槐松（押）
槐露（押）
憑中闕天進（押）
新貴（押）
在場伯新達（押）
槐蕙（押）

夾　號

計　開業戶　　賣田業戶

布字叁千玖百伍拾叁號　……松陽……業戶闕德玿

道光拾捌年拾弍月　日

代筆胡其松書

憑中……槐光○

（前頁）>>>>>

立賣山契人邱槐松仝弟槐露等，今因錢粮無办，自情愿将祖父遺下青山壹處，坐落松邑廿一都夫人庙庄，土名界菜源坑，小土名梅樹坪梨樹窩安着，上至山頂為界，下至山脚坑為界，內至横坑口对面砂塘窩石良值［直］上分水為界，外至四坵田窩落尾坵值［直］上合水為界，計額壹分正，今俱四至分明，托中立契，将山場樹木松杉雜木等枝，出賣向與闕德玿親边手內入受承買為業，當日凴中三面言断，時值山價銅錢叁拾千文正，其錢即日當中隨契交足，不少分文，其山自賣之後，任凴買主投税入册，办粮起耕，種插籙養，收租管業，賣人無得異言，如有內外伯叔兄弟子侄人等，並無干碍，日先亦無文墨典當他人，倘有上手来歷不明，不干買主之事，賣人一力承當，愿賣愿買，两無逼勒叠騙債貨準折之故，其山契載，契明價足，永無找贖，割藤断根，此出两相情愿，各無反悔，恐口难信，故立賣山契付與買主子孫永遠為據。

凴中 闕天進

道光拾叁年九月廿日 立賣山契人 邱槐松

槐露

新貴

在場伯 新達

槐葱

凴中伯 新利

槐光

代筆 胡其松

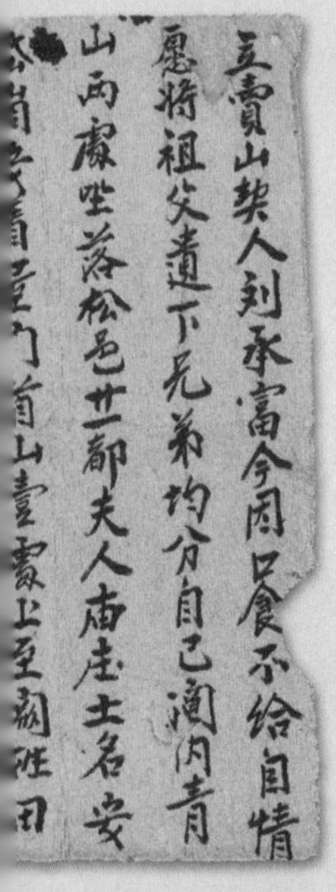
立賣山契人刘承富今因口食不給自情
愿将祖父遺下兄弟均分自己阄內青
山兩處坐落松邑廿一都夫人庙庄土名安

（契尾，道光拾捌年拾弍月）

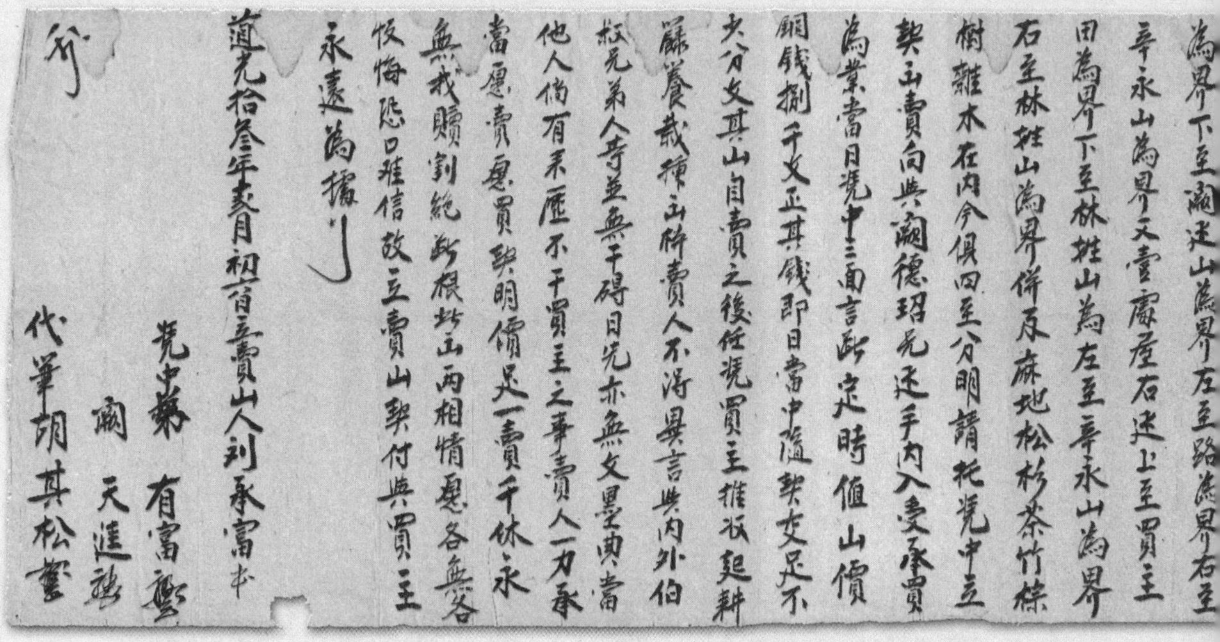

立賣山契人刘承富，今因口食不给，自情愿将祖父遺下兄弟均分自己阄内青山两處，坐落松邑廿一都夫人庙庄，土名安岱崗，安着屋门首山壹處，上至闕姓田為界，下至闕边山為界，左至路為界，右至辛永山為界，又壹處，屋右边，上至買主田為界，下至林姓山為（界），左至辛永山為界，右至林姓山為界，併及麻地，松杉茶竹、棕樹雜木在内，今俱四至分明，請托凴中立契，出賣向與闕德玿兄边手内入受承買為業，當日凴中三面断定，時值山價銅錢捌千文正，其錢即日當中隨契交足，不少分文，其山自賣之後，任凴買主推收起耕，籙養栽插出拚，賣人不得異言，與内外伯叔兄弟人等並無干碍，日先亦無文墨典當他人，倘有来歷（不明），不干買主之事，賣人一力承當，愿賣愿買，契明價足，一賣千休，永無找贖，割絕断根，此出两相情愿，各無『各』反悔，恐口难信，故立賣山契付與買主永遠為據。

道光拾叁年十弍月初六日　立賣山契人　刘承富

凴中弟　有富

闕天進

代筆　胡其松

立賣田契人周增起今因錢粮無办自情愿今將父手遺下民田壹處土名坐落二十都白岑庄小土名振山頭水田壹坵正共田大小玖坵正其田上至闌姓田為界下至山為界左至山為界右至闌姓田為界又土名荒田坪水田壹處共田大小叁坵正其田上至山為界下至闌田為界左至荒坪為界右至山為界計額粮叁畝正今俱田至分明親立文契出賣托中送與葉明清兄邊入手承買為業當日三面言斷時值田價銅錢柒拾千文正其錢即日收足不少分文其田自賣之後係是自己親業與內外伯叔兄弟人等無涉日前並無重典文墨交加如有此色賣人一力承當不干買主之事其田任從買主推契投稅入冊過戶完粮起耕過種其田日後如備契內原價錢取贖錢主無得执拗此出兩家心愿並無反悔等情恐口難信故立賣田契永遠為據

道光拾肆年拾壹月拾壹日立賣田契人周增起（押）

憑中人　周陳榮（押）

周增高（押）

葉興隆〇

代筆人周增盛（押）

立找田契人周增起今因錢粮無办日前愿交易民田土名坐落二十都白峯庄小土名振山頭水田壹塅正共田大小玖坵正又土名振山頭荒田坪水田壹處共田大小叁坵正計額粮叁畝正四至界限前有正契載明今因時價不足自愿向托中筆勸息業主葉明清兄邊找過契外銅錢拾千文正其即日收足不少分文其田業任並業主收拾過戶入冊完納起畊過種其田自找之後契明價足其田日後有贖無找此出兩家心愿並無逼抑等情恐口難信故立找田契永遠為據

外批四至界內雜木壹應在內載照據　又　批化押銅錢貳千肆百文正

道光拾肆年拾壹月拾五日立找田契人周增起

見中人周陳榮

周增萬

葉興隆

代筆人周增盛

約

（前頁）>>>>>

立賣田契人周增起，今因錢粮無办，自情愿今将父手遺下民田壹處，土名坐落二十都白峰庄，小土名振山頭，水田壹塅正，共田大小玖坵正，其田上至闕姓田為界，下至山為界，左至山為界，右至闕姓田為界，又土名荒田坪，水田壹處，共田大小叁坵正，其田上至山為界，下至闕（姓）田為界，左至荒坪為界，右至山為界，計額粮叁畝正，今俱四至分明，親立文契出賣，托中送與葉明清兄邊入手承買為業，當日三面言断，時值田價銅錢柒拾千文正，其錢即日收足，不少分文，其田自賣之後，係是自己親業，與内外伯叔兄弟人等無涉，日前並無重典文墨交加，如有此色，賣人一力承當，不干買主之事，其田任從買主执契投税入册，過户完粮，起耕過種，其田日後如備契内原價錢取贖，錢主無得执㪣，此出两家心愿，並無反悔等情，恐口难信，故立賣田契永遠為據。

道光拾肆年拾壹月拾壹日　立賣田契人　周增起

周陳榮

憑中人　周增萬

葉兴隆

代筆人　周增盛

立找田契人周增起，今因錢粮無办，日前愿〔原〕交易民田，土名坐落二十都白峰庄，小土名振山頭，水田壹塅正，共田大小玖坵正，又土名振山頭荒田坪，水田壹處，共田大小叁坵正，計額粮叁畝正，四至界限，前有正契載明，今因時價不足，自愿向托原中筆勸息業主葉明清兄邊，找退契外銅錢拾千文正，其（錢）即日收足，不少分文，其田業任並〔憑〕業主收拾過户，入册完納，起耕過種，其田自找之後，契明價足，其田日後有贖無找，此出兩家心愿，並無逼抑等情，恐口难信，故立找田契永遠為據。

外批四至界内，雜木壹應在内，載〔再〕照。　　又批化〔花〕押銅錢貳千肆百文正。

道光拾肆年拾壹月拾五日　立找田契人　周增起

見中人　周陳榮

周增萬

葉兴隆

代筆人　周增盛

立賣山契人邱槐瓊仝弟槐書今因無錢使用自情愿將父手遺下民山塢壹處坐落念壹都夫人廟庄土名苦株嶺安着其山上至山頂下至山脚坑為界内闕永壽衆山岗直上山頂路分水为界外至邱新達山合水直下山脚為界計山額捌分正今俱四至分明併及松杉茶頭雜木等項尽處不留俱概在内愿托中立契出賣與茶排庄闕德玿叔邊爲業當日憑中三面言断時值山價銅錢貳拾弍仟文正其錢即日隨契兩家交兑足不欠分文自賣之日任憑買主推收過户完粮栽種籙養樹木杄上杄下四至界内安葬管業其山原係父手清楚之業與内外房親伯叔兄弟子姪人等無碍未賣日先並無典當文墨交加若有來歷不明賣人一力承當不干買主之事此出兩相心愿並無逼勒準折債貨之故一賣千休割藤斷根賣人等永不敢言稱識認取贖等情如違愿甘坐罪今恐口難信故立賣栽山契付與買主子孫永遠栽種籙養管業為據

道光拾伍年弍月十四日立賣新山契人 邱槐瓊（押）

仝弟 槐書（押）

邱新達（押）

憑中 闕天進（押）

代筆 闕献奎（押）

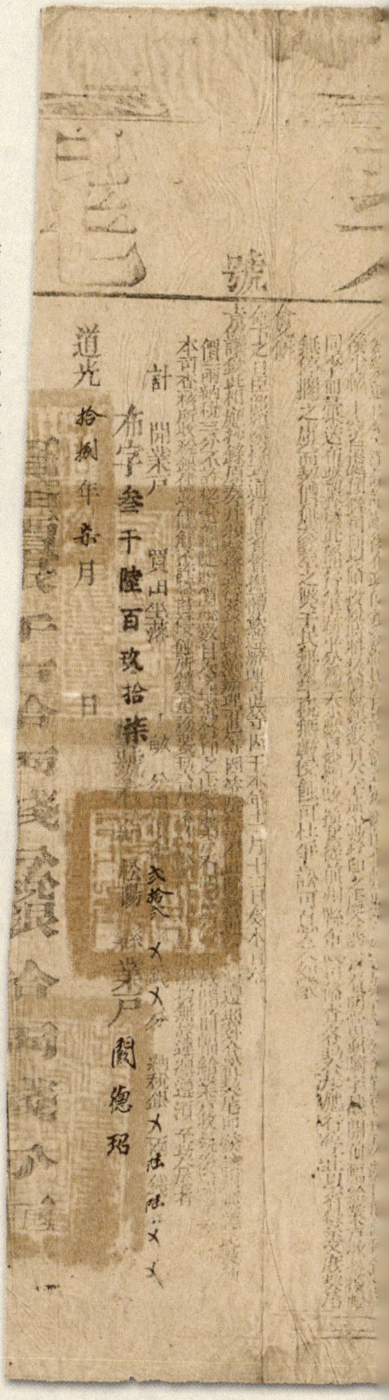

立賣山契人邱槐瓊仝弟槐書，今因無錢使用，自情愿将父手遺下民山塲壹處，坐落念壹都夫人廟庄，土名苦株嶺，安着其山，上至山頂，下至山脚坑为界，内（至）闕永壽衆山良直上山頂路分水为界，外至邱新達山合水直下山脚為界，計山額捌分正，今俱四至分明，併及松杉茶頭雜木等項，尽處不留，俱概在内，愿托中立契，出賣與茶排庄闕德珆叔邊為業，當日凴中三面言断，時值山價銅錢貳拾弍仟文正，其錢即日隨契兩家交兑足（訖），不欠分文，自賣之日，任凴買主推收過户完粮，栽種籙養樹木，扦上扦下，四至界内安葬管業，其山原係父手清楚之業，與内外房親伯叔兄弟子姪人等無碍，未賣日先，並無典當文墨交加，若有來歷不明，賣人一力承當，不干買主之事，此出两相心愿，並無逼勒準折債貨之故，一賣千休，割藤断根，賣人等永不敢言稱識認取贖等情，如違，愿甘坐罪，今恐口難信，故立賣截山契付与買主子孫永遠栽種籙養管業為據。

道光拾伍年弍月十四日　立賣断山契人　邱槐瓊

仝弟　槐書

凴中　邱新達

闕天進

代筆　闕献奎

（契尾，道光拾捌年柒月）

立賣田契人邱新貴今因錢粮無办自情愿將自置民田坐落廿一都夫人庙庄界茉源坑梨樹窝口安着民田一處上至横坑口為界下至闕姓田為界内至闕姓田墈為界外至坑為界又下処田坵上至闕姓田為界下至坵尾石墈為界内至闕姓田墈為界外至坑為界又民田壹処坐落界茉源坑口安着民田大小贰坵上至山脚為界下至路為界左右俱係闕姓田為界併及荒熟田沿栢樹一既在内今俱四至分明計額壹畝正托中立契出賣與闕德瑶入手承買為業當日憑中三面言断時值田價銅錢叁拾弍仟文正其錢即日隨契兩相交足明白不少個其田自賣之後任憑買主推収過户完粮起耕易佃管業賣人不得異言阻執此係自己清楚物業與兄弟子侄内外人等無涉未賣日先亦無重典文墨交加如有來歷不明皆係賣人一力之當不涉買主之事所賣所買出在兩家并皆情愿倭係正行交易不爭準折債貨之故其田契明價足断耕絶賣永無找價取贖之理今欲有憑故立賣田契付與買主永遠為據

道光拾伍年閏陸月初九日立賣田契人 邱新貴（押）

見中侄 邱槐松（押）

憑中 胡其發（押）

闕献奎（押）

闕德瓚（押）

代筆侄 邱槐聰（押）

立杜找断契人邱新貴日前原與闕邑交易明田壹契坐落廿一都夫人庙庄界茉

無錢應用再托原中相勸業主闕德瑶邊手內找出契外銅錢肆仟文正其錢即日
親收足訖不少個文其田自找之後永遠割藤斷耕絶找再不敢異言識認如有
此色并無叠騙之論今欲有凭故立杜找斷絶契付與業主永遠存據

道光拾伍年拾壹月廿四日立杜找斷絶契人　邱新貴

見找侄　邱槐松

原中　胡其發　闕獻奎

代筆侄　闕德瓊　邱槐聰

契尾

布字叁千玖百伍拾伍號

計開業戶闕德瑶買山坐落……畝　分用價銀叁拾陸兩……

道光拾捌年拾八月　日

（前頁）>>>>>

立賣田契人邱新貴，今因錢粮無办，自情愿将自置民田，坐落廿一都夫人庙庄界菜源坑梨樹窩口，安着民田一處，上至横坑口為界，下至闕姓田為界，内至闕姓田塝為界，外至坑為界，又下处田填，上至闕姓田為界，下至填尾石角為界，内至闕姓田塝為界，外至坑為界，又民田壹处，坐落界菜源坑口，安着民田大小弍坵，上至山脚為界，下至路為界，左右俱係闕姓田為界，併及荒熟田沿柏樹，一既［概］在内，今俱四至分明，計額壹畝正，托中立契，出賣與闕德珝入手承買為業，當日憑中三面言断，時值田價銅錢叁拾弍仟文正，其錢即日隨契两相交兑明白，不少個（文），其田自賣之後，任凴買主推收過户，完粮起耕，易佃管業，賣人不得異言阻執，此係自己清楚物業，與兄弟子侄内外人等無涉，未賣日先，亦無重典文墨交加，如有来歷不明，皆係賣人一力之［支］當，不涉買主之事，所賣所買，出在两家甘肯情愿，委係正行交易，不事［是］準折債貨之故，其田契明價足，断耕［根］絕賣，永無找價取贖之理，今欲有憑，故立賣田契付與買主永遠為據。

道光拾伍年潤［閏］陸月初九日　立賣田契人　邱新貴

見中侄　邱槐松

胡其發

凴中　闕献奎

闕德瓊

代筆侄　邱槐聰

立杜找断契人邱新貴，日前原與闕邊交易明［民］田壹契，坐落廿一都夫人庙庄界菜源坑梨樹窝口安着，又田一处，坐落界菜源坑口安着，畝分界額，正契載明，今因無錢應用，再托原中相勸業主闕德玿邊手内，找出契外銅錢肆仟文正，其錢即日親收足訖，不少個文，其田自找之後，永遠割藤断耕［根］絕找，再不敢異言識認，如有此色，甘受叠騙之論，今欲有凴，故立杜找断絕契付與業主永遠存據。

道光拾伍年拾壹月廿四日　立杜找断絕契人　邱新貴

見找侄　邱槐松

胡其發

原中　闕献奎

闕德瓊

代筆侄　邱槐聰

（契尾，道光拾捌年拾弍月）

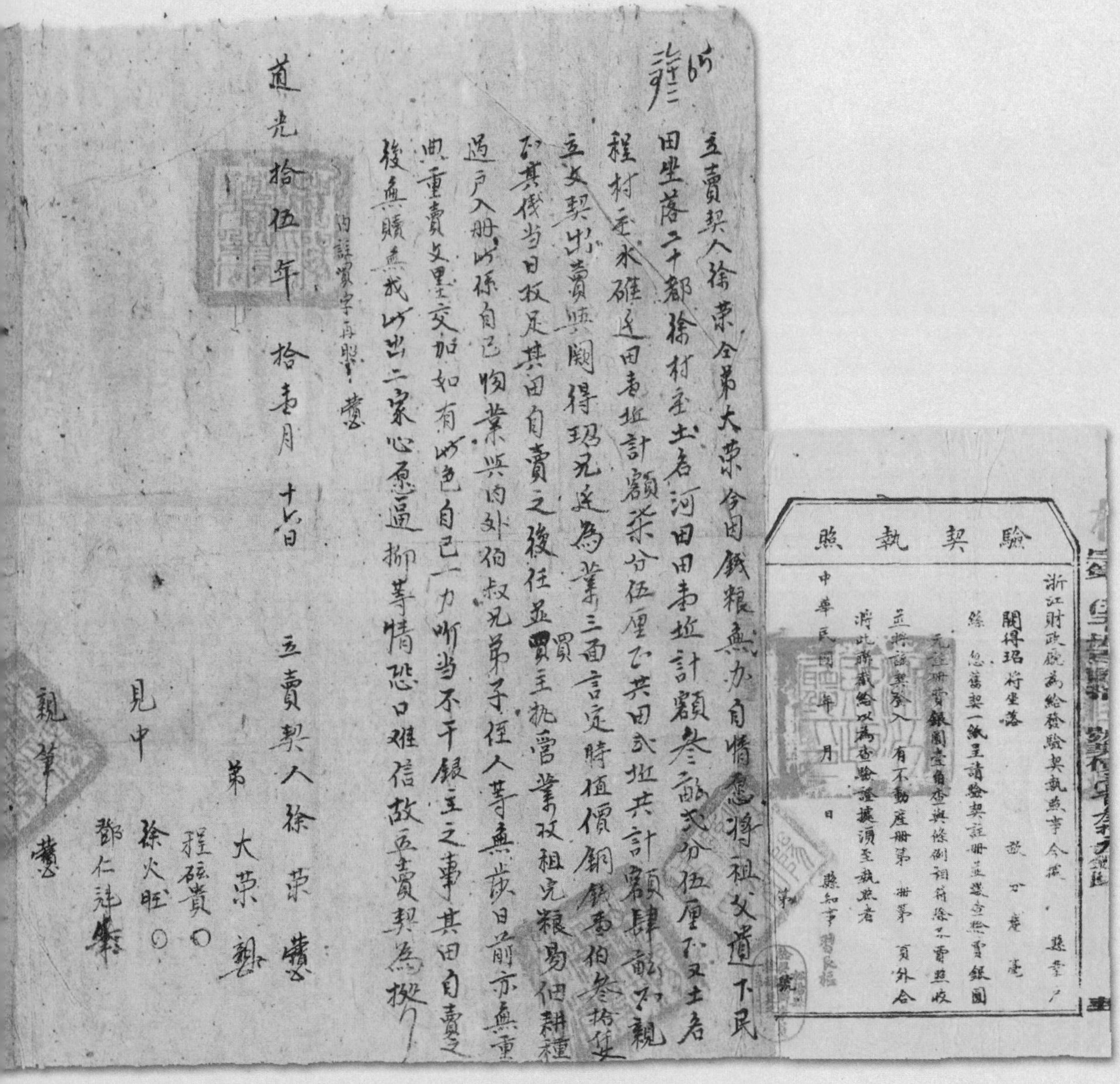
立賣契人徐榮全弟大榮今因錢粮無办自情愿將祖父遺下民
田坐落二十都徐村坐土名河田田壹坵計額叁畝弍分伍厘正又土名
程村屯水碓边田壹坵計額柒分伍厘正共田弍坵共計額肆畝正憑親
立文契出賣與闕得瑶兄边為業三面言定時值價銅錢壹伯叁拾千
正其價当日收足其田自賣之後任並（買）主執管業收祖完粮易佃耕種
過戶入册此係自己物業與内外伯叔兄弟子侄人等無涉日前亦無重
典重賣文墨交加如有此色自己一力听当不干銀主之事其田自賣之
後無贖無找此出二家心愿並無逼抑等情恐口难信故立賣契為據

内註賣字再照（押）

道光拾伍年拾壹月十六日　立賣契人　徐榮（押）
弟　大榮（押）
見中　程硋貴○　徐火旺○　鄧仁祥（押）
親筆（押）

驗契執照

浙江財政廳爲給發驗契執照事今據　縣業户
闕得瑶　將坐落　畝　分　釐　毫
係　舊契一紙呈請驗契註册並遵章照繳銀圓
元　註册費銀圓　角　分　與條例相符除照章登簿外合
立此執照　有不動産册第　册第　頁
將此執照給發該契證據須至執照者
中華民國　年　月　日
縣知事

契載明其田前因契明價足無贖無找自托凴中向與闕廷勸找過契外

銅錢拾柒仟文正其錢當日收足其田自契之後永絕割藤日後不敢向

説找之理此出二家心愿並無反悔逼抑等情恐口難信故立找契

為據

道光拾伍年拾弍月十一日

立找契人徐崇（押）

弟　大崇（押）

徐火旺○

見中　程硜貴○

親筆（押）

契

壹千陸百肆拾伍

闕得招

（前頁）>>>>>

立賣契人徐荣仝弟大荣，今因錢粮無办，自情愿将祖父遺下民田，坐落二十都徐村庄，土名河田，田壹坵，計額叁畝弍分伍厘正，又土名程村庄水碓边，田壹坵，計額柒分伍厘正，共田弍坵，共計額肆畝正，親立文契，出賣與闕德玿兄边為業，三面言定，時值價銅錢壹伯叁拾仟文正，其钱当日收足，其田自賣之後，任並［凴］買主执（契）管業，收租完粮，易佃耕種，過户入册，此係自己物業，與内外伯叔兄弟子侄人等無涉，日前亦無重典重賣文墨交加，如有此色，自己一力听当，不干銀主之事，其田自賣之後，無贖無找，此出二家心愿，（並無）逼抑等情，恐口难信，故立賣契為據。

内註買字，再照。

道光拾伍年拾壹月十六日　立賣契人　徐荣

弟　大荣

程砿貴

見中　徐火旺

鄧仁魁

親筆

立找割绝契人徐荣仝弟大荣，日前原與闕德玿兄边交易民田肆畝正，前契載明，其田原因契明價足，無贖無找，自托凴中向與闕边勸找過契外銅錢拾柒仟文正，其錢当日收足，其田自契之後，永絕割藤，日後不敢向說找之理，此出二家心愿，並無反悔逼抑等情，恐口难信，故立找契為據。

道光拾伍年拾弍月十七日　立找契人　徐荣

弟　大荣

徐火旺

見中　程硡貴

親筆

（契尾，道光拾陆年拾壹月）

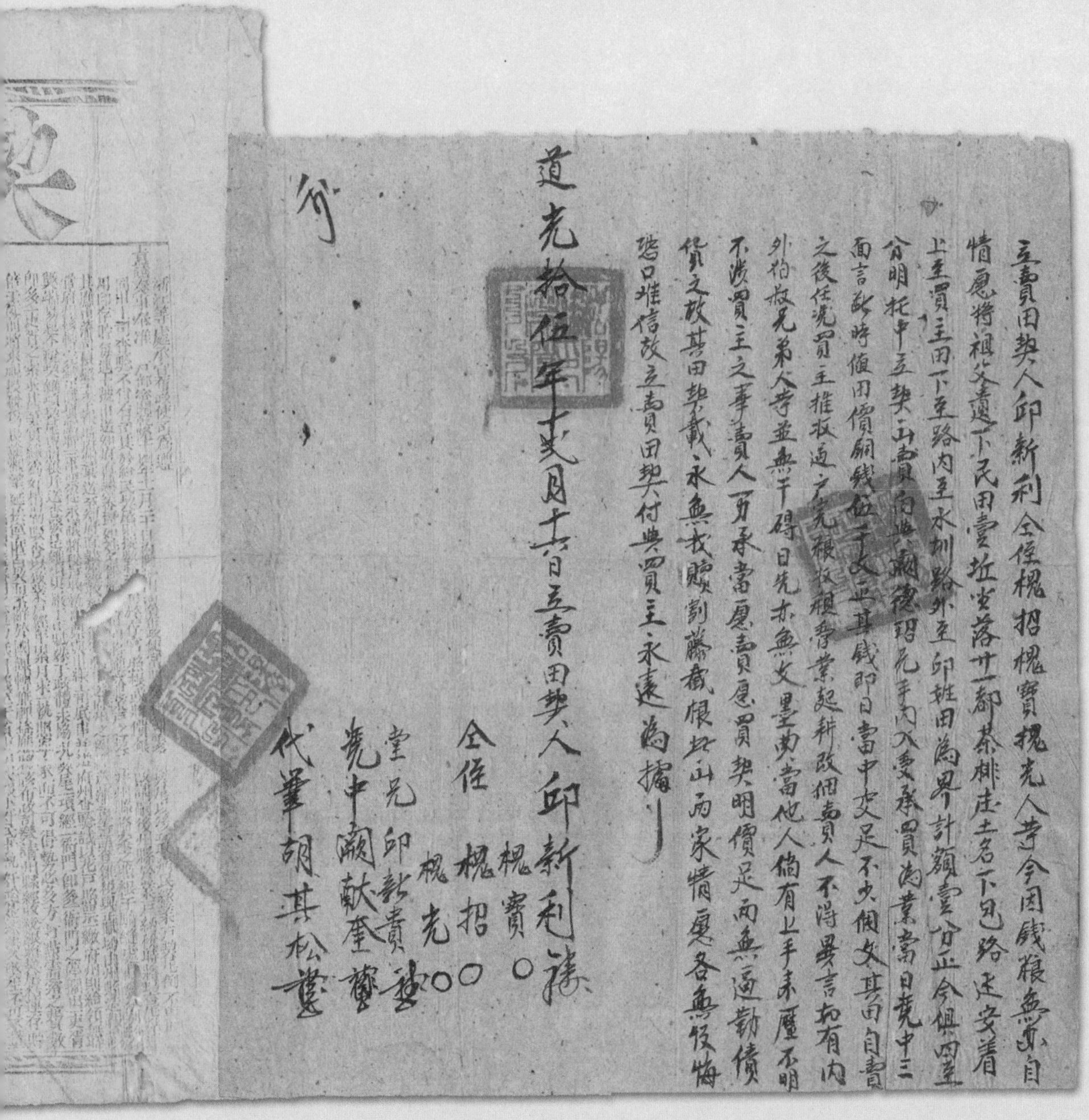

立賣田契人邱新利仝侄槐招、槐寶、槐光人等，今因錢粮無辦，自
情愿將祖父遺下民田壹坵，坐落廿一都茶排庄，土名下包路邊安着，
上至買主田，下至路，內至水圳路，外至邱姓田為界，計額壹分正。今俱四至
分明，托中立契，出賣與房親邱觀兆手內入受承買為業。當日憑中三
面言斷，時值田價銅錢伍千文正，其錢即日當中交足，不少個文。其田自賣
之後，任憑買主推收過户完糧，收租管業，起耕改佃。賣人不得異言。如有內
外伯叔兄弟人等，並無干碍。日先亦無文墨交當他人。倘有上手來歷不明，
不涉買主之事，賣人自承當。愿賣愿買，契明價足，兩無逼勒債
貨之故。其田契載永無找贖，割藤截根。此出兩家情愿，各無反悔。
恐口難信，故立賣田契付與買主永遠為據。

道光拾伍年十二月十六日立賣田契人邱新利（押）

仝侄　槐寶○　槐招○　槐光○

堂兄邱兆貴（押）

憑中闕獻奎（押）

代筆胡其松（押）

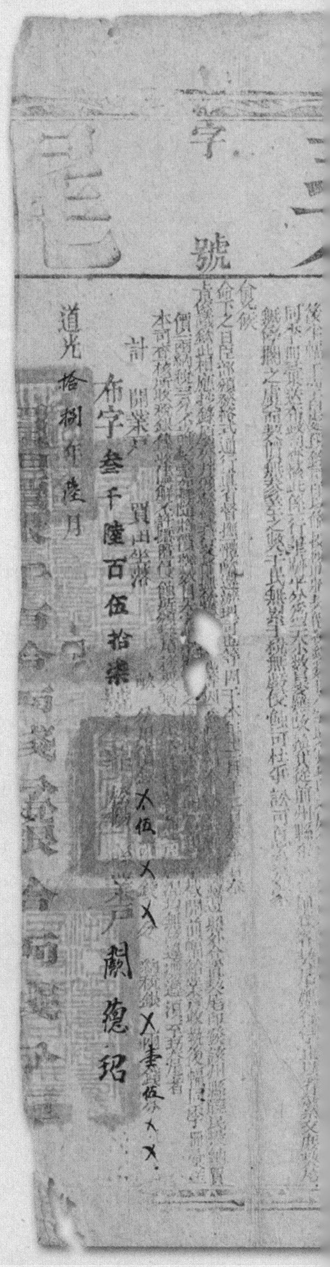

立賣田契人邱新利仝侄槐招、槐寶、槐光人等，今因錢粮無办，自情愿将祖父遺下民田壹坵，坐落廿一都茶排庄，土名下包路边安着，上至買主田，下至路，内至水圳路，外至邱姓田為界，計額壹分正，今俱四至分明，托中立契，出賣向與闕德玿兄手内入受承買為業，當日凴中三面言断，時值田價銅錢伍千文止，其錢即日當中交足，不少個文，其田自賣之後，任凴買主推收過户完粮，收租管業，起耕改佃，賣人不得異言，如有内外伯叔兄弟人等，並無干碍，日先亦無文墨典當他人，倘有上手来歷不明，不涉買主之事，賣人一力承當，愿賣愿買，契明價足，兩無逼勒債貨之故，其田契載，永無找贖，割藤截根，此出两家情愿，各無反悔，恐口难信，故立賣田契付與買主永遠為據。

道光拾伍年十弍月十六日　立賣田契人　邱新利

槐寶

仝侄　槐招

槐光

堂兄　邱新貴

凴中　闕献奎

代筆　胡其松

（契尾，道光拾捌年陸月）

立賣店屋契人郭茂應仝弟茂全今因無錢應用自情愿將父手遺下闔
内店屋坐落佘壹都夫人廟庄土名山邊路内安着店屋弍間内左項衙為界外
左大路為界左至瀏姓墻脚為界右至隨大门天池為界今俱四至分明托中立契出
賣與闕德琨兄邊承買為業當日憑中三面言斷定時值店屋價銅錢玖仟
文正其錢即日隨契兩家交兑足訖不欠分文其屋上瓦角下基地板壁柱石门
牕磉盤出入门路俱概在内任從買主居住管業原係父手清楚物業與内外房親
伯叔兄弟子姪人等並無干碍未賣日先亦無典當文墨交加若有來歷不
明賣人一力承當不涉買主之事此出兩相心愿並無逼勒準折債負之故任從
買主架造扦掘修整店面移改閙張賣人不得異言識悉取贖等情恐口難信故立
賣屋契文與買主子孫永遠管業為據

道光拾陸年　五月念六日　立賣店屋契人　郭茂應〇

仝弟　茂全〇　茂榮

見中房兄　茂才

憑中　闕德富　陳金壽　王槐香　闕萬養　胡其發

代筆　瀏献奎

立杜找屋契人郭茂應仝弟茂全原因日前與闕德琨兄边交易店屋毗連弍間
坐落山邊路内安着其屋界至前有正契載明今因年歲荒歉無措自心愿托原中
向至闕德琨兄边勸說再找出契外銅錢壹千伍佰文正其錢即日隨找契兩家交訖
不欠個文自找之日契明價足其屋上瓦桶下板壁門户柱石等処任從買主闲鎖召租

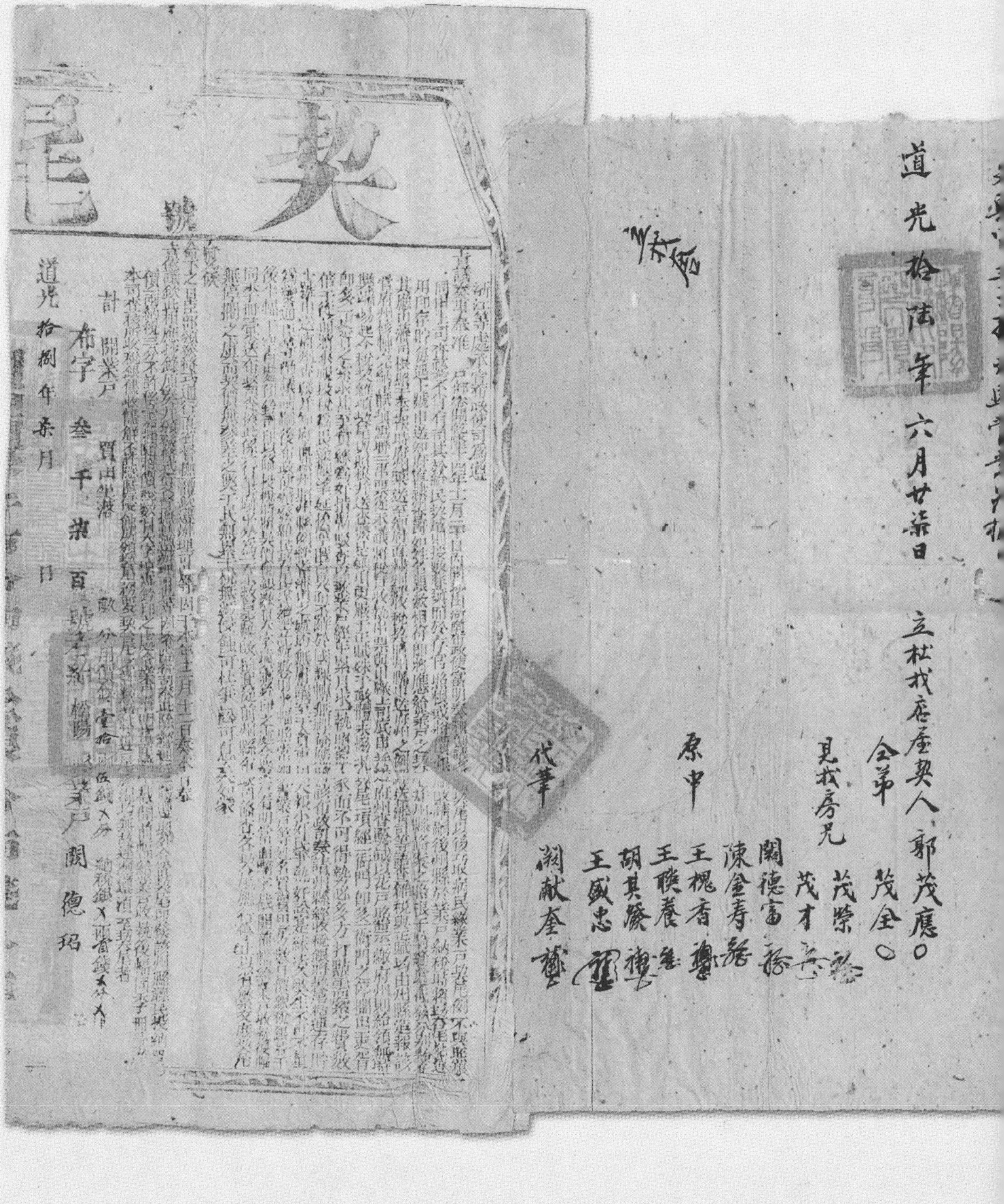
契尾
號
道光拾捌年柒月　日
計開業戶　買田地塘　畝分
布字叁千柒百　號給松陽業戶闕德瑤
立杜找屋座契人郭茂應〇
仝弟茂全〇
見找房兄茂榮
茂才
闕德富
陳金寿
王槐香
王聯養
胡其發
王盛忠
原中
代筆闕献奎
道光拾陆年六月廿柒日

（前頁）>>>>>

立賣店屋契人郭茂應仝弟茂全，今因無錢應用，自情愿将父手遺下閹内店屋，坐落念壹都夫人廟庄，土名山邊路内，安着店屋弍间，内片项［巷］衕为界，外片大路为界，左至闕姓墙脚为界，右至随大门天池为界，今俱四至分明，托中立契，出賣與闕德玿兄邊承買為業，當日凴中三面言断，定時值店屋價銅錢玖仟文正，其錢即日随契兩家交兑足讫，不欠分文，其屋上瓦角［桷］下基地，板壁柱石，门聰［窗］磉盤，出入门路，俱概在内，任從買主居住管業，原係父手清楚物業，與内外房親伯叔兄弟子姪人等並無干碍，未賣日先，亦無典當文墨交加，若有來歷不明，賣人一力承當，不涉買主之事，此出兩相心愿，並無逼勒準折债货之故，任凴買主架造扦掘，修整店面，移改闬張，賣人不得异言識認取贖等情，恐口難信，故立賣屋契交與買主子孫永遠管業為據。

道光拾陆年五月念六日　立賣店屋契人　郭茂應

仝弟　茂全

見中房兄　茂榮

茂才

闕德富

凴中　陳金寿

王槐香

闕嵩養

胡其發

代筆　闕献奎

立杜找屋契人郭茂應仝弟茂全，原因日前与闕德玿兄边交易店屋毗連弍间，坐落山邊路内，安着其屋，界至前有正契載明，今因年歲荒歉無措，自心愿托原中，向至阙德玿兄边勸說，再找出契外銅錢壹千伍伯文正，其錢即日隨找契兩家交讫，不欠個文，自找之日，契明價足，其屋上瓦桷下板壁，门户柱石等处，任從買主闭鎖召［招］租管業，割藤断根，賣人永不敢異言等情，如違，愿甘坐罪，今恐口難信，故立杜找契交與買主子孫永遠管業为據。

道光拾陆年六月廿柒日　立杜找店屋契人　郭茂應

仝弟　茂全

見找房兄　茂榮

茂才

闕德富

陳金寿

原中　王槐香

王聯養

胡其發

王盛忠

代筆　阙献奎

（契尾，道光拾捌年柒月）

立賣房屋地基契人葉德發，今因口食不給，自情愿將自置房屋壹堂，坐落松邑廿都茶排庄第四横，安着東至王姓墈脚并及胡姓坪墈脚，南至瀾姓田，西至買主田，北至大路為界，今俱四至分明。其屋上連瓦桷，下及地基柱脚板壁四圍土墻门槅天井餘坪门路，一應在内。今来托中立契出賣向與瀾德珺親边手内入受承買為業。當日憑中三面言斷，時值房屋價銅錢叁拾千文正，其錢即日當中隨契交足，不少分文。其屋自賣之後，任憑買主前来居住，封鎖另租他人，賣人不得異言。如有内外伯叔兄弟侄人等，並無干碍；日先亦無文墨典當他人，倘有上手来歷不明，不涉買主之事，賣人一力承當。愿賣愿買，兩無逼勒，疊騙債貸准折之故。契明價足，永無找贖，割截斷根，此出兩相情愿，各無悛悔。恐口难信，故立賣房屋契付與買主子孫永遠據。

道光拾陸年九月十四日立賣房屋契人葉德發（押）

在場侄增乾（押）

在場侄春全（押）

凭中胡其廷（押）

吳天琳（押）

代筆胡其松（押）

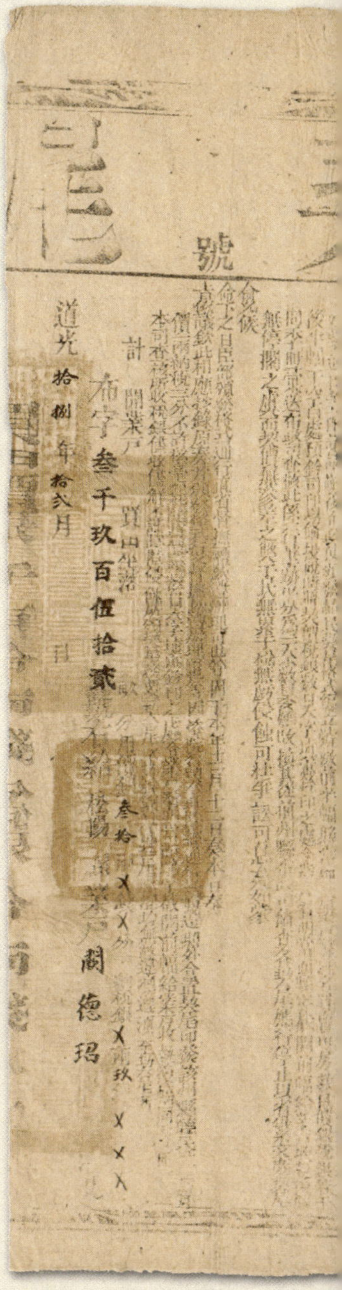

（契尾，道光拾捌年拾弍月）

立賣房屋地基契人葉德發，今因口食不給，自情愿将自己置房屋壹堂，坐落松邑廿一都茶排庄第四横安着，東至王姓墈脚并及胡姓坪墈脚，南至闞姓田，西至買主田，北至大路為界，今俱四至分明，其屋上連瓦埆［桷］，下及地基，柱脚板壁，四圍土墻，门槅天井，餘坪门路，一應在內，今来托中立契，出賣向與闞德玿親边手内入受承買為業，當日凴中三面言断，時值房屋價銅錢叁拾千文正，其錢即日當中隨契交足，不少分文，其屋自賣之後，任凴買主前来居住封鎖，另租他人，賣人不得異言，如有内外伯叔兄弟侄人等，並無干碍，日先亦無文墨典當他人，倘有上手来歷不明，不涉買主之事，賣人一力承當，愿賣愿買，两無逼勒叠騙債貨準折之故，契明價足，永無找贖，割截断根，此出两相情愿，各無反悔，恐口难信，故立賣房屋契付與買主子孫永遠（為）據。

在場侄　增乾

道光拾陸年九月十四日　立賣房屋契人　葉德發

在場侄　春全

凴中　胡其廷

吴天琳

代筆　胡其松

立賣尾屋契人闕書琳今因無錢應用自情愿将祖父遺下分已閹内横屋坐落
二十壹都夫人廟庄土名林店下已住香火堂下手横屋安着内壹间東至嘗屋為
界南至書榮屋為界西至書華屋为界北至王姓屋滴水为界上尾桷枝壓柱石磉
盤門聰户橋基地出入門路等項俱概在内今俱四至分明托中立契出賣與茶
排庄本族德璐叔邊承買居住為業當日凭中三面言断定時值屋價銅錢陸千文正
其錢即日隨中筆兩家交兑足訖不欠個文自賣之日任從買主前去居住修整
改造吕祖其屋原係祖父遺下清置產業與内外房親伯叔兄弟子姪人等並
干未賣日先並無典當文墨交加若有来歷不明賣人一力承當不干買主之事
愿賣愿買兩家心愿亦無逼勒準折債負之故其屋四至界内任凭興工架造賣
人永不敢異言識認取贖此賣之日割藤断根如違愿甘坐罪今恐口難信故立賣
截屋契文與買主子孫永遠居住移向管業為據

道光拾捌年十弍月廿四日 立賣断截屋契人 闕書琳（押）

在見胞兄 書榮（押）

凭中 陳金寿（押）

闕天進（押）

代筆 闕献奎（押）

立賣绝屋契人闕書琳今因父故缺乏喪事應用自情愿将祖父遺下分已閹内尾屋壹所
坐落夫人廟庄土名山邊林店下安着下手正棟外壹间左至正棟墻滴水为界右至正棟
柱脚为界外至項衛堂为界内至棟柱隔山樘为界以及前后出入门路上及椽瓦下及
基地柱磉石杦门窓户扇天井廳堂后向花基餘坪已分閹内一概在内今俱四至分明托
中立契出賣與本族德璐叔公入受承買為業當日憑中三面言断定時值屋價銅钱陸千文正其

祖承神其屋園内日先並與典當文墨交加若有來歷不明賣人一力承當不干買主之事
此賣所買兩家心愿並無逼勒準折債貨之故一賣千休割藤斷根賣人永不敢异言
取贖等情如違甘受叠騙之論今恐口難信故立賣屋契文與買主子孫永遠居住管
業為據

道光拾玖年十一月十六日立賣斷絕屋基地契人　闕書琳（押）

見中胞兄　書榮（押）

憑中　闕天進（押）　陳金壽（押）

代筆　闕獻奎（押）

契尾

浙江等處承宣布政使司為遵

布字陸千貳百玖拾柒號

計開　業戶闕德詔　松陽縣

用價銀拾弍兩×錢×分

道光弍拾玖年　玖月

(前頁)>>>>>

立賣瓦屋契人闕書琳，今因無錢應用，自情愿将祖父遺下分己鬮内横屋，坐落二十壹都夫人廟庄，土名林店下己住香火堂下手横屋，安着内壹间，東至嘗屋為界，南至書榮屋為界，西至書華屋为界，北至王姓屋滴水为界，上瓦桷板壁、柱石磉盤、門聰［窗］户槅、基地、出入門路等項，俱概在内，今俱四至分明，托中立契，出賣與茶排庄本族德玿叔邊承買居住為業，當日凴中三面言断，定時值屋價銅錢陸千文正，其錢即日隨中筆两家交兑足訖，不欠個文，自賣之日，任從買主前去居住修整，改造召租，其屋原属祖父遺下清置產業，與内外房親叔伯兄弟子姪人等無干，未賣日先，並無典當文墨交加，若有來歴不明，賣人一力承當，不干買主之事，愿賣愿買，两家心愿，亦無逼勒凖折債負之故，其屋四至界内，任凴興工架造，賣人永不敢異言識認取贖，此賣之日，割藤断根，如違，愿甘坐罪，今恐口難信，故立賣截屋契交與買主子孫永遠居住移向管業為據。

道光拾捌年十弍月廿四日　立賣断截屋契人　闕書琳

在見胞兄　書榮

凴中　陳金寿

闕天進

代筆　闕献奎

立賣绝屋契人闕書琳，今因父故，缺乏喪事應用，自情愿将祖父遺下分己阄内瓦屋壹所，坐落夫人庙庄，土名山邊林店下，安着下手正棟外壹间，左至正棟墻滴水为界，右至正棟柱脚为界，外至項［巷］衕堂为界，内至棟柱隔山壁为界，以及前后出入门路，上及椽瓦，下及基地，柱磉石板，门窗户扇，天井廳堂，后向花臺餘坪，已分阄内，一概在内，今俱四至分明，托中立契，出賣與本族德珶叔公入受承買為業，當日凴中三面言断，定時值屋價銅錢陸千文正，其錢即日随契两家交兑足讫，不欠分文，自賣之后，任凴買主前去闭鎖居住，移整架造，安祖敬神，其屋阄内，日先並無典當文墨交加，若有來歷不明，賣人一力承當，不干買主之事，所賣所買，两家心愿，並無逼勒準折債貨之故，一賣千休，割藤断根，賣人永不敢异言取贖等情，如違，甘受叠騙之論，今恐口難信，故立賣屋契交與買主子孫永遠居住管業為據。

道光拾玖年十一月十弍日　立賣断绝屋基地契人　闕書琳

見中胞兄　書榮

凴中　闕天進

陳金寿

代筆　闕献奎

（契尾，道光弍拾弍年玖月）

立賣田坪契人周增基，今因粮食無办，自情愿將祖父遺田坪壹處，土名坐落二十都白峰庄，小土名陳庄角解板窝，田坪壹塅正，共坪大小柒垇正，其田坪四至上、下、左、右山為界，又土名本庄大坪田壹垇正，左至陳榮賞田為界，右至增萬田為界，上至茶山為界，下至增萬田坪為界，又園坪田坪壹塊，左、右、上、下山為界，又左邊周陳榮賞田後𡊨田坪貳塊正，其坪上至山，下至陳榮賞田為界，左至增良田坪為界，右至山為界，今俱四至分明，計額式分正，親立文契，出賣與二十一都茶排庄阙德珸兄邊入受承買為業，當日三面言断，時值田坪價銅錢貳拾叁千文正，其錢即日收足，不少分文，其田坪任並［凴］買主执契投税，過户完粮，其坪自賣之後，係是自己親業，與内外房親叔伯兄弟人等無涉，日前並無重典文墨交加，如有此色，賣人一力承當，不干買主之事，日後契載断絶，無找無贖，永遠割藤断絶，此出两家心愿，並無反悔等情，恐口难信，故立田坪契永遠為據。

道光拾玖年八月二十日　立賣田坪契人　周增基

見中人　周增萬

代筆　周增盛

（契尾，道光式拾叁年拾月）

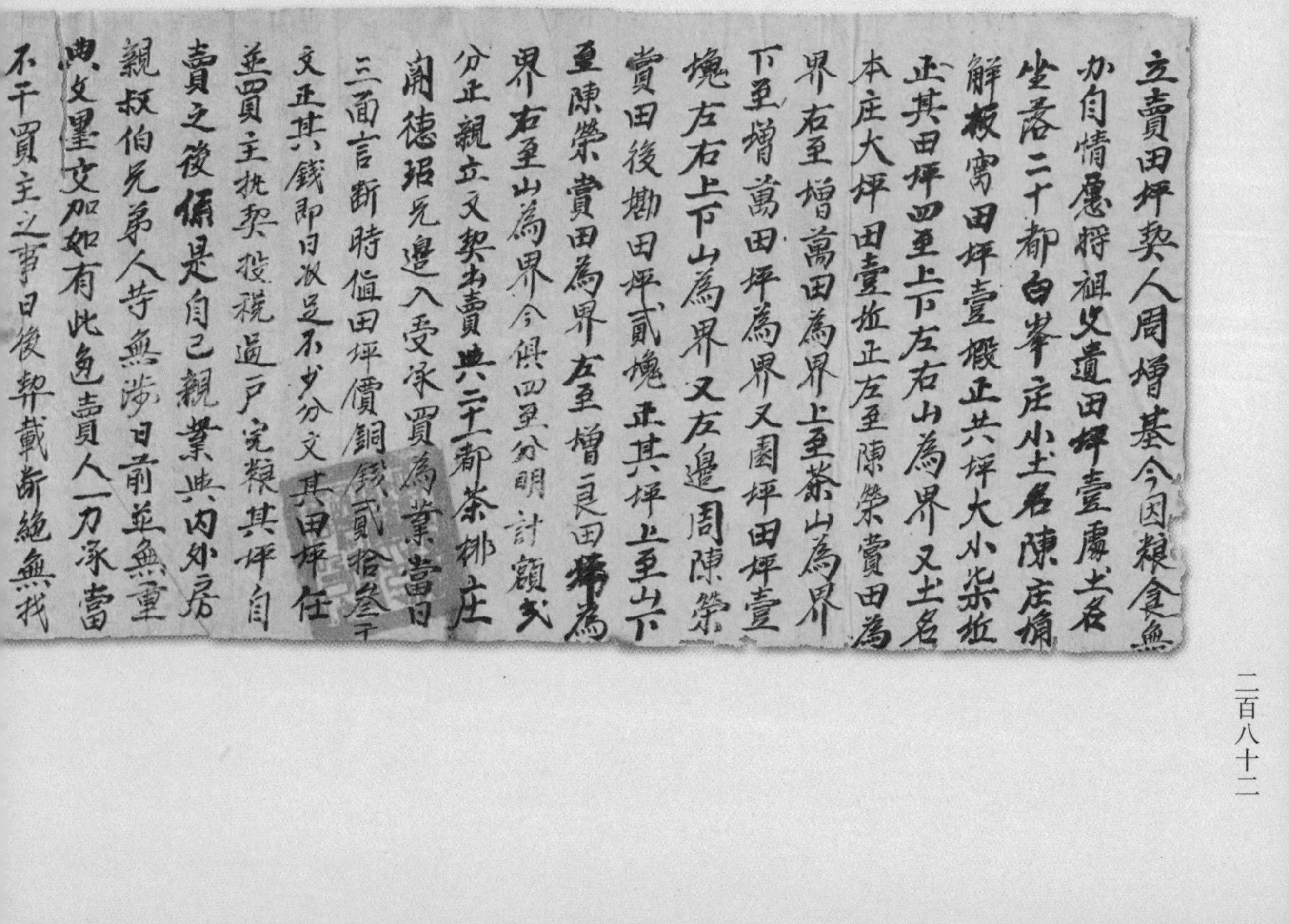
立賣田坪契人周增基今因粮食無
办自情愿將祖父遺田坪壹處土名
坐落二十都白峰庄小土名陳庄角
解板窝田坪壹塅正共坪大小柒垇
正其田坪四至上下左右山為界又土名
本庄大坪田壹垇正左至陳榮賞田為
界右至增萬田為界上至茶山為界
下至增萬田坪為界又園坪田坪壹
塊左右上下山為界又左邊周陳榮
賞田後𡊨田坪貳塊正其坪上至山下
至陳榮賞田為界左至增良田坪為
界右至山為界今俱四至分明計額式
分正親立文契出賣與二十一都茶排庄
阙德珸兄邊入受承買為業當日
三面言断時值田坪價銅錢貳拾叁千
文正其錢即日收足不少分文其田坪任
並買主执契投税過户完粮其坪自
賣之後係是自己親業與内外房
親叔伯兄弟人等無涉日前並無重
典文墨交加如有此色賣人一力承當
不干買主之事日後契載断絶無找

尾　大　號

浙江等處承宣布政使司[illegible]
[illegible]戶部[illegible]乾隆[illegible]年十月二十日內閣抄出河南布政使富明[illegible]稱部[illegible]
[illegible]同申上司查驗[illegible]民契尾[illegible]收數登填[illegible]於存官[illegible]
[illegible]用印存[illegible]十號[illegible]州查對如姓名銀數相符[illegible]
[illegible]其應由藩司根照[illegible]州[illegible]知府直隸州經收稅契[illegible]
州縣[illegible]府州核轉究[illegible]填寫[illegible]永[illegible]將[illegible]戶收執[illegible]
州則給[illegible]契尾[illegible]并送查[illegible]是雜項[illegible]
門之停[illegible]一吏[illegible]之索求[illegible]為奸[illegible]
[illegible]為民[illegible]接[illegible]白契而不稅[illegible]國課[illegible]
[illegible]送府州查驗并知府直隸州照州縣例經送藩司[illegible]
[illegible]民契尾格式編立號數[illegible]
[illegible]以備核稅時[illegible]
[illegible]布政司[illegible]行[illegible]日期改換[illegible]
之[illegible]參差之[illegible]于民[illegible]可杜爭訟可息矣[illegible]

[illegible]之日臣部[illegible]
旨依議欽此相應抄[illegible]
[illegible]

計開業戶[illegible]買[illegible]坐落[illegible]畝[illegible]分價式拾叁兩[illegible]錢[illegible]分納稅銀[illegible]

布字柒百玖拾叁號右給松陽縣業戶闕德炤准此

道光式拾叁年拾月　日

[illegible]賣[illegible]此田[illegible]
並無[illegible]悔等情恐口难信故立田坪
契永遠為據

道光拾玖年八月二十日立賣田坪契人周增基
見中人周增萬
代筆周增盛

立賣屋契人闕書榮今因乏故缺乏喪事應用自情愿將祖手遺下分己阄内民屋
坐落二十壹都夫人廟庄土名山邊林店下安着下廳右手正棟間壹間内至書才客
軒為界外至隨滴水為界左至廳堂為界右至書才被洒为界上至桷椽柱下板壁
窓扇柱石磉盤門戶以及后向花臺天井餘坪出入门路等項俱概在内今具四至分
明托中立契出賣與本族德琨叔公承買為業當日憑中三面言定屋價銅錢伍千伍佰文正其
錢即日隨契兩相交兑足訖不欠個文自賣之日任憑買主前去居住移改架造其屋四至
界内基地不曾出入门路等任從買主修整應用未賣日先並無典當文墨交加若有來
歷不明賣人一承當不涉買主之事原係正行交易並無逼抑準折債負之故賣人永
不敢異言識認取贖等情之理今恐口难信故立賣屋基地契文與買主子孫永遠居
住管業為據

道光拾玖年　拾月初貳日

立賣屋契人　闕書榮（押）
見中弟　書琳（押）
憑中　闕天進（押）
代筆　闕獻奎（押）

立杜找屋基地契人闕書榮原因日先將本族德琨叔公交易民屋壹間坐落本都
本庄土名山邊林店下安着下廳右手正棟间壹间其屋四至前有正契載明今因年迫
無奈缺錢應用自請原中向到買主勸說再找出契外銅錢伍佰文正其錢即日隨找
契兩家交兑足訖不欠分文自找之后其屋上至椽柱板壁柱石以及前后花臺餘坪出
入门路等項一概在内任憑買主前去移改架造[illegible]

契

號

浙江等處承宣布政使司為遵旨議奏事……

……

無得攔之處……可杜爭訟……

計開業戶 買田 用價銀 兩 錢 分 納稅銀 兩 錢 分

布字陸千貳百玖拾陸號右給松陽縣業戶闕德琨 准此

道光貳拾貳年玖月　日

……等情如違甘受叠騙之論今恐口難信故立杜找屋

基地契文与買主子孫永遠管業為據

道光拾玖年　拾貳月廿日

立杜找屋人　闕書榮

見中弟　闕書琳

原中　闕天進

代筆　闕献奎

（前頁）>>>>>

立賣屋契人闞書榮，今因父故，缺乏喪事應用，自情愿将祖手遺下分己阄内民屋，坐落二十壹都夫人廟庄，土名山邊林店下，安着下廳右手正棟間壹間，内至書才客軒為界，外至隨滴水為界，左至廳堂為界，右至書才被洒[1]为界，上瓦桷樑柱，下板壁窗扇，柱石磉盤門户，以及后向花臺，天井餘坪，出入门路等項，俱概在内，今具四至分明，托中立契，出賣與本族德玿叔公承買為業，當日凴中三面言定，屋價銅錢伍千伍伯文正，其錢即日隨契两相交兑足訖，不欠個文，自賣之日，任凴買主前去居住，移改架造，其屋四至界内，基地不留，出入门路等，任從買主修整應用，未賣日先，並無典當文墨交加，若有來歷不明，賣人一（力）承當，不涉買主之事，原係正行交易，並無逼抑凖折債負之故，賣人永不敢異言識認取贖等情之理，今恐口难信，故立賣屋基地契交與買主子孫永遠居住管業為據。

道光拾玖年拾月初弍日　立賣屋契人　闞書榮
　　　　見中弟　書琳
　　　　凴中　闞天進
　　　　代筆　闞献奎

1 『被洒』即『披晒』，正屋附属部分。

立杜找屋基地契人闕書榮，原因日先与本族德玿叔公交易民瓦屋壹间，坐落本都本庄，土名山邊林店下，安着下廳右手正棟间壹间，其屋四至，前有正契載明，今因年迫無奈，缺錢應用，自請原中向到買主勸說，再找出契外銅錢伍伯文正，其錢即日隨找契兩家交兑足讫，不欠分文，自找之后，其屋上瓦樑柱，板壁柱石，以及前后花臺餘坪，出入门路等項，一概在内，任凴買主前去移改架造，修整居住，安奉祖（先）管業，此找之后，割藤断根，賣人永不敢异言識認兹［滋］端等情，如違，甘受叠騙之論，今恐口難信，故立杜找屋基地契交与買主子孫永遠管業为據。

道光拾玖年拾貳月廿四日　立杜找屋人　闕書榮

見中弟　闕書琳

原中　闕天進

代筆　闕献奎

（契尾，道光式拾式年玖月）

立賣田契人周增盛今因錢粮無办自情今將祖父遺下民田壹處土名坐
落二十都白峯庄小土名白峯垄脚水田弍坵正其田上至山為界下至河墈為
界左至周姓田為界右至周姓田界又土名垄中央肆方坵水田壹坵正計額五分
正其田上至闕姓田為界下至河墈為界左至右至闕姓田為界今俱四至分明親
立文契出賣托中送與廿一都茶排庄闕德琠親邊入手承買為業當日三面言
斷時值田價銅錢弍拾弍千文正其錢即收足不少分文其田任從買主拔契
投稅完粮收租過户其田自賣之後係是自己親業與內外伯叔兄弟人等無涉
日前並無重典交墨交加如有此色賣人一力承當不干錢主之事其田契載斷絕
日後無找無贖此出兩家心愿並無逼抑等情恐口难信故立賣田契為據用

私

道光拾玖年十弍月十五日 立賣田契人周增盛（押）

憑中 周增萬（押）
闕天進（押）
闕猷奎（押）
周正荣（押）
胡其松（押）
親筆（押）

立找田契人周增盛今因粮食無办自情愿與親邊交易民田土名坐落
二十都白峯庄小土名白峯垄脚水田弍坵正又土名垄中央四方坵水田壹坵正計
額伍分正其田四至界限前有正契載明今因時價不足自愿托中向與業
主廿一都茶排庄闕德琠邊边息找過契外銅錢叁千文正其錢即日收

稅完納倘或上首來曆不明不干錢主之事自愿割勝斷絕此出两家心
愿[illegible]無逼抑等情恐口难信故立找田契為據

道光拾玖年拾弍月廿三日立找田契人周增盛（押）

周增萬（押）

憑中　闕天進（押）

周正榮（押）

闕献奎（押）

胡其松（押）

親筆（押）

契尾

字　號

[illegible]

計開業戶　　買田坐落　　畝　分　釐　毫　絲　忽價銀弍拾壹兩乂錢乂分納稅銀乂兩乂錢乂分

布政使司　叁千肆百叁拾　號右給松陽縣業戶闕德昭等准此

咸豐弍年拾月　日

(前頁)>>>>>

立賣田契人周增盛，今因錢粮無办，自情今将祖父遺下民田壹處，土名坐落二十都白峰庄，小土名白峰坌脚，水田弍坵正，其田上至山为界，下至河塴為界，左至周姓田為界，右至周姓田（為）界，又土名坌中央肆方坵，水田壹坵正，計額五分正，其田上至闕姓田為界，下至河塴為界，左至、右至闕姓田為界，今俱四至分明，親立文契出賣，托中送與廿一都茶排庄闕德琛親邊入手承買為業，當日三面言断，時直田價銅錢弍拾弍千文正，其錢即收足，不少分文，其田任從買主执契投税完粮，收租過户，其田自賣之後，係是自己親業，與内外伯叔兄弟人等無涉，日前並無重典文墨交加，如有此色，賣人一力承當，不干錢主之事，其田契載断絕，日後無找無贖，此出两家心愿，並無逼抑等情，恐口难信，故立賣田契為據。

道光拾玖年十弍月十七日　立賣田契人　周增盛

凴中　周增萬

闕天進

闕献奎

周正荣

胡其松

親筆

立找田契人周增盛，今因粮食無办，自情愿與親邊交易民田，土名坐落二十都白峰庄，小土名白峰坌脚，水田弍坵正，又土名坌中央四方坵，水田壹坵正，計額伍分正，其田四至界限，前有正契載明，今因時價不足，自愿托中向與業主廿一都茶排庄闕德珆邊劝息，找過契外銅錢叁千文正，其錢即日收足，不少分文，其田自找之後，契明價足，其田業任並〔凴〕業主起耕過户，入册投税完納，倘或上首來歷不明，不干錢主之事，自愿割藤断絕，此出两家心愿，凴〔並〕無逼抑等情，恐口难信，故立找田契為據。

道光拾玖年拾弍月廿三日　立找田契人　周增盛

凴中　周增萬

闕天進

周正荣

闕猷奎

胡其松

親筆

（契尾，咸豐弍年拾月）

立賣尾屋基地契人郭茂財今因無銅錢應用自情愿將祖父遺下分已阄内尾屋坐落
二十壹都夫人廟庄土名林店下水井边上手大路内安着尾屋壹直内向花基買主
田为界外向陳姓厢房为界左至賣人正棟间为界右至買主屋为界並及天池廳堂
大门出入门路上尾桷下基地板壁柱石磉盤门户窗扇等項俱一在内今俱四至分明
托中立契出賣與闕德玿兄边承買居住為業當日凭中三面言断定時值尾屋基
地價銅錢捌千文正其錢即日隨契兩家交兑足訖不欠分文自賣之后任從買
主前去居住移改架造房屋修整招租原属祖手活業物業与内外房親伯叔兄
弟子侄人等無干未賣日先並無典當文墨交加若有上手来歷不明賣人一力
承当不干買主之事所賣所買兩家心愿並無逼勒准折債償之故此賣之后業
人永不敢異言取贖復識混等情之理今恐口難信故立賣屋契文与買主子孫
永遠居住管業为據

道光貳拾年　弍月初弍日　立賣屋基地契人　郭茂財

見中房兄　茂榮
弟　茂全
陳金壽

憑中　闕書榮

代筆　闕獻奎

立杜找斷尾屋基地契人郭茂財原因日先與闕德玿兄边交易尾屋壹契坐落
廿一都庄土名林店下水井边上手大路内安着尾屋壹间其屋界至前有正契載
明今因無錢應用自請原中向到買主德玿兄边劝說找出契外銅錢弍千伍佰文
正其錢即日隨契兩相交兑足訖不少個文自賣找之后任凭前去择日入屋居住

處毋异其四至界内任憑買主出入门路修整管業今恐口難信故立杜找屋契
交與買主子孫永遠居住管業為據

道光貳拾年　叁月拾六日　立杜找屋基地契人郭茂財（押）

見中兄　茂榮（押）
弟　茂全（○）

原中　陳金壽（押）
闕書榮（押）

代筆　闕献奎（押）

契

號

道光貳拾叁年玖月

布字　號

松陽縣　業戶闕德玿

（前頁）>>>>>

立賣瓦屋基地契人郭茂財，今因無銅錢应用，自情愿将祖父遺下分自己阄内民屋，坐落二十壹都夫人庙庄，土名林店下水井边上手大路内，安着瓦屋壹直，内向花臺買主田为界，外向陳姓厢房为界，左至賣人正棟间为界，右至買主屋为界，並及天池廳堂大门，出入门路，上瓦桷，下基地，板壁柱石，磉盤门户聰［窗］扇等項，俱一在内，今俱四至分明，托中立契，出賣與闕德玿兄边承買居住為業，當日凴中三面言断，定時值瓦屋基地價銅錢捌千文正，其錢即日隨契兩家交兑足讫，不欠分文，自賣之后，任從買主前去居住，移改架造房屋，修整招租，原属祖手清楚物業，与内外房親伯叔兄弟子侄人等無干，未賣日先，並無典當文墨交加，若有上手来歷不明，賣人一力承當，不干買主之事，所賣所買，两家心愿，並無逼勒準折債货之故，此賣之后，賣人永不敢異言取贖復識認等情之理，今恐口難信，故立賣屋契交与買主子孙永遠居住管業为據。

道光贰拾年弍月初弍日　立賣屋基地契人　郭茂財

見中房兄　茂榮

弟　茂全

凴中　陳金壽

闞書榮

代筆　闕献奎

立杜找断瓦屋基地契人郭茂財，原因日先與闞德玿兄邊交易民屋壹契，坐落本都庄，土名林店下水井边上手大路內，安着瓦屋壹间，其屋界至，前有正契載明，今因無錢应用，自請原中向到買主德玿兄邊，劝説找出契外銅錢弍千伍伯文正，其錢即日隨契兩相交兑足訖，不少個文，自『賣』找之后，任凴前去择日入屋居住，移改架造招租，其屋契明價足，割藤断绝，賣人永不敢异言兹［滋］端等情，如違，甘愿坐罪，其四至界内，任凴買主出入门路，修整管業，今恐口難信，故立杜找屋契交與買主子孫永遠居住管業為據。

道光貳拾年叁月拾六日　立杜找屋基地契人　郭茂財

見中兄　茂榮

弟　茂全

原中　陳金壽

闞書榮

代筆　闞献奎

（契尾，道光弍拾弍年玖月）

立賣厇屋契人郭茂全今因無錢應用自情愿將祖父遺下分己閹内厇屋坐落二十壹
都夫人廟庄土名林店下水井邊大路内向安着厇屋壹直内向花基邊上買主併閹
杈田為界外至買主厢房為界左至闕姓墻脚为界右至賣人正棟詢为界並及廳堂
天井后向花基出入大门路上厇桷下板壁基地柱石磉盤等項一概在内今俱四至分明
處托中立契出賣與闕德珺兄邊承買为業當日凭中三面言斷定時值厇屋基地
價銅錢玖千文正其錢即日隨中筆兩相交兑足訖不欠分文自賣之日任凭買主前
去居住閑鎖门户修整架造改移掊祖賣人不得异言等情原係祖手清楚之屋與内
外房親伯叔兄弟子侄人等無干未賣曰先並無典當文墨交加若有來歷不明賣
人一力承肯不涉買主之事原係正行交易並無抑逼準折債負之故此賣之日賣人
永不敢異言識認取贖等情如違愿甘坐罪今恐口難信故立賣屋契付与買主子
孫永遠居住管業為據

一批契内註田字一個再照

道光式拾年　式月廿九日　立賣厇屋基地契人　郭茂全

見中房兄　茂榮　茂財

凭中　陳金壽　闕書榮

代筆　闕獄奎

立杜找屋基地契人郭茂全原因日前與闕德珺兄邊交易厇屋壹契坐落本都
庄土名林店下水井邊大路内安着厇屋壹直其屋前有正契載明界至今因缺乏錢急
用自請原中向到買主家勸説找出契外銅錢弍千文正其錢即日隨契兩相交訖不
欠個文自找之日任從買主前去居住移改架造應用其屋上厇桷下基地板壁门户總
桷等項一應在内賣人永不敢异言復認等情如違愿甘坐罪此找之后割藤斷根
……立杜找屋契付買主子孫永遠居住管業為照

布字　　號

浙江等處承宣布政使司為遵旨議奏事[illegible]

計開業戶　闕德琚　買田[illegible]　用價銀拾壹兩[illegible]　納稅銀[illegible]

布字陸千貳百玖拾伍號　右給松陽縣業戶　闕德琚

道光貳拾叁年玖月　日

道光貳拾年叁月廿六日　立杜找屋基地契人　郭茂全○

見中房兄　茂榮　押　茂財　押

原中　闕書榮　押　陳金壽　押

代筆　闕赦奎　押

（前頁）>>>>>

立賣瓦屋契人郭茂全，今因無錢应用，自情愿將祖父遺下分己閹内民屋，坐落二十壹都夫人廟庄，土名林店下水井邊大路内向，安着瓦屋壹直，内向花臺透上買主田併闕（姓）坟田為界，外至買主厢房為界，左至闕姓墻脚为界，右至賣人正楝间为界，並及廳堂天井，后向花臺，出入大门路，上瓦桷，下板壁，基地柱石磉盤等項，一概在内，今俱四至分明，愿托中立契，出賣與闕德瑆兄邊承買为業，當日凴中三面言断，定時值瓦屋基地價銅錢玖千文正，其錢即日隨中筆两相交兑足讫，不欠分文，自賣之日，任凴買主前去居住，闭鎖门户，修整架造，改移招租，賣人不得异言等情，原係祖手清楚之屋，與内外房親伯叔兄弟子侄人等無干，未賣日先，並無典當文墨交加，若有來歷不明，賣人一力承當，不涉買主之事，原係正行交易，並無抑逼準折债負之故，此賣之日，賣人永不敢異言識認取贖等情，如違，愿甘坐罪，今恐口難信，故立賣屋契付与買主子孫永遠居住管業為據。

一批契内註田字一個，再照。

道光弍拾年弍月廿九日　立賣瓦屋基地契人　郭茂全

見中房兄　茂榮

茂財

凴中　陳金壽

闞書榮

代筆　闕献奎

立杜找屋基地契人郭茂全，原因日前與闕德玿兄边交易民瓦屋壹契，坐落本都庄，土名林店下水井边大路内，安着瓦屋壹直，其屋前有正契載明界至，今因缺乏錢急用，自请原中向到買主家勸說，找出契外銅錢弍千文正，其錢即日随契兩相交讫，不欠個文，自找之日，任從買主前去居住移改，架造应用，其屋上瓦桷，下基地，板壁门户聰〔窗〕橱等項，一应在内，賣人永不敢异言復認等情，如違，愿甘坐罪，此找之后，割藤断根，今欲有凴，立杜找屋契付與買主子孙永遠居住管業为據。

道光弍拾年叁月廿六日　立杜找屋基地契人　郭茂全

見中房兄　茂榮

茂財

原中　闕書榮

陳金壽

代筆　闕献奎

（契尾，道光弍拾弍年玖月）

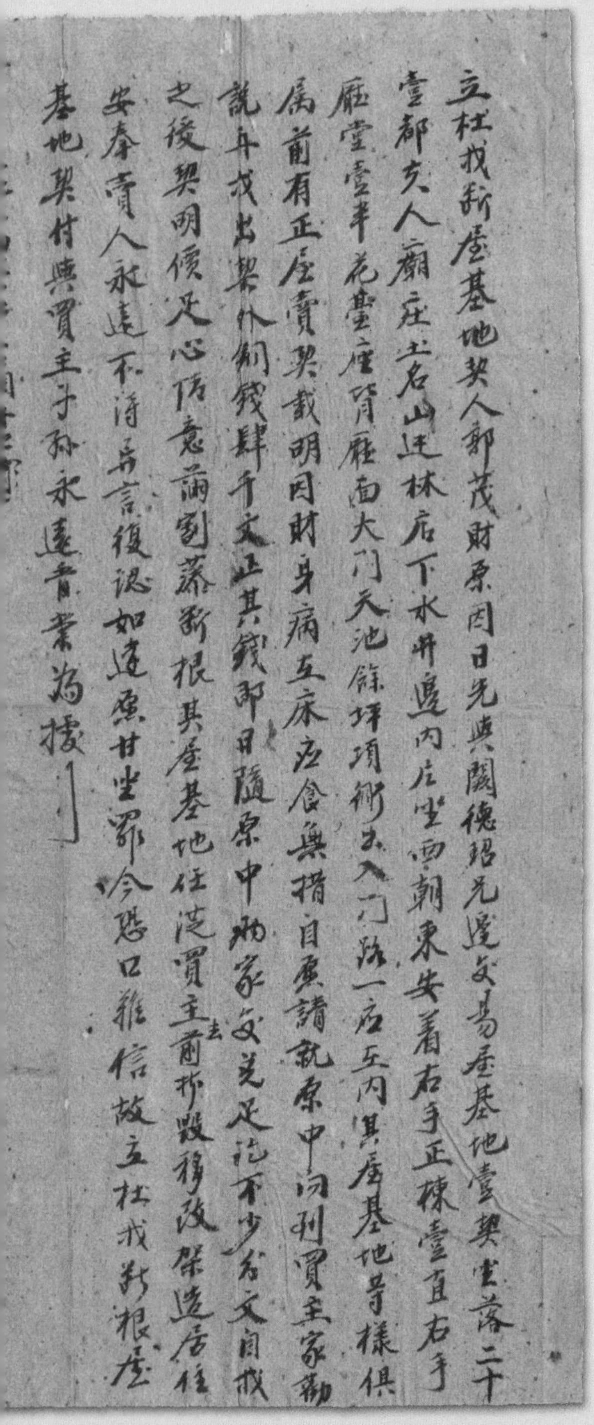

立杜找斷屋基地契人郭茂財原因日先典闕德昭兄邊交易屋基地壹契坐落二十壹都夫人廟庄土名山逕林店下水井邊内庄坐西朝東安着右手正棟壹直右手麻堂壹半花臺座背麻面大门天池餘坪頂衖出入门路一应在内其屋基地等樣俱廂前有正屋賣契載明因財身病在床應食無措自愿請就原中向到買主家勸説再找出契外銅錢肆千文正其錢即日隨契中兩家交足足訖不少分文自找之後契明價足心愿意論割蔗斷根其屋基地任從買主前去拆毀移改架造居住安奉賣人永遠不得异言復認如違原甘坐罰今恐口難信故立杜找斷根屋基地契付與買主子孫永遠管業為據

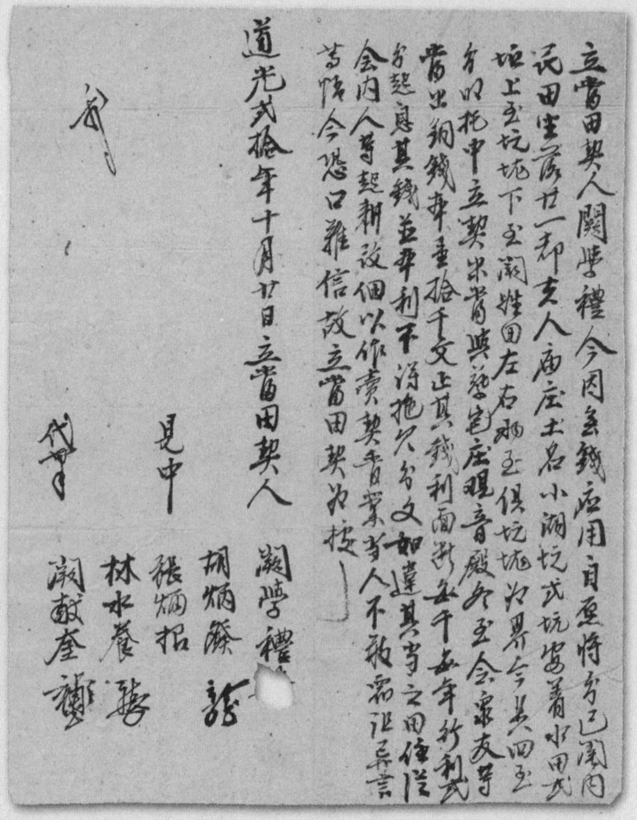

立當田契人闕學禮，今因無錢应用，自愿将分己阄内民田，坐落廿一都夫人庙庄，土名小湖坑式坑，安着水田式坵，上至坑垅，下至闕姓田，左右兩至俱坑垅为界，今具四至分明，托中立契，出當與蔡宅庄觀音殿冬至会衆友等，當出銅錢本壹拾千文正，其錢利面断，每千每年行利式分起息，其錢並本利不得拖欠分文，如違，其当之田任從会内人等起耕改佃，以作賣契管業，当人不敢霸阻异言等情，今恐口難信，故立當田契为據。

道光式拾年十月廿日　立當田契人　闕學禮

見中　胡炳發

張炳招

林水養

代筆　闕献奎

立杜找断屋基地契人郭茂財，原因日先與闕德玿兄邊交易屋基地壹契，坐落二十壹都夫人廟庄，土名山边林店下水井邊内片，坐西朝東，安着右手正棟壹直，右手廳堂壹半，花臺座背廳面大门，天池餘坪項［巷］術，出入门路，一应在内，其屋基地等樣，俱属前有正屋賣契載明，因財身病在床，应食無措，自愿請就原中向到買主家勸說，再找出契外銅錢肆千文正，其錢即日隨原中兩家交兑足讫，不少分文，自找之後，契明價足，心情意满，割藤断根，其屋基地任從買主前去拆毁，移改架造，居住安奉，賣人永遠不得异言復認，如違，愿甘坐罪，今恐口難信，故立杜找断根屋基地契付與買主子孙永遠管業為據。

一批契内註去字壹個，再照。

道光式拾壹年拾壹月初拾日　立杜找屋基地契人　郭茂財

見中堂弟　茂全

兄　茂榮

原中　陳金壽

闕天進

阙書琳

代筆　阙献奎

立賣屋契人闕書才今因無銅錢使用自心愿將祖父遺下坐落二十壹都夾人
廟庄土名林店下大路內坐西向東屋壹堂其屋兄弟分己闕內右手安着客軒壹
間東至買主屋為界南至買主屋為界西至壽堂為界北至天井為界併及正屋右向花墻前
廳堂天池出入門路上屋桶下基地板壁柱石䃘盤門戶窗牖庇酒等項一概在內請托中
今具四至分明立契出賣與本族德璐叔公邊承買為業當日憑中三面言斷定目值
屋價銅錢伍千文正其錢即日隨中筆兩家交訖不少個文自賣之后其屋著
任從買主居住君祖移改架造修整賣人不得生言未賣日先亦無典當文墨交加若
有來歷不明賣人一力支當不干買主之事所賣所買兩家心愿並無逼勒準折債員之
故自賣之後任從買主拆造應用管業賣人永不敢茲事等情恐口難信故立賣屋
契文與買主子孫永遠居住管業為據

道光念肆年　柒月初壹日　立賣屋契人　闕書才（押）

見中堂弟　書仁○
書榮（押）
在見胞兄　書元（押）
憑中　闕天進（押）
代筆　闕獻奎（押）

立杜找屋絕契人闕書才原因日前與本族德璐叔公邊立賣屋壹契坐落廿一
都夾人廟庄土名林店下坐西向東右手客軒壹間並及正屋後向花墻前廳堂門路
出入庇灑等項一概在內其屋界至分明前有正契載明今因缺錢急迫自請原中向到
買主勸說再找出契外銅錢貳千文正其錢即日隨原中兩家交訖足訖不短分文自找
之后契明價足割藤斷根賣人永不得言識認茲端等情其屋此找之後任從買主前

口雜信收立杜找絶屋契爻與買主子孫永遠管業爲據

一批契内註字六個再照

道光念肆年　捌月念壹日　立杜找絶屋契人　闕書才（押）

見中胞兄　書榮（押）

見中胞兄　書元（押）

堂弟　書仁（押）

原中族叔　天進（押）

代筆兄　献奎（押）

契尾

字　號

[illegible]

計開業户　買田壹號　畝　分　價銀柒兩　錢　分納税銀　兩貳錢　分　厘　毫

布字叁千肆百叁拾貳號右給松陽縣業户闕德珸　准此

咸豐貳年拾月　日

（前頁）>>>>>

立賣瓦屋契人阙書才，今因無銅錢使用，自心愿将祖父遺下，坐落二十壹都夫人廟庄，土名林店下大路内，坐西向東瓦屋壹堂，其屋兄弟分己阄内，右手安着客軒壹间，東至買主屋為界，南至買主屋为界，西至弄堂為界，北至天井为界，併及正屋后向花臺，前廳堂天池，出入门路，上瓦桷，下基地，板壁柱石，磉盤门户，窗槅庇洒等項，一概在内，請托中，今具四至分明，立契出賣與本族德珨叔公邊承買為業，當日凴中三面言断，定目值瓦屋價銅錢伍千文正，其錢即日隨中筆两家交兑足訖，不少個文，自賣之后，其屋等任凴買主居住召［招］租，移改架造修整，賣人不得异言，未賣日先，亦無典當文墨交加，若有來歷不明，賣人一力支听，不干買主之事，所賣所買，两家心愿，並無逼勒準折債負之故，自賣之後，任從買主扦掘应用管業，賣人永不敢兹［滋］事等语，恐口難信，故立賣屋契交与買主子孫永遠居住管業為據。

見中堂弟　書仁

道光念肆年柒月初壹日　立賣瓦屋契人　闕書才

書榮

在見胞兄　書元

凴中　闕天進

代筆　阙献奎

立杜找瓦屋绝契人闕書才，原因日前與本族德玿叔公边交易瓦屋壹契，坐落廿一都夫人庙庄，土名林店下，坐西向東右手客軒壹间，並及正屋後向花臺，前廳堂门路，出入庇洒等項，一概在内，其屋界至分明，前有正契載明，今因缺錢急迫，自请原中向到買主勸説，再找出契外銅錢貳千文正，其錢即日隨原中两家交兑足讫，不短分文，自找之后，契明價足，割藤断根，賣人永不得言識認兹［滋］端等情，其屋此找之後，任從買主前去居住召［招］租，移改扦掘，架造应用，賣人再不敢言找言贖之理，如違，愿甘坐罪，今恐口難信，故立杜找绝屋契交與買主子孫永遠管業為據。

一批契内註不字一個，再照。

道光念肆年捌月念壹日　立杜找绝屋契人　闕書才

書榮

見中胞兄　書元

堂弟　書仁

原中族叔公　天進

代筆兄　献奎

（契尾，咸豐弍年拾月）

立杜找断絶田契人徐學信，原因日先祖父與瀾鳧邊交易民田壹處，其田坐落松邑廿都水南寺下安着，計額壹畝五分正，日先契明價足，并無找贖，今因粮迫，自愿情托原中相勸業主瀾德玿手內找過契外銅錢陸千文正，其錢即日當中隨契交足，不少個文。其田自找之後，任凭業主推收過户入册，办粮起耕改佃收租管業，賣人子孫再不敢異言找贖等情。此出兩相情愿，各無反悔，恐口難信，故立杜找断絶田契付與瀾邊永遠為據。

同治柒年十二月初二日立杜找断絶田契人徐學信〇

在場 伯 培桂〇

叔 金周〇

原中 劉仁懷〇

程開森〇

代筆 胡其松

立杜找断绝田契人徐學信，原因日先祖父與闞邊交易民田壹處，其田坐落松邑廿都水南寺下安着，計額壹畝五分正，日先契明價足，并無找贖，今因粮迫，自愿情［請］托原中相勸業主闞德炤手内找過契外銅錢陸千文正，其錢即日當中隨契交足，不少個文，其田自找之後，任凴業主推收過户，入册办粮，起耕改佃，收租管業，賣人子孫再不敢異言找贖等情，此出两相情愿，各無反悔，恐口难信，故立杜找断绝田契付與闞邊永遠為據。

同治柒年十弍月初二日　立杜找断绝田契人　徐學信

在場伯　培桂

叔　金周

原中　鄧仁懷

程闬森

代筆　胡其松

五都一户闞天開，

一收九都張其宗户田叁分正。

己丑十一月初八日

佐彬王記　收单

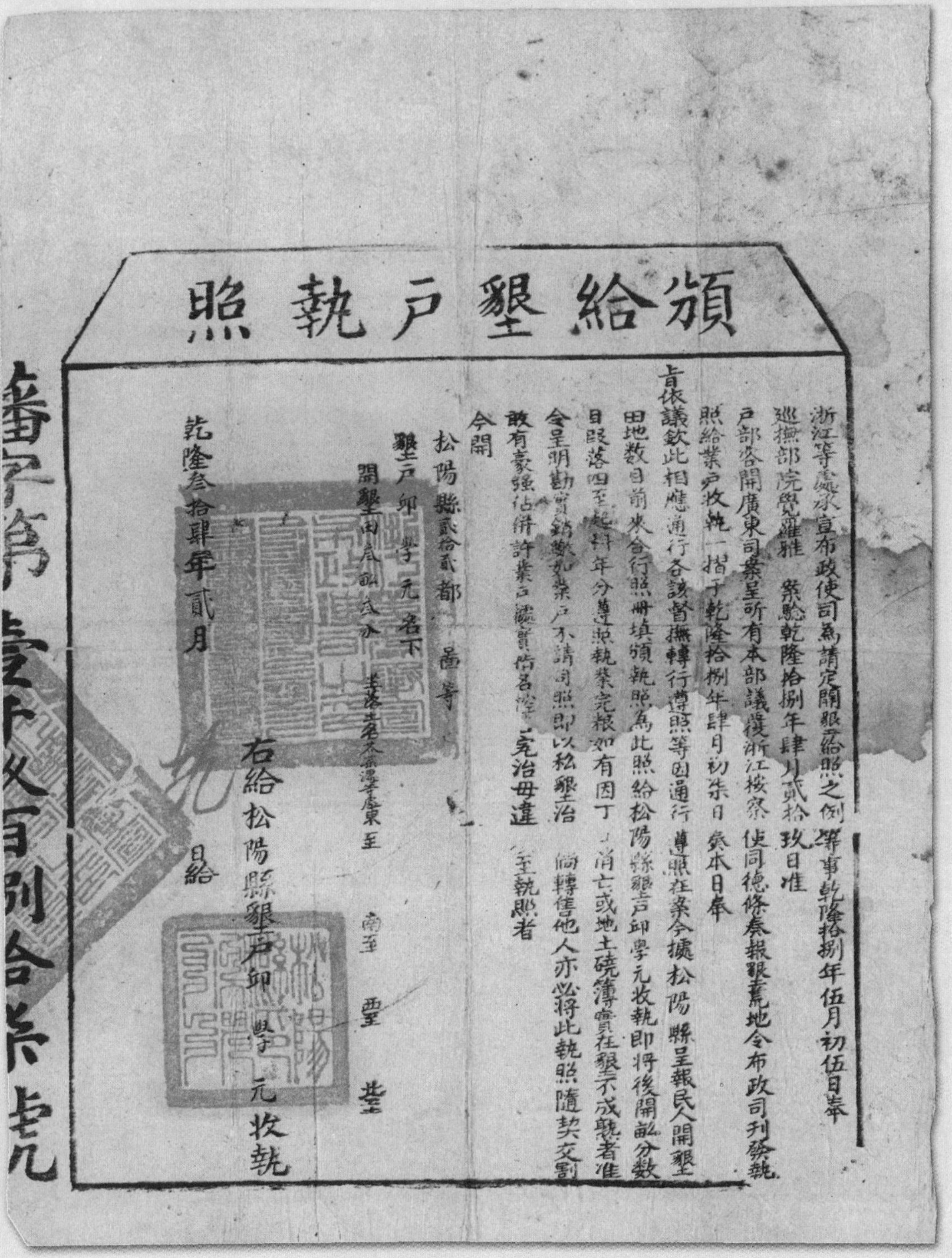

頒給墾戶執照

浙江等處承宣布政使司為請定開墾給照之例等事。乾隆拾捌年伍月初伍日奉
巡撫部院覺羅雅 案驗乾隆拾捌年肆月貳拾玖日准
戶部咨開廣東司案呈所有本部議覆浙江按察使同德條奏報墾荒地令布政司刊發執
照給業戶收執一摺，于乾隆拾捌年肆月初柒日具奏，本日奉
旨依議。欽此。相應通行各該督撫轉行遵照等因通行。遵照在案。今據松陽縣呈報民人開墾
田地數目前來，合行照冊填頒執照。為此照給松陽縣墾戶卯學元收執，即將後開畝分數
目段落四至起科年分遵照執業完糧。如有因丁[illegible]消亡或地土磽薄實在墾不成熟者，准
令呈明勘實銷數。如業戶不請司照，即以私墾治[illegible]；倘轉售他人，亦必將此執照隨契交割。
敢有豪強佔併，許業戶據實指名控[illegible]究治毋違。[illegible]至執照者。

今開

松陽縣貳拾貳都　啚　等

墾戶卯學元名下

開墾田叁畝叁分　坐落土名木源[illegible]　東至　南至　西至　北至

右給松陽縣墾戶卯學元收執

乾隆叁拾肆年貳月　日給

[illegible]字第　壹千[illegible]百[illegible]號

頒給墾戶執照

浙江等處承宣布政使司，為請定開墾給照之例等事，乾隆拾捌年伍月初伍日，奉
巡撫部院覺羅雅　案驗乾隆拾捌年肆月貳拾玖日，准
户部咨開廣東司案呈所有本部議復浙江按察使同德條奏報墾荒地令，布政司刊發執照給業户收執一摺，于乾隆拾捌年肆月初柒日奏，本日奉
旨依議欽此相應通行各該督撫轉行遵照等因，通行遵照在案，今據松陽縣呈報民人開墾田地数目，前來合行照册填頒執照，為此照給松陽縣墾户邱學元收執，即将後開畝分数目、段落四至，起科年分，遵照執業完粮，如有因丁口消亡，或地土磽簿〔薄〕，實在墾不成熟者，准令呈明，勘實銷繳，如業户不請司照，即以私墾治□，倘轉售他人，亦必将此執照隨契交割，敢有豪强佔併，許業户據實指名控告究治，毋違，須至執照者。

今開

松陽縣貳拾貳都　圖　等

墾户邱學元　名下

開墾田　叁畝叁分　坐落土名芥菜源等處，東至　南至　西至　北至

右給松陽縣墾户　邱學元　收執

乾隆叁拾肆年貳月　廿九　日　給

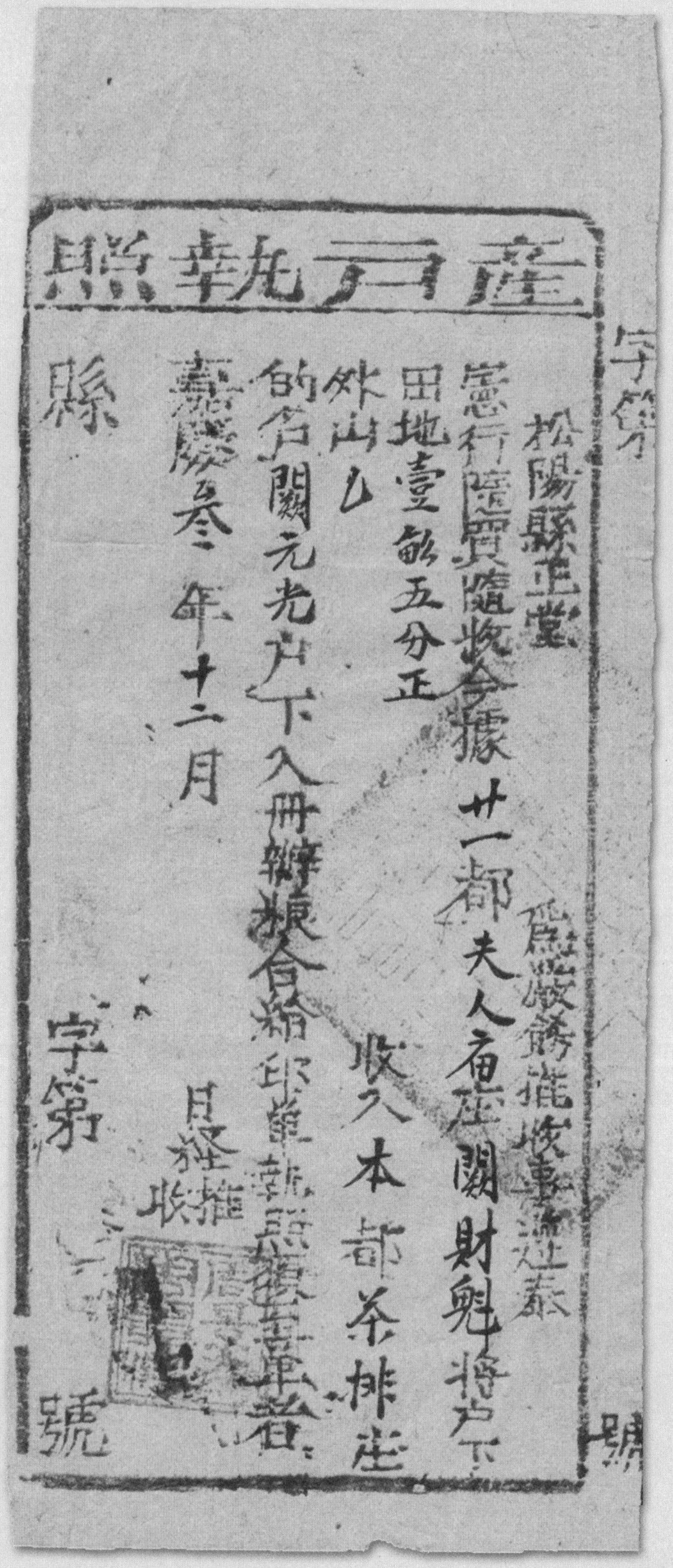

產戶執照

松陽縣正堂　　　　為嚴飭推收事，遵奉

憲行，隨買隨收，今據廿一都夫人庙庄　闞財魁　将户下

田地　壹畝五分正

外山　〇　　　　收入本　都　茶排　庄

的名　闞元光　户下入册辦粮，合給印单執照，須至单者。

嘉慶叁　年　十二　月　　日經推收

縣　　　字第　　號

該都收照

松陽縣正堂劉　為嚴飭推收事，遵奉
憲行，随買随收，今據 二十一 都夫人庙庄 闕正興 将户下
田地　弍分正
外山　○　　收入 本 都 茶排 庄
的名闕和利户下入册辦粮，合給印单執照，須至单者。
嘉慶　二十五年　十二　月　　日五庄

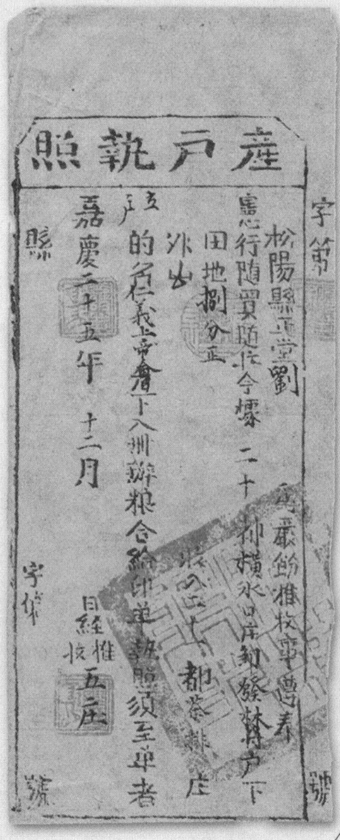

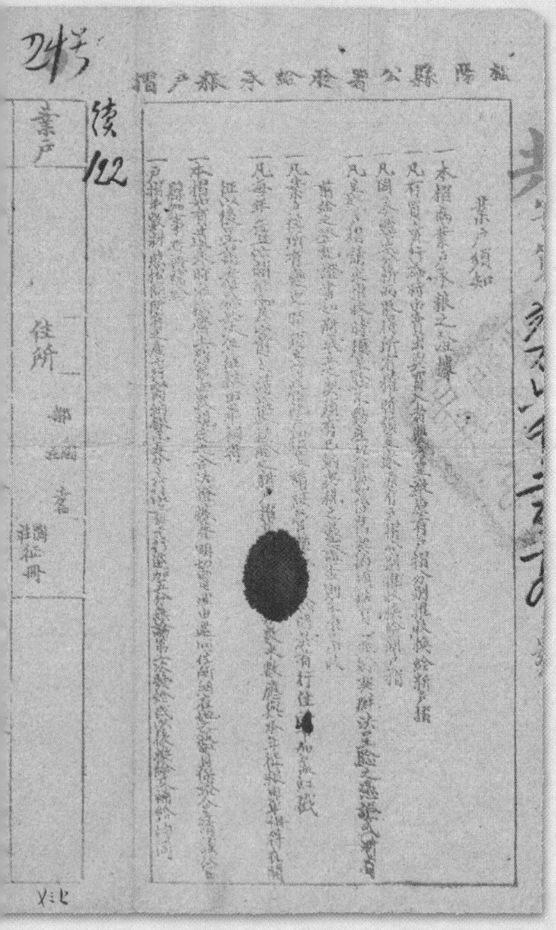

産户執照

松陽縣正堂劉　為嚴飭推收事，遵奉

憲行，随買随收，今據 二十 都横水口庄 邹發林 将户下

田地 捌分正

外山 ○ 收入 二十一 都 茶排 庄

立

户 的名仁義上帝會户下入册辨粮，合給印单執照，須至单者。

嘉慶 二十五年 十二 月 日經 推 收 五庄

縣 字第 號

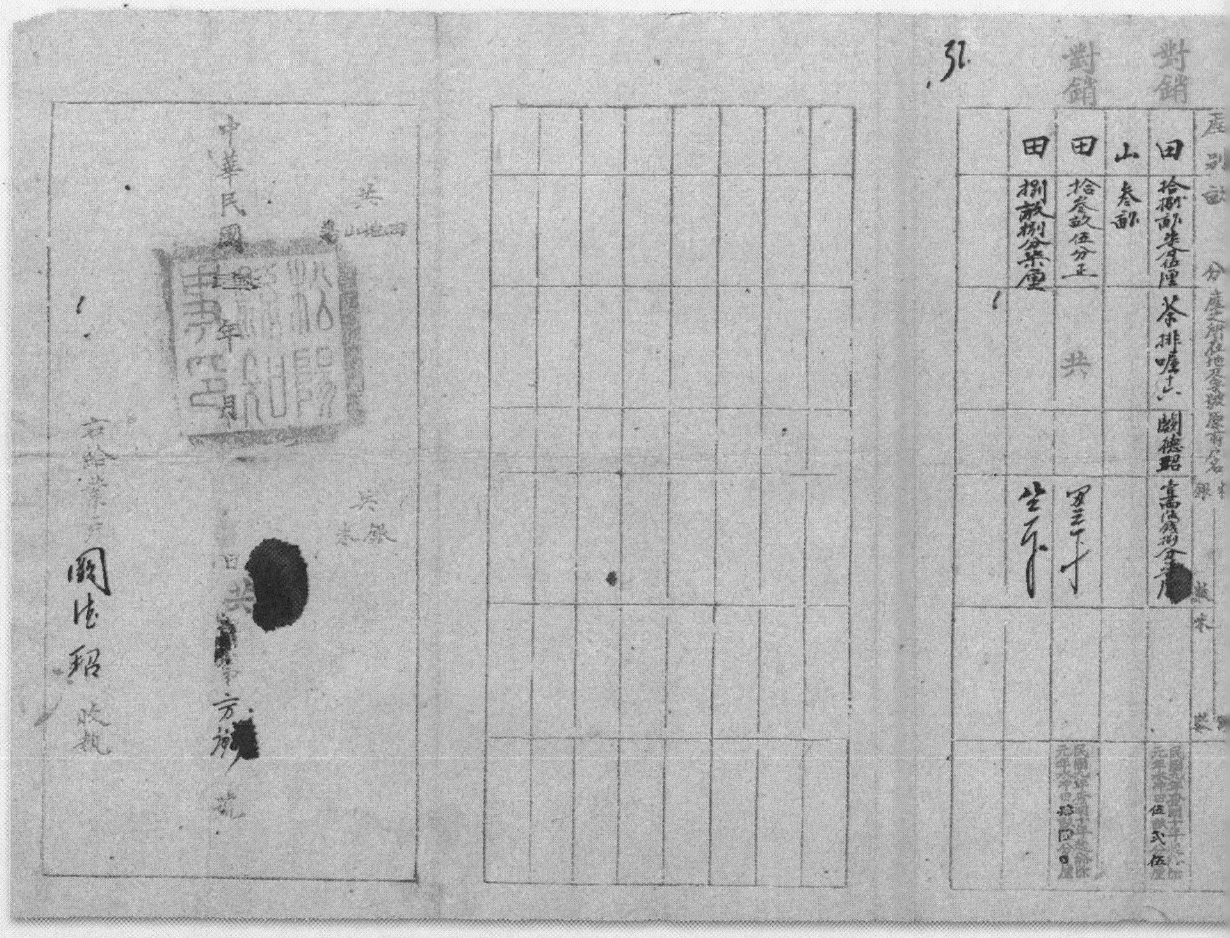
對銷
對銷
田　拾捌畝柒分伍厘　茶排嘴上　闕德昭
山　叁畝
田　拾叁畝伍分正
田　捌畝捌分柒厘
中華民國　年　月
右給業戶
闕德昭　收執
方　號

對銷　對銷

業戶	產別	畝分	住所 / 都 / 産之所在地及字號	莊圖 / 原有户名	土名 / 莊圖 / 征册 / 糧額 銀數	糧額 米數
	田	拾捌畝柒分伍厘	茶排喔十六	闕德昭	壹两陆錢捌分柒厘	
	山	叁畝				
	田	拾叁畝伍分正	共			
	田	捌畝捌分柒厘				

田地　共　銀

山蕩　共　米

中華民國　叁　年　月　日　共字第二万六千二百十四　號

右給業户　闕德昭　收執

民國九年查明十年豁除元年水冲田伍畝弍分伍厘

民國九年查明十年豁除元年水冲田肆畝陸分0厘

上茶排

闕氏·天開·德玿·翰信·玉養

德玿善继堂外景

賣契

立賣山場荒坪契人闕魁德今因無錢應用自情愿將自置民山壹處坐落松
邑廿一都夫人廟庄土名上高坑左至横窠外大崙直上分水為界又土名横窠又荆竹窠
又直窠又庵塲窠共大小土名肆處不計上至雲和山分水為界右至葉姓山分水為界
外至林姓山分水為界今俱四至分明計額壹畝正四至之内寸艸尺木盡行杜賣與
胡永盛邊入手承買永遠為業當日三面言斷時值山價銅錢陸拾叁仟文正
其錢隨契憑中交兑清楚並無欠少個文其山愿買愿賣出在两家情愿併無逼勒
等情自賣之後任憑買主執契完粮補報開墾管業賣主不得異言其山乃是
自己清楚物業房親伯叔兄弟内外人等併無干碍亦無他人重典文墨倘有上手來歷
不明盡世賣主一力承當不涉買主之事其有王姓故山不在契内其山愿賣之後任憑
買主永遠管業賣主日後永無加找永不敢贖恐口無憑立此賣契永遠為據行

内註不字弍[illegible]

嘉慶拾年叁月廿八日立賣山場荒坪契人闕魁德（押）

憑中人　林金寿（押）
闕德乾（押）
王定國（押）
楊有亮（押）
胞弟　魁琳（押）

在塲人　林福興（押）
楊有滿（押）
王世文（押）
藍海龍（押）

代筆人　胞弟　魁仁（押）

立賣茶子山字人王瑚光今因無錢

（前頁）>>>>>

立賣山塲荒坪契人闕魁德，今因無錢應用，自情愿将自置民山壹處，坐落松邑廿一都夫人庙庄，土名上高坑，左至横窠外大崗直上分水為界，又土名横窠，又荆竹窠，又直窠，又庵塲窠，共大土名肆處，小土名不計，上至雲和山分水為界，右至葉姓山分水為界，外至林姓山分水為界，今俱四至分明，計額壹畝正，四至之內，寸草尺木，盡行杜賣與胡永盛客邊入手承買永遠為業，當日三面言断，時直山價銅錢陸拾叁仟文正，其錢隨契憑中交兑清楚，並無欠少個文，其山愿買愿賣，出在两家情愿，併無逼勒等情，自賣之後，任憑買主执契，完粮補報，開墾管業，賣主不得異言，其山乃是自己清楚物業，房親伯叔兄弟內外人等併無干碍，亦無他人重典文墨，倘有上手来歴不明，盡世［是］賣主一力承當，不涉買主之事，其有王姓故山，不在契內，其山愿賣之後，任凴買主永遠管業，賣主日後永無加找，永不取贖，恐口無凴，立此賣契永遠為據。

內註不字，再照。

嘉慶拾年叁月廿八日　立賣山塲荒坪契人　闕魁德

林金寿

憑中人　闕德乾

王定國

楊有亮

在塲人胞弟　魁琳

林福兴

楊有滿

王世文

藍海龍

代筆人胞弟　魁仁

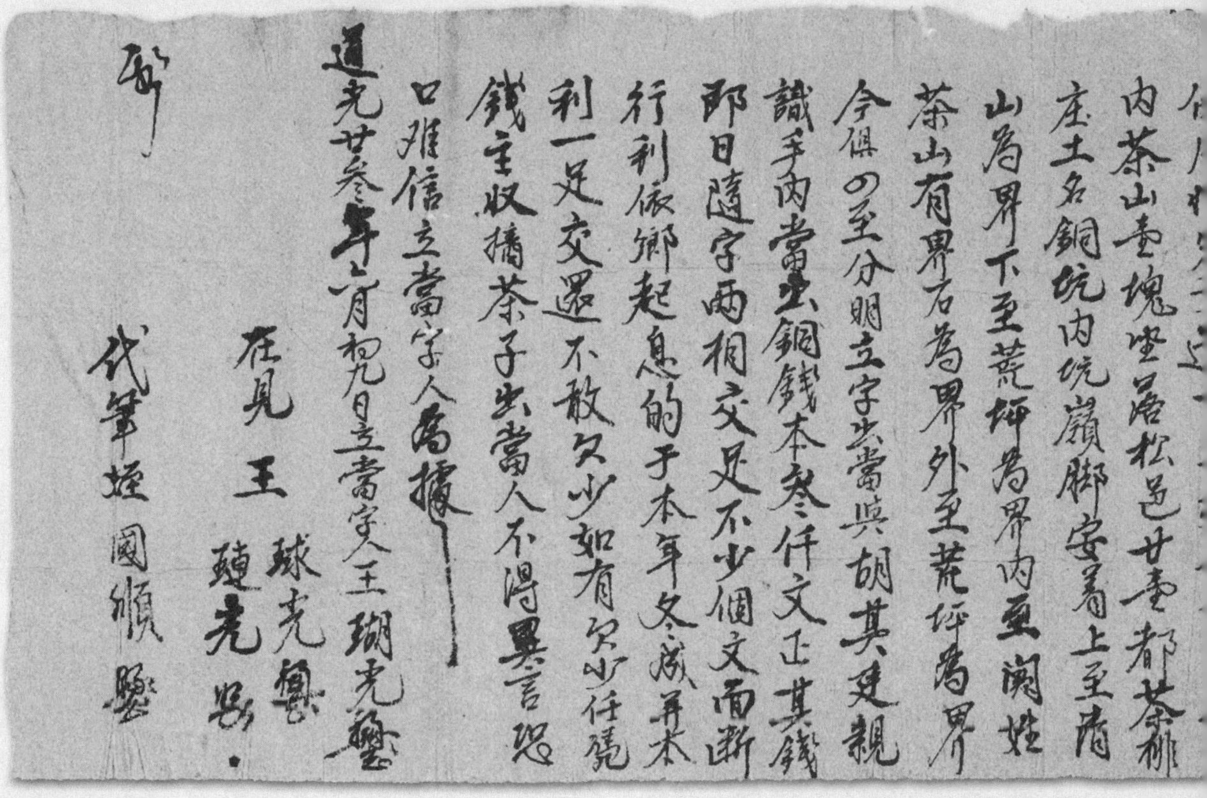

立當茶子山字人王瑚光，今因無錢
使用，将父手遺下兄弟均分己股阄
内茶山壹塊，坐落松邑廿壹都茶排
庄，土名銅坑内坑嶺脚安着，上至清
山為界，下至荒坪為界，内至阙姓
茶山有界石為界，外至荒坪為界，
今俱四至分明，立字出當與胡其廷親
識手内，當出銅錢本叁仟文正，其錢
即日隨字两相交足，不少個文，面断
行利，依鄉（規）起息，的于本年冬成，并本
利一足交還，不敢欠少，如有欠少，任凴
錢主收摘茶子，出當人不得異言，恐
口难信，立當字『人』為據。

道光廿叁年六月初九日　立當字人　王瑚光

在見　王球光

璉光

代筆姪　國順

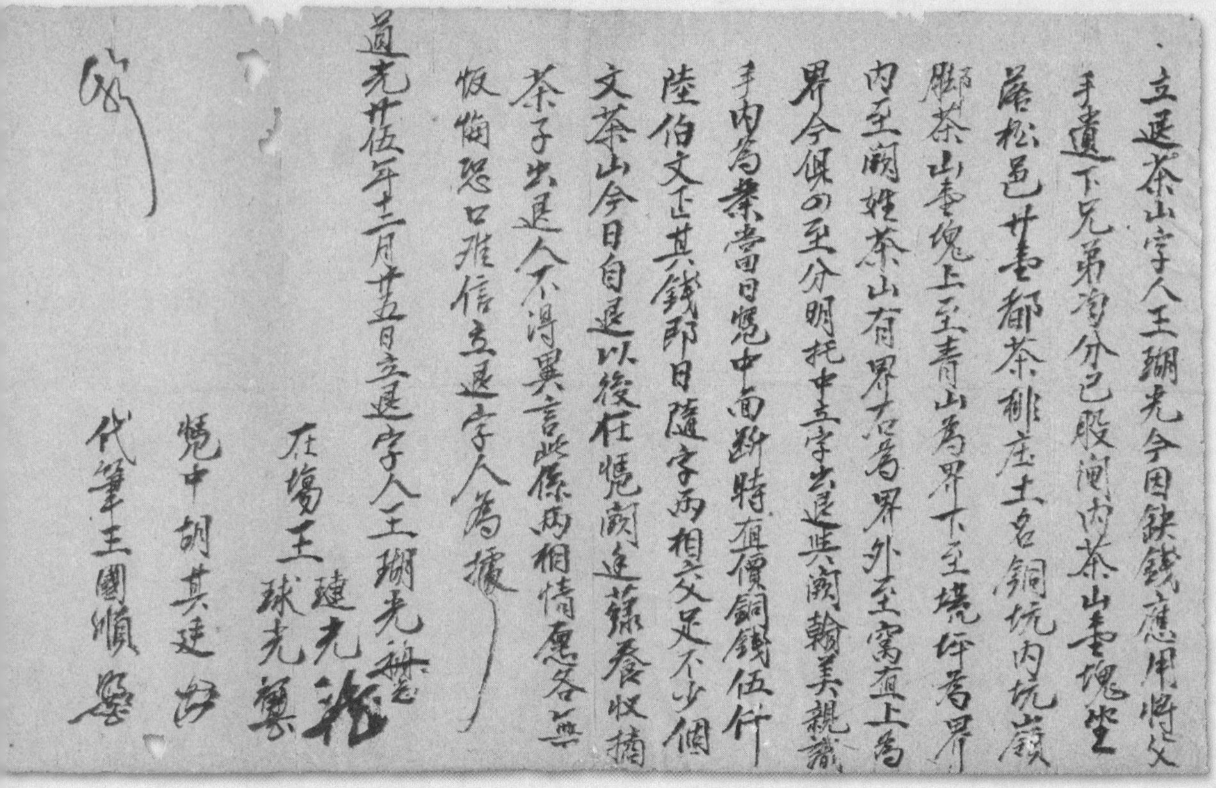

立退茶山字人王瑚光，今因缺錢應用，將父
手遺下兄弟均分己股鬮内茶山壹塊，坐
落松邑廿壹都茶排庄，土名銅坑内坑嶺
脚，茶山壹塊，上至青山為界，下至荒坪為界，
内至闞姓茶山有界石為界，外至窩直上為
界，今俱四至分明，托中立字，出退與闞翰美親識
手内為業，當日凴中面断，時直價銅錢伍仟
陸伯文正，其錢即日隨字两相交足，不少個
文，茶山今日自退以後，任凴闞邊籙養收摘
茶子，出退人不得異言，此係两相情愿，各無
反悔，恐口难信，立退字『人』為據。
道光廿伍年十二月廿五日　立退字人　王瑚光
在場　王璉光
球光
凴中　胡其廷
代筆　王國順

立退回贖字張開泰仝弟陳養雷招等今因粮食無措自
愿將日先父手兆發承買胡玉明仝姪忠元民山壹契土名
坐落松邑貳拾壹都夫人庙庄土名高坑小土名大塢山竿
墩山塲壹處上至山頂下至大坑左至屋基外首大岡分水右
至闕姓山小塢合水為界四至照依胡廷賣契述明自愿托
中將胡廷討賣契內山塲併及雜色契據盡行一應退回
還與胡忠元自己管業當日憑中面收契內原價銅錢貳拾
弍千文正其錢即日收訖不欠分文其山塲自退回贖之後永為
胡廷管業張廷不敢識認另生枝節等情愿退愿贖此出兩
相心愿各無反悔恐口难信立此退回贖字為照

咸豐叁年四月廿七日立退回贖字人張開泰○

仝退　張陳養○　張雷招○

在見　張兆富　闕九英　藍昇滿

代筆　高成茂

(前頁)>>>>>

立退回贖字張開泰仝弟陳養、雷招等，今因粮食無措，自愿將日先父手兆發承買胡玉明仝姪忠元民山壹契，土名坐落松邑貳拾壹都夫人庙庄，土名高坑，小土名大塢山羊墩，山塲壹處，上至山頂，下至大坑，左至屋基，外首大岡分水，右至闕姓山小塢合水為界，四至照依胡边賣契述明，自愿托中，将胡边所賣契内山塲，併及雜色契據，盡行一應退回，還與胡忠元自己管業，當日凴中面收契内原價銅錢貳拾弍千文正，其錢即日收訖，不欠分文，其山塲自退回贖之後，永為胡边管業，張边不敢識認，另生枝節等情，愿退愿贖，此出兩相心愿，各無反悔，恐口难信，立此退回贖字為照。

咸豐叁年四月廿七日　立退回贖字人　張開泰

仝退　張陳養

張雷招

在見　張兆富

闕九英

藍昇滿

代筆　高成茂

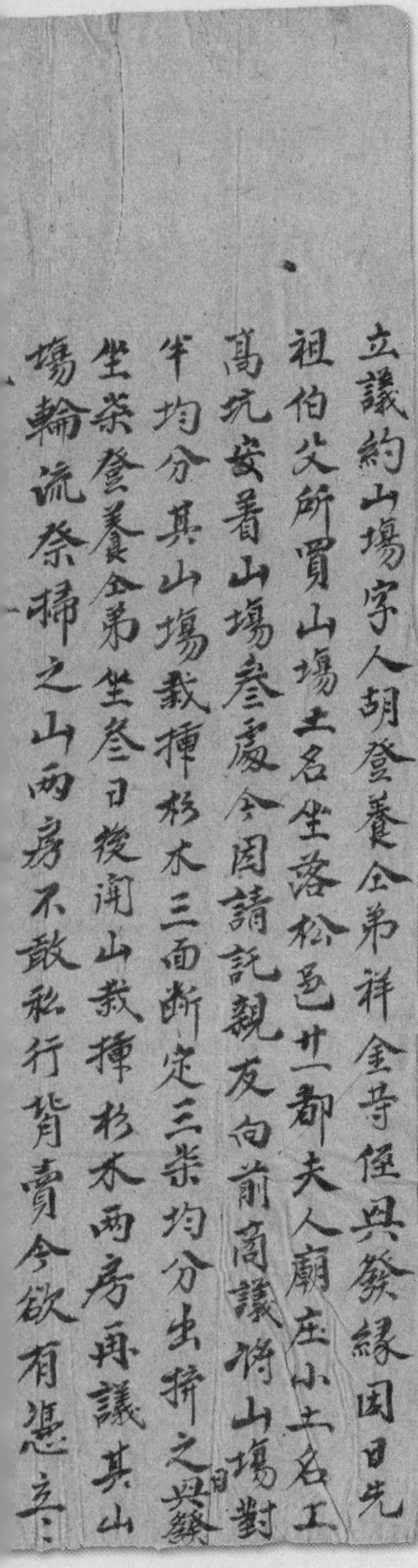
立議約山塲字人胡登養仝弟祥金等侄與發緣因日先
祖伯父所買山塲土名坐落松邑廿一都夫人廟庄小土名工
高坑安着山塲叁處今因請託親友向前商議將山塲對
半均分其山塲栽插杉木三面斷定三柴均分出拚之與發
坐柴登養仝弟坐叁日後開山栽插杉木兩房再議其山
塲輪流祭掃之山兩房不敢私行背賣今欲有憑立：

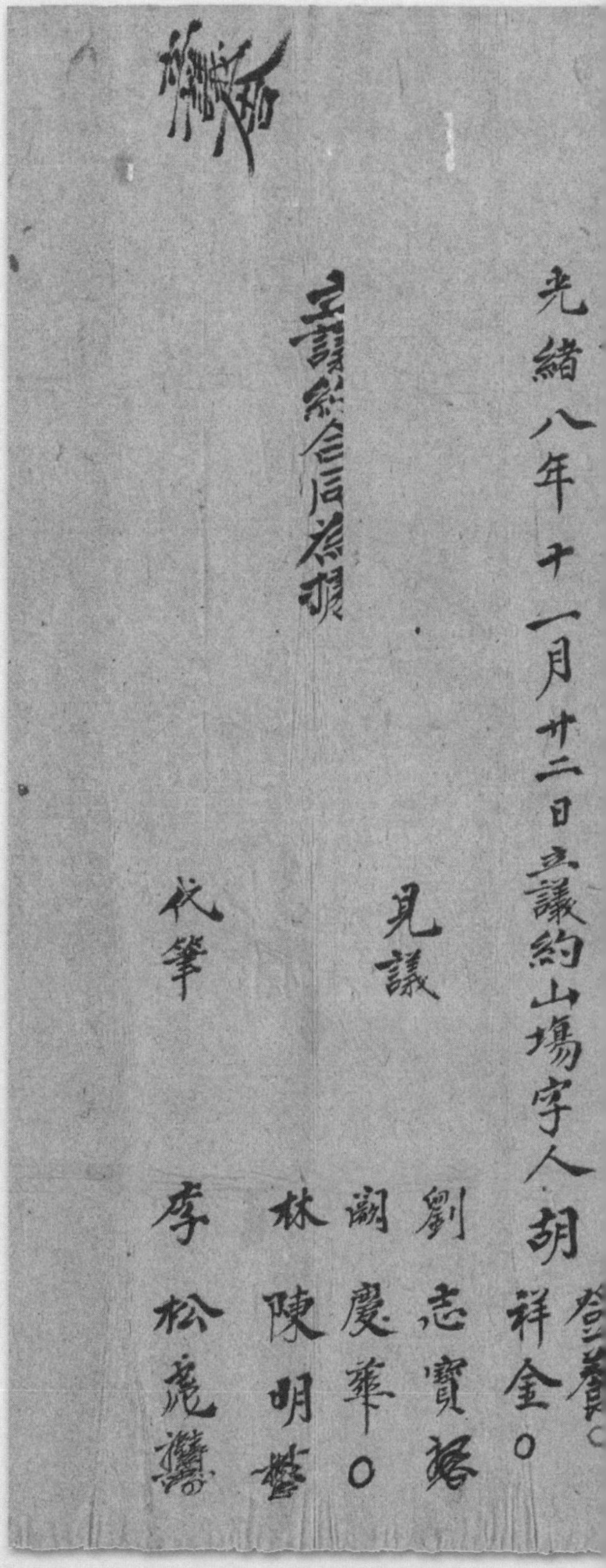

立議約山場字人胡登養仝弟祥金、等侄兴發，緣因日先祖伯父所買山場，土名坐落松邑廿一都夫人廟庄，小土名上高坑，安着山場叁處，今因請託親友向前商議，将山場對半均分，其山場栽插杉木，三面断定，三柒均分，出拚之日，兴發坐柒，登養仝弟坐叁，日後岡山栽插杉木，两房再議，其山場輪流祭掃之山，两房不敢私行背賣，今欲有憑，立議約字為據。

光緒八年十一月廿二日　立議約山場字人　胡登養

祥金

見議　劉志寶

闕慶華

林陳明

代筆　李松彪

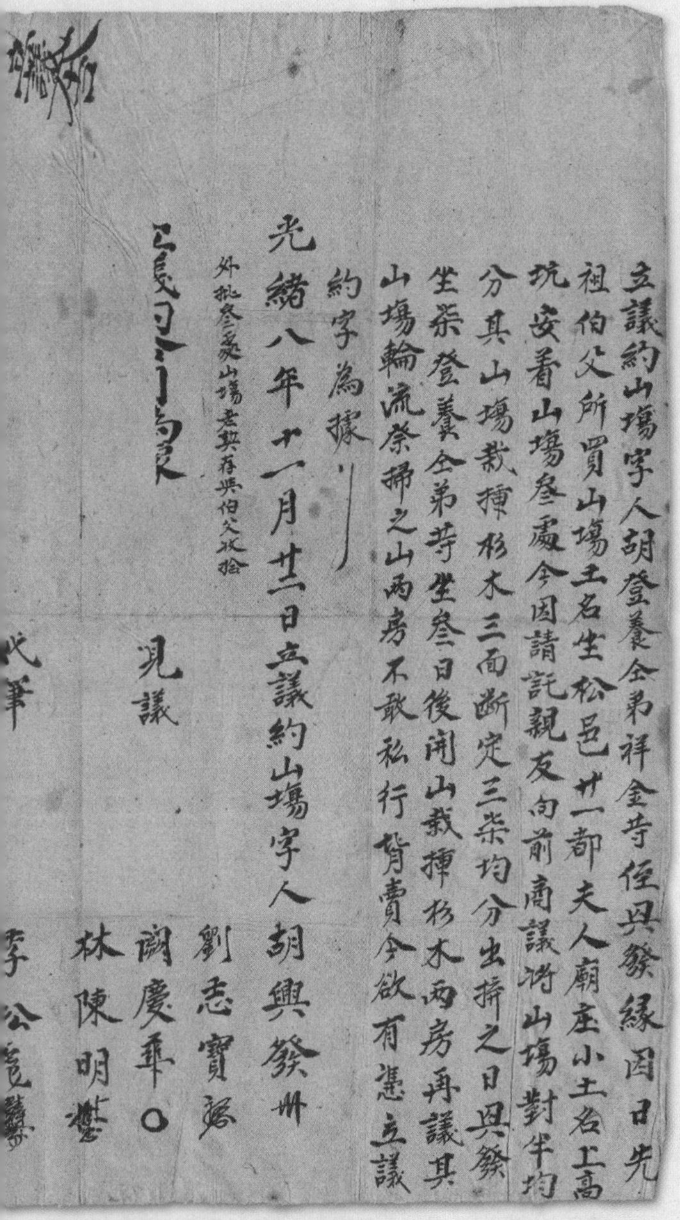

立議約山塲字人胡登養仝弟祥金等、侄兴發，緣因日先
祖伯父所買山塲，土名坐（落）松邑廿一都夫人廟庄，小土名上高
坑，安着山塲叁處，今因請託親友向前商議，将山塲對半均
分，其山塲栽插杉木，三面断定，三柒均分，出拚之日，兴發
坐柒，登養仝弟等坐叁，日後開山栽插杉木，两房再議，其
山塲輪流祭掃之山，两房不敢私行背賣，今欲有憑，立議
約字為據。

光緒八年十一月廿二日　立議約山塲字人　胡興發

外批叁處山塲老契，存與伯父收拾。

見議　劉志寶
闞慶華
林陳明

代筆　李松彪

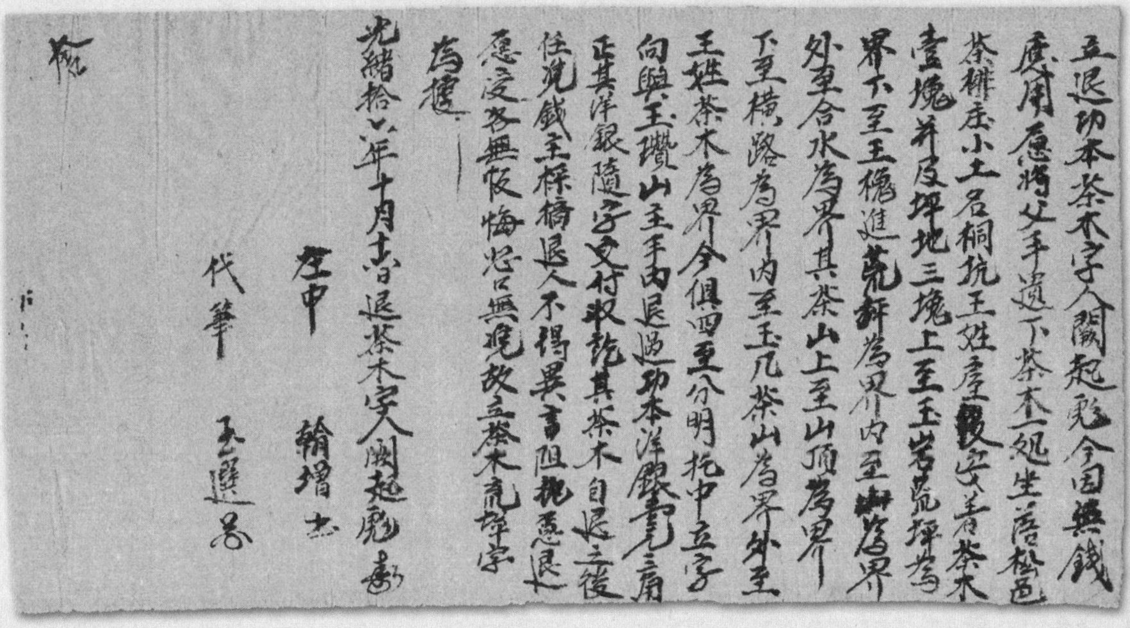

立退功〔工〕本茶木字人闕起彪，今因無錢應用，愿将父手遺下茶木一处，坐落松邑茶排庄，小土名桐坑王姓屋後，安着茶木壹塊，并及坪地三塊，上至玉岩荒坪為界，下至王槐進荒坪為界，内至山為界，外至合水為界，其茶山上至山頂為界，下至横路為界，内至玉几茶山為界，外至王姓茶木為界，今俱四至分明，托中立字，向與玉瓚山主手内，退過功〔工〕本洋銀壹元三角正，其洋銀隨字交付收訖，其茶木自退之後，任凴錢主採摘，退人不得異言阻执，愿退愿受，各無反悔，恐口無凴，故立茶木荒坪字為據。

光緒拾六年十月十六日　退茶木字人　闕起彪

仝中　翰增

代筆　玉選

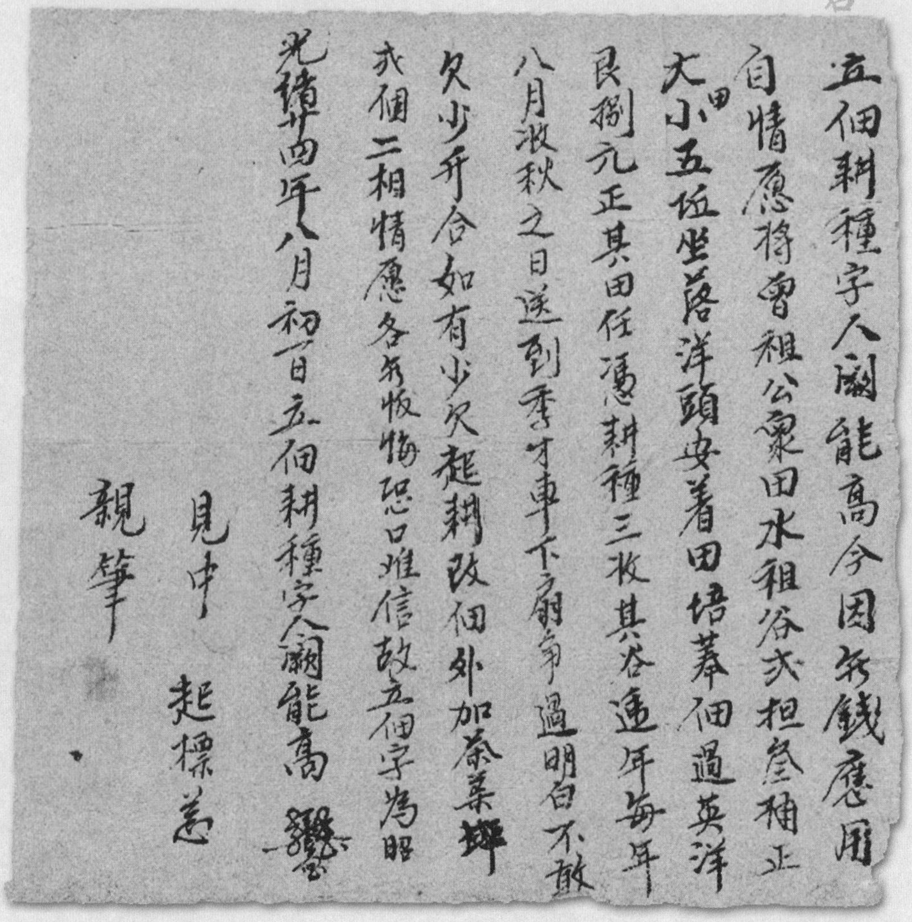

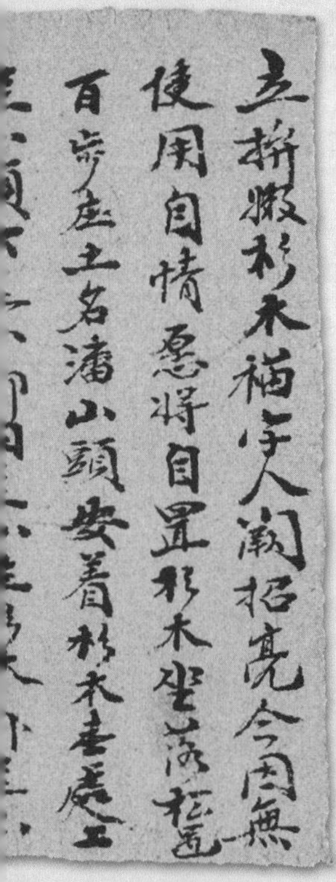

立佃耕種字人闕能高，今因無錢應用，
自情愿将曾祖公衆田水租谷式担叁桶正，
大小田五坵，坐落洋頭，安着田培搴［培搴田］，佃過英洋
銀捌元正，其田任憑耕種，三收其谷，遞年每年
八月收秋之日，送到季才車下扇争［净］過（桶）明白，不敢
欠少升合，如有少欠，起耕改佃外，加茶葉坪
式個，二相情愿，各無反悔，恐口难信，故立佃字為昭［照］。
光绪廿四年八月初一日　立佃耕種字人　闕能高
見中　起標
親筆

立拚嫩杉木苗字人闞招亮，今因無（錢）使用，自情愿将自置杉木，坐落松邑百步庄，土名潘山頭，安着杉木壹處，上至山頂，下至山脚，内至山主杉木，外至山主杉木為界，今俱四至分明，自愿托中立字，出退與闞培桊叔边入受承退為货，将界出退一半，当日两断，目值杉木價洋银拾元正，其洋即日交付清楚，不少分厘，其杉木自退之後，任憑叔边砍伐養籙，出退人無得異言阻执，愿退愿受，各無反悔等情，恐口難信，故立退杉木苗字為據。

光绪式拾七年式月初九日　立拚杉木苗字人　闞招亮

在見叔　石財

憑中　王闸化

闞陳闸

代筆　闞玉璜

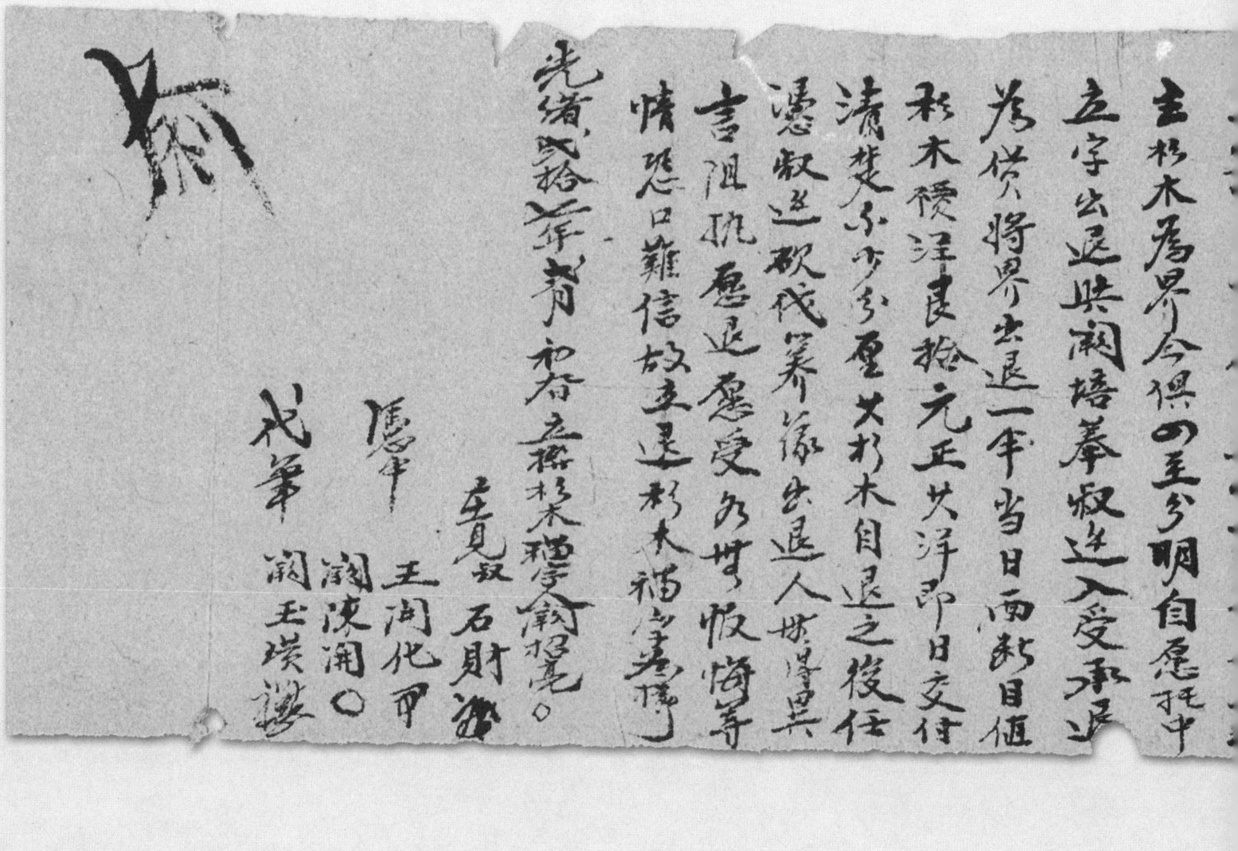
主杉木為界，今俱四至分明，自愿托中立字，出退與闞培桊叔边入受承退為货，将界出退一半，当日两断，目值杉木價洋银拾元正，其洋即日交付清楚，不少分厘，其杉木自退之後，任憑叔边砍伐養籙，出退人無得異言阻执，愿退愿受，各無反悔等情，恐口難信，故立退杉木苗字為據。
光绪式拾七年式月初九日　立拚杉木苗字人　闞招亮
在見叔　石財
憑中　王闸化
闞陳闸
代筆　闞玉璜

立退田契字人阙玉兆玉璜今因日先家眾共次弟玉養已下因有
銀錢眾無出息兄弟商議愿將眾內所抽民田坐落本村洋
頭崗安着民田壹處計租拾担正計額五畝正即將拾担數
內抽出田租壹担正計額五分壹担界內并及田頭地塝樌茶雜木一概在
內立字出退次弟玉養已下承受管業當日三面斷定時值田價
英洋叁拾弍元正其洋共次弟玉養已下來去對清其餘之洋即日隨
契我出歸眾應用兄弟各無異言其田自退之後任憑弟邊过户完
粮挑契收租管業此係兄弟平內清業共外人無涉出於兩愿各
無反悔恐口難信故立退田契字為據

光緒叁拾壹年 三月 拾四日 立退田契字人阙玉兆（押）

玉璜（押）

在見 玉鑣（押）

玉崇（押）

代筆 玉璜（押）

立退田契字人闕玉兆、玉璜，今因日先家衆與次弟玉養己下，因有銀錢衆無出息，兄弟商議，愿将衆内所抽民田，坐落本村洋頭崗，安着民田壹處，計租谷拾担正，計額五畝正，即将拾担数内拍出田租壹担正，計額五分，壹担界内，并及田頭地角，槿茶雜木，一概在内，立字出退次弟玉養己下承受管業，当日三面断定，時值田價英洋叁拾弍元正，其洋與次弟玉養己下来去對清，其餘之洋即日隨契找出，歸衆應用，兄弟各無異言，其田自退之後，任憑弟邊过户完粮，执契收租管業，此係兄弟衆内清業，與外人無涉，出於两愿，各無反悔，恐口難信，故立退田契字為據。

光緒叁拾壹年三月拾四日　立退田契字人　闕玉兆

玉璜

玉鑣

在見　玉崇

代筆　玉璜

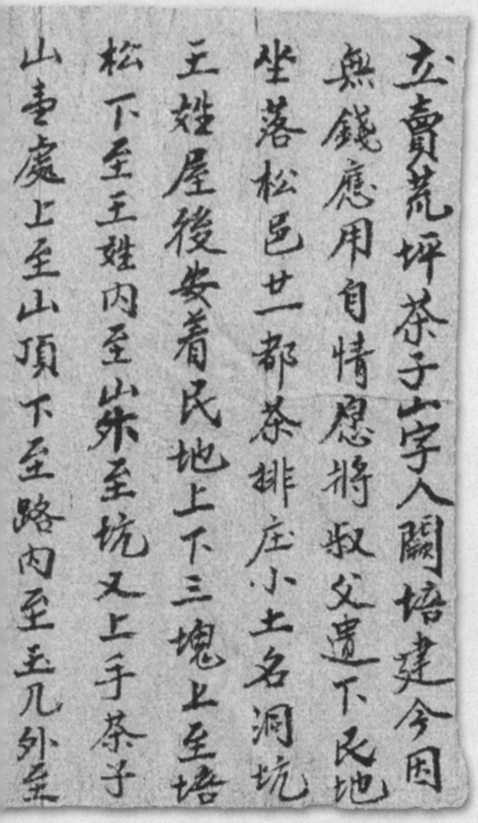

立賣荒坪茶子山字人闕培建今因
無錢應用自情愿將叔父遺下民地
坐落松邑廿一都茶排庄小土名洞坑
王姓屋後安着民地上下三塊上至培
松下至王姓内至山朱至坑又上手茶子
山壹處上至山頂下至路内至王几外至

立退茶山工本字人王文化，今因『應』無銀應用，自情愿将上手載［栽］種茶頭樹木壹處，坐落松邑廿一都茶排庄桐坑源内坑山脚，上至小路闕姓，下至田，左至青山，右至合水，今俱四至分明，自愿托中立字，出退與闕培中入手承退為業，退過工本洋银五元五角正，其洋即日『付』隨字付吃［訖］，其茶頭樹自退之后，任滰培中收摘，種人不得異言阻执，恐口『难』無滰，故立退工本字為據。

光緒丁未年十月廿二日　立退工本字人　王文化

在見　礼化

代筆　開化

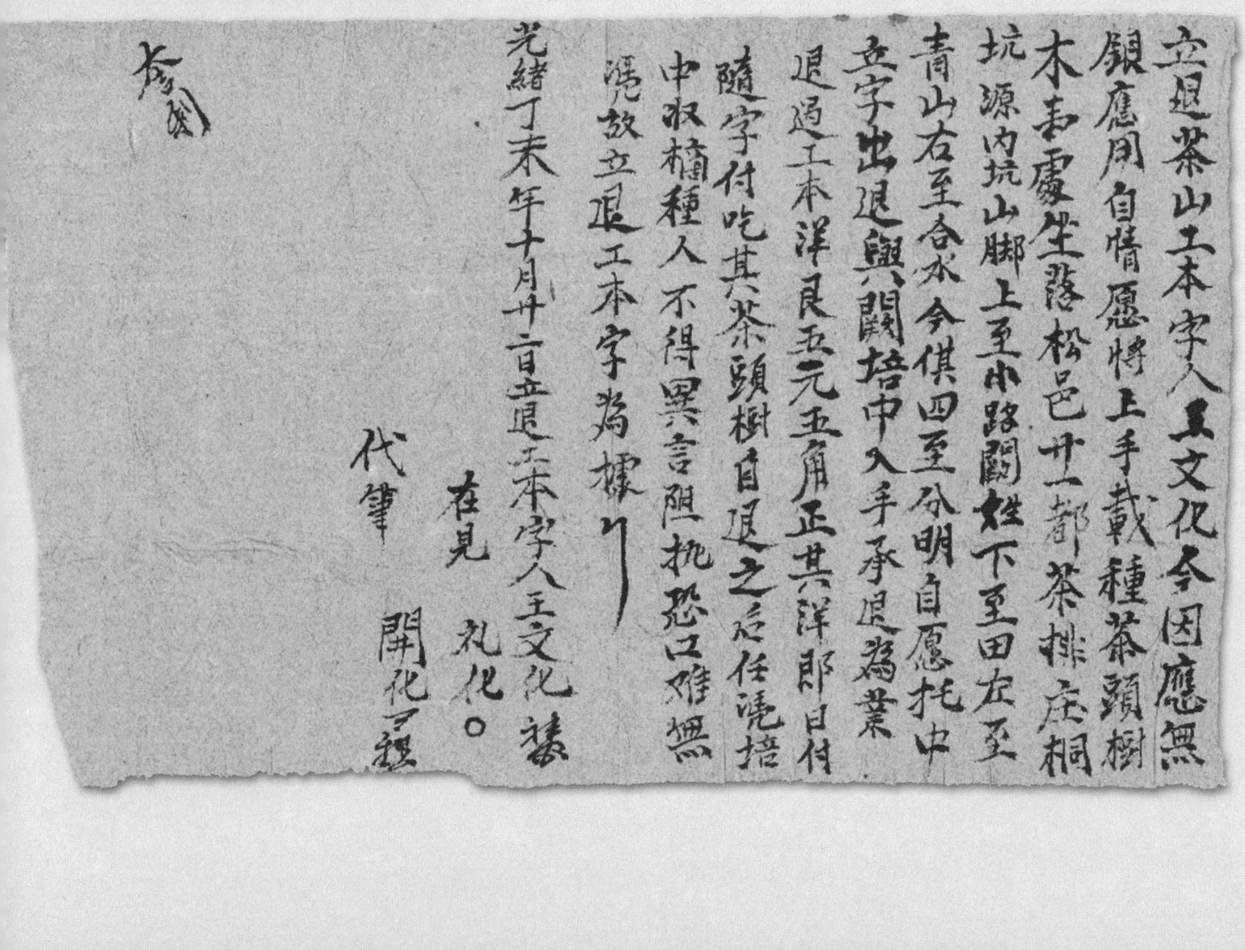

立退茶山工本字人王文化今因應無
銀應用自情愿將上手載種茶頭樹
木壹處坐落松邑廿一都茶排庄桐
坑源内坑山脚上至小路闕姓下至田左至
青山右至合水今俱四至分明自愿托中
立字出退與闕培中入手承退為業
退過工本洋良五元五角正其洋即日付
隨字付吃其茶頭樹自退之后任滰培
中收摘種人不得異言阻执恐口难無
滰故立退工本字為據
光緒丁未年十月廿二日立退工本字人王文化
在見　礼化
代筆　開化

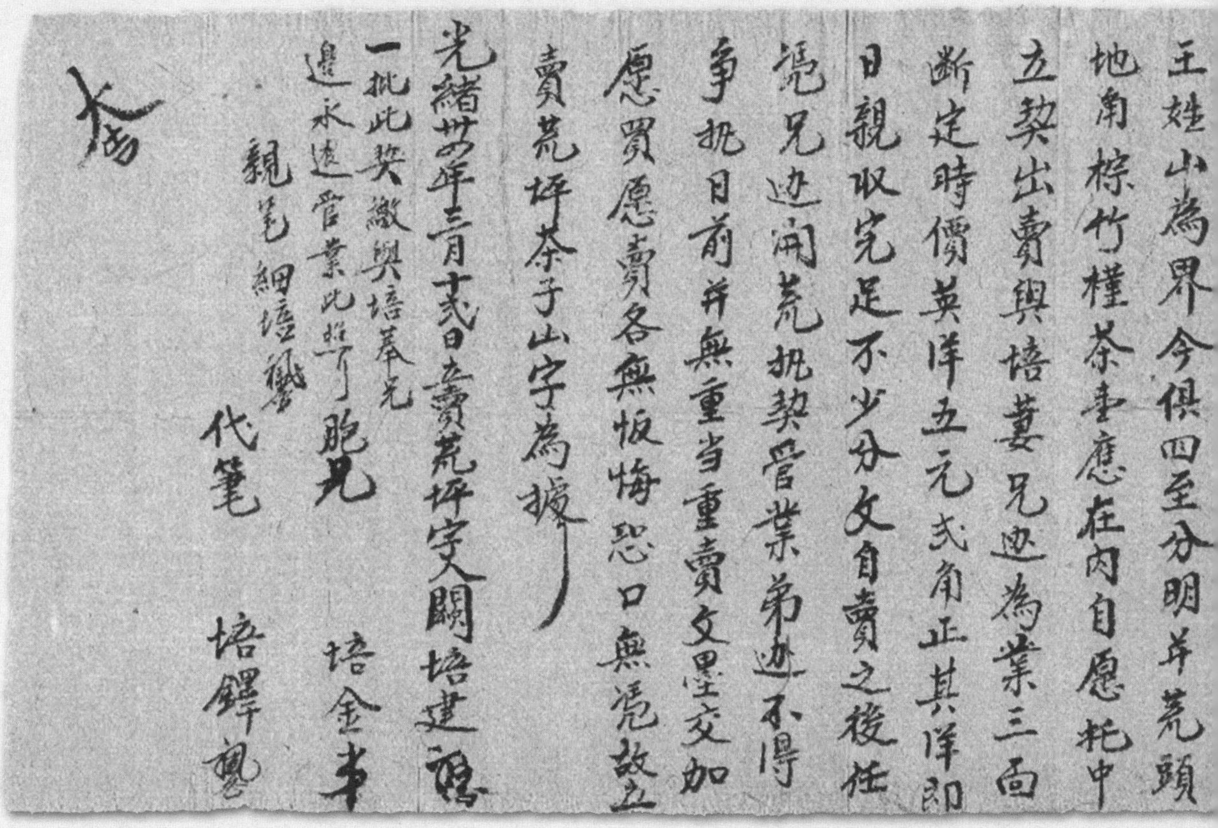

立賣荒坪茶子山字人闕培建，今因
無錢應用，自情愿將叔父遺下民地，
坐落松邑廿一都茶排庄，小土名洞坑
王姓屋後，安着民地上下三塊，上至培
松，下至王姓，内至山，外至坑，又上手茶子
山壹處，上至山頂，下至路，内至玉几，外至
王姓山為界，今俱四至分明，并荒頭
地角，棕竹槿茶，壹應在内，自愿托中
立契，出賣與培蓁［搴］兄边為業，三面
断定，時價英洋五元弍角正，其洋即
日親收完足，不少分文，自賣之後，任
凴兄边闲荒，执契管業，弟边不得
争执，日前并無重当重賣文墨交加，
愿買愿賣，各無反悔，恐口無凴，故立
賣荒坪茶子山字為據。

光緒卅四年三月十弍日　立賣荒坪字人　闕培建

一批此契繳與培搴兄　　胞兄　培金

邊永遠管業，此照。　　代笔　培鐸

親笔　細培

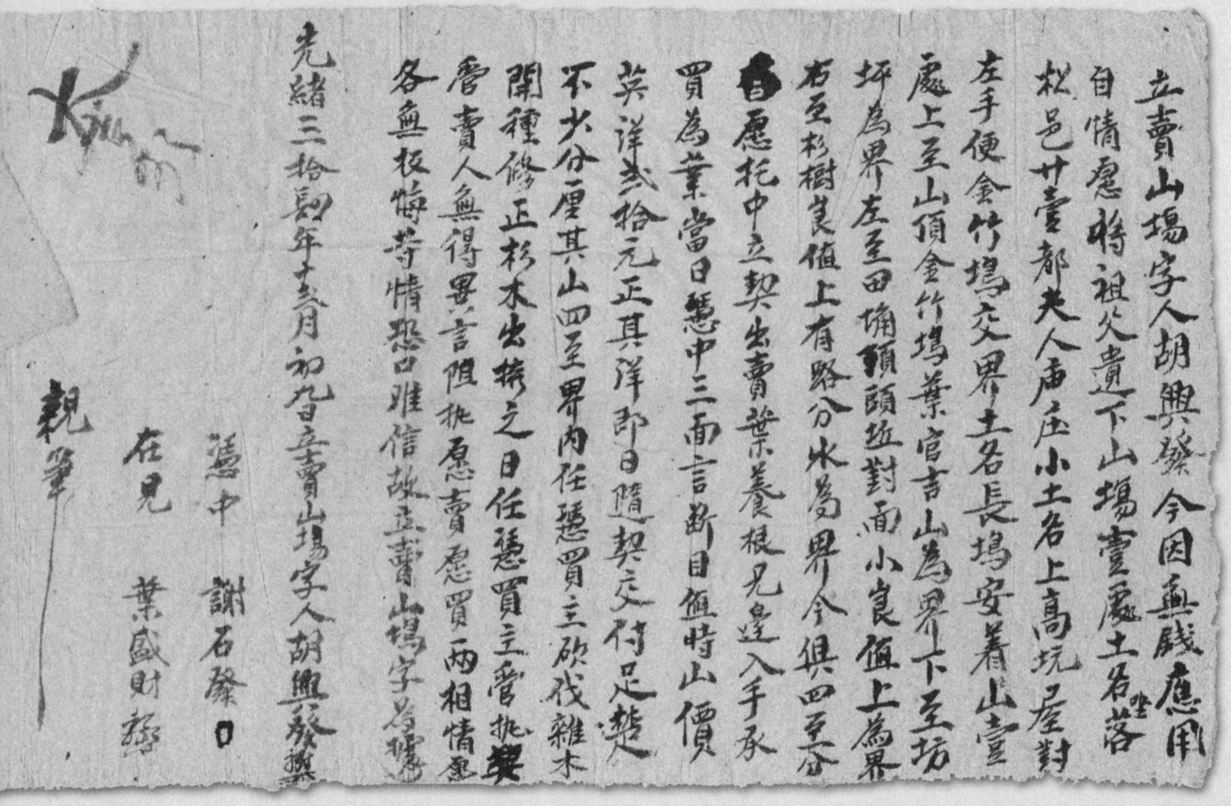

立賣山場字人胡興發，今因無錢應用，
自情愿将祖父遺下山塲壹處，土名坐落
松邑廿壹都夫人庙庄，小土名上高坑屋對
左手便［邊］金竹塢交界，土名長塢，安着山壹
處，上至山頂金竹塢葉官吉山為界，下至坊
坪為界，左至田角頂頭坵對面小崀值［直］上為界，
右至杉樹崀值［直］上有路分水為界，今俱四至分（明），
自愿托中立契，出賣葉養根兄邊入手承
買為業，當日憑中三面言断，目值時山價
英洋弍拾元正，其洋即日隨契交付足楚，
不少分厘，其山四至界內，任憑買主砍伐雜木，
開種修正，杉木出拚之日，任憑買主『管』执契
管（業），賣人無得異言阻执，愿賣愿買，两相情愿，
各無反悔等情，恐口难信，故立賣山場字為據。
光緒三拾肆年十弍月初九日　立賣山場字人　胡興發
憑中　謝石發
在見　葉盛財
親筆

立賣斷截山塲契字人胡祥金今因無銀應用日前先祖伯父遺下山塲叁處
坐落松邑二十一都夫人廟庄小土名上高坑山塲安着上至嶺顛下至大坑
左至葉姓山塲大崀分水右至葉闕二姓山塲上大崀分水下小窩合水為
界今俱四至分明并及大小崀窩坪頭地埆青山并骨一應在内計額叁畝
正其嶺與侄胡興癸二房對半均分應得自己山塲抽出賣與王槐昌闕培蓁等
手内承買為業當日憑中三面言斷時值山價英洋叁拾陸元正其洋即
日隨契付清不少分厘其山塲自賣之後任憑買主開刬栽種入册完粮管業
賣人無得異言阻執如有上手來歷不明賣人一力承當不干買主之事應
賣愿買各無恢悔等情此出兩相情愿恐口難信故立賣斷截嶺塲契
字永遠為據

一批山塲四至界内胡邊上手祖坟墓輪着祥金直年王闕二姓協办三牲祭掃不敢退悞
為據
　再批先前老契存與葉姓收掊

宣統二年十一月　廿六日　立賣斷截山塲契字人胡祥金

在塲　胡秉堂
憑中　葉金亮
　　　闕培建
代筆　闕培松

（前頁）>>>>>

立賣断截山場契字人胡祥金，今因無銀應用，日前先祖伯父遺下山場叁處，坐落松邑二十一都夫人廟庄，小土名上高坑山場安着，上至嶺頂，下至大坑，左至葉姓山場大良分水，右至葉、闕二姓山場，上大良分水，下小窝合水為界，今俱四至分明，并及大小良窝坪頭地角，青山并骨，一應在内，計額叁畝正，其嶺與侄胡興發二房對半均分，愿将自己山場，抽出賣與王槐昌、闕培奉等手内承買為業，當日凴中三面言断，時直山價英洋叁拾陸元正，其洋即日隨契付清，不少分厘，其山場自賣之後，任凴買主開劄栽種，入册完粮管業，賣人無得異言阻执，如有上手来歷不明，賣人一力承當，不干買主之事，愿賣愿買，各無反悔等情，此出两相情愿，恐口難信，故立賣断截嶺場契字永遠為據。

一批山場四至界内胡邊上手祖坟墓輪着祥金直年，王、闕二姓僃办三牲紙燭祭掃，不敢退誤為據。

再批先前老契存與葉姓收拾。

宣統二年十一月廿六日　立賣断截山場契字人　胡祥金

在場　胡秉堂

凴中　葉金亮

闕培建

代筆　闕培松

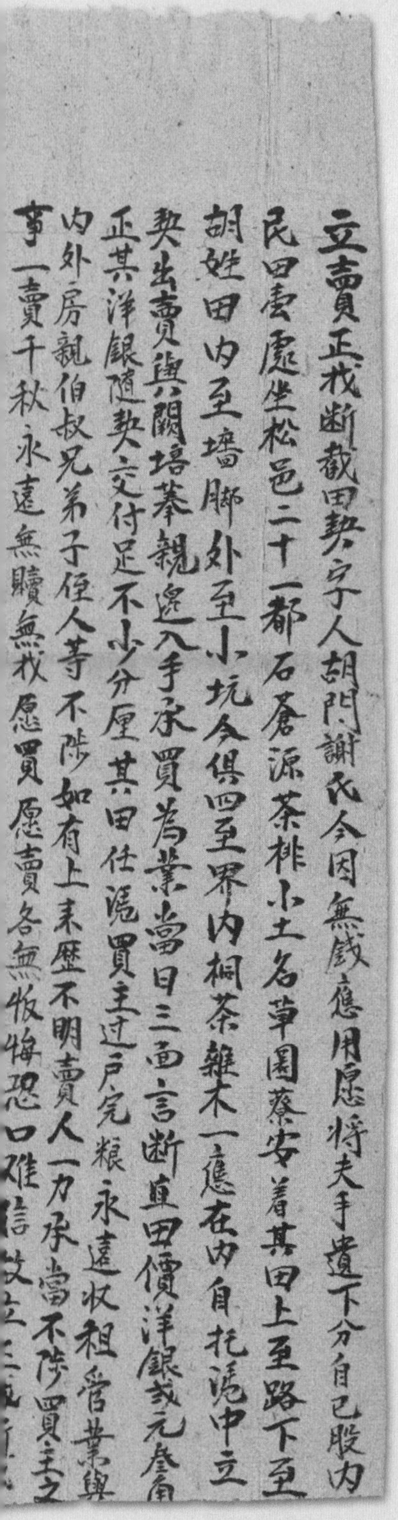
立賣正找断截田契字人胡門謝氏今因無錢應用愿将夫手遺下分自己股内
民田壹處坐松邑二十一都石蒼源茶排小土名草園蔡安着其田上至路下至
胡姓田内至墻脚外至小坑今俱四至界内桐茶雜木一應在内自托憑中立
契出賣與闕培奉親邊入手承買為業當日三面言断直田價洋銀弍元叁角
正其洋銀隨契交付足不少分厘其田任憑買主过户完粮永遠收租管業與
内外房親伯叔兄弟子侄人等不陟如有上未歷不明賣人一力承當不陟買主之
事一賣千秋永遠無贖無找愿買愿賣各無悔悔恐口难信故立

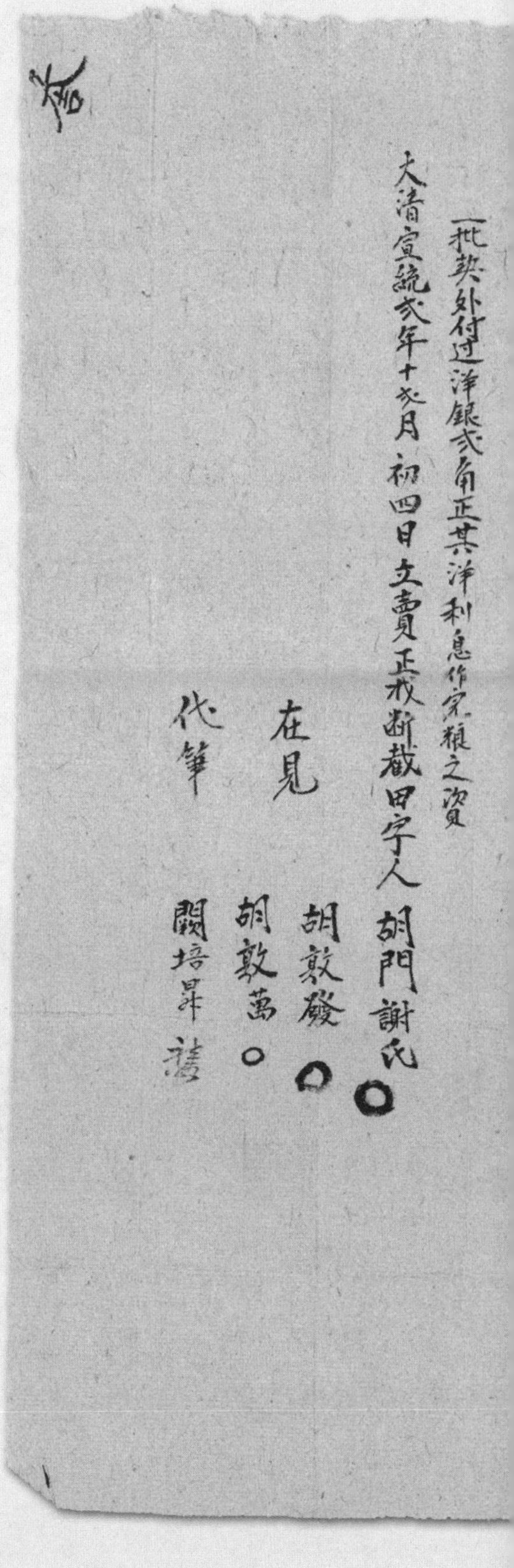
一批契外付过洋銀弍角正其洋利息作完粮之資
大清宣統弍年十弍月初四日立賣正找断截田字人胡門謝氏
在見　胡敦發
胡敦萬
代筆　闕培昇書

立賣正找断截田契字人胡門謝氏，今因無錢應用，愿将夫手遺下分自己股內民田壹處，坐落松邑二十一都石蒼［倉］源茶排，小土名草園寮，安着其田，上至路，下至胡姓田，內至墻脚，外至小坑，今俱四至界內，桐茶雜木，一應在內，自托憑中立契，出賣與闕培峯親邊入手承買為業，當日三面言断，直田價洋銀弍元叁角正，其洋銀隨契交付足（訖），不少分厘，其田任憑買主过户完粮，永遠收租管業，與內外房親伯叔兄弟子侄人等不陟［涉］，如有上（手）来歷不明，賣人一力承當，不陟［涉］買主之事，一賣千秋［休］，永遠無贖無找，愿買愿賣，各無反悔，恐口难信，故立（賣）正找断截田契字永遠為據。

一批契外付过洋銀弍角正，其洋利息作完粮之資。

大清宣統弍年十弍月初四日　立賣正找断截田字人　胡門謝氏

在見　胡敦發

胡敦萬

代筆　闕培昇

立出賣斷截山塲字人胡興發今因錢粮無办自情愿将祖伯父遺下山塲土名坐落松邑廿一都
夫人廟庄小土名土高坑值窩裏安着山塲壹處上至山頂下至大坑左至葉姓山金竹窩大崀分水
直右下至上節葉姓山大崀分水下節𨵦姓山大崀直下小窩合水為界今具四至分明計額山
粮叁畝正自愿託中立字出賣與王槐昌𨵦培華親邊入受承買為業當日憑中三面言断
目值時價英洋捌拾三元正其洋即日隨字交付足訖不少分厘其山未賣之先並無文墨交
加既賣以後任憑買主永遠管業賣人不敢異言阻执其山界内抽出賣人住屋工手頂頭田對
面長窩子山壹窩日先賣與葉養根名下其山界内賣人屋下手片菜地一塊歸還賣人耕種管
業此山塲界内松茶竹木坪頭地埔青山併骨一應在内其山一賣心滿價足無找無贖如同截大如
有工手來歷不清賣人一力支當不涉買之事以内外房親伯叔兄弟人等無涉愿賣愿買兆出兩
相情愿各無反悔之理恐口無憑故立出賣斷截山塲字付與買主永遠為據
一批四至界内上湖杉木壹處又樟樹崗漆樹窩杉木共壹處此二處杉木日前賣與𨵦乃魁名下
又老基田面上杉木苗壹處又磜下杉木壹窩此二處杉木苗日前賣與李松明名下承買
歸與松明砍伐出拚以上各處杉木年界滿限其山骨任憑買主润種存照
一批抽出庵塲窝自己名下山塲上至山頂下至小窩口内至大崀分水外至徐氏坟地崀分水為界

宣統貳年拾二月初六日立賣斷截山塲字人 胡興發

秉堂

在見 叔 葉金亮

葉懷新

葉順財

憑中 李松明

李盛榮

立出賣断截山塲字人胡興發，今因錢粮無办，自情愿将祖伯父遺下山塲，土名坐落松邑廿一都夫人廟庄，小土名上高坑值窩裏，安着山塲壹處，上至山頂，下至大坑，左至葉姓山金竹窩大皀分水直下，右至上節葉姓山大皀分水下節闕姓山大皀直下小窩合水為界，今具四至分明，計額山粮叁畝正，自愿託中立字，出賣與王槐昌、闕培菶親邊入受承買為業，當日憑中三面言断，目值時價英洋捌拾三元正，其洋即日隨字交付足訖，不少分厘，其山未賣之先，並無文墨交加，既賣以後，任憑買主永遠管業，賣人不敢異言阻执，其山界內，抽出賣人住屋上手頂頭田對面長窩子山壹窩，日先賣與葉養根名下，其山界內賣人屋下手片菜地一塊，歸還賣人耕種管業，此山塲界內松茶竹木，坪頭地角，青山併骨，一應在內，其山一賣，心滿價足，無找無贖，如同截木，如有上手來歷不清，賣人一力支當，不涉買（主）之事，以［與］內外房親伯叔兄弟人等無涉，愿賣愿買，此出兩

相情愿，各無反悔之理，恐口無憑，故立出賣断截山塲字付與買主永遠為據。

一批四至界內，上湖杉木壹處，又樟樹崗漆樹窩杉木共壹處，此二處杉木日前賣與闕乃魁名下，又老基田面上杉木苗壹處，又磜下杉木壹窩，此二處杉木苗日前賣與李松明名下承買，歸與松明砍伐出拚，以上各處杉木，年界滿限，其山骨任憑買主閅種，存照。

一批抽出庵塲窩自己名下山塲，上至山頂，下至小窩口，內至大皀分水，外至徐氏坟地皀分水為界。

宣統貳年拾二月初六日　立賣断截山塲字人　胡興發

在見叔　秉堂

葉金亮　葉順財

葉懷新　李盛榮

憑中　李松明

闕慶松

代筆　李盛銓

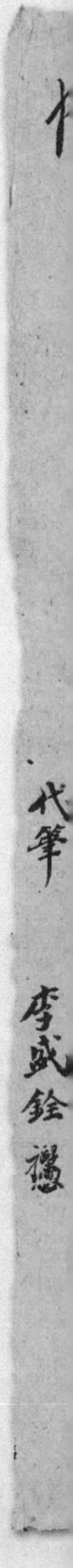

立出賣断截山塲字胡興發今因錢粮無办自情愿将祖伯父遺下山塲土名坐落松邑廿一都夫人廟庄小土名上高坑值窩裏安着山塲壹處其山上至山頂下至金竹窩口坑左至葉姓山大崗分水右至上節葉姓山大垠分水下節庵塲窩内手垠為界又山坐落山羊墩安着山塲壹處上至山頂下至坑内至徐氏坟地垠分水為界外至闕姓山小窩合水為界今具四至分明計額山粮壹錢三分正自愿託中立字出賣與王槐昌闕培基親邊入受承買為業當日憑中三面言断目值時價英洋捌拾三元正其洋即日隨字交付足訖不少分厘其山未賣之先並無文墨交加既賣以後任憑買主永遠管業賣人不敢異言阻执其山界内抽出賣人住屋上手頂頭田對面長窩子山壹窩日先賣與葉養根名下其山界内賣人屋下手片菜地一塊歸還賣人耕種所管此山塲界内松茶竹木坪頭地墳青山併骨一應在内其山一賣心滿價足無找無贖如同截木如有上手來歷不清賣人一力支當不涉買主之事以内外房親伯叔兄弟人等無涉愿賣愿買此出兩相情愿各無反悔之理並無逼勒等情恐口無憑故立出賣断截山塲字付與買主永遠為據

一批四至界内上湖杉木壹處又章樹崗漆樹杉木共壹處此弍處杉木日前賣與闕乃魁名下所買又老屋基田面上杉木苗壹處又磜下杉木壹窩此二處杉木苗日前賣與李松明名下承買歸與松明砍伐出拚存照

一批庵塲窩山壹處歸還賣人以作忠元公名下祭掃之山存照

宣統貳年拾二月初六日立賣断截山塲字人 胡興發（押）

在見 叔 秉堂（押）

葉金亮（押） 葉懷新（押） 李松明（押） 闕慶松（押）

憑中 葉順財（押） 李盛榮（押）

立出賣断截山塲字人胡興發，今因錢粮無办，自情愿将祖伯父遺下山塲，土名坐落松邑廿一都夫人廟庄，小土名上高坑值窝裏，安着山塲壹處，其山上至山頂，下至金竹窝口坑，左至葉姓山大崗分水，右至上節葉姓山大垠［崀］分水下節庵塲窝內手垠［崀］為界，又山坐落山羊墩，安着山塲壹處，上至山頂，下至坑，內至徐氏坟地垠［崀］分水為界，外至闕姓山小窝合水為界，今具四至分明，計額山粮壹錢三分正，自愿託中立字，出賣與王槐昌、闕培莑親邊入受承買為業，當日憑中三面言断，目值時價英洋捌拾三元正，其洋即日隨字交付足訖，不少分厘，其山未賣之先，並無文墨交加，既賣以後，任憑買主永遠管業，賣人不敢異言阻执，其山界內，抽出賣人住屋上手頂頭田對面長窝子山壹窝，日先賣與葉養根名下，其山界內賣人屋下手片菜地一塊，歸還賣人耕種所管，此山塲界內，松茶竹木，坪頭地角，青山併骨，一應在內，其山一賣，心滿價足，無找無贖，如同截木，如有上手來歷不清，賣人一力支當，不涉買主之事，以［與］內外房親伯叔兄弟人等無涉，愿賣愿買，此出两相情愿，各無反悔之理，並無逼勒等情，恐口無憑，故立出賣断截山塲字付與買（主）永遠為據。

一批四至界內，上湖杉木壹處，又章［樟］樹崗漆樹杉木共壹處，此弍處杉木日前賣與闕乃魁名下所買，又老基田面上杉木苗壹處，又磜下杉木壹窝，此三處杉木苗日前賣與李松明名下承買，歸與松明砍伐出拚，存照。

一批庵塲窝山壹處，歸還賣人，以作忠元公名下祭掃之山，存照。

宣統貳年拾二月初六日　立賣断截山塲字人　胡興發

在見叔　秉堂

葉金亮　葉順財

葉懷新　李盛榮

憑中　李松明

闕慶松

代筆　李盛銓

立典忌租人闕玉養，今因與長兄来去未□
自愿将德玿公忌租丁巳、戊午、己未三□□
年輪流自己名下，一應歸與長兄玉□□
收租，一輪以作来去賬款两清，所有錢粮，清
明闬消［銷］，一概兄邊料理，不干弟邊之事，其租
丁巳、戊午、己未三年收滿，下次輪流弟邊值
年，仍歸弟邊收租錢粮，清明闬消［銷］，弟邊
自行料理，不干兄邊之事，愿典愿受，各無
反悔，恐口难信，故立典忌租字为據。
宣統叁年三月十三日　立典忌租人　闕玉養
見中　葉懷義
親筆

一批其租丁巳、戊午、己未
三年收滿，典字交還弟
邊，再照。

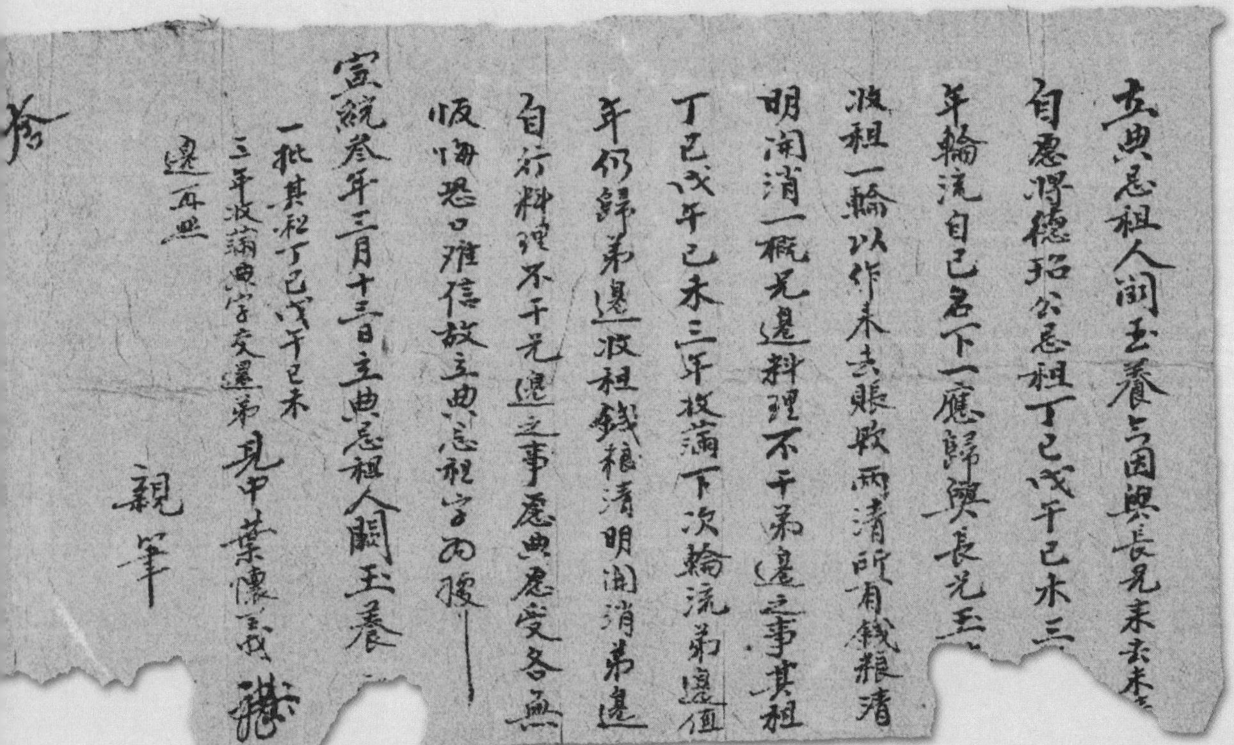

立賣斷截山塲契人葉養根，今因缺錢使用，自情愿自置山塲壹處，坐落松邑二十都夫人廟庄，土名工高坑屋對面左手便金竹塲坟界長塲安着山塲壹處，上至山頂金竹塲葉官吉山爲界，下至荒坪坑，左右俱至買主山爲界，今俱四至分明，將山塲自愿托中立契出賣與王槐昌、謝培華親邊入受承買爲業，當日憑中三面言斷，時值山價英洋壹拾捌員正，其洋即日隨契交付清楚，不少分厘。其山自賣之後，任憑買主扦掘向種扦插修整松杉雜木，砍伐出拚，爲一録執契管業，賣人無得異言阻执，契明價足，永遠無找無贖等情，愿賣愿買，此出兩家心愿，各無仮悔，恐口難憑，故立賣斷截山塲契付與買主永遠爲據。

宣統辛亥叁年伍月拾八日　立賣斷截山塲契人　葉養根（押）

胞弟　李富樂（押）

憑中　李廷義（押）

代筆　謝祖岐（押）

（前頁）>>>>>

立賣断截山場契人葉養根，今因缺錢使用，自情愿自置山場壹處，坐落松邑二十一都夫人庙庄，土名上高坑屋對面左手便［邊］金竹塢交界長塢，安着山場壹處，上至山頂金竹塢葉官吉山為界，下至荒坪坑，左右俱至買主山为界，今俱四至分明，將山場自愿找中立契，出賣與王槐昌、闕培搴親边入受承買為業，當日憑中三面言断，時值山價英洋壹拾捌員正，其洋即日隨契交付清楚，不少分厘，其山自賣之後，任憑買主扦握［掘］闲種，扦插修整，松杉雜木，砍伐出拚养籙，執契管業，賣人無得異言阻执，契明價足，永遠無找無贖等情，愿賣愿買，此出两家心愿，各無反悔，恐口难憑，故立賣断截山場契付與買主永遠為據。

宣统辛亥叁年伍月拾六日　立賣断截山場契人　葉養根

胞弟　李富

憑中　李廷義

代筆　闕祖岐

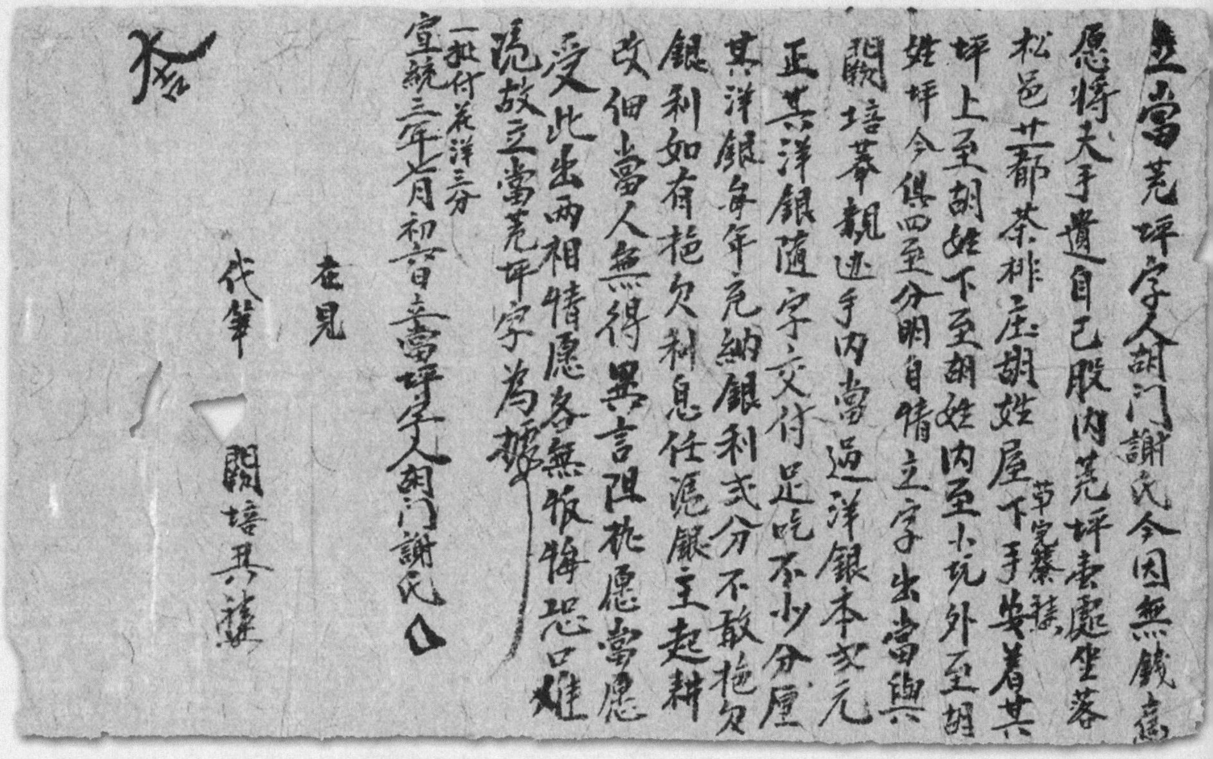

立當荒坪字人胡门謝氏，今因無錢應（用），
愿将夫手遺自己股內荒坪壹處，坐落
松邑廿一都茶排庄胡姓屋草完寮下手，安着其
坪，上至胡姓，下至胡姓，內至小坑，外至胡
姓坪，今俱四至分明，自情立字，出當與
闕培奉親边手內，當過洋銀本弍元
正，其洋銀隨字交付足吃［訖］，不少分厘，
其洋銀每年充納銀利弍分，不敢拖欠
銀利，如有拖欠利息，任凴銀主起耕
改佃，當人無得異言阻执，愿當愿
受，此出兩相情愿，各無反悔，恐口难
凴，故立當荒坪字為據。
一批付花洋三分。
宣統三年七月初六日　立當坪字人　胡门謝氏
在見
代筆　闕培兴

立賣斷栽荒坪契字人胡母謝氏今因無銀應用自將祖父遺下夫手自己閣内荒坪壹處坐落松邑二十一都茶排庄小土名草圓蓬坪安着上至胡姓坪下至胡姓坟墓后左至小坑右至胡姓坪為界今俱四至分明并及桐茶椿樹一應在内自情托中立契出賣與闕培萃親邊手内入受承買為業當日憑中三面言斷目直時價英洋叁元伍角正其洋即日隨字交付清楚不少分厘其坪自賣之後任憑買主耕種栽插收租永遠管業賣人房親伯叔子侄人等無得異言阻執如有来歷不明賣人一力承當不碍買主之事愿買愿賣各無反悔恐口難信故立賣斷栽坪契字為據

宣統三年八月廿六日　立賣斷栽契坪字人胡母謝氏（押）

在見　胡敦發（押）

代筆　闕老喜（押）

立賣断栽〔截〕荒坪契字人胡母謝氏，今因無銀應用，自将祖父遺下夫手自己
閻内荒坪壹處，坐落松邑二十一都茶排庄，小土名草圓寮坪安着，上至胡姓坪，
下至胡姓坟墓后，左至小坑，右至胡姓坪為界，今俱四至分明，并及桐茶椿
樹，一應在内，自情托中立契，出賣與闕培搴親邊手内入受承買為業，當日
凴中三面言断，目直時價英洋叁元伍角正，其洋即日隨字交付清楚，不少
分厘，其坪自賣之後，任凴買主耕種截〔栽〕摘收租，永遠管業，賣人房親伯叔子侄人
等，無得異言阻执，如有来歷不明，賣人一力承當，不碍買主之事，愿買愿賣，
各無反悔，恐口難信，故立賣断栽〔截〕坪契字為據。

宣統三年八月廿六日　立賣断栽〔截〕契坪字人　胡母謝氏

在見　胡敦發

代筆　闞老喜

立兼批山字人吳昌熊今因無山耕種自愿问到茶排庄王槐昌澜培華二位親边讨来山塲壹處共山坐落松邑廿一都夫人庙庄土名直窝裏安着山塲壹處共山上至山顶下至金竹窝口内至叠竹窝大岗分水外至暗塲窝随山岗分水為界今俱四至分明其山兼来耕種苞羅桐子雜物等項面断弍八均分種人造八山主抽弍归收日后扦插杉木面断对半均分將山兼来耕種限至陆拾五年滿批之后共山归还山主種人無得再霸種兼批之后任憑吳边前去耕種二造甘心情愿各無悔恐口难信故立兼批山塲字為存一纸合同存據

一批以前插杉木归與山主出拚

宣统辛亥三年九月初三日 立兼批山塲字人吳昌熊（押）

在見 葉金亮（押）

代筆 澜玉璜（押）

立批山塲合同字照

立承批山字人吳昌熊，今因無山耕種，自愿问到茶排庄王槐昌、闕培奉二位親边，讨来山場壹處，其山坐落松邑廿一都夫人庙庄，土名直窝裹，安着山場壹處，其山上至山頂，下至金竹窝口，内至金竹窝大良分水，外至暗場窝隨良分水為界，今俱四至分明，其山承来耕種苞羅〔蘿〕、桐子、雜物等項，面断弍八均分，種人造八，山主抽弍歸收，日後扦插杉木，面断对半均分，将山承来耕種，限至肆拾五年，滿批之後，其山归还山主，種人無得霸種，承批之後，任憑吳边前去耕種，二造甘心情愿，各無反悔，恐口难信，故立承批山場字各存一纸合同存據。

一批以前插杉木归與山主出拚。

宣统辛亥三年九月初三日　立承批山場字人　吳昌熊

在見　葉金亮

代筆　闕玉璜

立出批山塲字人王槐昌、闕培華仝置山塲壹處坐落松邑廿一都夫人庙
庄土名直窩裏安着山塲壹处其山上至山顶下至金竹窩口内至金竹窩大山崀
分水外至暗塲窩濟崀分水為界今俱四至分明將山出批與吳昌熊親邊
耕種苞蘿桐子雜物等項以上齊集面断式八均分種人造八山主造式归收
日後扦插杉木二造对半均分其山面言限至肆拾五年滿期將山归还山主
二造断後任憑吳邊前去耕種養山録出拚二相情愿兩無翻悔恐口难信故
立出批字立有合同各存一紙為據

一批以前老杉木归與山主出拚

宣統辛亥三年 九月 初三日

立出批山塲字 王槐昌
闕培華（押）

在塲 葉金亮（押）

代筆 闕玉璜（押）

立出山塲合同為照

立出批山塲字人王槐昌、闕培奉，仝置山塲壹處，坐落松邑廿一都夫人庙庄，土名直窝裏，安着山塲壹处，其山上至山顶，下至金竹窝口，内至金竹窝大㟗分水，外至暗塲窝隨㟗分水為界，今俱四至分明，将山出批與吴昌熊親边耕種苞蘿、桐子、雜物等項，以上齊集面断，式八均分，種人造八，山主造式归收，日後扦插杉木，二造对半均分，其山面言，限至肆拾五年滿期，将山归还山主，二造断後，任憑吴边前去耕種、养籙、出拚，二相情愿，各無反悔，恐口难信，故立出批字，立有合同，各存一纸為據。

一批以前老杉木归與山主出拚。

宣统辛亥三年九月初三日　立出批山塲字　王槐昌

闕培奉

在塲　葉金亮

代筆　闕玉璜

立賣斷截房屋灰寮黃池牛欄餘坪契人胡興發，今因粮食無办，自情愿將自居房屋坐址向南，坐落松邑廿人廟庄，土名上高坑，安着民屋壹坐，并门前餘坪灰寮牛欄黃池菜地一應在內，上連瓦埔，下及基地门窗户扇出入门路，其屋坪灰寮牛欄黃池菜地，前至賣人田坎，至買主山，左右至俱買主山為界，今俱四至分明，將民屋并灰寮餘地黃池菜地牛欄等自愿托中立契出賣與本都王槐昌、瀏培華二位親邊入受承買為業，當日憑中三面言斷，時值價英洋陸元正，其洋即日交付清楚，分文不少，其屋坪灰寮黃池菜地任憑買主修整安居鎖閉管業，出賣人無得異言阻執，如有上手來歷不明，賣人一力支當，不干買主之事，此界內清業寸土不留，與伯叔兄弟子侄人等並無干碍，一賣千休，如同截木，永無找贖等情，愿賣愿買，此出二家心愿，各無悔，恐口難信，故立賣斷截契為據。

中華民國癸丑戊年 戊月 戊日 立賣斷截房屋灰寮黃池餘坪基契人 胡興發（押）

立賣 吳昌華（押）

憑中 瀏培鐸（押）

代筆 瀏祖岐（押）

大吉

立賣断截房屋灰寮糞池牛欄餘坪契人胡興發，今因粮食無办，自情愿将自居房屋，坐北向南，坐落松邑夫人庙庄，土名上高坑，安着民屋壹堂，并门前餘坪、灰寮、牛欄、糞池、菜地，一應在内，上連瓦埆［桷］，下及基地、门总［窗］、户搧［扇］，出入门路，其屋坪、灰寮、牛欄、糞池、菜地，前至賣人田，後至買主山，左右至俱買主山為界，今俱四至分明，将民屋并灰寮、餘地、糞池、菜地、牛欄等，自愿托中立契，出賣與本都王槐昌、闕培榛二位親边入受承買為業，当日憑中三面言断，時值價英洋陸元正，其洋即日交付清楚，不少分厘，其屋坪、灰寮、糞池、菜地，任憑買主修整安居，鎖闭管業，出賣人無得異言阻執，如有上手来歷不明，賣人一力支当，不干買主之事，此界内清業，寸土不留，與伯叔兄弟子侄人等並無干碍，一賣千休，如同截木，永無找贖等情，愿賣愿買，此出二家心愿，各無反悔，恐口难信，故立賣断截契為據。

中華民國癸丑弍年弍月初弍日　立賣断截房屋灰寮糞池餘坪菜地契人　胡興發

在見　吳昌荣

憑中　闕培鐸

代筆　闕祖岐

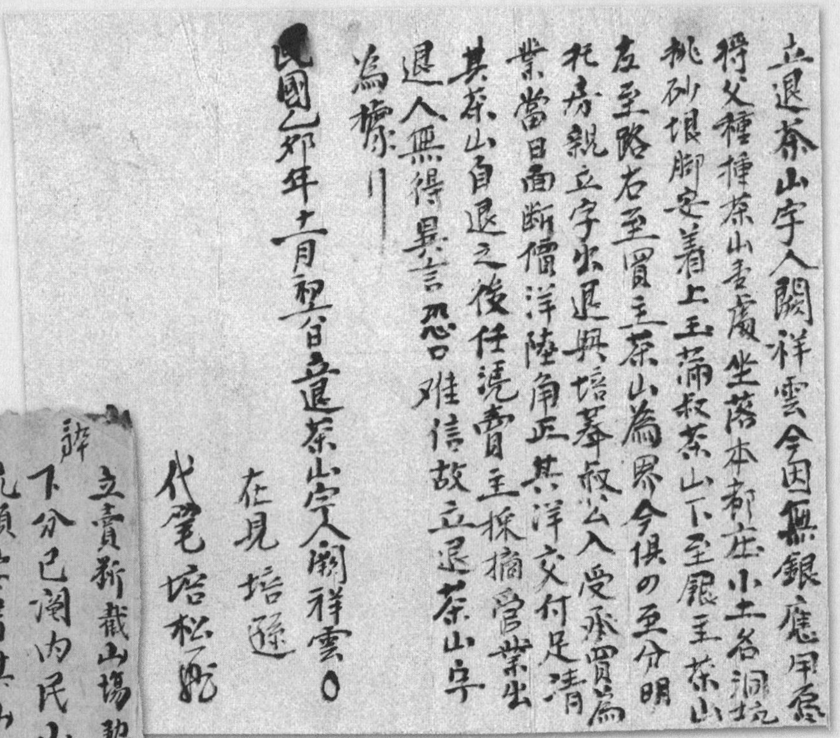

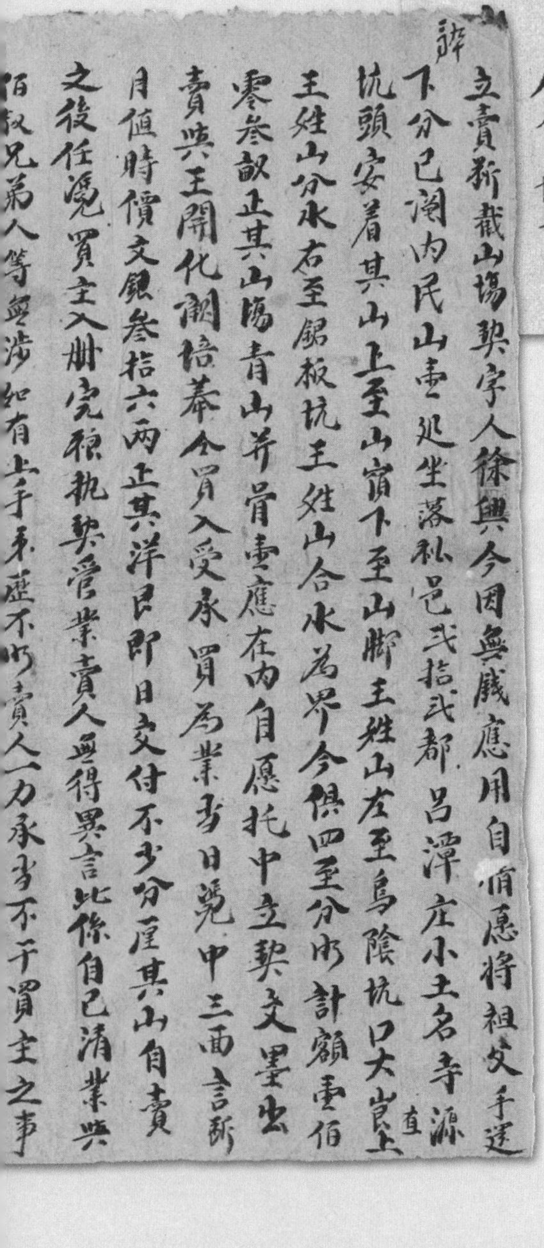

立退茶山字人闞祥雲，今因無銀應用，愿
将父種插茶山壹處，坐落本都庄，小土名洞坑
挑砂垠［崀］脚安着，上玉［至］滿叔茶山，下至銀主茶山，
左至路，右至買主茶山為界，今俱四至分明，
托房親立字，出退與培華叔公入受承買為
業，當日面断價洋陸角正，其洋交付足清，
其茶山自退之後，任凴賣主採摘管業，出
退人無得異言，恐口难信，故立退茶山字
為據。

民國乙卯年十一月初六日　立退茶山字人　闞祥雲

在見　培遜

代笔　培松

立賣山場斷截契字人徐興（押）
徐盤財
徐炳榮
徐根根
徐鴻喜（押）
徐德[illegible]（押）
憑中鄭木金
見中　崔金堂（押）
林炳恒（押）
在見
栽山場契字爲據
民國丁巳陸年拾弍月十一日　立

買契

買主姓名	王開化[illegible]
不動產種類	
坐落	
面積	
四至	東至　南至　西至　北至
賣價	五十四元
應納稅額	三元二角四分
原契幾張	
立契年月日	

例則摘要

一不動產之買主或承典人須於契紙成立後六個月以內赴該管徵收官署投稅
一訂立不動產賣契或典契時須由賣主或出典人赴該管徵收官署填具申請書請領契紙繳納契紙費五角
一不動產之賣主或出典人請領契紙後已逾兩月其契約尚未成立者原領契紙失其効力但因有障礙致契約不能成立時得於限內赴徵收官署申明事由酌予寬限
一原領契紙因遺失及其他事由須補領或更換時仍依第四條第一項之規定繳納契紙費
一契約成[illegible]在六個月內納稅如逾限在六個月以上處一倍罰金一年以上處二倍罰[illegible]二年以上處三倍罰金
一匿報契價[illegible]十分之一以上未滿十分之二者[illegible]額處一倍罰金惟匿報數雖及一成其短稅不及一元者[illegible]十分之二以上未滿十分之三者照短納稅額處二倍罰金十分之三[illegible]以上處四倍罰金十分之五以上處五倍罰金
一私紙立契除投稅時先據聲明請換契紙免予科罰外如被告發或查出者改換契紙補繳契紙費並處以二倍之罰金
一契約成立後六個月之納稅期間限於遵領官契紙者適用之其私紙所書之契約若事後不換寫契紙以逾限論
一逾限未稅之契訴訟時無憑證之效力

字第　號
稅　完
中華民國　年　月　日
賣主
中人

（前頁）>>>>>

立賣断截山塲契字人徐興，今因無錢應用，自情愿将祖父手遺下分己阄内民山壹处，坐落松邑弍拾弍都呂潭庄，小土名寺源坑頭，安着其山，上至山頂，下至山脚王姓山，左至烏陰坑口大崀直上王姓山分水，右至鋸板坑王姓山合水為界，今俱四至分明，計額壹佰零叁畝正，其山塲青山并骨，壹應在内，自愿托中立契文墨，出賣與王開化、闕培莑仝買入受承買為業，当日凴中三面言断，目值時價文〔紋〕銀叁拾六两正，其洋银即日交付，不少分厘，其山自賣之後，任凴買主入册完粮，执契管業，賣人無得異言，此係自己清業，與伯叔兄弟人等無涉，如有上手来歷不明，賣人一力承当，不干買主之事，愿賣愿買，两相情愿，各無反悔，恐口难信，永遠無找無贖，故立賣断截山塲契字為據。

民國丁巳陆年拾弍月十一日　立賣山塲断截契字人　徐　興

凴中　鄭木金　徐藍財

崔金堂　徐炳荣

見中　林炳恒　在見　徐根根

徐鴻喜

徐德德

代筆　闕吉星

（買契，中華民國　年　月）

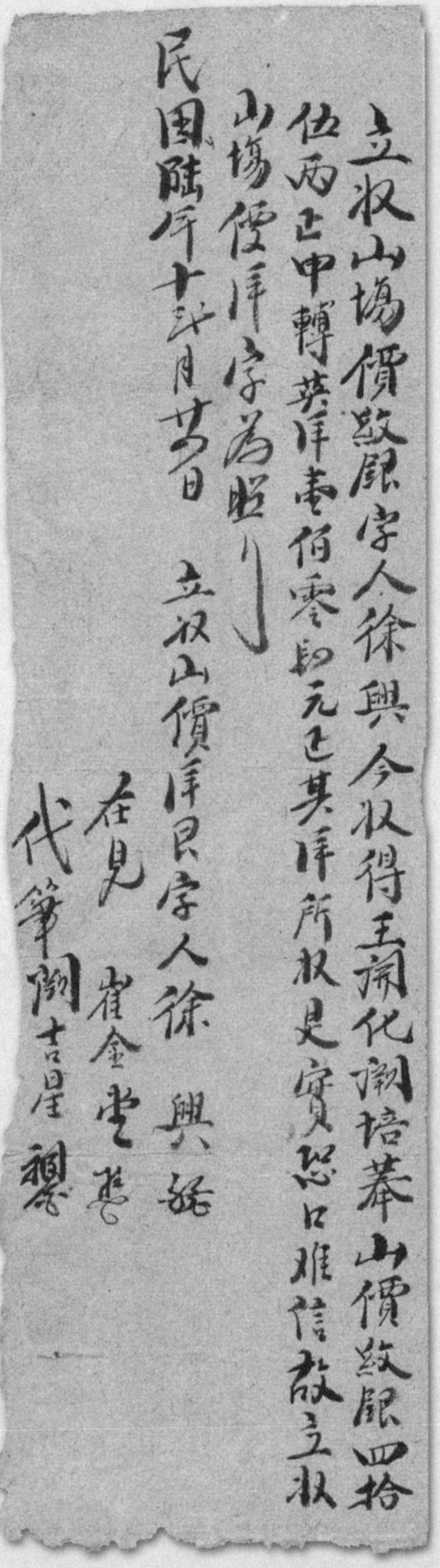

立收山塲價紋銀字人徐興，今收得王闸化、闕培搴山價紋銀四拾伍两正，申轉英洋壹佰零肆元正，其洋所收是實，恐口难信，故立收山塲價洋字為照。

民国陆年十弍月廿四日　立收山（塲）價洋银字人　徐　興

在見　崔金堂

代筆　闕吉星

契

立找山場斷截契字人徐興，今因無錢應用，先前賣過民山壹處，坐落松邑二十二都呂潭庄，小土名寺源坑頭安着。其山上至山嶺，下至山脚王姓山為界，左至烏陰坑口大宮直上王姓山分水，右至屋板坑王姓山合水為界。今俱四至分明，雜木松杉並山骨在內。自愿托中相與王開化、瀾培奉找過山價文錢九百正，其錢即日交付，不少分厘。其山自找之後，任憑買主執契管業，賣人無得異言阻執，劃藤斷根，永遠無找無贖。恐口難信，故立找斷截契字為據。

民國戊午柒年冬月十六日

立找山場斷截契字人　徐興（押）

憑中　鄭木金○
　　　崔金堂（押）

見中　林炳忠（押）

在見　徐藍財○
　　　徐炳榮○
　　　徐根根○
　　　徐鴻書（押）
　　　徐鴻南（押）

代筆　瀾吉星（押）

立找山塲断截契字人徐興，今因無錢應用，先前賣過民山壹處，坐落松邑二十二都呂潭庄，小土名寺源坑頭，安着其山，上至山頂，下至山脚王姓山為界，左至烏陰坑口大崀直上王姓山分水，右至鋸板坑王姓山合水為界，今俱四至分明，雜木松杉，並山骨在內，自愿托中相［向］與王㳙化、闕培𡎺找迯山價文［紋］銀九两正，其銀即日交付，不少分厘，其山自找之後，任凴買主执契管業，賣人無得異言阻执，割藤断根，永遠無找無贖，恐口难信，故立找断截契字為據。

民國戊午柒年叁月十六日　立找山塲断截契字人　徐　興

凴中　鄭木金　徐藍財

崔金堂　徐炳荣

見中　林炳恒

在見　徐根根

徐鴻喜

徐鴻南

代筆　闕吉星

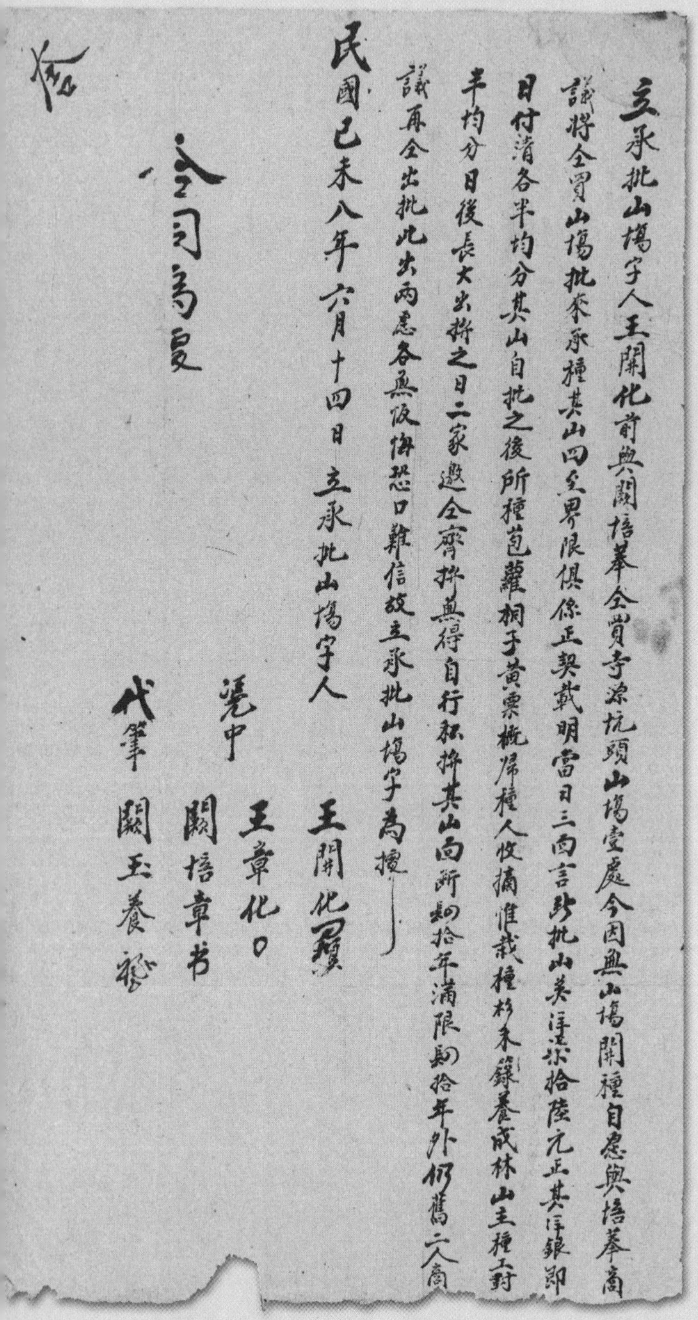

立承批山塲字人王開化，前與闕培奉仝買寺源坑頭山塲壹處，今因無山塲開種，自愿與培奉商議，将仝買山塲批來承種，其山四至界限，俱係正契載明，當日三面言断，批山英洋柒拾陸元正，其洋銀即日付清，各半均分，其山自批之後，所種苞蘿、桐子、黄粟，概歸種人收摘，惟栽種杉木籙養成林，山主、種工對半均分，日後長大出拚之日，二家邀仝齊拚，無得自行私拚，其山面断肆拾年滿限，肆拾年外，仍舊二人商議再仝出批，此出兩愿，各無反悔，恐口難信，故立承批山塲字為據。

民國己未八年六月十四日　立承批山塲字人　王開化

浼中　王章化

闕培章

代筆　闕玉養

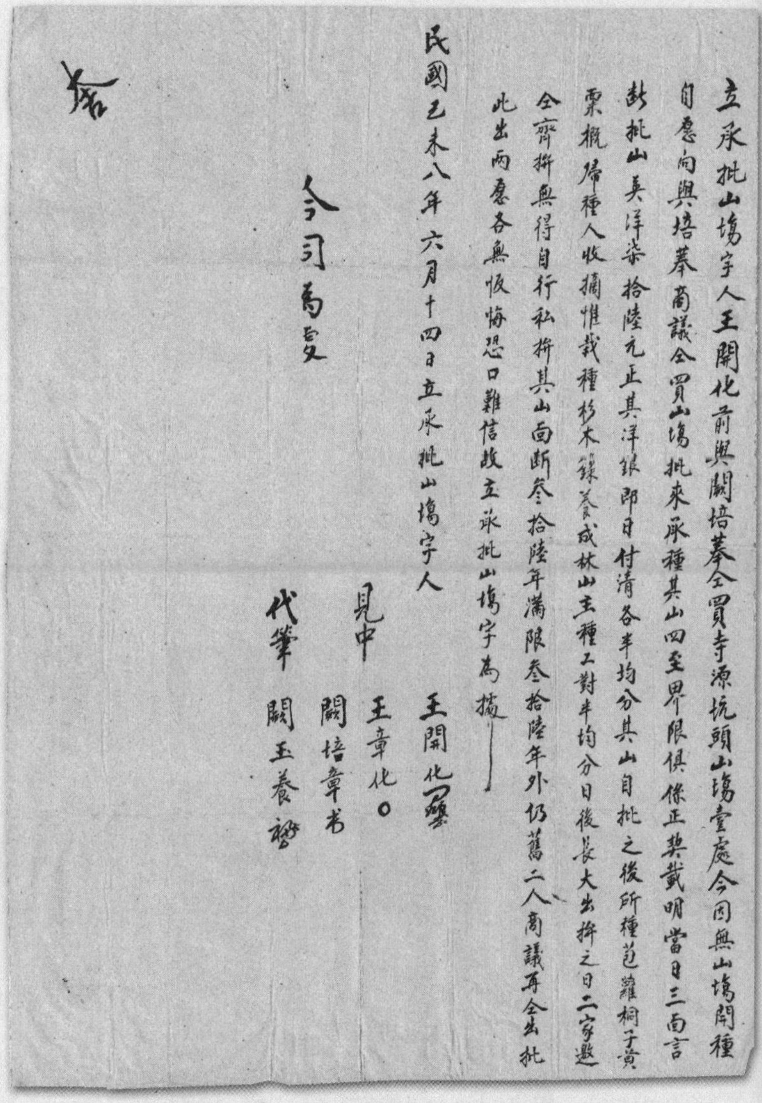

立承批山塲字人王開化，前與闕培奉仝買寺源坑頭山塲壹處，今因無山塲開種，自愿向與培奉商議，仝買山塲批來承種，其山四至界限，俱係正契載明，當日三面言断，批山英洋柒拾陸元正，其洋銀即日付清，各半均分，其山自批之後，所種苞蘿、桐子、黄粟，概歸種人收摘，惟栽種杉木簶養成林，山主、種工對半均分，日後長大出拚之日，二家邀仝齊拚，無得自行私拚，其山面断叁拾陸年滿限，叁拾陸年外，仍舊二人商議再仝出批，此出两愿，各無反悔，恐口難信，故立承批山塲字為據。

民國己未八年六月十四日　立承批山塲字人　王開化

見中　王章化

闕培章

代筆　闕玉養

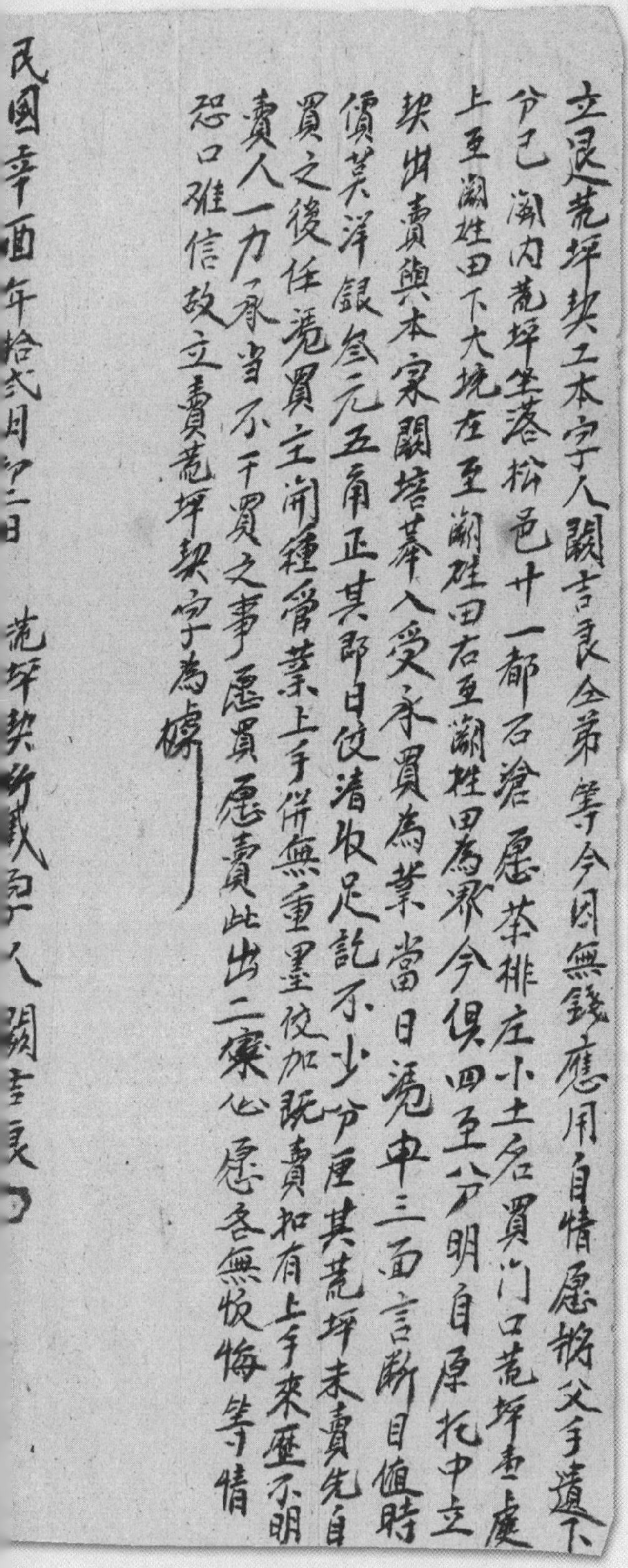
立賣荒坪契字人闕吉良仝弟等今因無錢應用自情愿將父手遺下
分己湖內荒坪坐落松邑廿一都石倉源茶排庄小土名買门口荒坪壹處
上至湖姓田下大坑左至湖姓田右至湖姓田為界今俱四至分明自原托中立
契出賣與本家闕培蓁入受承買為業當日憑中三面言斷目值時
價英洋銀叁元五角正其即日仗清收足訖不少分厘其荒坪未賣先自
買之後任憑買主開種管業上手併無重墨伩加既賣扣有上手來歷不明
賣人一力承当不干買之事愿買愿賣此出二家心愿各無悔悔等情
恐口難信故立賣荒坪契字為據
民國辛酉年拾弍月初二日 荒坪契字人闕吉良

立借洋銀字人徐兴，今因無錢應用，自原［愿］向與王㴱化、阙培蓁二人親邊，借過洋銀本拾元正，其洋銀即日收親［清］，面断洋銀每年照鄉（規）起息，不敢欠少分文，此照。

民國八年十二月廿日 徐 兴

親筆

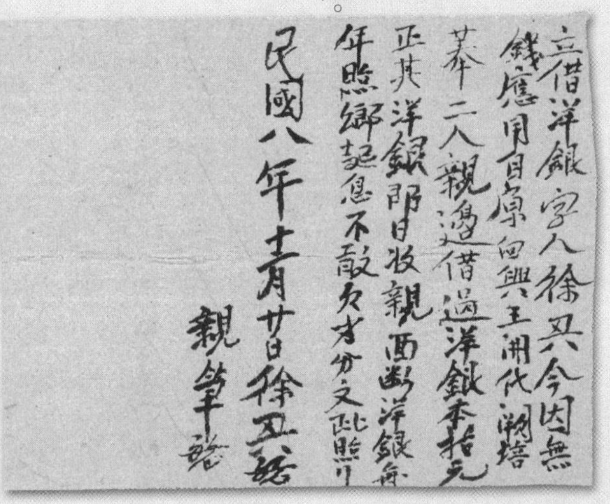

立退荒坪契工本字人闕吉良仝弟等，今因無錢應用，自情愿將父手遺下分己阄内荒坪，坐落松邑廿一都石滄愿［倉源］茶排庄，小土名買门口荒坪壹處，上至闕姓田，下大坑，左至闕姓田，右至闕姓田為界，今俱四至分明，自原［愿］托中立契，出賣與本家闕培搴入受承買為業，當日凴中三面言断，目值時價英洋銀叁元五角正，其（洋）即日佼［交］清收足訖，不少分厘，其荒坪未賣先，自買之後，任凴買主開種管業，上手併無重墨佼［交］加，既賣，如有上手來歷不明，賣人一力承当，不干買（主）之事，愿買愿賣，此出二家心愿，各無反悔等情，恐口难信，故立賣荒坪契字為據。

民國辛酉年拾弍月初二日　荒坪契断截字人　闕吉良

吉雪

代筆　吉聲

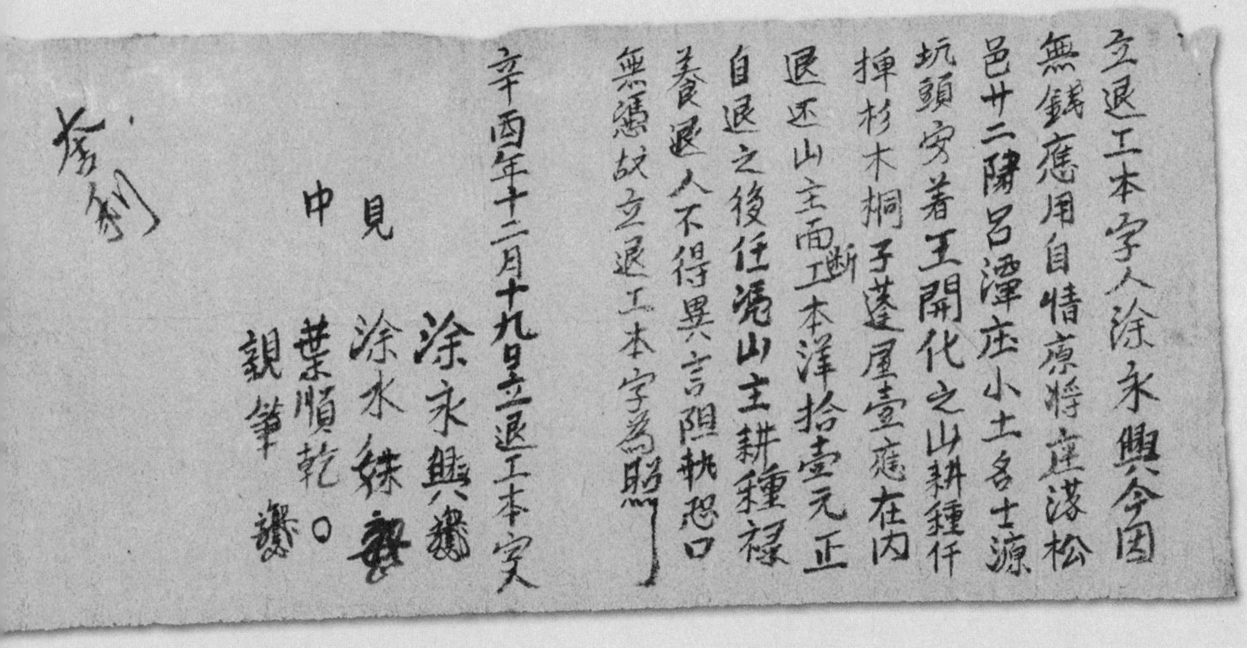

立退工本字人涂永興，今因
無錢應用，自情原［愿］将座［坐］落松
邑廿二都呂潭庄，小土名士［寺］源
坑頭，安着王開化之山，耕種仟［扦］
插杉木、桐子、蓬屋，壹應在内，
退还山主，面断工本洋拾壹元正，
自退之後，任滗山主耕種祿［籙］
養，退人不得異言阻執，恐口
無憑，故立退工本字為照。
辛酉年十二月十九日　立退工本字人　涂永興
見　涂水妹
中　葉順乾
親筆

立出批山塲字人王渊化仝弟前與渊培暮仝買上高坑山塲壹處今同自愿與培暮商議將仝買山塲出批與培暮耕種其山四至界限俱係正契載明当日三面言斷批山價大洋玖拾伍元正其洋即日收清足訖各半均分其山自批之後所種苞蘿桐子黄栗概归種人收摘栽種杉木蓄养成林山主種人對半均分日後長大出拚之日二家邀仝齊拚無得自行私拚其山面斷限至卅拾年滿限卅拾年外仍舊二人商議再仝出批比出兩愿各無悔恐口難信故立出批山塲字為據

一批日先杉木係憑承批人砍伐渊種茶頭棕竹归與種人料理採摘再照

民國甲子拾叁年七月二十五日　立出批山塲字人王渊化（押）

仝弟王章化（押）

一批日先杆樺老苗弍拾年前归與承種人出拚弍拾年之後以作杆樺分拍此照

代筆渊玉璜（押）

合字合同為照

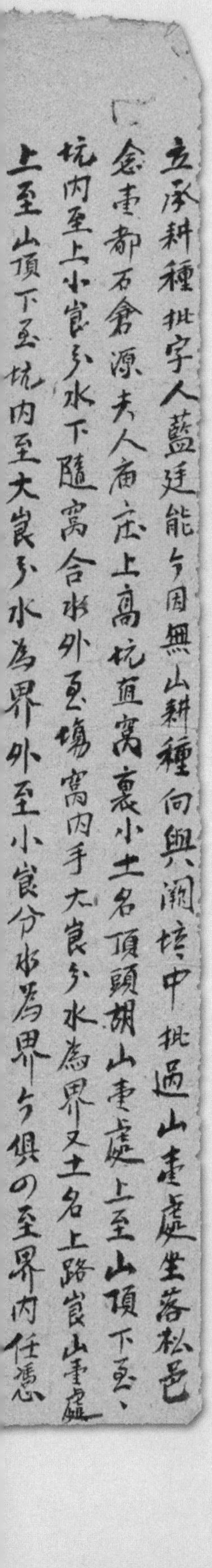
立承耕種批字人藍廷能今因無山耕種向與闕培中批過山壹處坐落松邑
念壹都石倉源夫人廟上高坑直窩裏小土名頂頭胡山壹處上至山頂下至坑
坑内至上小岗分水下隨窩合水外至墈窩内手大岗分水為界又土名上路岗山壹處
上至山頂下至坑内至大岗分水為界外至小岗分水為界今俱四至界内任憑

（前頁）>>>>>

立出批山塲字人王閈化仝弟，前與闕培奉仝買上高坑山塲壹處，今因自愿與培奉商議，將仝買山塲出批與培奉耕種，其山四至界限，俱係正契載明，当日三面言断，批山價大洋玖拾陸元正，其洋即日收清足訖，各半均分，其山自批之後，所種苞蘿、桐子、黃粟，概归種人收摘，栽種杉木，籙养成林，山主、種人對半均分，日後長大出拚之日，二家邀仝齊拚，無得自行私拚，其山面断限至肆拾年滿限，肆拾年外，仍舊二人商議，再仝出批，此出兩愿，各無反悔，恐口難信，故立出批山塲字為據。

一批日先杉木任憑承批人砍代〔伐〕閈種，茶頭棕竹，归與種人料理採摘，再照。

民國甲子拾叁年七月二十五日　立出批山塲字人　王閈化

仝弟在見　王章化

代筆　闕玉璜

一批日先扦插老苗，式拾年前归與承種人出拚，式拾年之後，以作扦插分拍，此照。

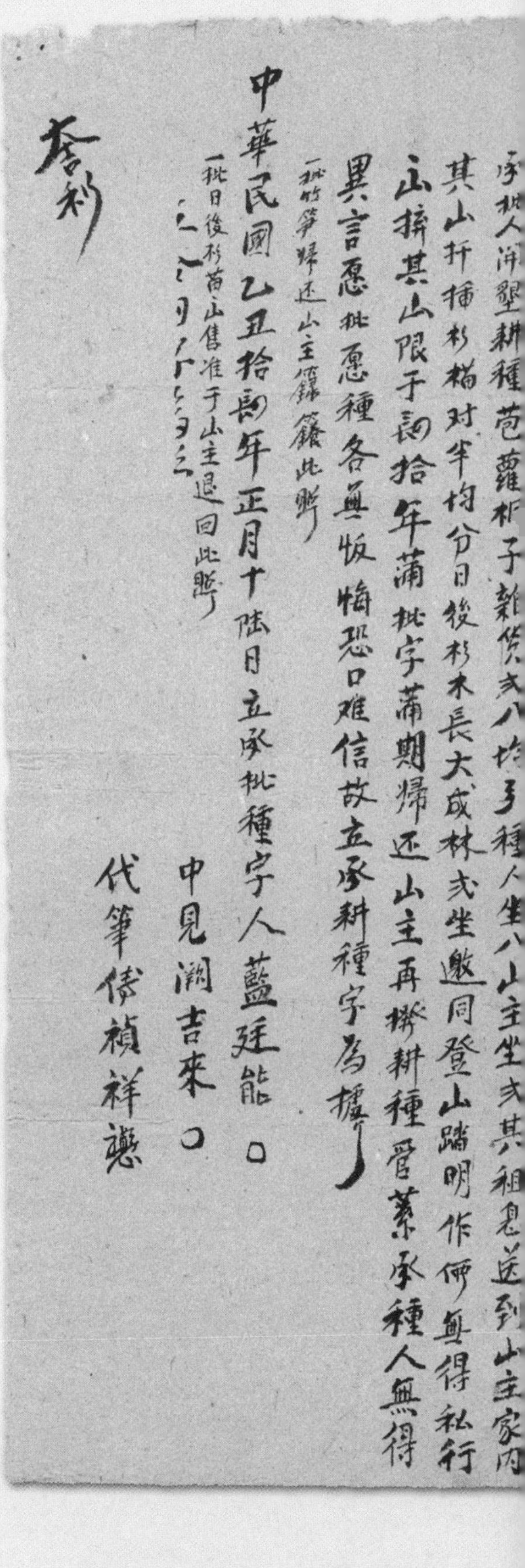

立承耕種批字人藍廷能，今因無山耕種，向與闕培中批過山壹處，坐落松邑念壹都石倉源夫人庙庄上高坑直窝裹，小土名頂頭胡，山壹處，上至山頂，下至坑，内至上小良分水下隨窝合水，外至塲窝内手大良分水為界，又土名上路良山壹處，上至山頂，下至坑，内至大良分水為界，外至小良分水為界，今俱四至界内，任憑承批人開墾，耕種苞蘿、桐子、雜货，弍八均分，種人坐八，山主坐弍，其租息送到山主家内，其山扦插杉苗，对半均分，日後杉木長大成林，弍坐邀同登山，踏明作價，無得私行出拚，其山限于肆拾年滿，批字滿期，歸还山主，再撥耕種管業，承種人無得異言，愿批愿種，各無反悔，恐口难信，故立承耕種字為據。

一批竹笋歸还山主籙養，此照。

中華民國乙丑拾肆年正月十陆日　立承批種字人　藍廷能

一批日後杉苗出售，准于山主退回，此照。中見　闞吉來

代筆　傅禎祥

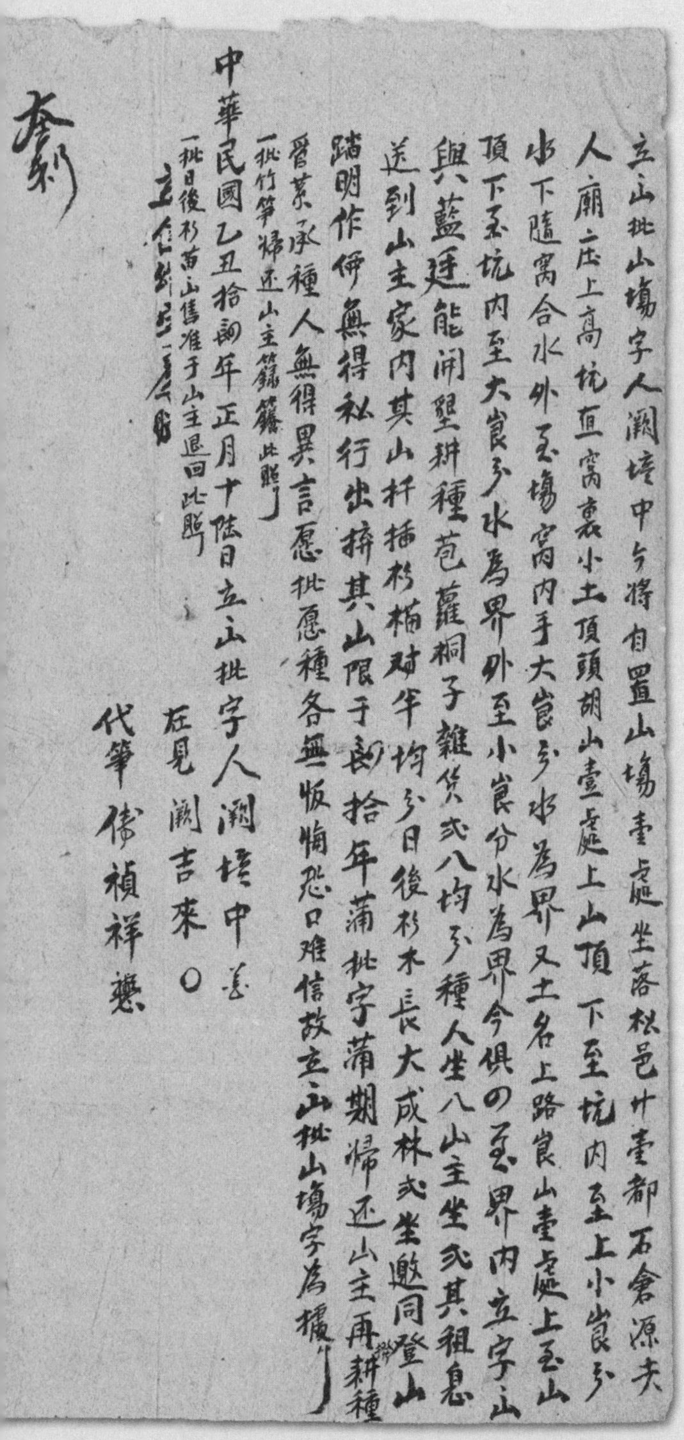

立出批山塲字人闕培中，今将自置山塲壹處，坐落松邑廿壹都石倉源夫人廟庄上高坑直窝裏，小土（名）頂頭胡，山壹處，上山頂，下至坑，内至上小良分水，下隨窝合水，外至塲窝内手大良分水為界，又土名上路良山壹處，上至山頂，下至坑，内至大良分水為界，外至小良分水為界，今俱四至界内，立字出與藍廷能闬墾，耕種苞蘿、桐子、雜货，弍八均分，種人坐八，山主坐弍，其租息送到山主家内，其山扦插杉苗，对半均分，日後杉木長大成林，弍坐邀同登山，踏明作價，無得私行出拚，其山限于肆拾年滿，批字滿期，歸还山主，再撥耕種管業，承種人無得異言，愿批愿種，各無反悔，恐口难信，故立出批山塲字為據。

一批竹笋歸还山主籙養，此照。

中華民國乙丑拾肆年正月十陆日　立出批字人　闕培中

一批日後杉苗出售，准于山主退回，此照。在見　闕吉來

代筆　傅禎祥

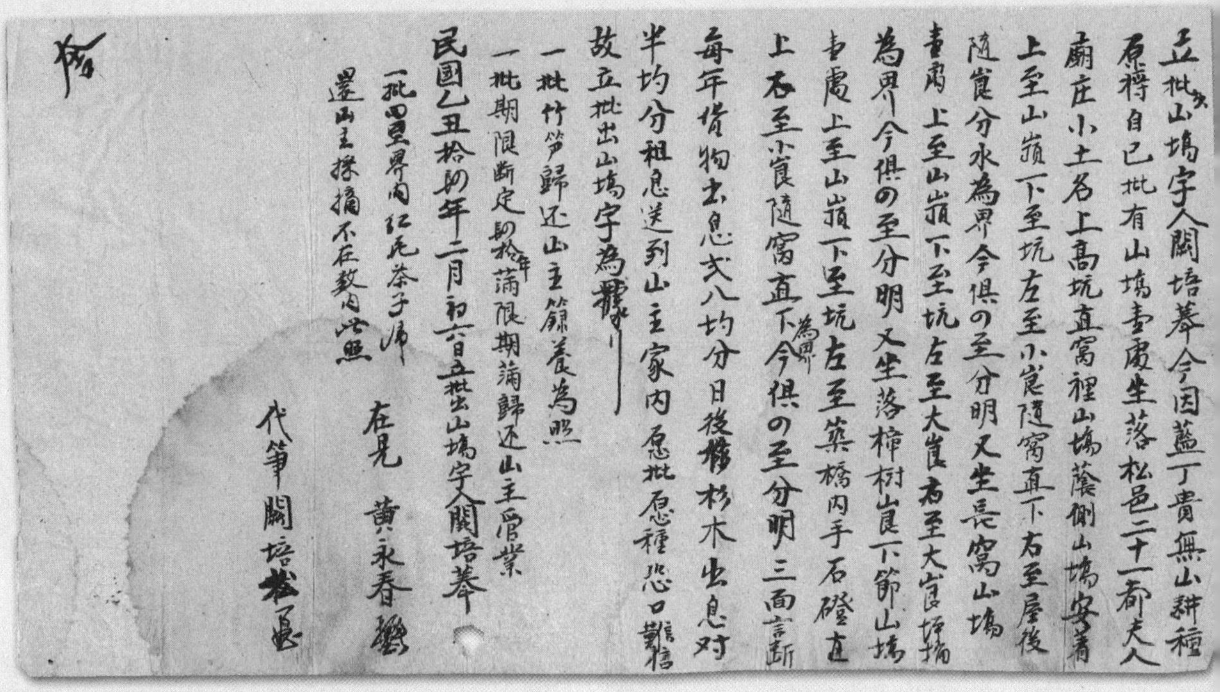

立批出山塲字人闕培奉，今因藍丁貴無山耕種，
原［愿］将自己批有山塲壹處，坐落松邑二十一都夫人
廟庄，小土名上高坑直窝裡山塲蔭側山塲安着，
上至山頂，下至坑，左至小崀隨窝直下，右至屋後
隨崀分水為界，今俱四至分明，又坐長窝山塲
壹處，上至山頂，下至坑，左至大崀，右至大崀坪角
為界，今俱四至分明，又坐落樟樹崀下節山塲
壹處，上至山頂，下至坑，左至築橋内手石磴直
上，右至小崀隨窝直下為界，今俱四至分明，三面言断，
每年货物出息，弍八均分，日後杉木出息，对
半均分，租息送到山主家内，愿批愿種，恐口難信，
故立批出山塲字為據。
一批竹笋歸还山主籙養為照。
一批期限断定肆拾年滿限，期滿歸还山主管業。
民國乙丑拾肆年二月初六日　立批出山塲字人　闕培奉
一批四至界内，红花茶子歸　在見　黄永春
還山主採摘，不在数内，此照。　代筆　闕培松立退茶子樹字人阙能銘仝弟等，今因無銀應用，自情愿将父手遺下茶子樹一塊，坐落松邑廿一都茶排庄，小土名桐坑内蜂桐良，安着其山，上至青山，下至買主茶山，内至買主茶山，外至路為界，今俱四至分明，立字出退與本家弟阙培中入受承退為業，当日憑中三面言断，目值时價大洋弍元五角正，其洋即日随字交付清白，不少分文，其茶子樹自退之後，買主管業，退人無得異言阻执，恐口难信，故立退茶子樹字為照。

中華民國乙五十四年三月十四日　立退茶木字人　阙能銘

見　能標

中　培遺

代筆　培鐸

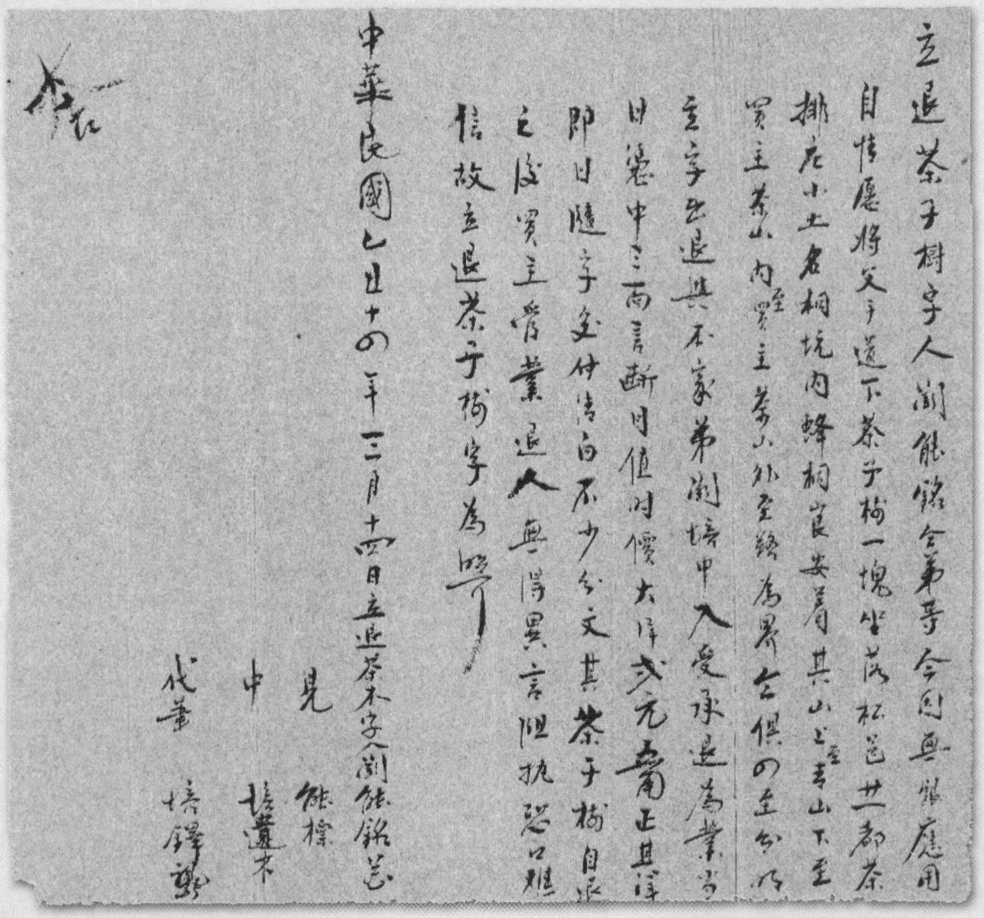

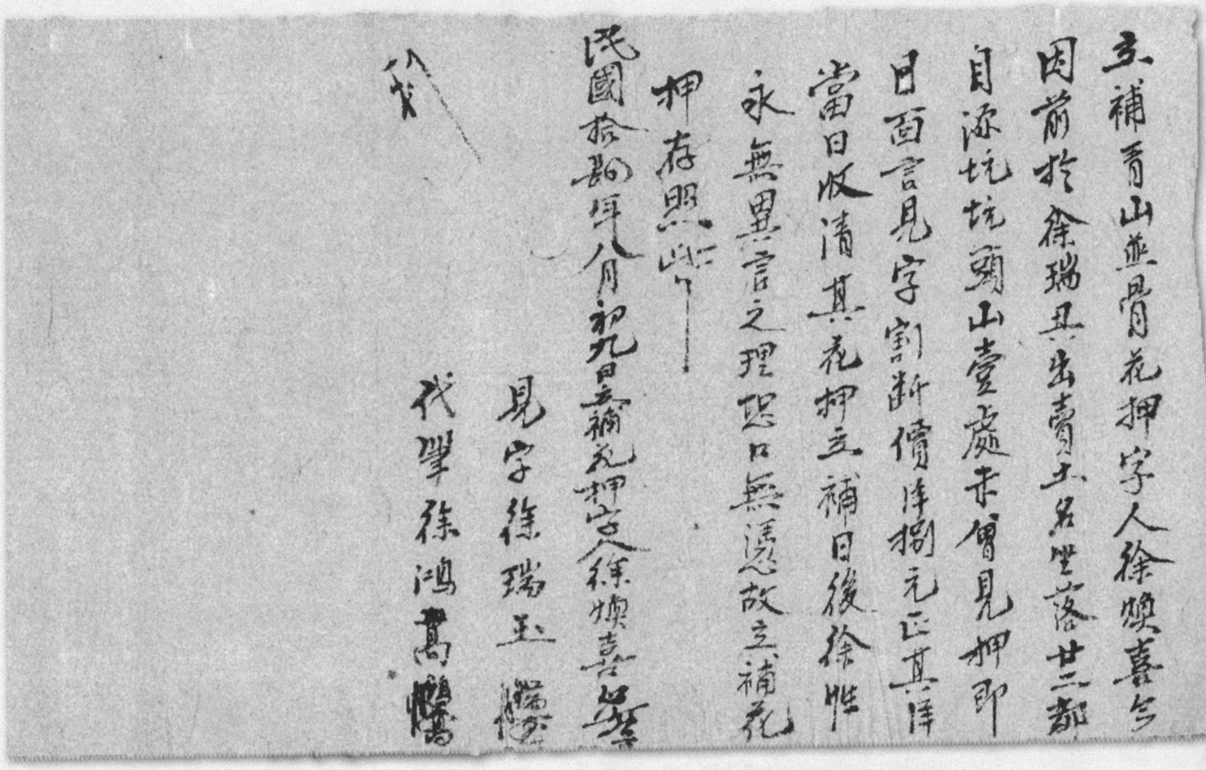

立補青山並骨花押字人徐煥喜，今
因前於徐瑞兴出賣土名坐落廿二都
自［寺］源坑坑頭山壹處，未曾見押，即
日面言見字割断價洋捌元正，其洋
當日收清，其花押立補，日後徐性［姓］
永無異言之理，恐口無憑，故立補花
押存照此。
民國拾肆年八月初九日　立補花押字人　徐煥喜
見字　徐瑞玉
代筆　徐鴻高

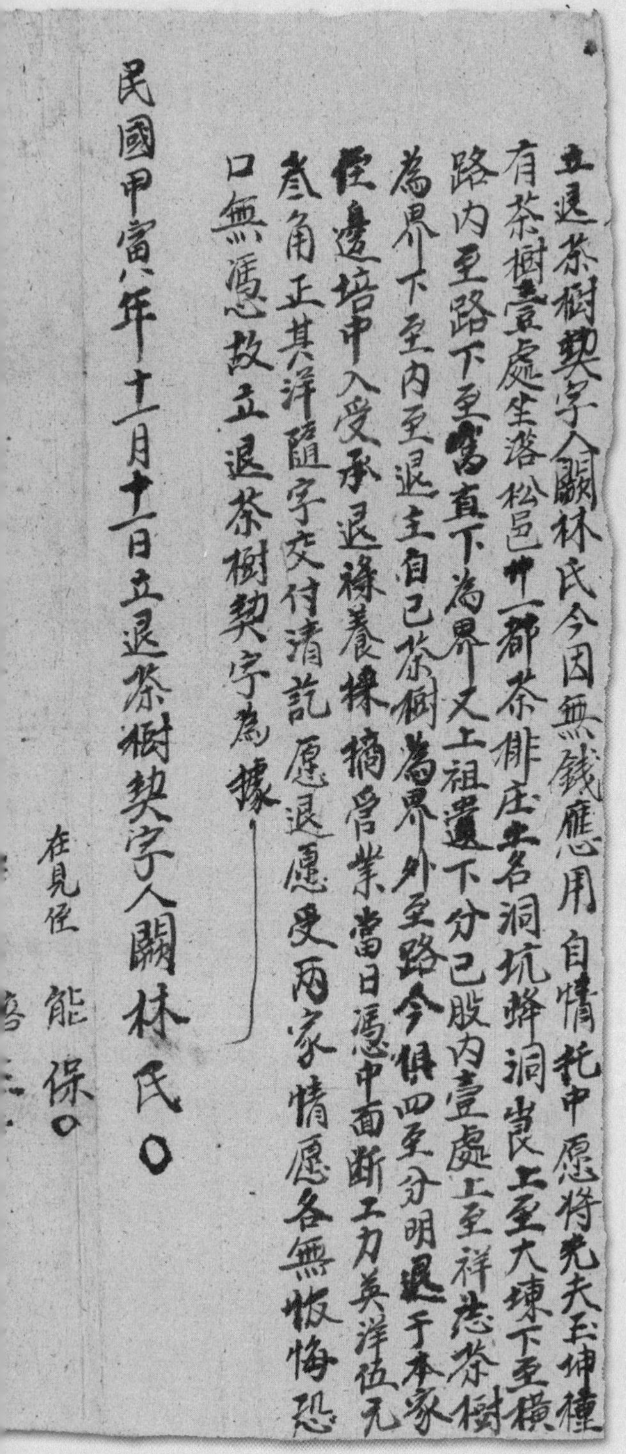

立退茶樹契字人闞林氏，今因無錢應用，自情托中，愿将先夫玉坤種有茶樹壹處，坐落松邑廿一都茶排庄，土名洞坑蜂洞崀，上至大堜，下至横路，内至路，下至窝直下為界，又上祖遺下分己股内壹處，上至祥志茶樹為界，下至、内至退主自己茶樹為界，外至路，今俱四至分明，退于本家侄邊培中入受承退祿［籙］養採摘管業，當日憑中面断工力英洋伍元叁角正，其洋隨字交付清訖，愿退愿受，两家情愿，各無反悔，恐口無憑，故立退茶樹契字為據。

民國甲寅年十一月十一日　立退茶樹契字人　闞林氏

在見侄　能保

憑中　培生

代筆　培運

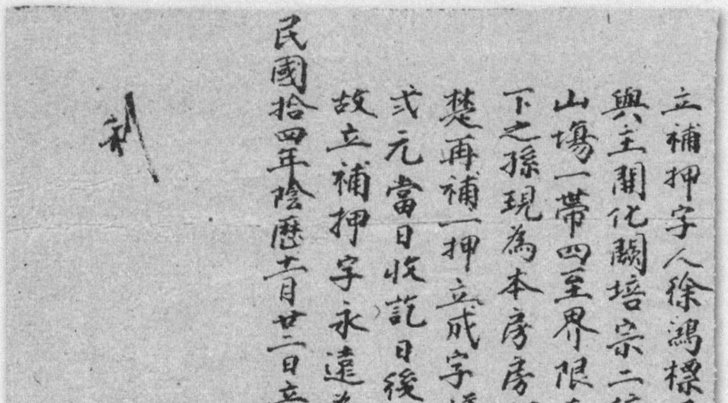

立補押字人徐鴻標，原因日前徐興叔將族山出賣與王開化、闕培宗二位兄台為業，土名坐落寺源坑山場一帶，四至界限，正契載明，不必另敘，但攀桂公下之孫現為本房房頭，未經在場見押，今邀戚友説楚，再補一押，立成字樣，交於買主，買主出付大洋拾式元，當日收訖，日後不敢再有二三言説，恐口難信，故立補押字永遠為據。

民國拾四年陰曆十一月廿二日　立補押字人　徐鴻標

在見　闕起東

代筆　施文英

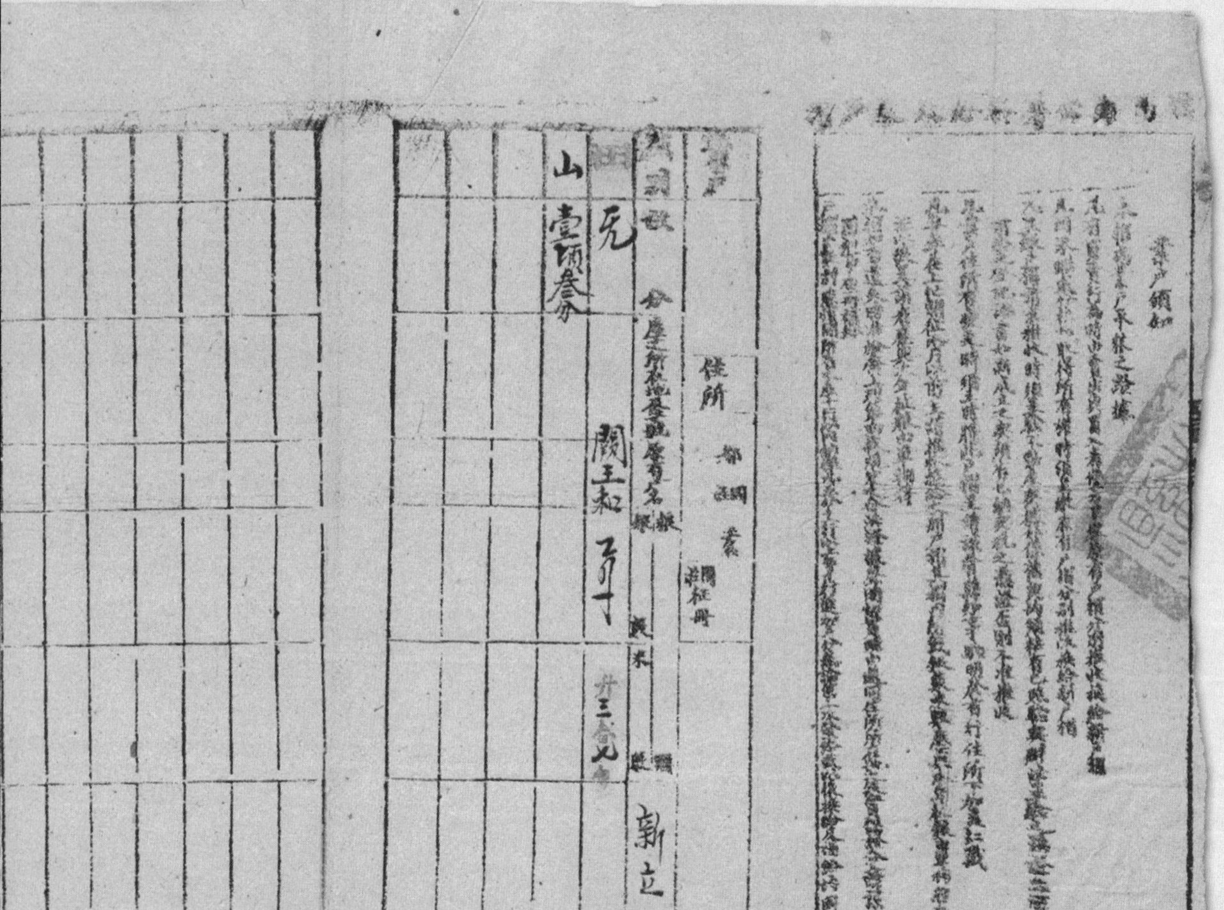
山
壹頃叁分
闕王和
住所
新立

業戶　　住所　　都　圖　莊　　土名　圖　莊　征冊

產別	畝　分	產之所在地及字號	原有户名	粮額 銀數	粮額 米數	新立
田	无		闞王和	二角四分一厘	升三合七勺	
山	壹頃叁分					

田　地　共　銀

山　蕩　共　米

中華民國　拾肆　年　月　日　共字第二千二百五十一號

右給業户　闞王和　收執

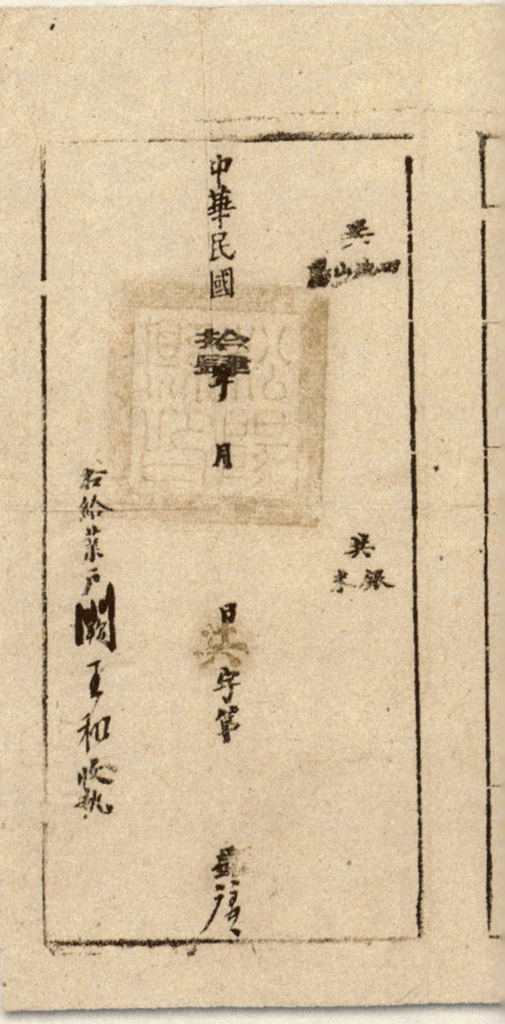

約契石倉

立承批種山塲字人瀏吉來，今因無山耕種，向與瀏培中批過山塲壹處，坐落松邑廿壹都夫人庙，左上高坑直窩裏小土名屋外手胡姓坟地窩路上山壹處，上至山頂，下至路上坪為界，內至大崀分水，外至胡姓坟地窩崀直上分水為界；又土名陰何山壹處，坐名水口磜頭窩安着，上至山頂，下至坑，內至小崀直上分水為界，外至金竹窩大崀分水為界；又土名漆樹窩口內手路下山壹處，上至大路，下至坑，內至毛竹山外小崀直下，外至隨窩合水為界；又土名樟樹崀山壹處，上至山頂，下至坑，內至上小崀分水，下隨窩合水，外至小崀分水為界。今俱四至界內任憑承墾人瀏種苞蘿、桐子雜物，式八均分，種人坐八，山主坐式。其租息到山主家內。其日後扦插杉樹，各半均分。日後杉木成林長大，式坐邀同登山踏明，作價無得私行砍伐。其山限于貳拾年滿，批字滿期歸还山主再撥耕種，管業承種人無得異言。恩批愿種，各無反悔，恐口难信，故立承批字為據。

一批竹笋歸还山主籙籐此照。

一批日後杉苗山集堆于山主退回此照。

[illegible]

中華民國丙寅拾伍年正月拾陸日　立承批字人瀏吉來〇

在見　藍廷能〇

憑中　藍利宗〇

代筆　傅禎祥聽

大吉利

立承批種山場字人闕吉來，今因無山耕種，向與闕培中批過山場壹處，坐落松邑廿壹都夫人庙庄上高坑直窩裏，小土名屋外手胡边坟地窩路上，山壹處，上至山頂，下至路上坪為界，內至大崀分水，外至胡边坟地窩崀直上分水為界，又土名陰向山壹處，小土名水口礤頭窩安着，上至山頂，下至坑，內至小崀直上分水為界，外至金竹窩大崀分水為界，又土名漆樹窩口內手路下，山壹處，上至大路，下至坑，內至毛竹山外小崀直下，外至隨窩合水為界，又土名樟樹崀山壹處，上至山頂，下至坑，內至上小崀分水下隨窩合水，外至小崀分水為界，今俱四至界內，任憑承墾人開種苞蘿、桐子、雜物，弍八均分，種人坐八，山主坐弍，其租息（送）到山主家內，其日後扦插杉苗，各半均分，日後杉木成林長大，弍坐邀同登山，踏明作價，無得私行出拚，其山限于肆拾年滿，批字滿期，歸还山主，再撥耕種管業，承種人無得異言，愿批愿種，各無反悔，恐口难信，故立承批字為據。

一批竹笋歸还山主籙養，此照。

中華民國丙寅拾伍年正月拾陆日　立承批字人　闕吉來

在見　藍廷能

憑中　藍利宗

代筆　傅禎祥

一批日後杉苗出售，准于山主退回，此照。

立承種字人劉吉友今因無山耕種向與劉培中批過山場壹處坐落松邑廿壹都夫人廟庄上高坑坵窩裏小土名牛塆窩安着上至山頂下至石磜橫過外至小崀直上至水為界內至徐氏坟地崀直上至水為界今俱四至界內任憑承種開墾耕種苞蘿桐子式八均分種人坐八山主坐式其租息送到山主家內其山日後扦插樯对半均分日後杉木長大成林式坐邀同登山踏明作份無得私行山拚其山限于新拾年滿批字滿期歸还山主再撥耕種管業承種人無得異言恁批恁種各無反悔故立承批字為據

一批竹筍歸还山主錢饗此照

民國丙寅拾伍年正月十九日立承耕種字人劉吉友（押）

在見人藍廷能 ○

憑中 劉吉來 ○

代筆 傅禎祥 押

一批日後杉苗山售准于山主退回此照

三七一丁白ノ一三白足

奉利

立承種字人闕吉友，今因無山耕種，向與闕培中批过山塲壹處，坐落松邑廿壹都夫人庙庄上高坑直窝裏，小土名牛角窝安着，上至山頂，下至石磜横过，外至小崀直上分水為界，內至徐氏坟地崀直上分水為界，今俱四至界內，任憑承種開墾，耕種苞蘿、桐子，弍八均分，種人坐八，山主坐弍，其租息送到山主家內，其山日後扦插（杉）苗，对半均分，日後杉木長大成林，弍坐邀同登山，踏明作價，無得私行出拚，其山限于肆拾年滿，批字滿期，歸还山主，再撥耕種管業，承種人無得異言，愿批愿種，各無反悔，故立承批字為據。

一批竹笋歸还山主籙養，此照。

民國丙寅拾伍年正月十九日　立承耕種字人　闕吉友

在見人　藍廷能

憑中　闕吉來

代筆　傅禎祥

一批日後杉苗出售，准于山主退回，此照。

立承耕種山塲字人阙吉銀今因無山耕種向與阙培中批過山塲壹
處坐落松邑廿壹都夫人廟庄小土名上高坑直窩裏老屋基窩安着上
至山頂下至坪為界内至庵塲窩口小崀直下外至上大崀分水下窩口直
上為界又土名漆樹窩口外手山壹處上至山頂下至坑内至隨窩合水外
至路迷石磴小崀直上分水為界今俱四至界内任憑承批人開墾耕種苞蘿
桐子雜貨式八均分種人坐八山主坐式其租息送到山主家内其山扦插杉
楢对半均分日後杉木成林長大式坐邀同登山踏明作價無得私行山拚其
山限于卽拾年蒲批字蒲期歸还山主再撈耕種管業承種無得異言恐批
恴種各恢悔恐口难信故立批種字為據
一批竹笋歸还山主籙鑊此照
中華民國戊辰拾柒年正月拾九日立承種字人阙吉銀（押）
一批日後杉苗山僐准于山主退回此照
[illegible]
在見 藍炷能（押）
憑中 藍利宗（押）
代筆 傅禎祥懃

合利

立承耕種山場字人闕吉銀，今因無山耕種，向與闕培中批過山場壹處，坐落松邑廿壹都夫人庙庄，小土名上高坑直窝裏老屋基窝安着，上至山頂，下至坪為界，內至庵場窝口小崀直下，外至上大崀分水下窝口直上為界，又土名漆樹窝口外手山壹處，上至山頂，下至坑，內至随窝合水，外至路边石磴小崀直上分水為界，今俱四至界內，任憑承批人開墾，耕種苞蘿、桐子、雜貨，弍八均分，種人坐八，山主坐弍，其租息送到山主家內，其山扦插杉苗，對半均分，日後杉木成林長大，弍坐邀同登山，踏明作價，無得私行出拚，其山限于肆拾年滿，批字滿期，歸还山主，再撥耕種管業，承種（人）無得異言，愿批愿種，各（無）反悔，恐口难信，故立批種字為據。

一批竹笋歸还山主籙養，此照。

中華民國戊辰拾柒年正月拾九日　立承種字人　闕吉銀

在見　藍廷能

憑中　藍利宗

代筆　傅禎祥

一批日後杉苗出售，准于山主退回，此照。

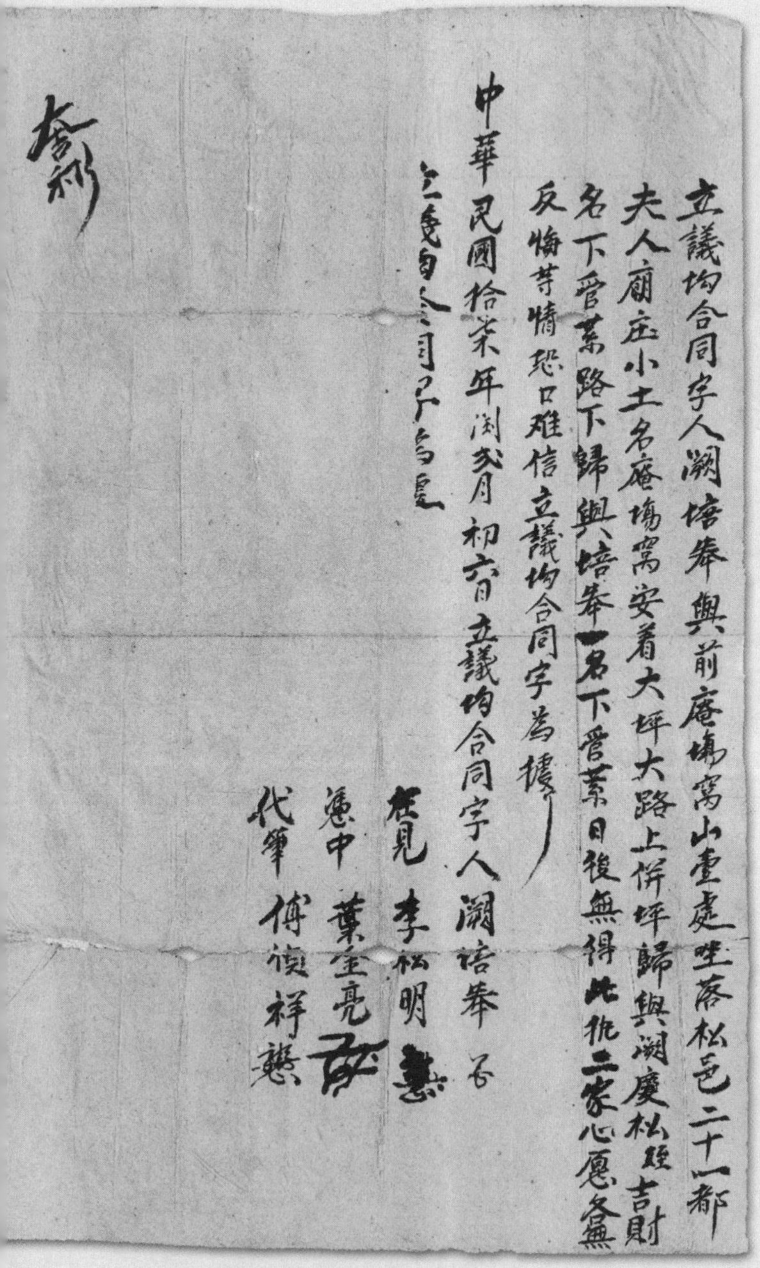

立議約合同字人闕培奉，與前庵塲窝山壹處，坐落松邑二十一都
夫人庙庄，小土名庵塲窝，安着大坪大路上併坪，歸與闕慶松姪吉財
名下管業，路下歸與培奉名下管業，日後無得此执，二家心愿，各無
反悔等情，恐口难信，立議約合同字為據。

中華民國拾柒年闰弍月初六日　立議約合同字人　闕培奉

在見　李松明

憑中　葉金亮

代筆　傅禎祥

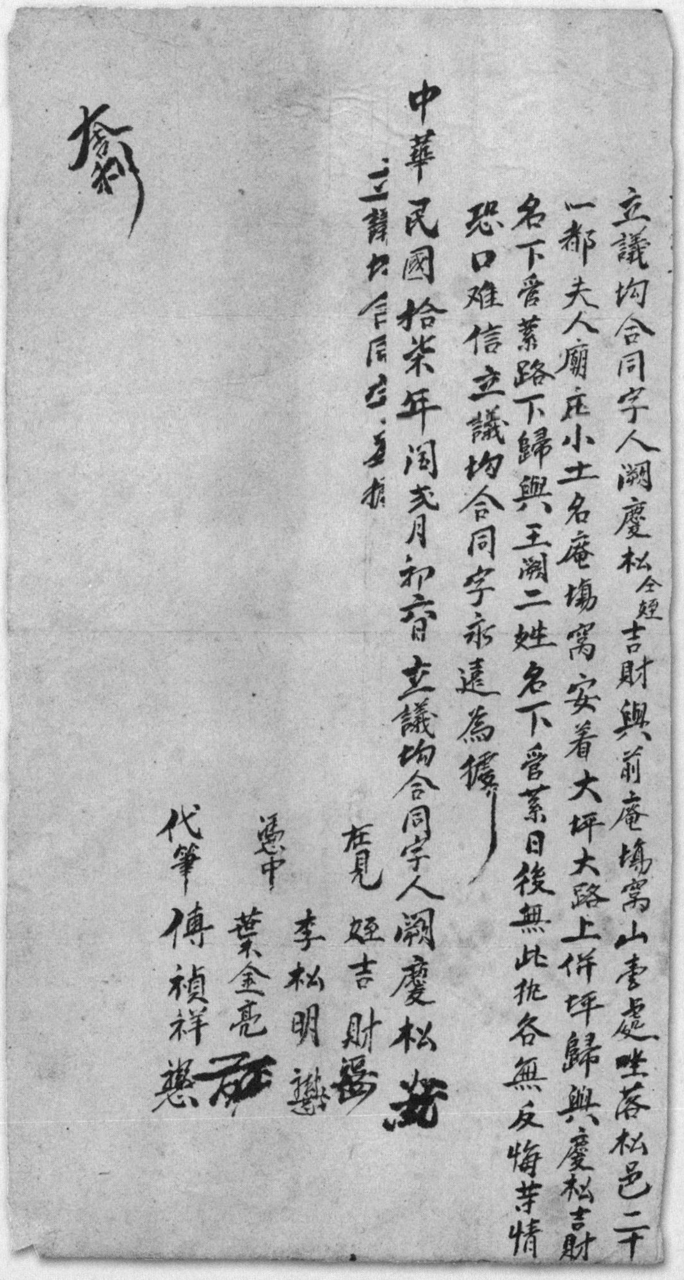

立議約合同字人闕慶松仝姪吉財，與前庵塲窝山壹處，坐落松邑二十
一都夫人廟庄，小土名庵塲窝，安着大坪大路上併坪，歸與慶松、吉財
名下管業，路下歸與王、闕二姓名下管業，日後無此执，各無反悔等情，
恐口难信，立議約合同字永遠為據。

中華民國拾柒年闰弍月初六日　立議約合同字人　闕慶松

在見姪　吉財

李松明

憑中　葉金亮

代筆　傅禎祥

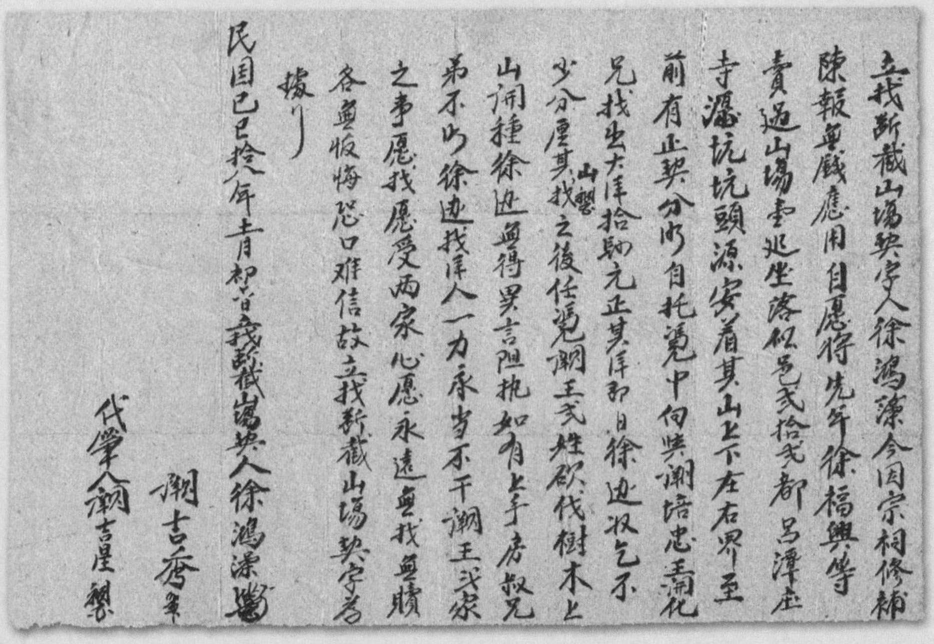

立找断截山塲契字人徐鴻藻，今因宗祠修補
陳報，無錢應用，自愿将先年徐福興等
賣過山塲壹处，坐落松邑式拾式都呂潭庄
寺源坑坑頭源，安着其山，上、下、左、右界至，
前有正契分明，自托凂中向與闕培忠、王㳔化
兄找出大洋拾肆元正，其洋即日徐边收乞［訖］，不
少分厘，其山（自）找之後，任凂闕、王式姓砍伐樹木，上
山㳔種，徐边無得異言阻执，如有上手房叔兄
弟不明，徐边找洋人一力承当，不干闕、王式家
之事，愿找愿受，两家心愿，永遠無找無贖，
各無反悔，恐口难信，故立找断截山塲契字為
據。

民國己巳拾八年十一月初六日　立找断截山塲契人　徐鴻藻

闕吉秀

代筆　闕吉星

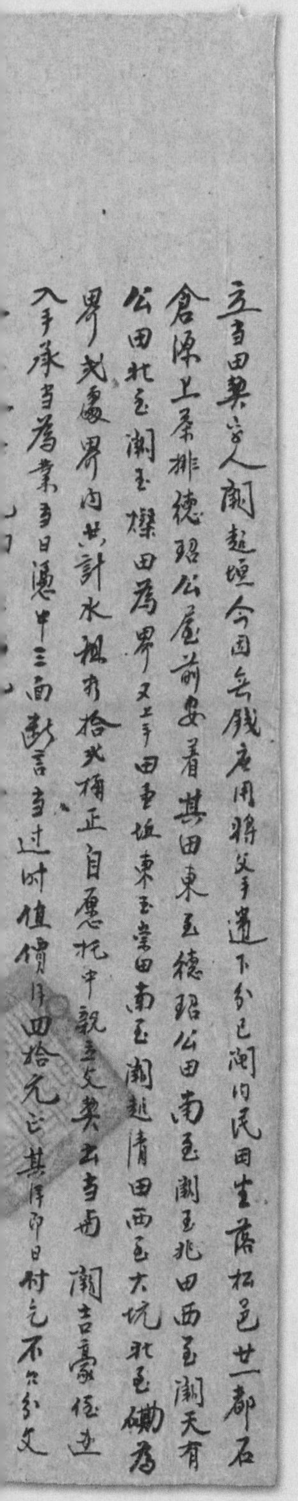

立当田契字人闕起恒，今因無錢應用，將父手遺下分已闕門民田，坐落松邑廿一都石倉源上屋排德聰公屋前，安着其田東至德聰公田，南至闕王，北田西至闕天有公田，北至闕玉燦田為界；又上手田壹坵，東至當田，南至闕起清田，西至大坑，北至磡為界。式處界內共計水租肆拾式桶正，自愿托中親立契，出當與闕吉豪位边入手承當為業，當日憑中三面斷言，當過時值價洋田拾元正，其洋即日付訖，不欠分文

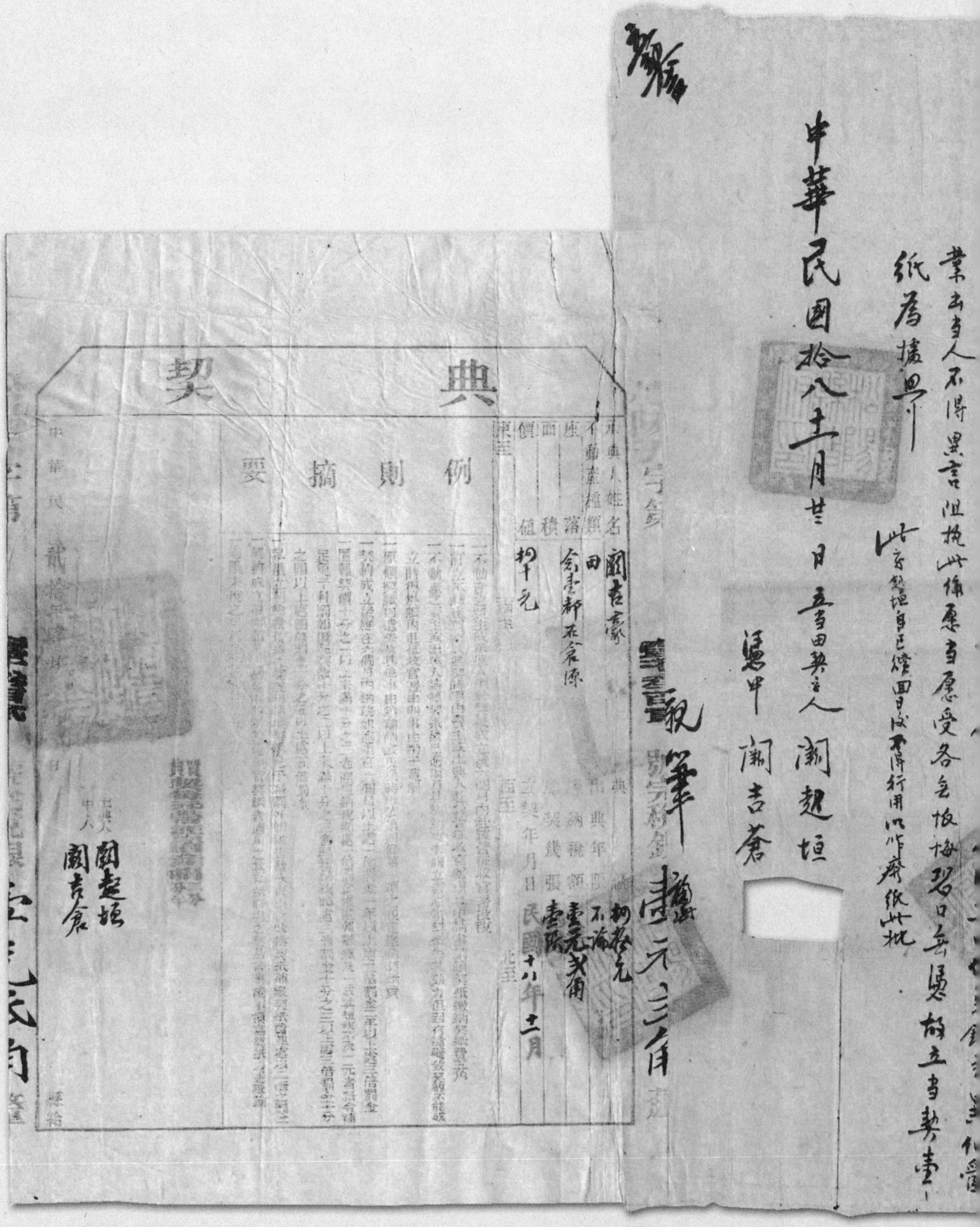

業出当人不得異言，但恐此係愿当愿受，各無返悔，另口無憑，故立当契壹紙爲據是。

此当契超垣自己贖回，日後不得行用，以作廢紙，此批。

中華民國拾八年十二月廿日　立当田契人　闕超垣

憑中　闕吉蒼

典契

例則摘要

承典人姓名　闕吉蒼

不動產種類　田

座落

價值　捌十元

典價　捌拾元

立契年月日　民國十八年十二月

出典人　闕超垣

中人　闕吉倉

（前頁）>>>>>

立当田契字人闕起垣，今因無錢应用，将父手遺下分己阄内民田，坐落松邑廿一都石倉源上茶排德玿公屋前，安着其田，東至德玿公田，南至闕玉兆田，西至闕天有公田，北至闕玉燦田為界，又上手田壹坵，東（至）玉崇田，南至闕起清田，西至大坑，北至磡為界，弍處界內，共計水租谷拾弍桶正，自愿托中親立文契，出当与闕吉豪侄边入手承当為業，当日憑中三面断言，当过时值價洋四拾元正，其洋即日付乞［訖］，不欠分文，其息每年充纳大洋陆元正，不敢叨欠，倘有日後不清，其田任憑銀主異［易］佃管業，出当人不得異言阻执，此係愿当愿受，各無反悔，恐口無憑，故立当契壹纸為據照。　　此字起垣自己贖回，日後不得行用，以作廢纸，此批。

中華民國拾八（年）十一月廿二日　立当田契字人　闕起垣

憑中　闕吉蒼

親筆

典契

承典人姓名：闕吉豪
不動産種類：田
座落：念壹都石倉源
面積：
價值：肆十元
典價：肆拾元
出典年限：不論
應納税額：壹元弍角
原契幾張：壹張
立契年月日：民國十八年十一月

東至
南至
西至
北至

例則摘要

一　不動産之買主或承典人須於契紙成立六個月以内，赴該管征收官署投税。
一　訂立不動産買契或典契時，須由賣主或出典人赴該管征收官署填具申請書，請領契紙，繳納契紙費五角。
一　不動産之賣主或出典人請領契紙後已逾兩月，其契約尚未成立者，原領契紙失其效力，但因有障碍致契約不能成立時，得於限内赴该征收官署申明事由，酌予寬限。
一　原領契紙因遺失及其他事由，須補領或更换時仍依第四條第一項之規定缴納契紙費。
一　契約成立後應在六個月内纳税，如逾限在六個月以上，處一倍罰金，一年以上處二倍罰金，二年以上處三倍罰金。
一　匿報契價十分之一以上，未滿十分之二者，照短納税額處一倍罰金，惟匿報數雖及一成，其短税不及一元者，祇令补足，免予科罰，如匿報契价十分之二以上，未滿十分之三者，照短納税額處二倍罰金，十分之三以上處三倍罰金，十分之四以上處四倍罚金，十分之五以上處五倍罰金。
一　私紙立契除投税時先據聲明請换契紙，免予利罚外，如被告發或查出者，改换契纸，補缴契□纸费並處以二倍之罰金。
一　契约成立後六個月之納税期間，限于□领官契纸者□用之其私纸所書之契约，若事后不换寫契纸，以逾期限論。
一　逾限未税之契，訴訟時無憑證之效力。

買契每元帶征置産捐三分
典　　　　　　　　　分半

出典人　闕起垣
中　人　闕吉倉

中華民國貳拾肆年　　月　　日　　縣給

立賣山塲契字人闕吉財今因無銀應用自情愿將叔父遺下民山一處坐落松邑弍拾一都夫人廟庄上高坑小土名庵塲坪安着山塲壹處其山上至山頂為界下至橫路為界左至大崀分水為界右至徐氏坟地崀分水為界今俱四至分明自愿託中立契出賣與闕培慕叔邊入受承買為業當日三面言斷目値時價大洋壹伯零伍元正其洋即日隨契付訖不少分文其山賣山併骨壹應在內任憑買主執契管業如有上手來歷不清出賣人一力承當不干買主之事如有房親伯叔子孫人等無涉異言阻執愿買愿賣此出兩相情愿各無恢悔恐口难信故立賣山塲契字為據

中華民國弍拾壹年十二月二十日立賣山塲契字人闕吉財(押)

在見　闕慶松(押)　慶發(押)

憑中　藍基陳(押)

代筆　陳水廷(押)

立賣契

立賣山塲契字人闕吉財，今因無銀應用，自情愿将叔父遺下民山一處，坐落松邑弍拾一都夫人廟庄上高坑，小土名庵塲坪，安着山塲壹處，其山上至山頂為界，下至横路為界，左至大崀分水為界，右至徐氏坟地崀分水為界，今俱四至分明，自愿託中立契，出賣與闕培奉叔邊入受承買為業，當日三面言断，目值時價大洋壹伯零伍元正，其洋即日隨契付訖，不少分文，其山青山併骨，壹應在內，任憑銀主執契管業，如有上手來歷不清，出賣人一力承當，不干買主之事，如有房親伯叔子孫人等無涉，異言阻執，愿買愿賣，此出两相情愿，各無反悔，恐口难信，故立賣山塲契字為據。

中華民國弍拾壹年二月二十一日　『故』立賣山塲契字人　闕吉財

在見　闕慶松

慶發

憑中　藍基陳

代筆　陳水堃

立退杉樹苗字人藍登貴，今因缺錢應用，自愿将自種山塲，土名坐落松邑念壹都夫人廟庄上高坑直窩蔭側，安着壹處，其山杉樹苗上至山頂，下至坑，左至小崀隨窩直下，右至屋後隨崀分水為界，今俱四至分明，自愿托中立退，出賣與闕培忠入受承買為業，當日言中面断，杉木價大洋壹伯捌拾弍元正，其洋即日隨契付親［清］，收訖完足，不欠分文，其山自退之後，任從買主管業，砍伐出拚，種主無得阻执，此出两相情愿，各無（反）悔，恐口無憑，故立退杉樹苗字為據。

民國甲戌念叁年七月初三日　立退杉樹苗字人　藍登貴

在見　藍廷能

見中　陳茂有

代筆　林芳舜

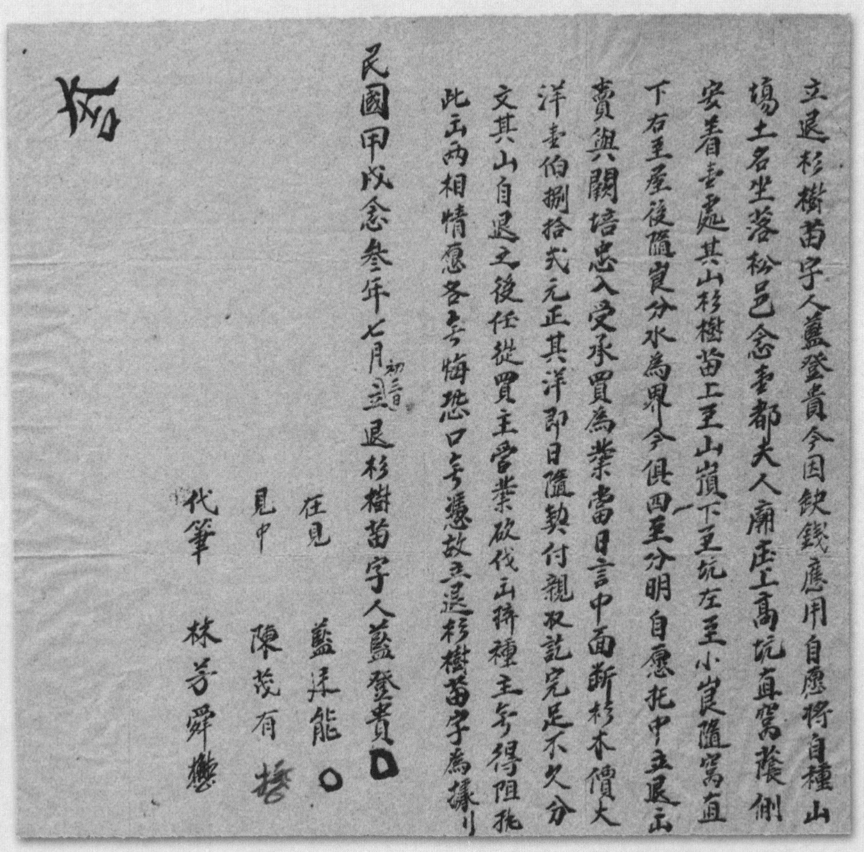

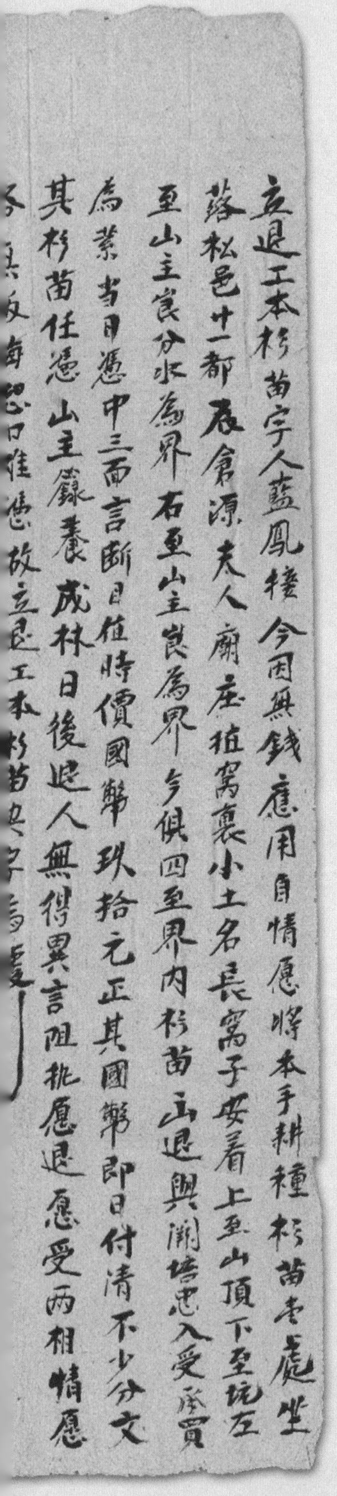

立退工本杉苗字人藍鳳樓今因無錢應用自情愿將本手耕種杉苗壹處坐落松邑廿一都辰倉源夫人廟庄坵窩裏小土名長窩子安着上至山頂下至坑左至山主崀分水為界右至山主崀為界今俱四至界内杉苗立退與闕培忠入受承買為業當日憑中三面言斷日值時價國幣玖拾元正其國幣即日付清不少分文其杉苗任憑山主蘇養成林日後退人無得異言阻执愿退愿受兩相情愿各無反悔恐口難憑故立退工本杉苗字為據

立退工本杉苗字人藍鳳接，今因無錢應用，自情愿将本手耕種杉苗壹處，坐落松邑廿一都石倉源夫人廟庄植窝裏，小土名長窝子安着，上至山頂，下至坑，左至山主畁分水為界，右至山主畁為界，今俱四至界內，杉苗出退與闕培忠入受承買為業，当日憑中三面言断，目值時價國幣玖拾元正，其國幣即日付清，不少分文，其杉苗任憑山主籙養成林，日後退人無得異言阻执，愿退愿受，两相情愿，各無反悔，恐口难憑，故立退工本字杉苗契字為據。

中華民國弍拾叁年十壹月十九日　立退杉苗字人　藍鳳接

在見　陳茂有

憑中　闕执来

代筆　傅禎祥

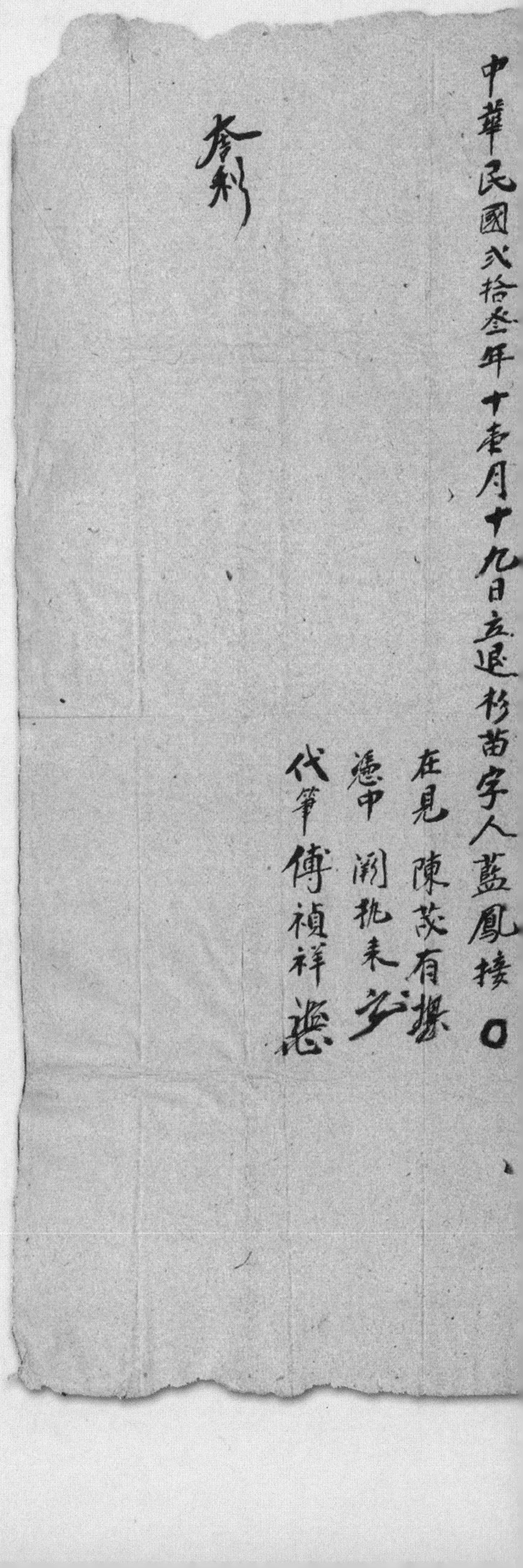
中華民國弍拾叁年十壹月十九日立退杉苗字人藍鳳接
在見　陳茂有
憑中　闕执来
代筆　傅禎祥

立當田契人闕培華今因無錢應用自愿將日前自置闕起垣民田坐落松邑廿一都石倉源茶排庄洞坑老虎閉口安着田壹處其田上至闕姓田下至坑內至坑外至山為界四至界内共計水租叁担叁桶派自己股下三分之一自愿托中立契出當與本家闕細生郎抬有任边為業三面言斷當過大洋貳拾陸元正其洋即日付清不少分厘其田自當之後面斷每年秋收之日充納銀利水谷捌桶送到任边家內搧淨過量不敢欠少如有欠少任憑受主起耕易佃追租管業出當人無得異言阻执此係自置清業如有來歷不明出當人一力承當不干承當人之事恐當無受憑口难信故立當契為據

一批附繳闕起垣賣契壹紙又批契外付過花押洋壹元正

中華民國廿肆年壹月十七日立當田契闕培華

在見男 吉堯

憑中闕培楊

代筆闕細淦

立當田契人闕培奉，今因無錢應用，自愿将日前自置闕起垣民田，坐落松邑廿一都石倉源茶排庄洞坑老虎闷口，安着田壹處，其田上至闕姓田，下至坑，内至坑，外至山為界，四至界内，共計水租叁担叁桶，派自己股下三分之一，自愿托中立契，出當與本家闕細生即招有侄边為業，三面言断，當過大洋貳拾陆元正，其洋即日付清，不少分厘，其田自當之後，面断每年秋收之日，充納銀利水谷捌桶，送到侄边家内搧净過量，不敢欠少，如有欠少，任憑受主起耕易佃，追租管業，出當人無得异言阻执，此係自置清業，如有来歷不明，出當人一力承當，不干承當人之事，愿當愿受，恐口难信，故立當契為據。

一批附缴闕起垣賣契壹紙，又批契外付過花押洋壹元正。

中華民國廿肆年壹月十七日　立當田契　闕培奉

在見男　吉堯

憑中　闕培楊

代筆　闕細淦

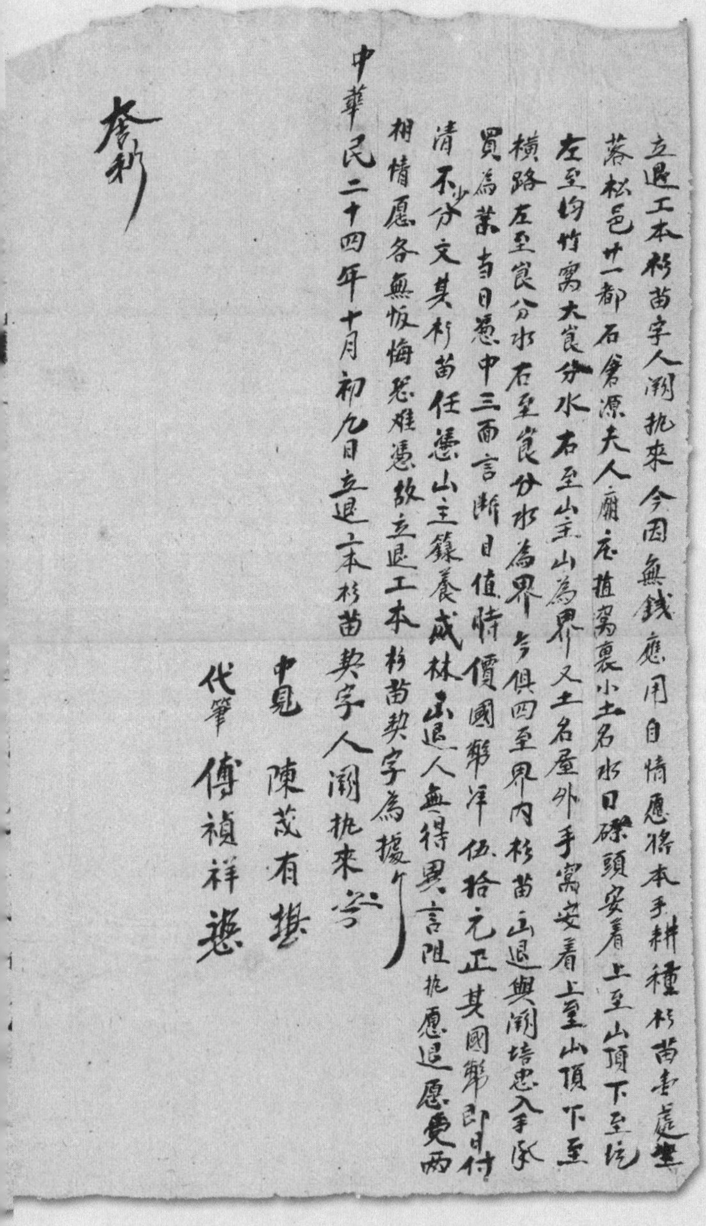

立退工本杉苗字人闕执來，今因無錢應用，自情愿将本手耕種杉苗壹處，坐落松邑廿一都石倉源夫人廟庄植窝裏，小土名水口礤頭安着，上至山頂，下至坑，左至均竹窩大㞼分水，右至山主山為界，又土名屋外手窝安着，上至山頂，下至横路，左至㞼分水，右至㞼分水為界，今俱四至界內，杉苗出退與闕培忠入手承買為業，当日憑中三面言断，目值時價國幣洋伍拾元正，其國幣即日付清，不少分文，其杉苗任憑山主籙養成林，出退人無得異言阻执，愿退愿受，两相情愿，各無反悔，恐（口）难憑，故立退工本杉苗契字為據。

中華民（國）二十四年十月初九日　立退工本杉苗契字人　闕执來

中見　陳茂有

代筆　傅禎祥

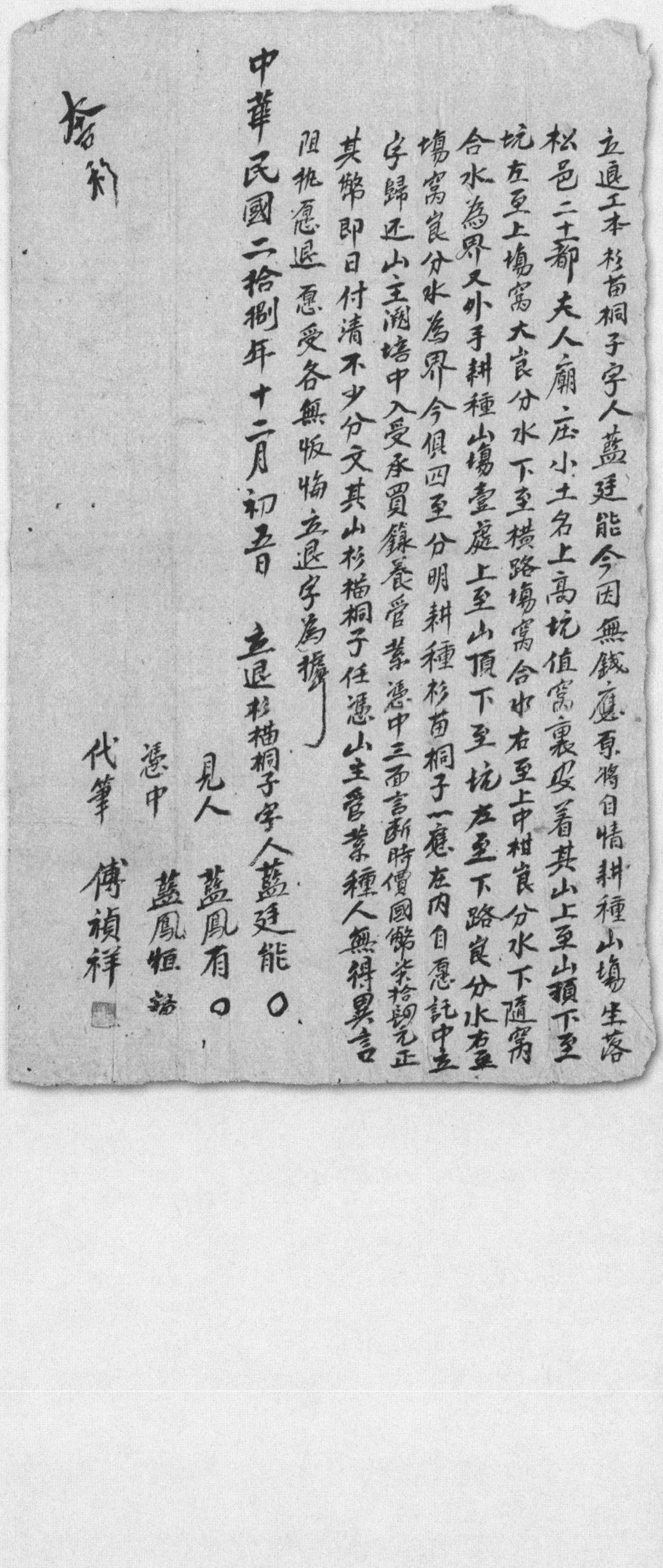

立退工本杉苗桐子字人藍廷能，今因無錢應（用），原［愿］将自情耕種山塲，坐落松邑二十一都夫人廟庄，小土名上高坑值［植］窩裏，安着其山，上至山頂，下至坑，左至上塲窩大崀分水，下至横路塲窩合水，右至上中柑崀分水下隨窩合水為界，又外手耕種山塲壹處，上至山頂，下至坑，左至下路崀分水，右至塲窩崀分水為界，今俱四至分明，耕種杉苗、桐子，一應在內，自愿託中立字，歸还山主闕培中入受承買籙養管業，憑中三面言断，時價國幣柒拾肆元正，其幣即日付清，不少分文，其山杉苗、桐子，任憑山主管業，種人無得異言阻执，愿退愿受，各無反悔，立退字為據。

中華民國二拾捌年十二月初五日　立退杉苗桐子字人　藍廷能

見人　藍鳳有

憑中　藍鳳恒

代筆　傅禎祥

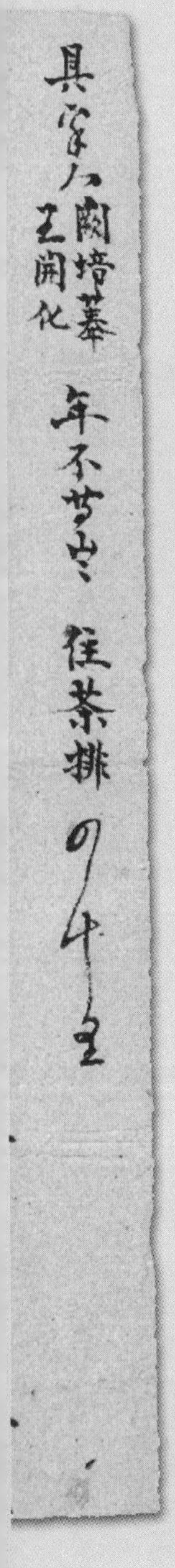

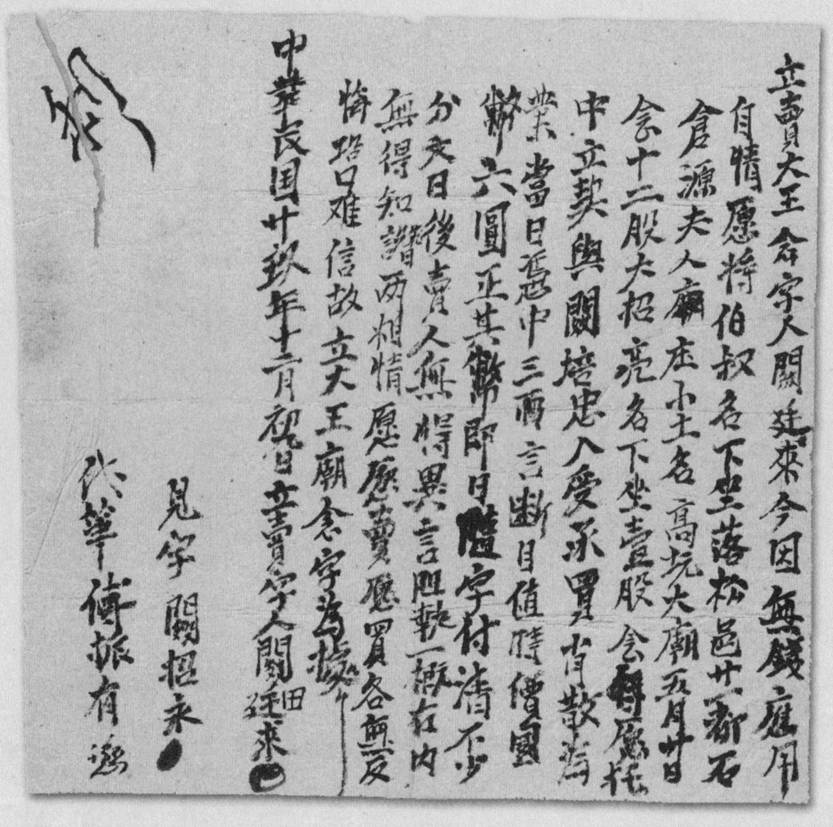

立賣大王会字人闕廷來，今因無錢應用，自情愿将伯叔名下，坐落松邑廿一都石倉源夫人廟庄，小土名高坑大廟五月廿日会十二股大招亮名下坐壹股会，自愿托中立契，與闕培忠入受承買肖散為業，當日憑中三面言斷，目值時價國幣六圓正，其幣即日隨字付清，不少分文，日後賣人無得異言阻執，一概在內，無得知譜，两相情愿，愿賣愿買，各無反悔，恐口难信，故立大王廟会字為據。

中華民国廿玖年十二月初九日　立賣字人　闕廷來

見字　闕招永

代筆　傅振有

具字人闕培華、王開化，年不等岁，住茶排四十五為盗盖樹印，截毁客貨，請求派警提訊究办，以懲刁横而蘇商困事，緣民等揺買徐兴祖遺土名二十二都呂潭庄寺源坑頭杉樹山一處，民在該山砍做長梢四百十三株，盖有闕天開号印，詎料呂潭庄之葉樟桃兒見民等將已砍之樹發運呂潭埠頭，胆敢仗人唆使，將該埠之樹捌拾餘株，□盗盖仁昌号印，並截毁六株，盗搬藏匿，似此盗印截毁，非沭［速］派警提訊究办，押令賠償，不然，則商賈何生，為此，叩乞

警佐先生鑒准施行，謹上。

立抽杉木字人闕培中生育三子長子吉堯早已娶妻次子吉恒亦已早娶而三子吉鑾年登二十有九尚未娶妻但汝年長七十有五黄朝不保夕今將植窩裡住屋对面陽則杉木一處上至山頂下至坑左至金竹窩大崀分水直下坑為界右至長窩子内手大崀直下分水為界今俱四至界內杉木抽出與三子吉鑾以作娶妻之資其山內杉木任憑砍伐一次日後仍歸三房共同所有恐口難信故立抽杉木字為據

公元九五一年卯年五月十九日立抽杉木字人　闕培中（印）

見中　張家[illegible]（押）

代筆　陳水坤（押）

立抽杉木字人闕培中，生育三子，長子吉堯，早已娶妻，次子吉恒，亦已早娶，而三子吉營，年證二十有九岁，尚未娶妻，但汝年長七十有五岁，朝不离夕，今将植窝裡住屋对面陽則〔側〕杉木一處，上至山頂，下至坑，左至金竹窩大崀分水直下坑為界，右至長窩子內手大崀直下分水為界，今俱四至界內，杉木抽出与三子吉營，以作娶妻之資，其山內杉木任憑砍伐一次，日後仍归三房共同所有，恐口难信，故立抽杉木字為據。

公元一九五一辛卯年正月十九日　立抽杉木字人　闕培中

見中　張家懿

代筆　陳水坤

立承批山場字人陳水坤，今因無山耕種，自情願向石倉鄉大材闕吉亮仝弟等批來茂山壹處，坐落本鄉大材植窩頭小土名蔡塢坑安着，其山上至山頂，下至磜下横路，左至内手大良，右至牛欄窩良，以水為界，今俱四至界内自願批與承種，主面議定時值批佃人民幣叁拾陸元正，其幣當即付訖。其山自批之後，任憑承批人耕種，山主無得異言。但批雙方甘性，各無反悔，恐口難憑，故立承批山場字為據。

一批其山所限貳拾年完滿，後作廢此據。

公元一九五五年九月初六日立承批山場字人陳水坤

見中陳若福 押

代筆 柯文祥 押

合同 七

立承批山場字人陳水坤，今因無山耕種，自情願向石倉鄉六村闕吉堯仝弟等，批来民山壹处，土坐本鄉五村植窝裡，小土名療場坪，安着其山，上至山頂，下至磔下横路，左至内手大㫜，右至牛角窝㫜分水为界，今俱四至界内，自願托中承種，三面议定，时值批价人民幣叁拾陸元正，其幣当即付讫，其山自批之後，任憑承批人耕種，山主無得異言阻执，双方等情，各無反悔，恐口难憑，故立承批山場字为照。

一批其山的限肆拾年，完滿後作廢，此照。

公元一九五五年九月初六日『故』立承批山場字人　陳水坤

見中　陳兰福

代筆　柯文祥

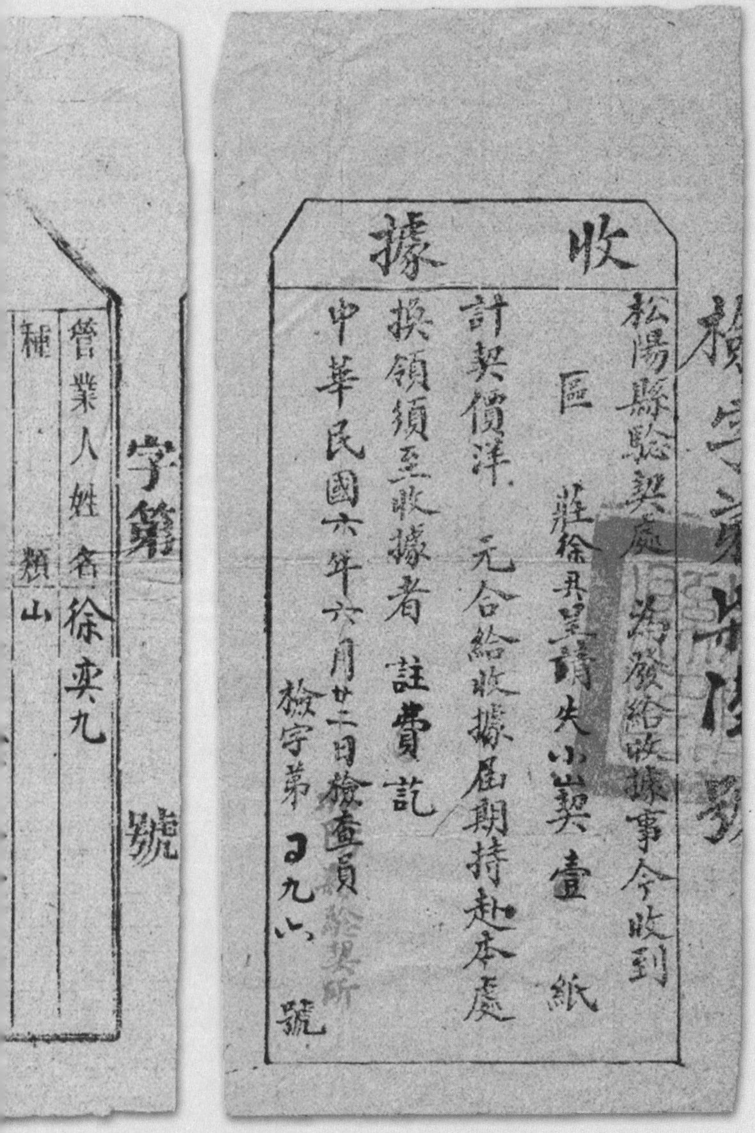

收據

松陽縣驗契處　為發給收據事，今收到

區　莊徐兴呈請失小山契壹　紙，

計契價洋　元，合給收據，届期持赴本處

換領，須至收據者。註費訖。

中華民國六年六月廿二日　檢查員

檢字第一百九六號

官給管業證據

管業人姓名	種類	座落	面積	四址				價目	原申告鄰證人姓名	原申告表號數
徐奕九	山	呂潭庄寺年坑雜木山	五分	東至	南至	西至	北至			

松陽縣知事給

中華民國六年　月　日

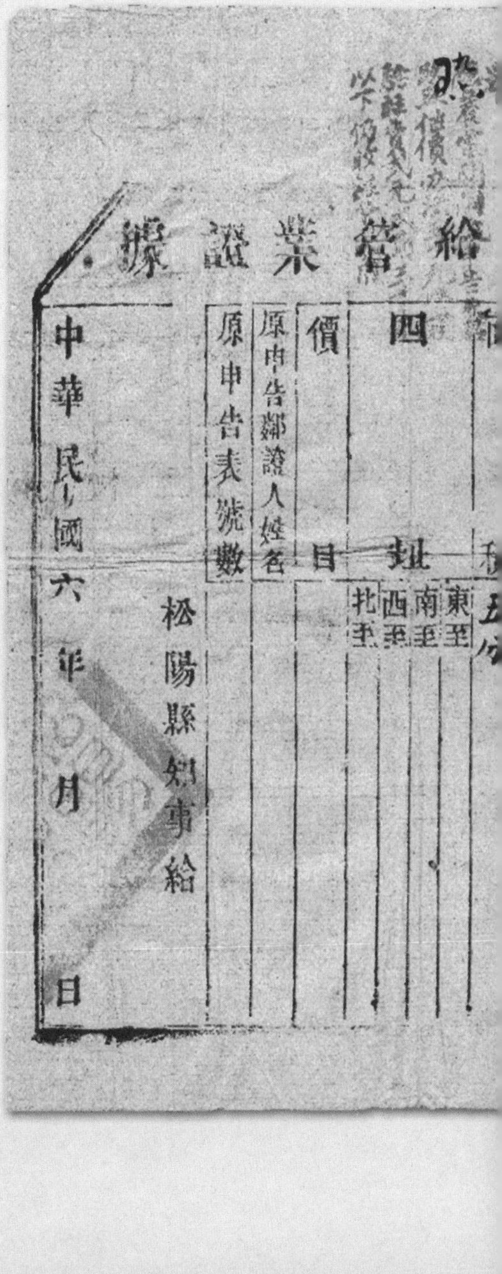

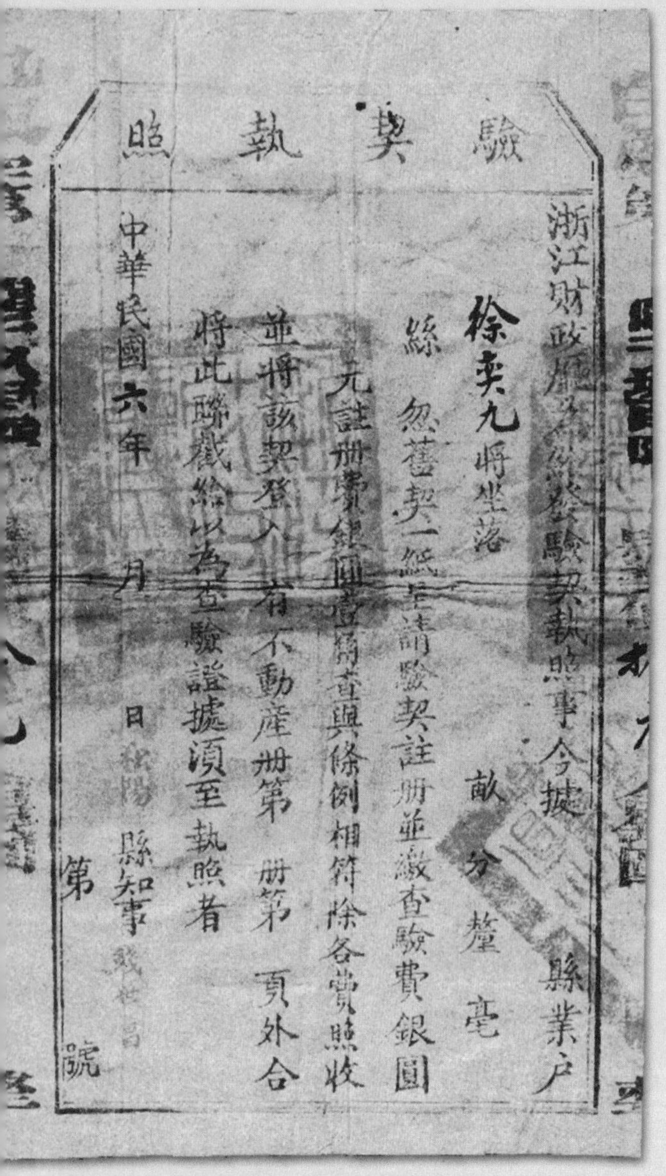

驗契執照

浙江財政廳為給發驗契執照事，今據　縣業户

徐奕九　将坐落　畝　分　釐　毫

絲　忽舊契一紙，呈請驗契註册，並繳查驗費銀圓

元，註册費銀圓壹角，查與條例相符，除各費照收

並将該契登入　有不動産册第　册第　頁外，合

将此聯截給，以為查驗證據，須至執照者。

中華民國六年　月　日　松陽　縣知事　錢世昌

第　號

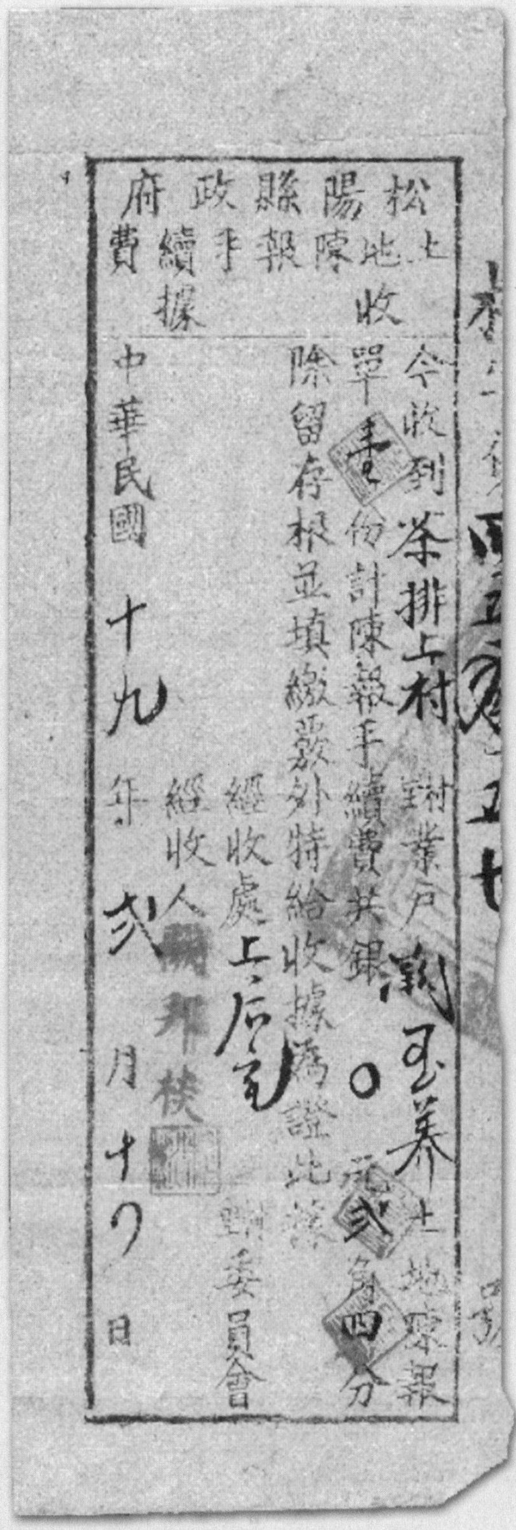

松陽縣政府
土地陳報手續費
收據

今收到茶排上村村里業户闕玉养土地陳報
單壹份，計陳報手續費共銀〇元弍角四分，
除留存根並填繳覈外，特給收據為證，此據。
經收處 上后宅村里委員會
經收人 闕邦棪
中華民國十九年弍月十四日

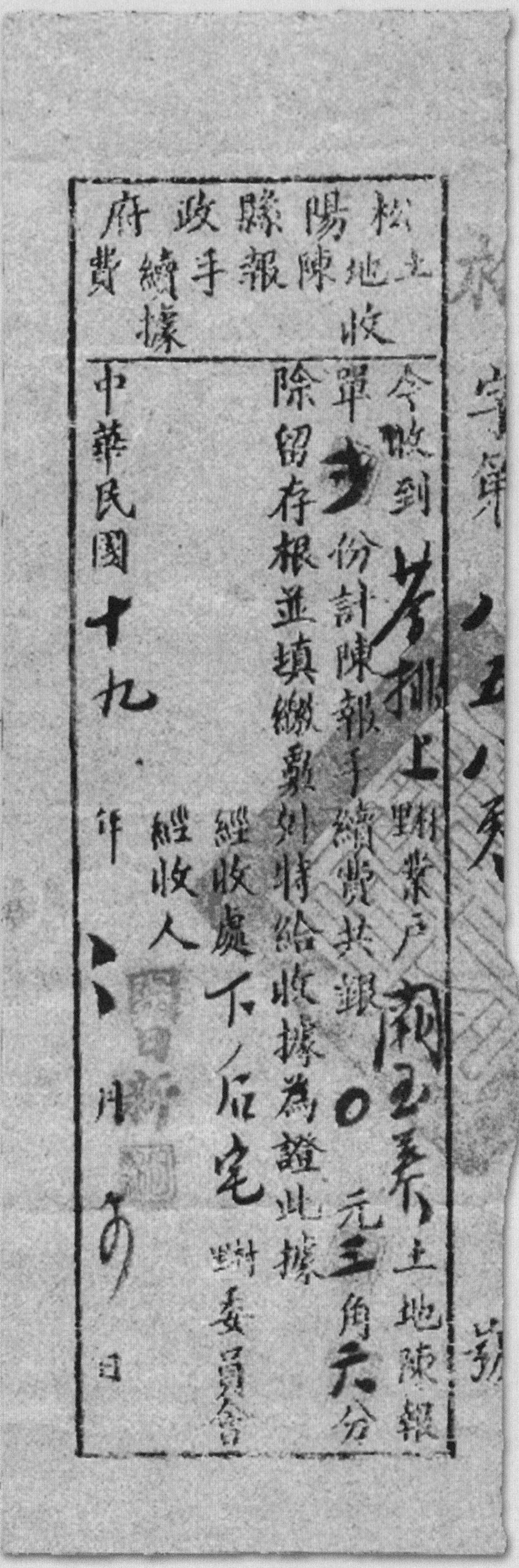

松陽縣政府
土地陳報手續費
收據

今收到 茶排上村里業户 闕玉养 土地陳報
單式 份，計陳報手續費共銀 〇 元三角六分，
除留存根並填繳覈外，特給收據為證，此據。

經收處 下后宅村里委員會

經收人 闕日新

中華民國 十九 年 二 月 十四 日

松陽縣政府
土地陳報手續費
收據

今收到　茶排上　村里　業户　闕德珨　土地陳報
單五　份，計陳報手續費共銀　〇〇元捌角四分，
除留存根並填繳覈外，特給收據為證，此據。

經收處　下宅聯合村里委員會

經收人　闕生永

中華民國　十九　年　二　月　十五　日

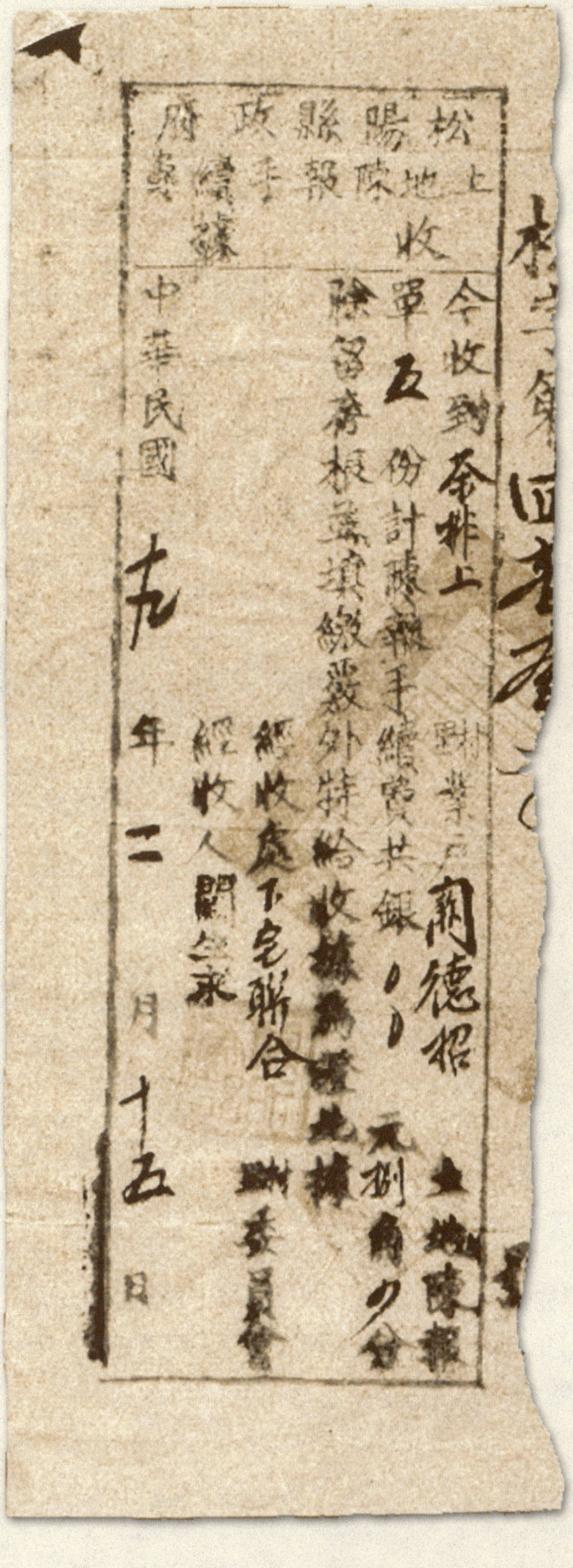

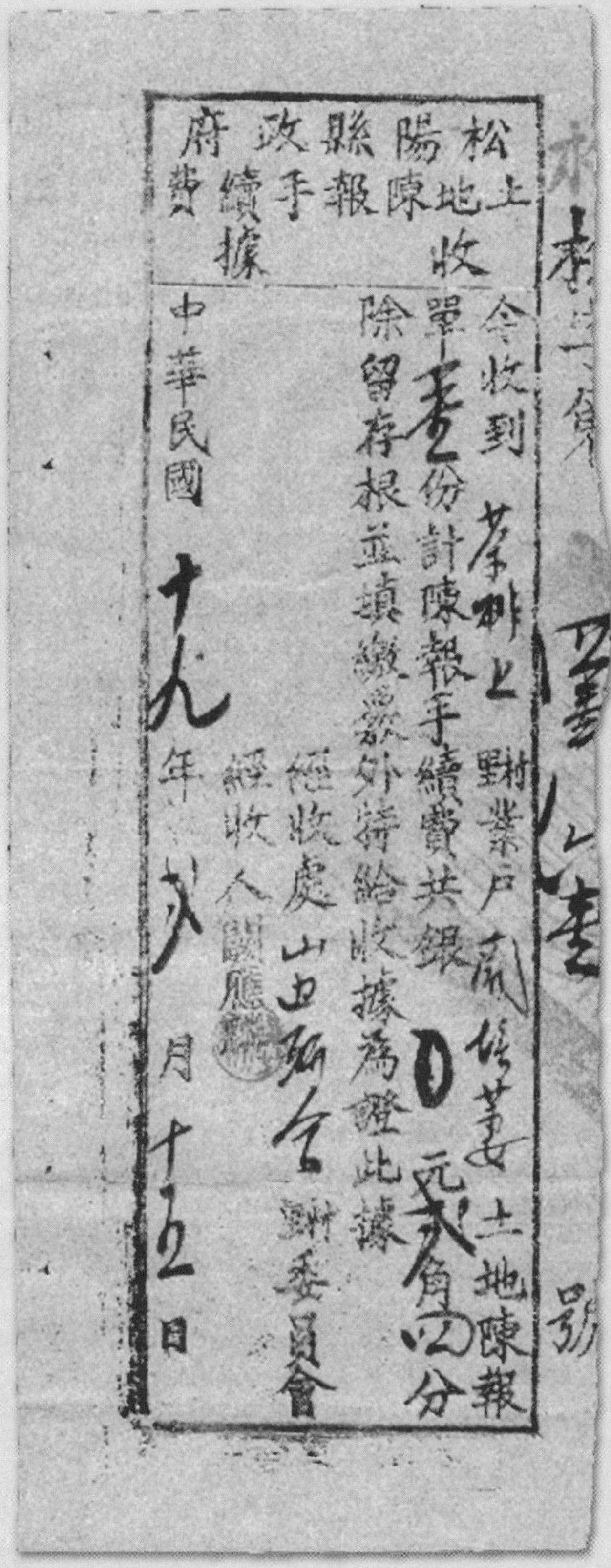

松陽縣政府
土地陳報手續費
收據

今收到 茶排上 村里業户 闕培荃 土地陳報
單壹 份，計陳報手續費共銀 〇 元弍角四分，
除留存根並填繳覈外，特給收據為證，此據。
經收處 山边聯合村里委員會
經收人 闕應麟
中華民國 十九 年 弍 月 十五 日

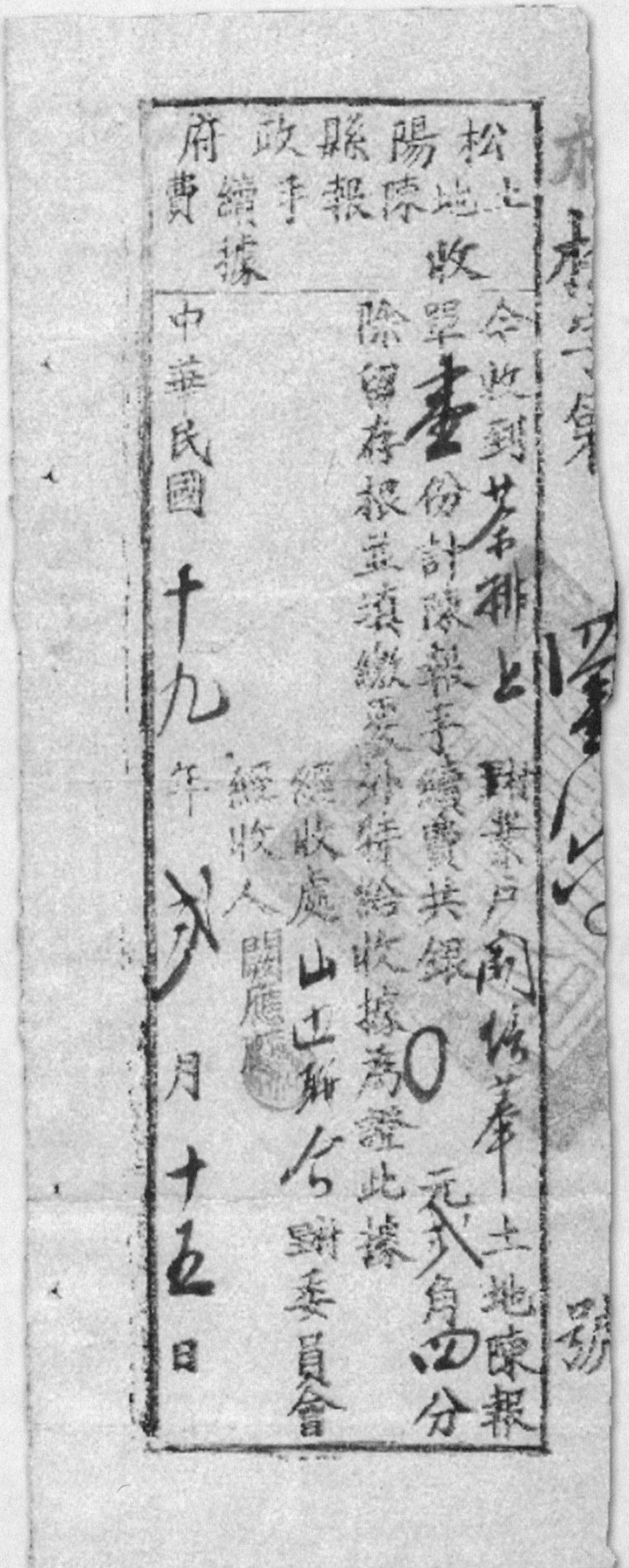

松陽縣政府
土地陳報手續費
收據

今收到　茶排上　村里　業户　闕培奉　土地陳報
單壹　份，計陳報手續費共銀　〇　元弍角四分，
除留存根並填繳覈外，特給收據為證，此據。
經收處　山边聯合村里委員會
經收人　闕應麟
中華民國　十九　年　弍　月　十五　日

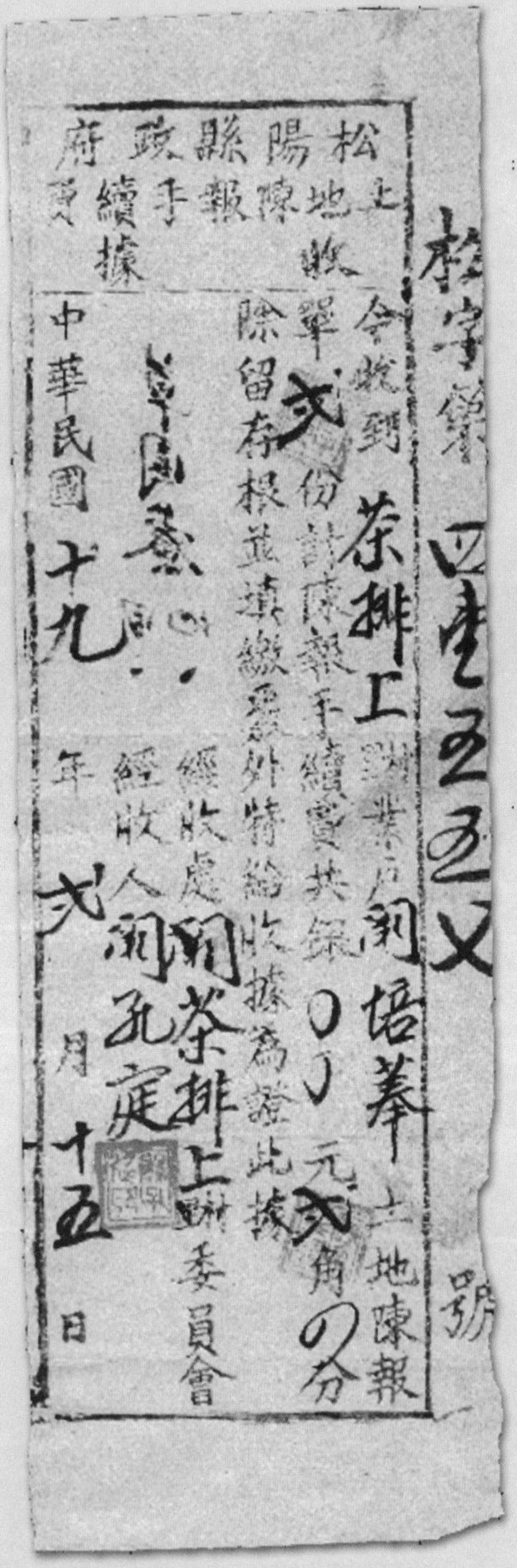

松陽縣政府
土地陳報手續費
收據

今收到 茶排上 村里 業户 闕培奉 土地陳報
單式 份，計陳報手續費共銀 ○○元式角四分，
除留存根並填繳嚴外，特給收據為證，此據。
經收處 茶排上 村里 委員會
經收人 闕孔庭
中華民國 十九 年 式 月 十五 日

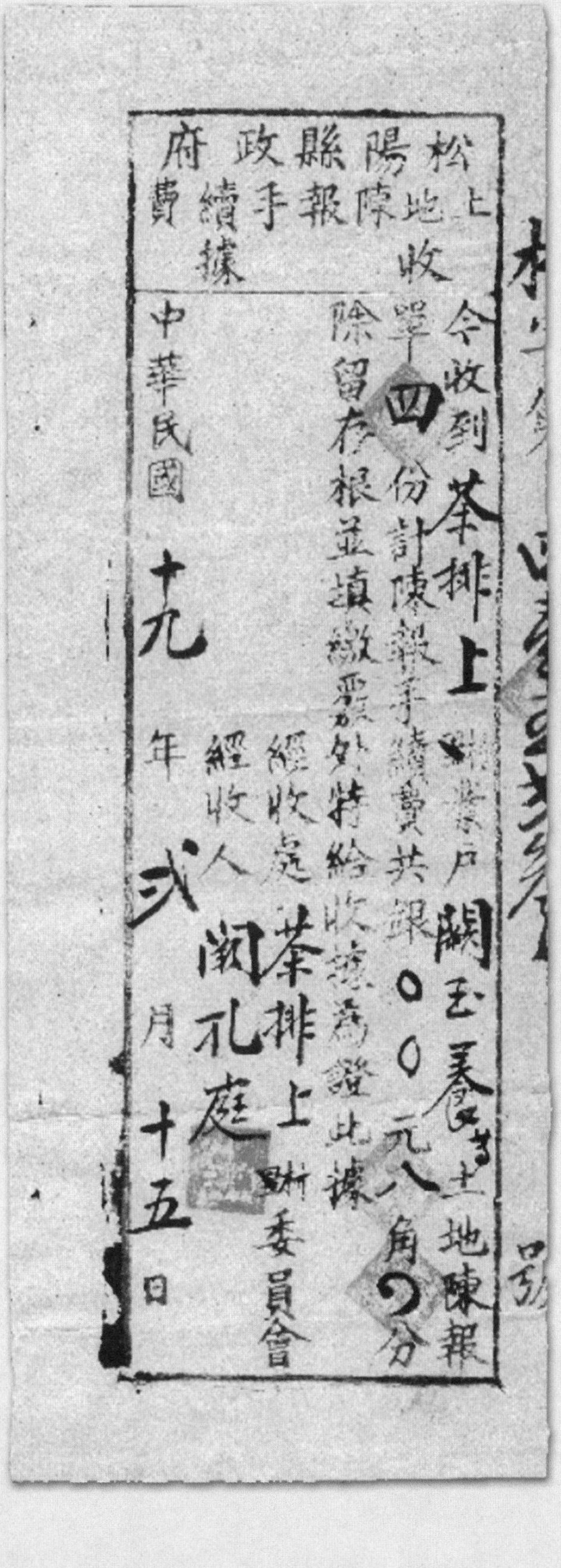

松陽縣政府
土地陳報手續費
收據

今收到　茶排上村里業户　闕玉養等　土地陳報單四份，計陳報手續費共銀　〇〇元八角四分，除留存根並填繳覈外，特給收據為證，此據。

經收處　茶排上村里委員會

經收人　闕孔庭

中華民國　十九　年　弎　月　十五　日

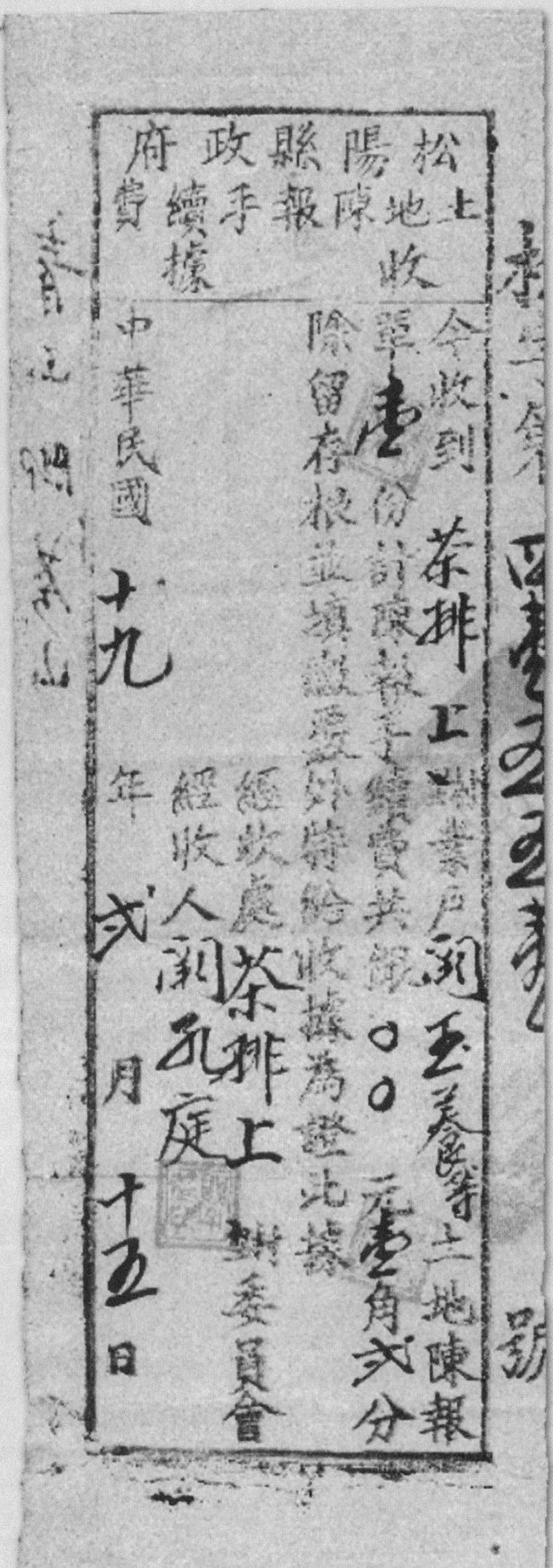

松陽縣政府
土地陳報手續費
收據

今收到 茶排上 村里 業户 阙玉養等 土地陳報單壹 份，計陳報手續費共銀 〇〇元壹角弍分，除留存根並填繳覈外，特給收據為證，此據。

經收處 茶排上 村里 委員會

經收人 阙孔庭

中華民國 十九 年 弍 月 十五 日

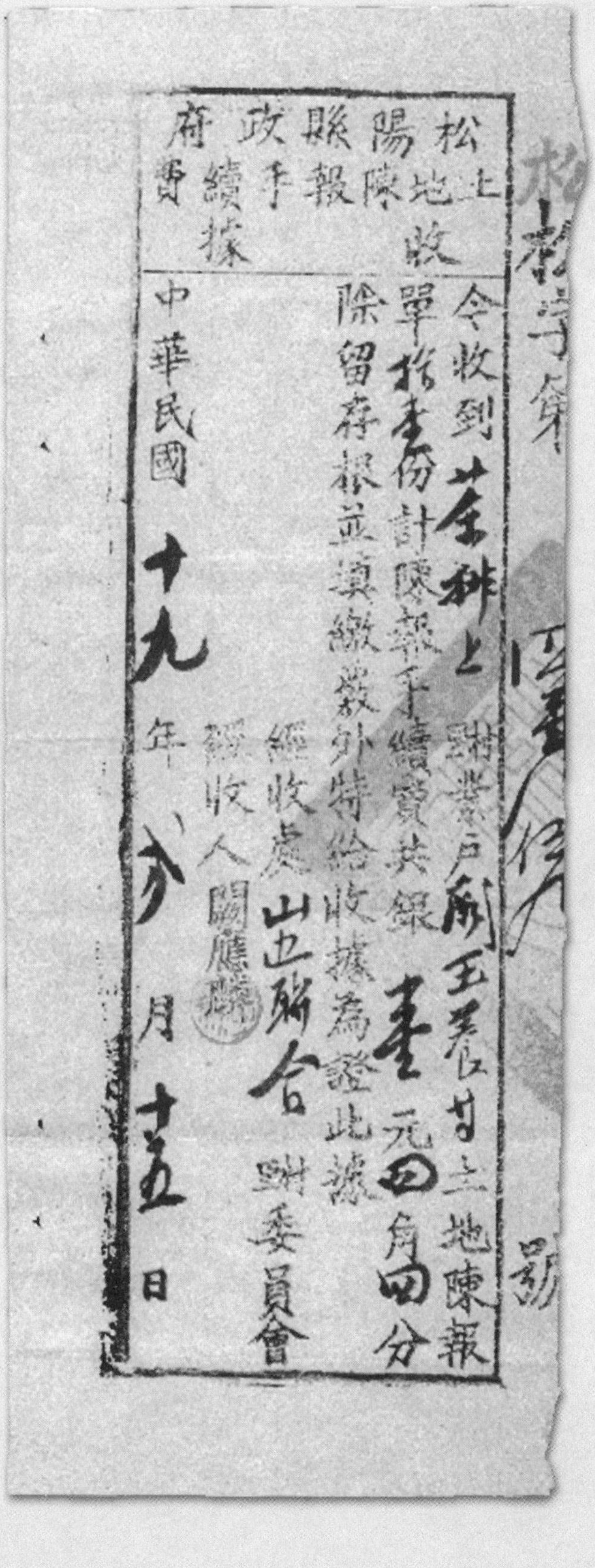

松陽縣政府土地陳報手續費收據

今收到　茶排上　村里業户　闕玉養等土地陳報單拾壹　份，計陳報手續費共銀　壹元四角四分，除留存根並填繳覈外，特給收據為證，此據。

經收處山边聯合村里委員會

經收人　闕應麟

中華民國　十九　年　弍　月　十五　日

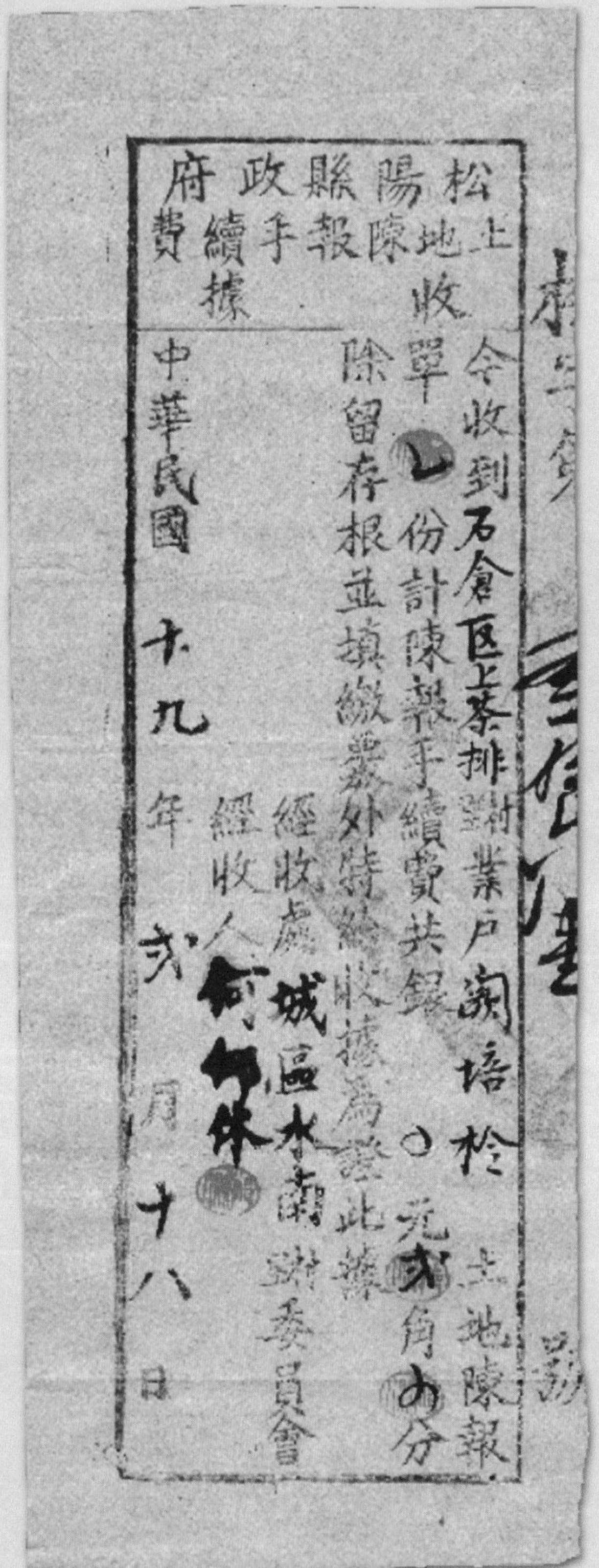

松陽縣政府
土地陳報手續費
收據

今收到石倉区上茶排村里業户　闞培柃　土地陳報
單拾一　份，計陳報手續費共銀　〇元弍角四分，
除留存根並填繳覈外，特給收據為證，此據。
經收處城區水南村里委員會
經收人　何仰休
中華民國　十九　年　弍　月　十八　日

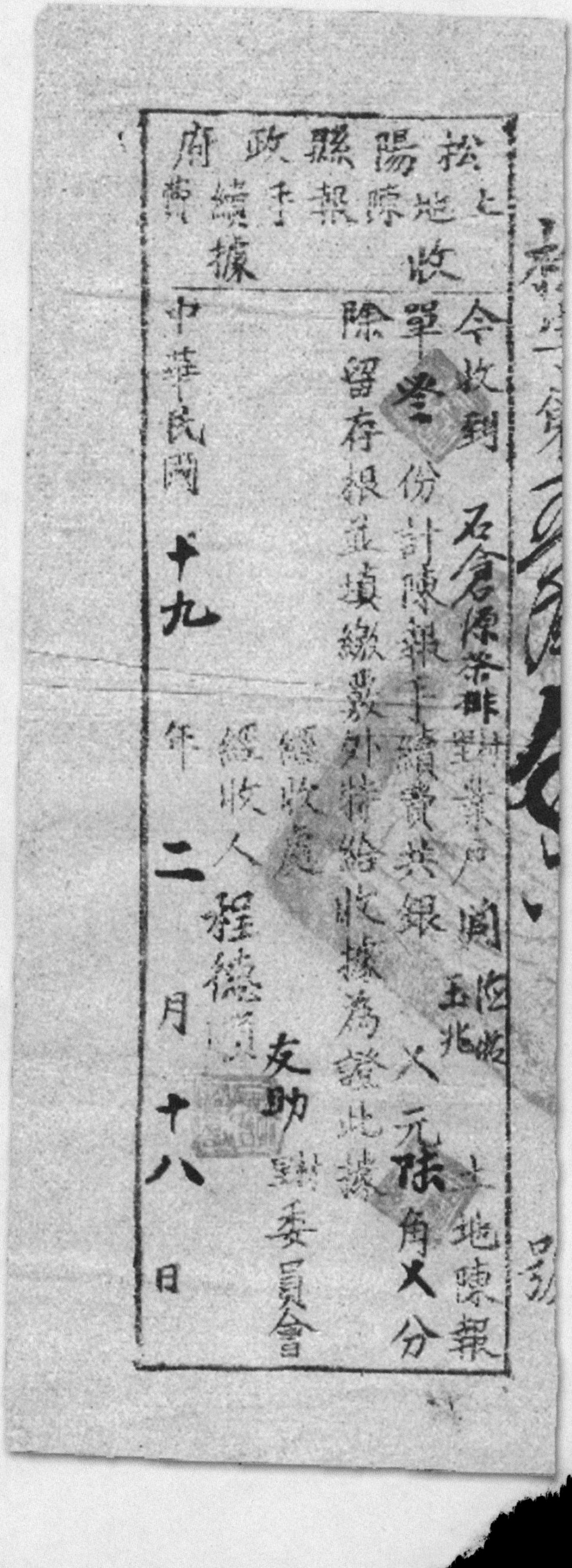

松陽縣政府
土地陳報手續費
收據

今收到石倉源 茶排村里 業户 闕德玿玉兆 土地陳報
單叁 份，計陳報手續費共銀 元陆角 分，
除留存根並填繳覈外，特給收據為證，此據。

經收處 友助村里委員會

經收人 程德順

中華民國 十九 年 二 月 十八 日

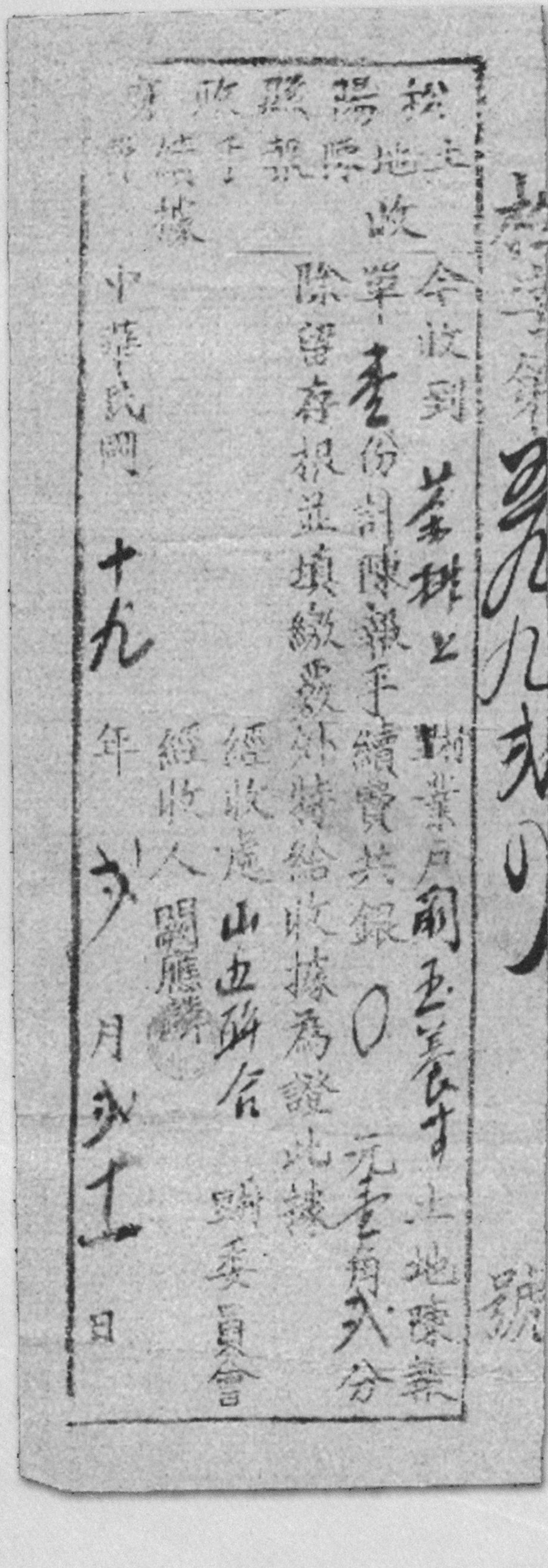

松陽縣政府
土地陳報手續費
收　據

今收到　茶排上村（里）業户　闕玉養等土地陳報

單壹　份，計陳報手續費共銀　〇元壹角弍分，

除留存根並填繳覈外，特給收據為證，此據。

經收處山边聯合村（里）委員會

經收人　闕應麟

中華民國　十九　年　弍　月　弍十一　日

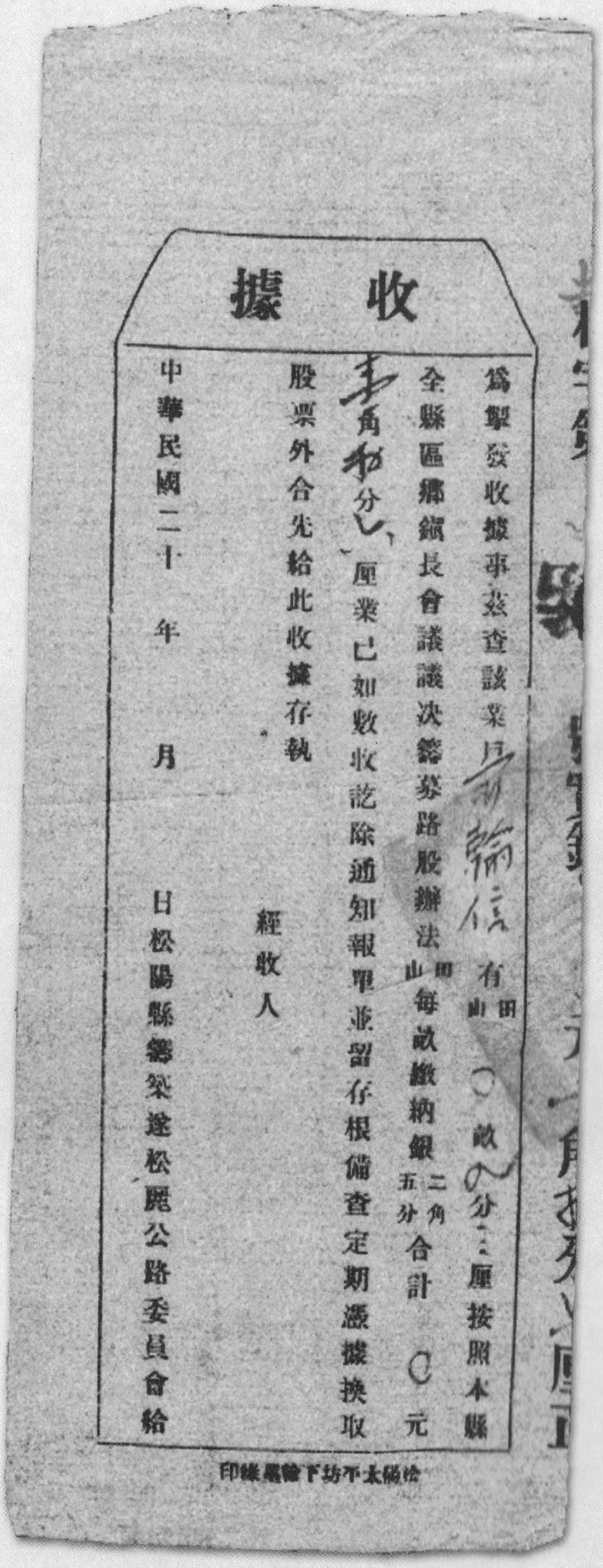

收據

為掣發收據事，茲查該業戶　闕翰信　有田山〇畝　九分三厘，按照本縣全縣區鄉鎮長會議議決籌募路股辦法，田山每畝繳納銀　二角，五分，合計　〇元壹角捌分六厘，業已如數收訖，除通知報單並留存根備查，定期憑據換取股票外，合先給此收據存執。

經收人

中華民國二十　年　月　日　松陽縣籌築遂松麗公路委員會給

松陽縣徵收田賦執照

民國二十二年分上期

都　圖　村　莊　田　山

戶名　闕翰信

住址

帶征各項

縣稅每元[illegible]角[illegible]分[illegible]厘　征收費每元玖分

[illegible]費每元[illegible]分[illegible]厘　建設附捐每元五角[illegible]分[illegible]厘

救濟費每元[illegible]分[illegible]厘　[illegible]附捐每元捌分[illegible]厘

治安[illegible]每元[illegible]分[illegible]厘　農民銀行基金每元[illegible]分[illegible]厘

共計每元帶征壹元壹角陸分

應完上期正稅銀元

本期正附稅及征費共收銀元　[illegible]伍分叁厘

中華民國二十二年　月　日給　字第　號　經徵人

地籍

佃戶姓名住址

字第　號

松陽縣徵收田賦執照

民國二十二年分下期

都　圖　村　莊　田　山

戶名　闕翰信

住址

帶征各項

[illegible]每元[illegible]角[illegible]分[illegible]厘　[illegible]附捐每元壹角

[illegible]附捐每元玖分[illegible]厘　征收費每元三分[illegible]厘

農民銀行基金每元[illegible]分[illegible]厘　[illegible]附捐每元玖分[illegible]厘

治安附捐每元[illegible]分

共計每元帶征[illegible]角[illegible]分[illegible]厘

應完下期正稅銀元

本期正附稅及征費共收銀元　壹分叁厘

中華民國二十二年　月　日給　字第　號　經徵人

地籍

佃戶姓名住址

松陽縣徵收田賦執照
民國二十二年分下期

都　圖　村　莊

田　玖分叁厘

山

地　蕩

佃　户

姓名　住址

户名　闕翰信

住址

應完下期正稅銀元

帶征各項

建設抵補特捐每元叁角叁厘

建設抵補附捐每元玖分壹厘

農民銀行基金每元一角二分一厘

正省稅抵補特捐每元壹角

征收費每元三分七厘

教育抵補玖分壹厘

治虫抵補每元叁分

共計每元帶征柒角柒分叁厘

本期正附稅及征費共收銀元　壹分叁厘

按正稅加收百分之十罰金

中華民國二十二年　月　日給

字第　號　經徵人

字第壹千肆百貳拾陸號

松陽縣徵收田賦執照
民國二十二年分上期

都　圖　村　莊

田　玖分叁厘

山

地　蕩

佃　户

姓名　住址

户名　闕翰信

住址

應完上期正稅銀元　壹角伍分壹厘

帶征各項

縣稅每元三角八分九厘

自治費每元柒分弍厘

教育費每元弍角弍分弍厘

征收費每元玖分

建設特捐每元五角五分

建設附捐每元捌分叁厘

治虫費每元五分六厘

農民銀行基金每元二角二分二厘

共計每元帶征壹元陸角玖分

本期正附稅及征費共收銀元　肆角陸厘

按正稅加收百分之十罰金

中華民國二十二年　月　日給

共字第一千四百二十六號　經徵人

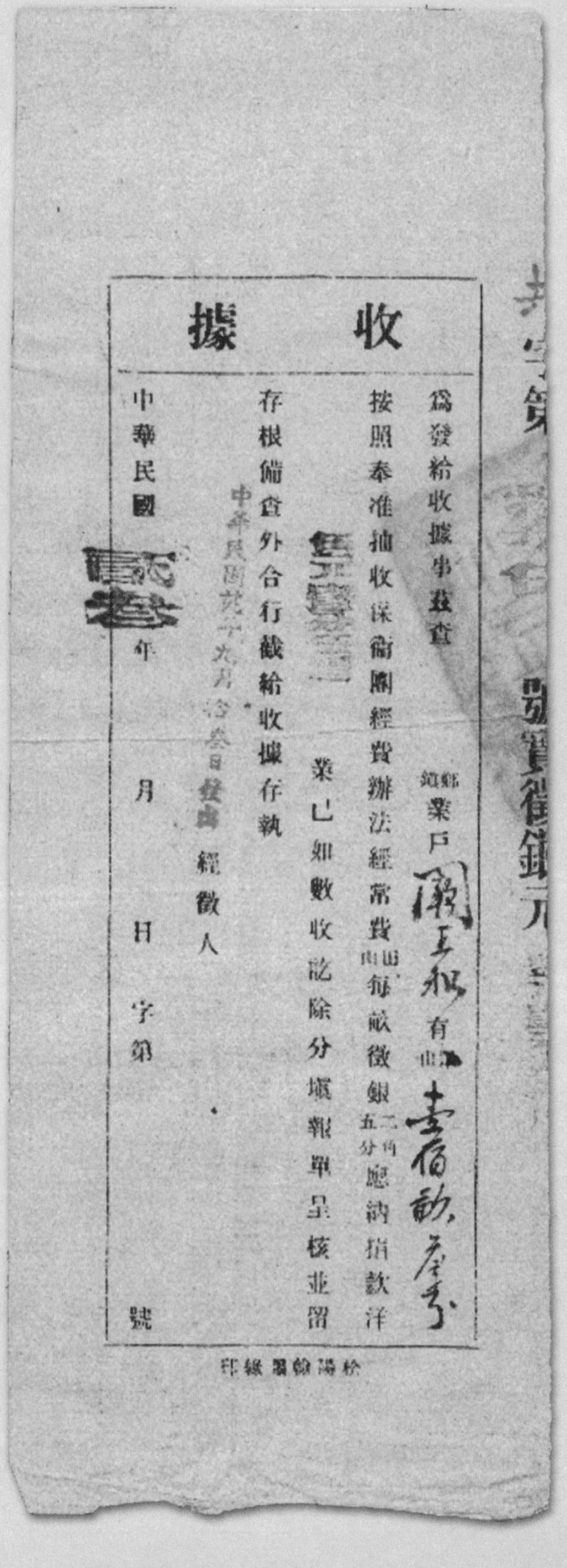

收據

為發給收據事，茲查鄉鎮業户 闞王和 有田山 壹佰畝 叁分，
按照奉准抽收保衛團經費辦法，經常費田山每畝徵銀二角五分，應納捐款洋
伍元壹分伍厘， 業已如數收訖， 除分填報單呈核並留
存根備查外，合行截給收據存執。

經徵人

中華民國廿九年九月拾叁日發出

中華民國貳叁 年 月 日 字第 號

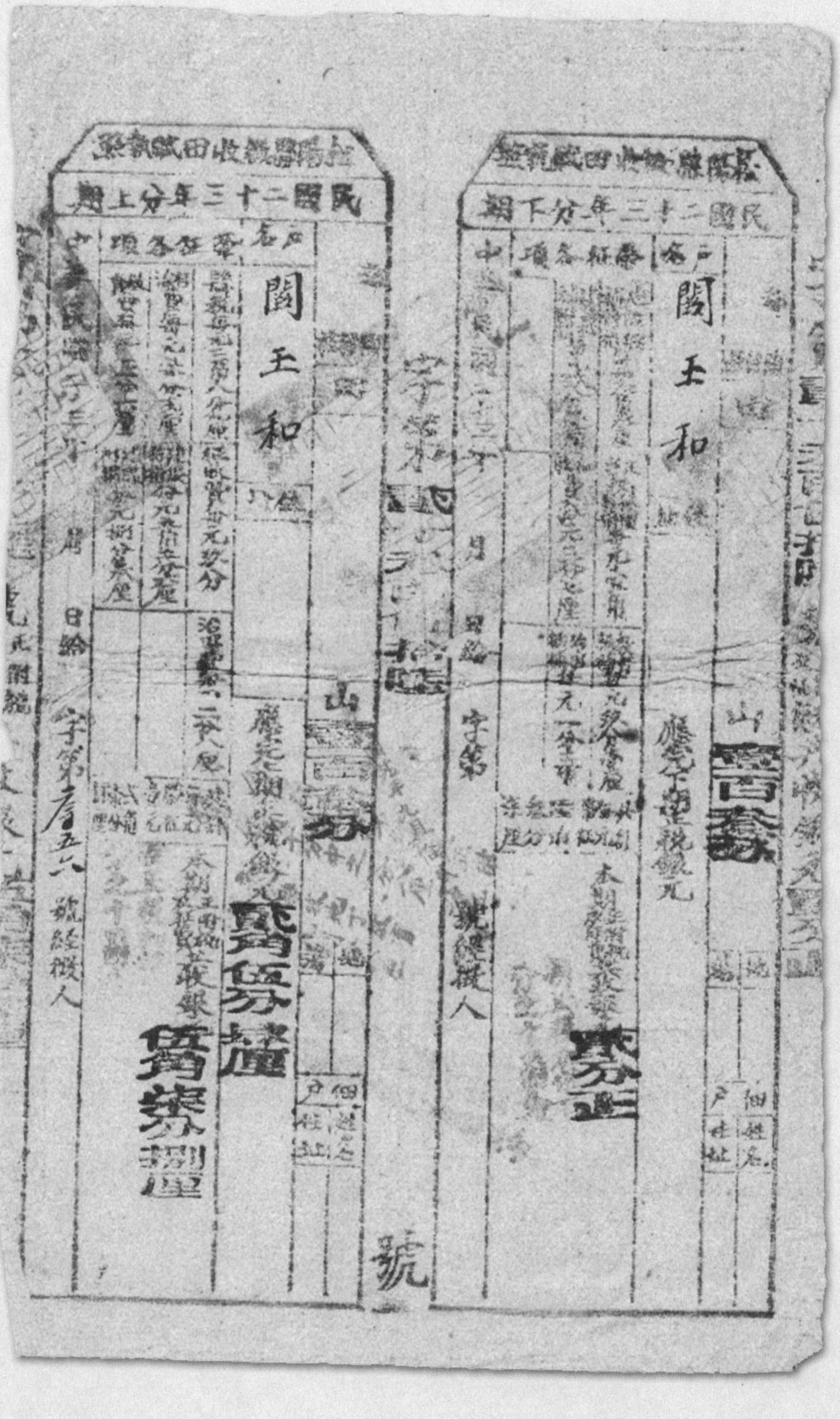

松陽縣徵收田賦執照

民國二十三年分上期

戶名　闕玉和

中華民國二十三年　月　日給

字第　號　經徵人

松陽縣徵收田賦執照

民國二十三年分下期

戶名　闕玉和

中華民國二十三年　月　日給

字第　號　經徵人

松陽縣徵收田賦執照
民國二十三年分下期

都圖 村 莊	
田	
山	壹百叁分
地 蕩	
佃戶	
姓名 住址	
戶名	闕王和
住址	
應完下期正稅銀元	

帶征各項

建設抵補特捐每元叁角叁厘
建設抵補附捐每元玖分壹厘
正省稅抵補特捐每元壹角
征收費每元三分七厘
教育抵補玖分壹厘
治虫抵補每元一分□厘

共計每元帶征陸角叁分柒厘

本期正附稅及征費共收銀元 貳分正
按正稅加收百分之十罰金

中華民國二十三年 月 日給
字第 號 經徵人

字第貳千叁百伍拾陸號

松陽縣徵收田賦執照
民國二十三年分上期

都圖 村 莊	
田	
山	壹百叁分
地 蕩	
佃戶	
姓名 住址	
戶名	闕王和
住址	
應完上期正稅銀元	貳角伍分肆厘

帶征各項

縣稅每元三角八分九厘
自治費每元柒分弍厘
教育費每元五分六厘
征收費每元玖分
建設特捐每元五角五分六厘
建設附捐每元捌分叁厘
治虫費每元二分八厘

共計每元帶征陸角叁分柒厘

本期正附稅及征費共收銀元 伍角柒分捌厘
按正稅加收百分之十罰金

中華民國二十三年 月 日給
字第 二千三百五六 號 經徵人

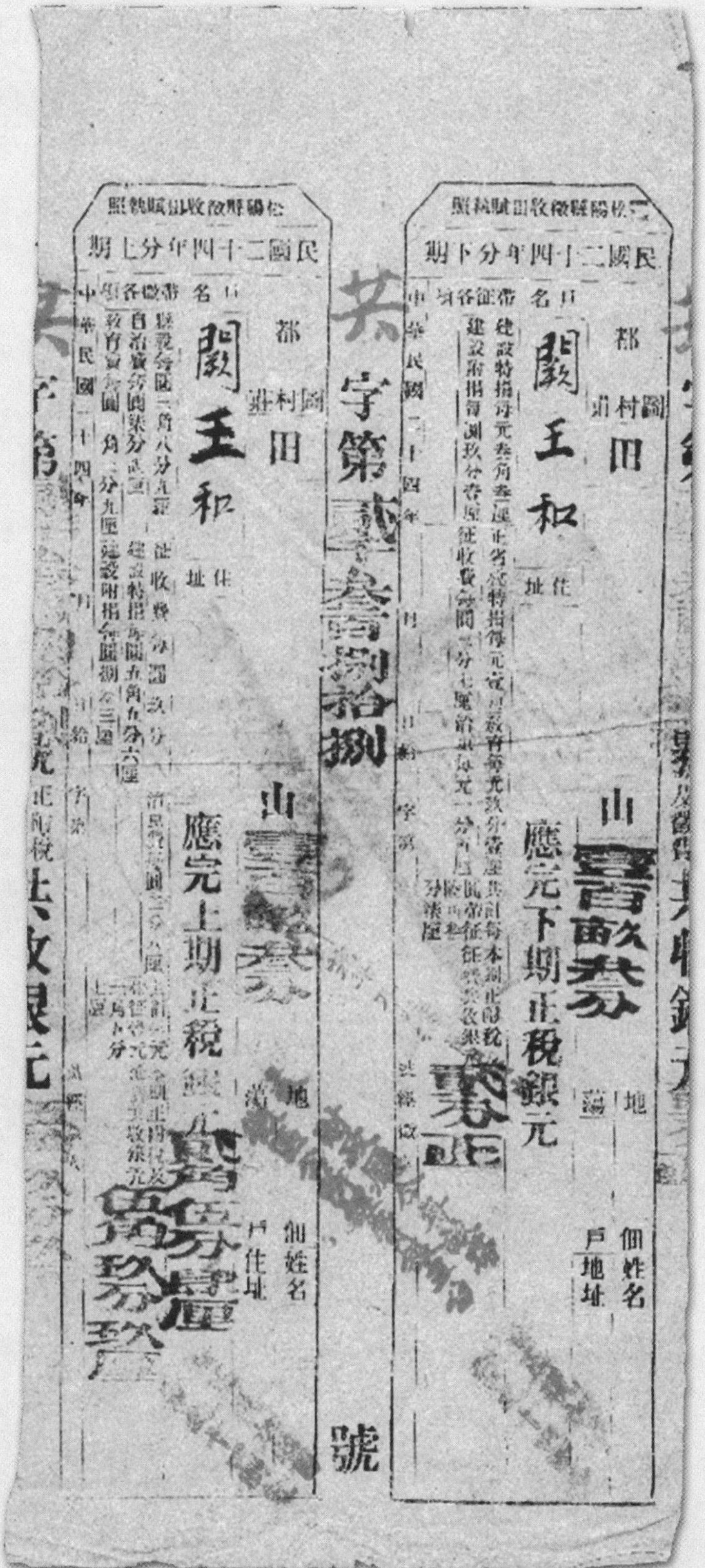

松陽縣徵收田賦執照

民國二十四年分下期

戶名　闕王和

都　圖　村　莊　田　山

應完下期正税銀元

中華民國二十四年　月　日給　字第　號

松陽縣徵收田賦執照

民國二十四年分上期

戶名　闕王和

都　圖　村　莊　田　山

應完上期正税銀元

中華民國二十四年　月　日給

字第　號

松陽縣徵收田賦執照
民國二十四年分上期

都 圖 村 莊

田

山 壹百畝叁分

地 蕩

佃 户

姓名 住址

户名 闕王和

住址

應完上期正税銀元 貳角伍分肆厘

帶征各項

縣税每圓三角八分九厘

自治費每圓柒分弍厘

教育費每圓一角二分九厘

征收費每圓玖分

建設特捐每圓五角五分

建設附捐每圓捌分三厘

治虫費每圓二分八厘

共計 帶征□元 壹元□元 三角□分 七厘

本期正附税及征費共收銀元 伍角玖分玖厘

按正税加收百分之十罰金

中華民國二十四年 月 日給

字第 號 經徵人

共字第貳千叁百捌拾捌號

松陽縣徵收田賦執照
民國二十四年分下期

都 圖 村 莊

田

山 壹百畝叁分

地 蕩

佃 户

姓名 住址

户名 闕王和

住址

應完下期正税銀元

帶征各項

建設特捐每元叁角叁厘

建設附捐每圓玖分壹厘

正省税特捐每元壹角

征收費每圓三分七厘

教育每元玖分壹厘

治虫每元一分五厘

共計每圓帶征陸角叁分柒厘

本期正附税及征費共收銀元 貳分正

按正税加收百分之十罰金

中華民國二十四年 月 日給

字第 號 經徵人

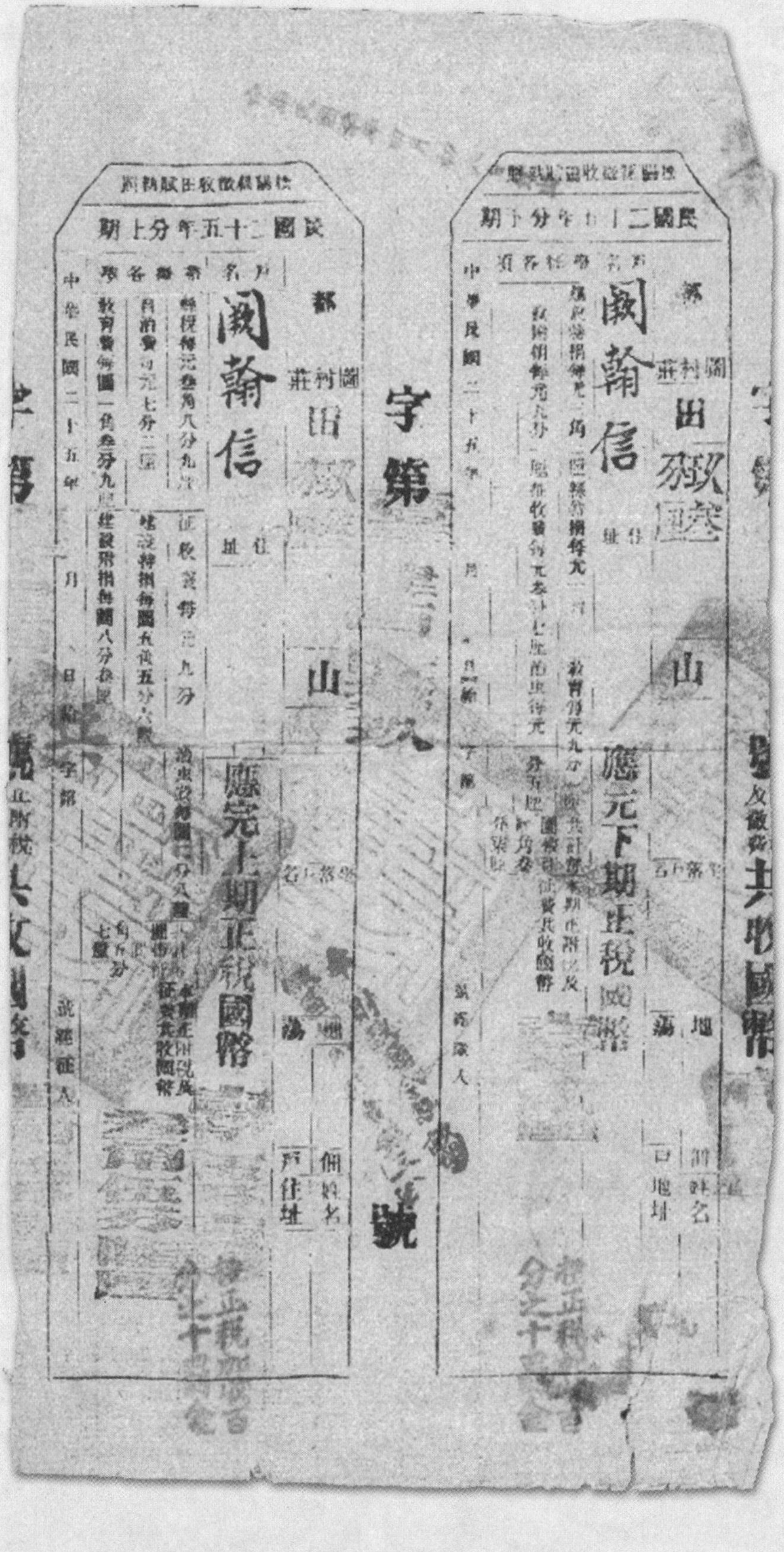

民國二十五年分下期

都　村莊　田　山

戶名　闕翰信

住址

應完下期正稅國幣

地名

佃姓名

戶住址

中華民國二十五年　月　日給　字第　號

經征人

字第　號

民國二十五年分上期

都　村莊　田　山

戶名　闕翰信

住址

正稅每元叁角八分九厘

自治費每元七分二厘

教育費每圓一角叁分九厘

征收費每元九分

應完上期正稅國幣

地名

佃姓名

戶住址

中華民國二十五年　月　日給　字第　號

經征人

松陽縣徵收田賦執照
民國二十五年分下期

都 圖 村莊
田 玖分叁厘
山
坐落戶名
地 蕩
佃戶
姓名 地址

戶名 闕翰信
住址
應完下期正稅國幣

帶徵各項
建設特捐每元三角三厘
教育捐每元九分一厘
縣特捐每元一角
征收費每元叁分七厘
教育每元九分一厘
治虫每元一分五厘
共計每圓帶征□角叁分柒厘
本期正附稅及征費共收國幣壹分貳厘
按正稅加收百分之十罰金

中華民國二十五年 月 日給
字第 號 經徵人

字第壹千肆百□拾玖 號

松陽縣徵收田賦執照
民國二十五年分上期

都 圖 村莊
田 玖分叁厘
山
坐落戶名
地 蕩
佃戶
姓名 地址

戶名 闕翰信
住址
應完上期正稅國幣 壹角伍分壹厘

帶徵各項
縣稅每元叁角八分九厘
自治費每元七分二厘
教育費每圓一角叁分九厘
征收費每元九分治虫費每圓二分八厘
建設特捐每圓五角五分六厘
建設附捐每圓八分叁厘
共計每圓帶征一元叁角五分七釐
本期正附稅及征費共收國幣叁角伍分陸厘
按正稅加收百分之十罰金

中華民國二十五年 月 日給
共 字第 號 經徵人

松陽縣徵收田賦執照
民國二十六年份
上期

坐地坐落　都　図
戶名　闕王和
執照字號
地　田
積　山
壹畝叁分
住址
附記

應納稅額
正稅
附稅
徵收費及
合計

注意
每正稅壹元帶徵省縣附稅及徵收公費壹元叁角伍分柒厘

中華民國　年　月　日給
經管串員

字第　號

松陽縣徵收田賦執照
民國二十六年份
下期

坐地坐落　都　図
戶名　闕王和
執照字號
地　田
積　山
壹畝叁分
住址
附記

應納稅額
正稅
附稅
徵收費及
合計

注意
每正稅壹元帶徵省縣附稅及徵收公費六角叁分柒厘

中華民國　年　月　日給
經管串員

字第　號

松陽縣徵收田賦執照
民國二十六年份 上 期

坵地坐落：都 圖

執照字號：

地積：田　山 百畝叁分

戶名：闕王和

住址：

應納稅額：
- 正稅 弍角伍分肆厘
- 附稅及徵收費 叁角肆分伍厘
- 合計 伍角玖分玖厘

注意：每正稅壹元帶徵省縣附稅及徵收公費壹元叁角伍分柒厘
按正稅加收百分之十罰金

附記：

中華民國　年　月　日給　管串員

共字第貳千肆百拾　號

中華民國廿九年九月拾貳日發出

松陽縣徵收田賦執照
民國二十六年份 下 期

坵地坐落：都 圖

執照字號：

地積：田　山 百畝叁分

戶名：闕王和

住址：

應納稅額：
- 正稅
- 附稅及徵收費
- 合計 弍分正

注意：每正稅壹元帶徵省縣附稅及徵收公費六角叁分柒厘

附記：奉財政廳令每畝帶徵區公所經費銀三分

中華民國　年　月　日給　管串員

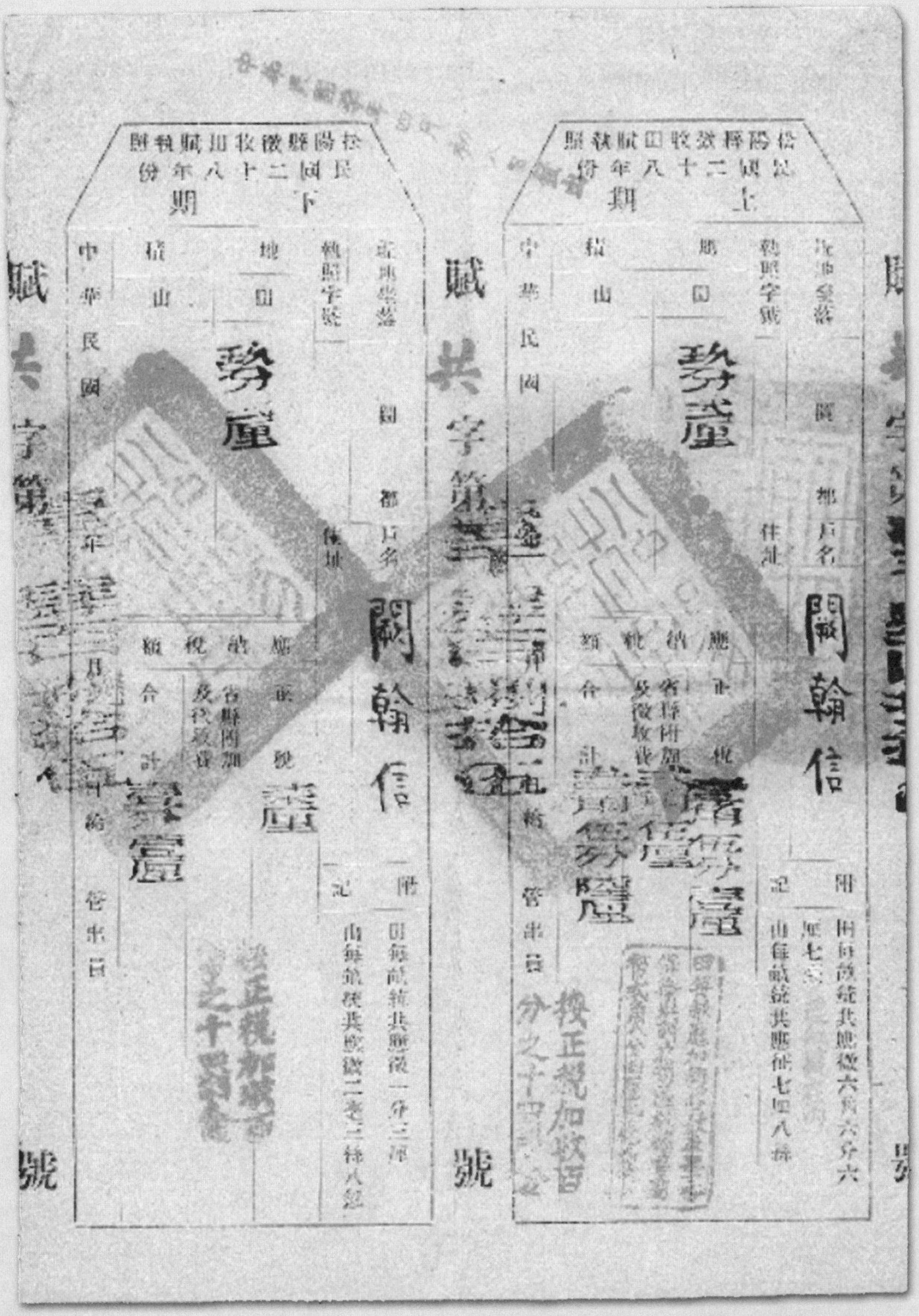
松陽縣徵收田賦執照
民國二十八年份
上期
執照字號
土地坐落　圖　都　戶名　闕翰信　住址
地　田
積　山
應正稅
納稅　省縣附加及徵收費
總合計
中華民國　年　月　日
附記　田每畝統共應徵六角六分六厘七毫
山每畝統共應征七四八絲
按正稅加收百分之十四
賦共字第　號

松陽縣徵收田賦執照
民國二十八年份
下期
執照字號
土地坐落　圖　都　戶名　闕翰信　住址
地　田
積　山
應正稅
納稅　省縣附加及徵收費
總合計
中華民國　年　月　日
附記　田每畝統共應徵一分三厘
山每畝稅共應徵二毫三絲八忽
按正稅加收百分之十四
賦共字第　號

松陽縣徵收田賦執照
民國二十八年份
上期

坵地坐落　都　圖

執照字號

戶名　闞翰信

住址

地積：田　玖分弍厘；山

應納稅額：
正稅　壹角伍分壹厘
省縣附加及徵收費　弍角伍厘
合計　叁角伍分陸厘

附記：
田每畝統共應徵六角六分六厘七毫
山每畝統共應征七厘八絲

中華民國　年　月　日給　管串員

按正稅加收百分之十罰金

賦共字第壹千肆百捌拾伍號

松陽縣徵收田賦執照
民國二十八年份
下期

坵地坐落　都　圖

執照字號

戶名　闞翰信

住址

地積：田　玖分弍厘；山

應納稅額：
正稅　柒厘
省縣附加及徵收費
合計　壹分壹厘

附記：
田每畝統共應徵一分三厘
山每畝統共應徵二毫三絲八忽

中華民國　年　月　日給　管串員

按正稅加收百分之十罰金

自治經費
收據
二十八年度上下期

松陽縣政府今收到　都　圖捐户闕翰信　繳納二十八年度

上
下期自治經費國幣　共計國幣叁分貳厘，

合給收據為證。

長官　經收人賦稅征收處

中華民國二十八年　月　日

共賦治字第　號

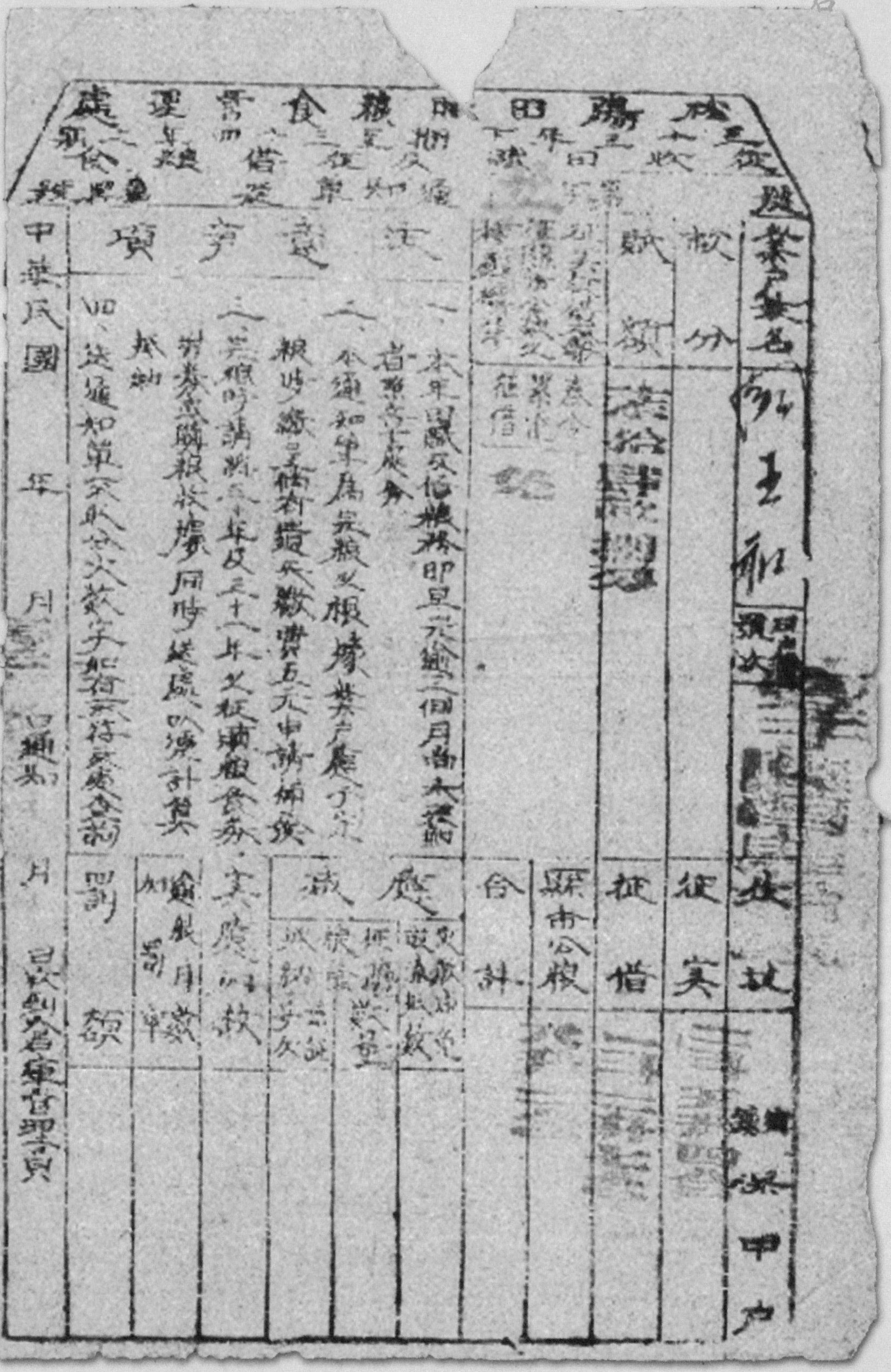
田賦糧食管理處
三十三年度
注意事項
業戶姓名
畝分
賦額
徵實
徵借
縣市公糧
合計
中華民國　年　月　日

松陽縣田賦糧食管理處
三十三年下期至三十四年上期
征收田賦及征借糧食

號　第字　通知單　號　第牌號

業户姓名	畝分	賦額	征实征借及帶征縣市公糧之種類標準
闕王和		柒拾肆畝捌分	奉令累進征借
归户號次　壹千陸百肆拾貳			一斗二合

住址	征实	征借	縣市公粮	合計
鄉　鎮　保　甲　户	二斗五升四合	一斗二升七合	六斗二合	

應減：災歉減免或□抵数	應減：征購粮食數量	應減：抵納憑證号次	实應加数	逾限月数加罰率	罰額

注意事項

一　本年田賦及借粮務即早完，逾三個月尚未完納者，照章處分。

二　本通知單為完粮之根據，業户應予完粮時繳呈，倘有遺失，繳費五元，申請補發。

三　完粮時請將三十年及三十一年之征購粮食券□券或購粮收據，同時送處，以憑計算抵納。

四　送通知單不取分文，数字如有不符，来處查詢。

中華民國　年　月　日通知　月　日收到倉庫管理員

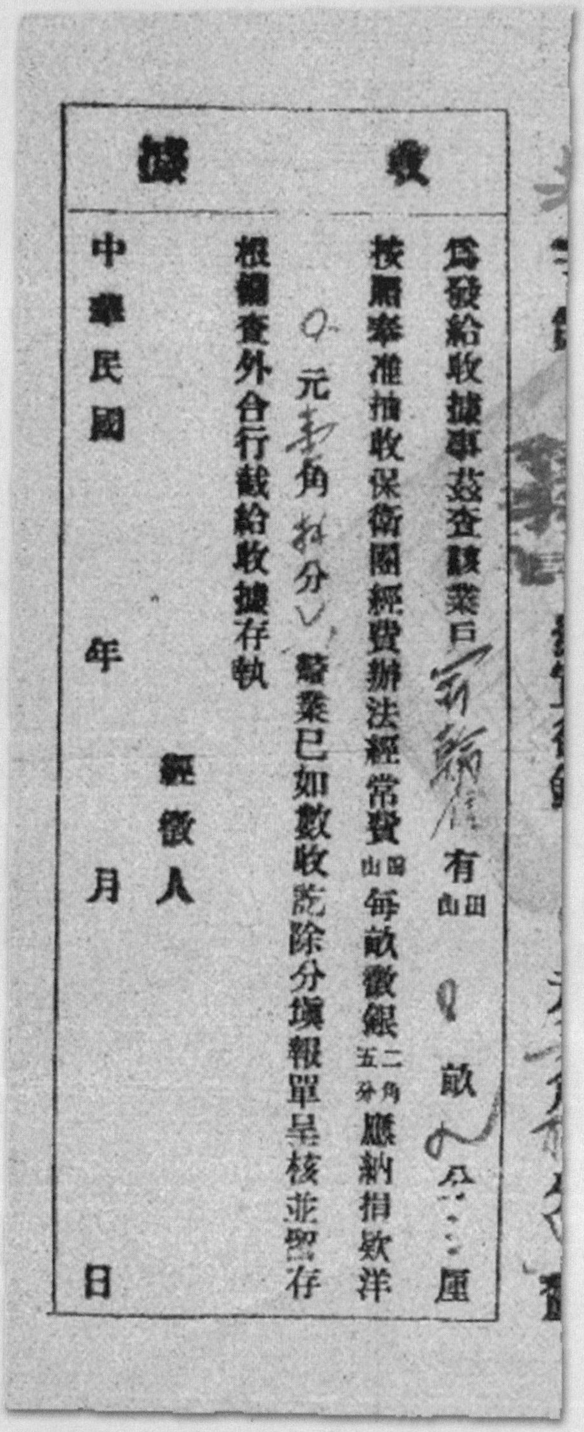

收據

為發給收據事，茲查該業户 闞翰信 有田山 〇畝 九 分三厘，
按照奉准抽收保衛團經費辦法，經常費田山每畝徵銀二角五分，應納捐款洋
〇元壹角捌分六釐， 業已如數收訖， 除分填報單呈核並留存
根備查外，合行截給收據存執。

經徵人

中華民國 年 月 日

收據

為發給收據事，茲查 鄉/鎮 業户 闕翰信 有 正稅 □五十，

按照奉准抽收保衛住戶捐/訓練壯丁捐 辦法，每正稅壹元帶徵七角八分正/叁角叁分正，共應

納捐款國幣壹角陸分捌厘， 業已如數收訖， 除分填報單

呈核並留存根備查外，合行截給收據存執。

經徵人

中華民國　年　月　日　第　號

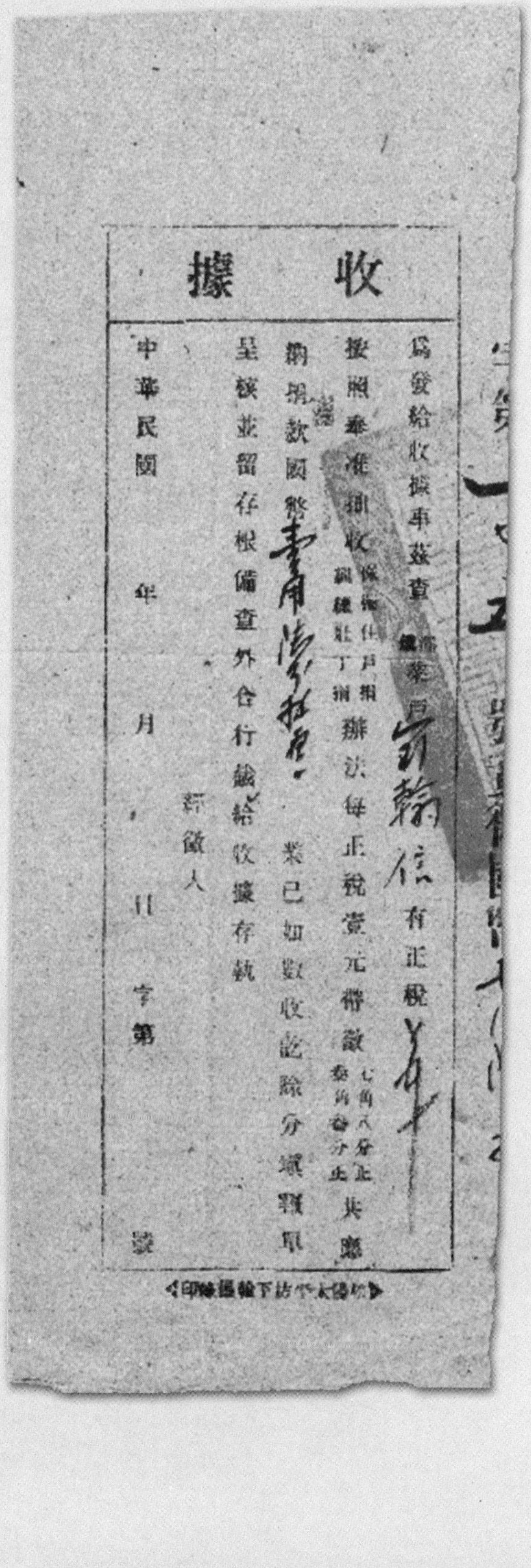

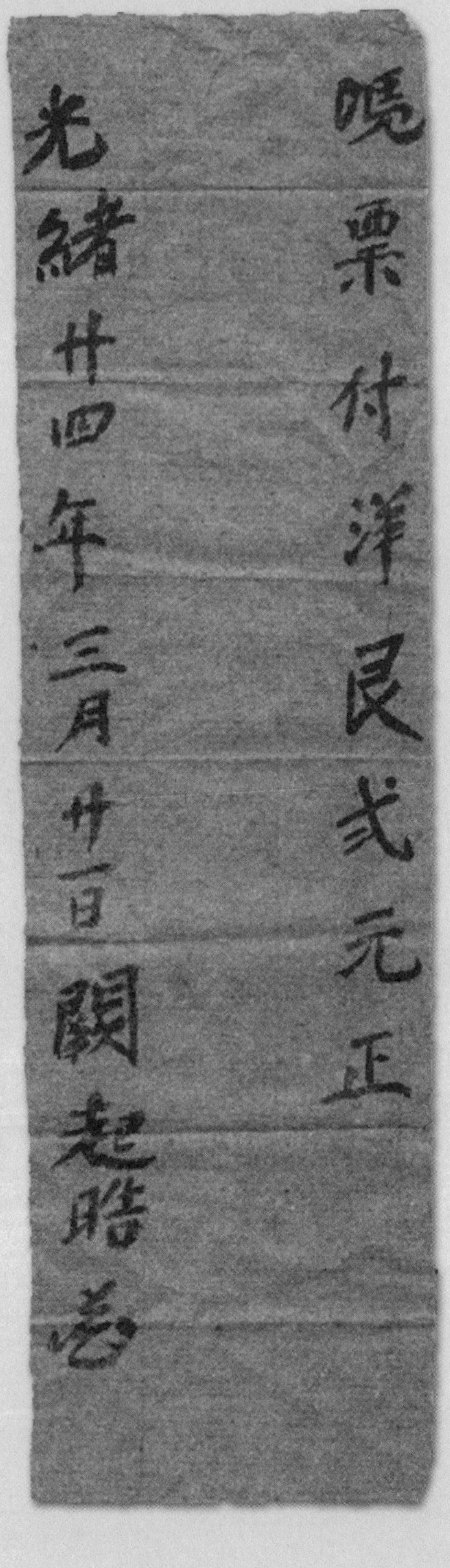
凴票付洋艮弍元正
光緒廿四年三月廿一日 闞起晧

凴票付洋银弍元正。
光緒廿四年三月廿一日　闞起晧

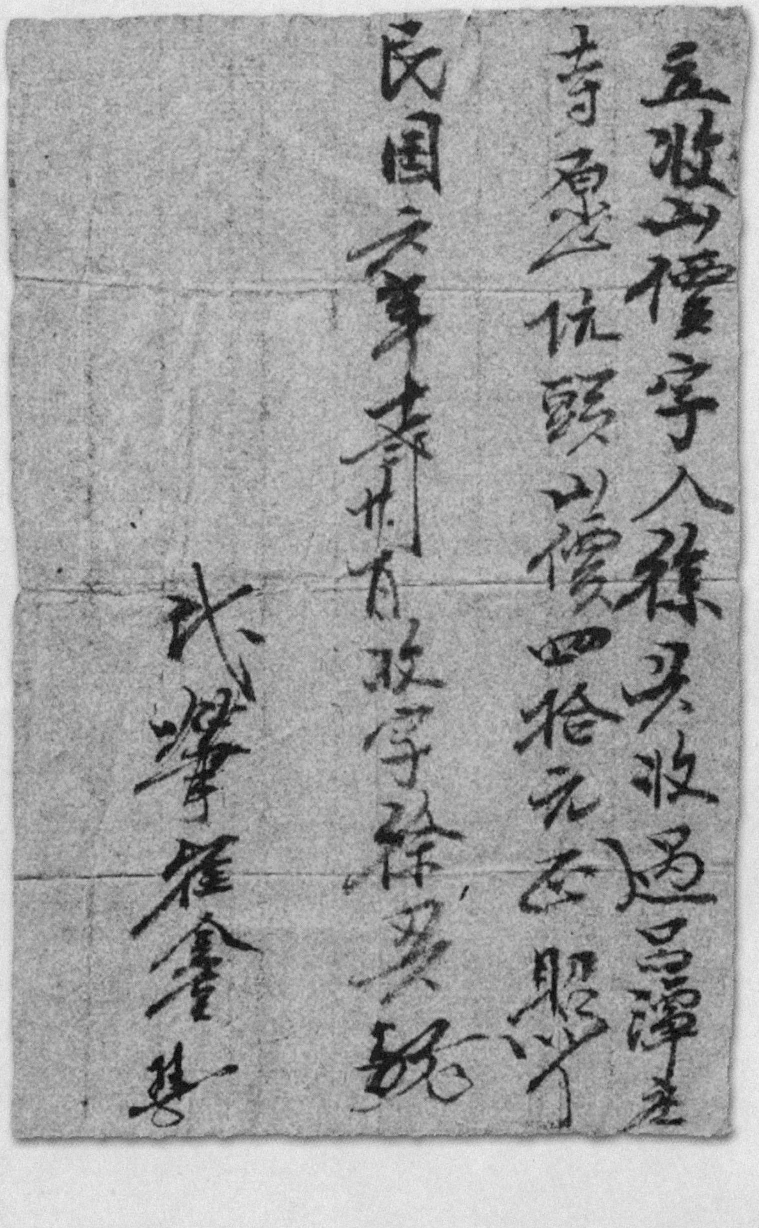

立收山價字人徐兴，收過呂潭庄
寺愿［源］坑頭山價四拾元正，照。
民国六年十弍月廿一日　收字　徐　兴
代筆　崔金□

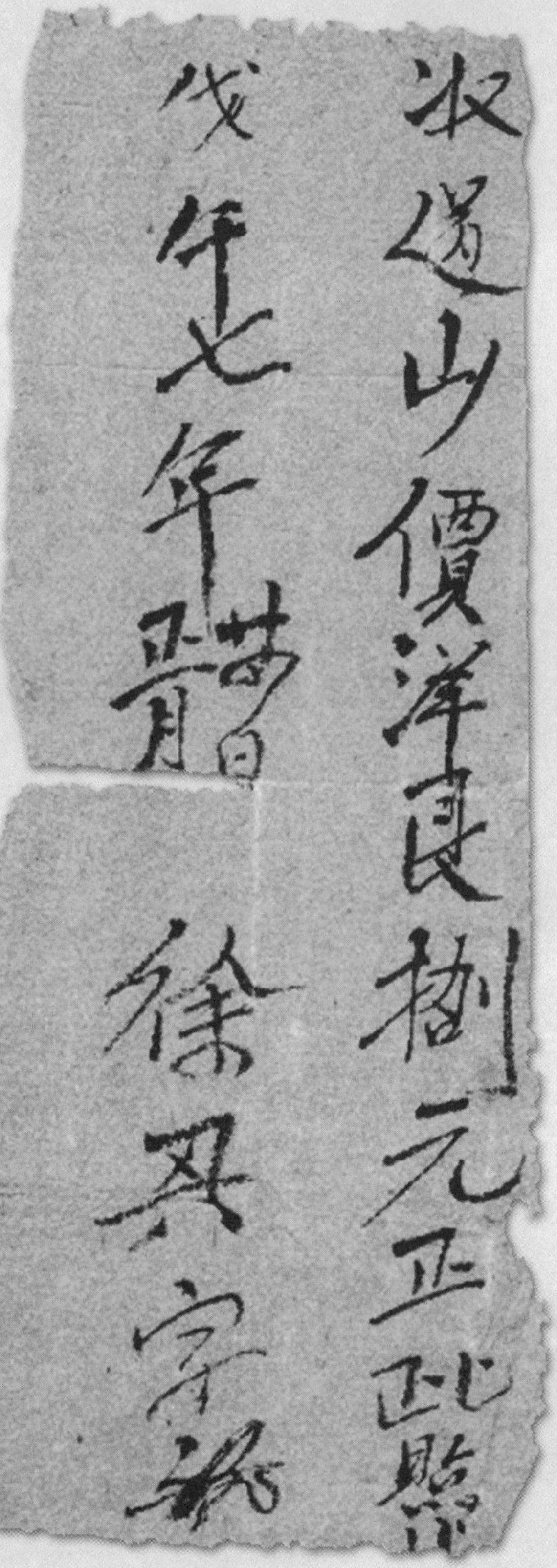

收過山價洋银捌元正，此照。

戊午七年正月廿四日　徐兴　字

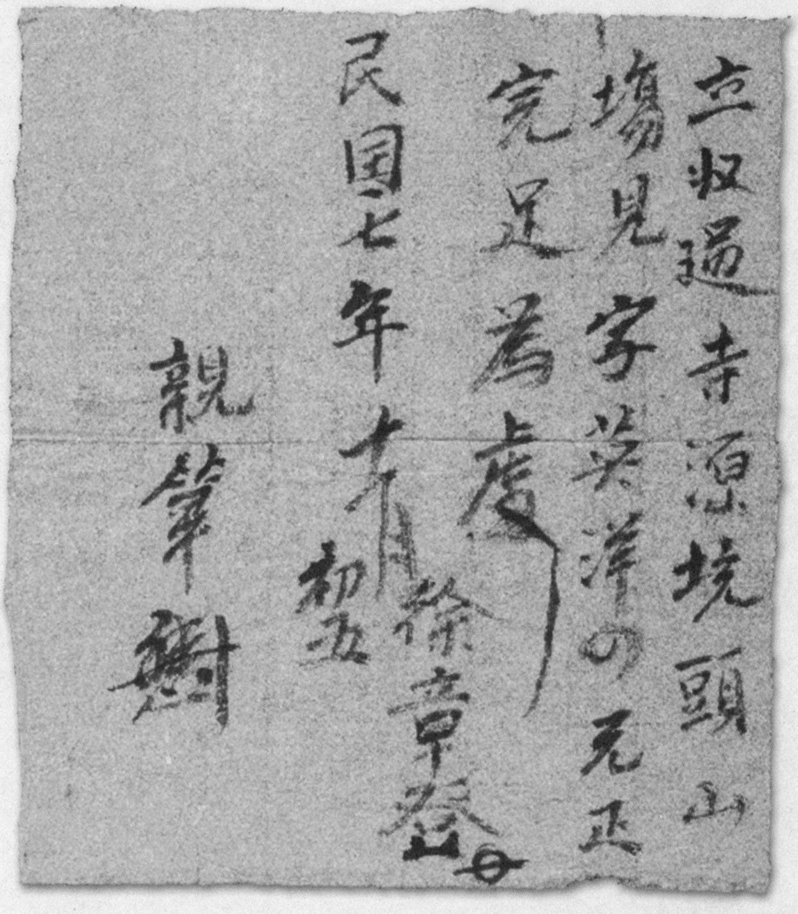

立收過寺源坑頭山
塲見字英洋四元正，
完足為處［據］。
民国七年十一月初五（日）　徐章登
親筆

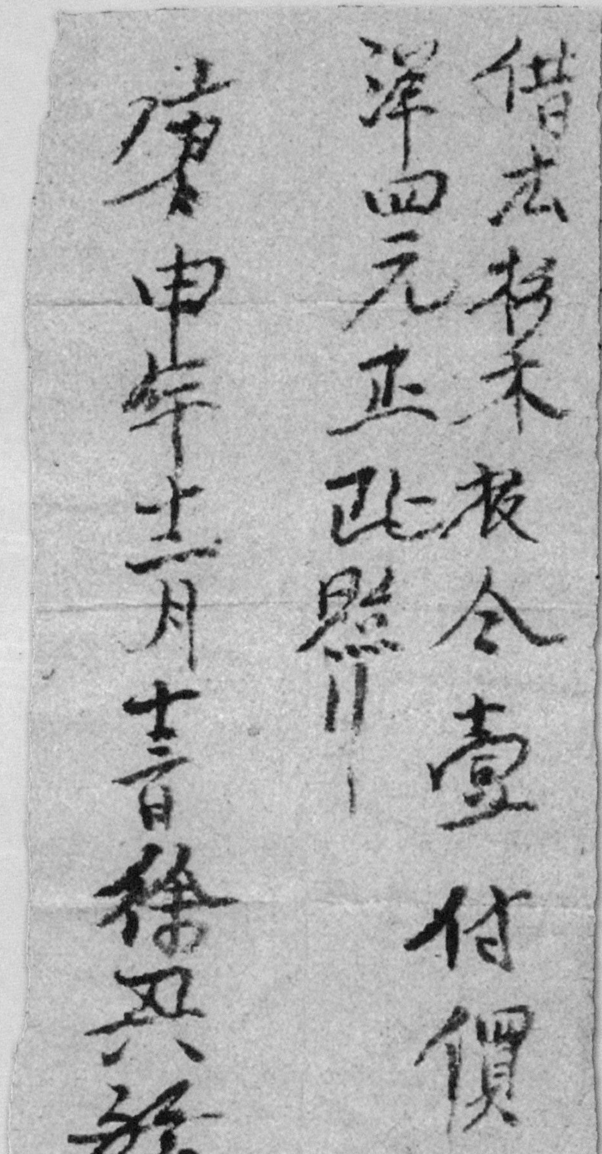
借□杉木板□壹付價
洋四元正此照
庚申年十二月十三日徐興號

借□杉木板□壹付，價
洋四元正，此照。
庚申年十二月十三日　徐兴

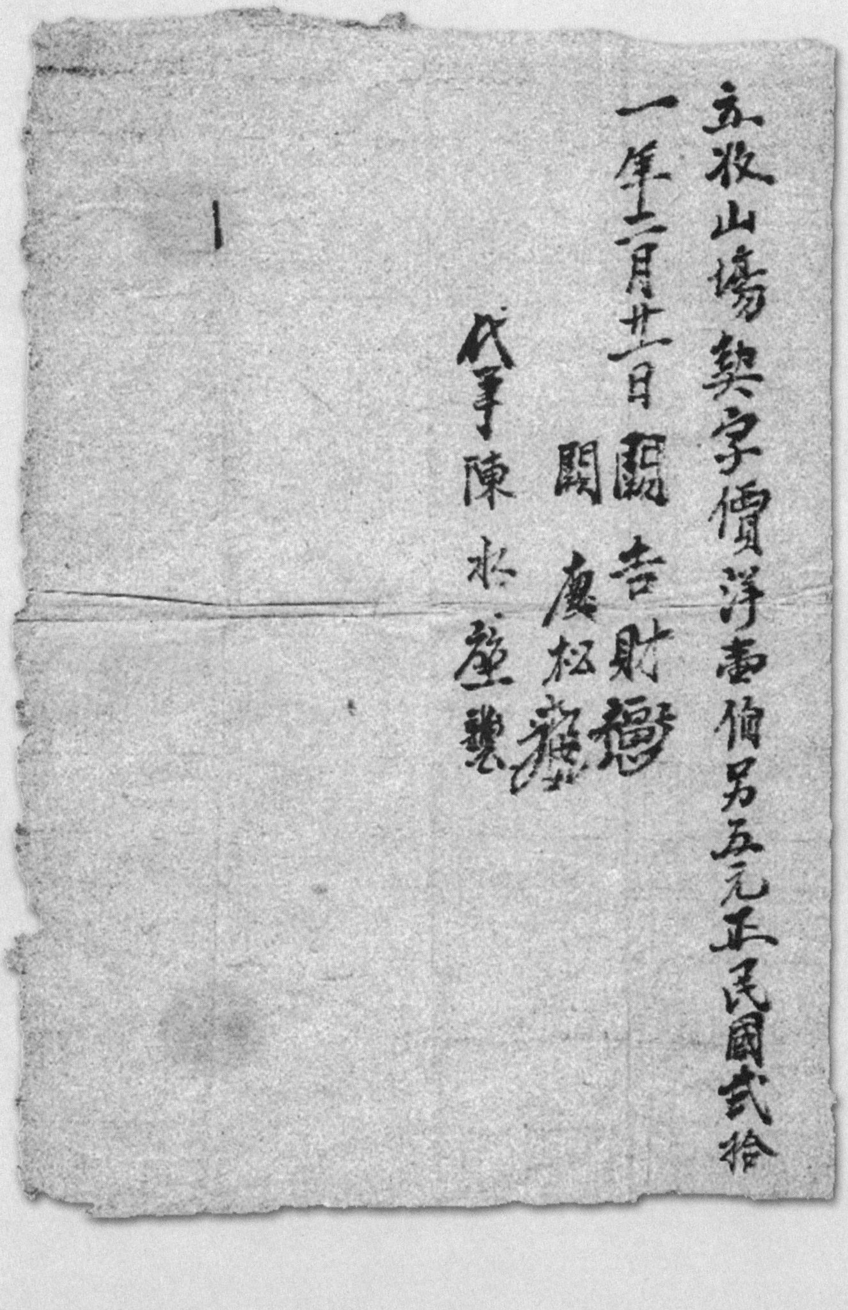

立收山塲契字價洋壹伯另五元正，民國式拾一年二月廿一日　闕吉財

闕慶松

代筆　陳水堃